JN124377

改訂版

役割貢献の評価と賃金・賞与の決め方

株式会社プライムコンサルタント代表
菊谷寛之 著

労働調査会

改訂版はじめに

新型コロナウィルスによる世界的な感染爆発は、人類の生活・社会・経済が常に自然災害や疫病の脅威と隣り合わせである現実を改めて私たちに突きつけました。

私たちの仕事や生活は、これまで経験したことのない行動変容を強いられ、人と人との接触が避けられない業種・職種とリモートワークが可能な業種・職種との間には、容赦ない経済格差が広がりました。

他方ではさまざまな業態でデジタル・トランスファーが加速し、オンラインでの仕事や在宅勤務が新たな仕事のスタイルとして定着する一方、このような動きに置き去りにされる人たちとの間の分断を生んでいます。

コロナ禍は、改めて私たちの社会経済が日々の労働によって得られるお金を媒介に、商品の生産・購入・消費そして人々の生活と健康、命の営みが回っているという、資本制社会のシンプルな事実を白日の下にさらけ出しました。

しかも、人口減少と高齢化のスピードは止まることがありません。その社会的負担が日々重くのしかかる中で、古い昭和の時代を引きずった非効率な政治・行政・経済の改革が急務となっています。海外企業の追い上げは激しく、過去の遺産に囚われ、クリエイティブな仕事ができない会社は、どんな名門会社であれ、みるみる淘汰される時代になったのです。

厳しい現実の中で、人々の価値観や判断基準はかつてなく鋭敏なものとなり、ウィズ・コロナを見据えて賢く行動しようという人々が急増しています。

コロナだけでなく、地球環境問題や富の偏在、デジタル社会がもたらす情報格差と偏見、社会の多様性と個の尊厳に対する関心が高まり、経営としてこのような課題にいかに向き合い、どのような優先順位で物事に取り組むのかを、企業で働く従業員も家族も鋭く見るようになりました。

自分たちの会社は従業員をどのように扱おうとしているのか、自分のキャリアや生活を掛けるに値する場なのか、活躍・成長の機会があるのかを真剣に考え、自身の働き方を選択しようという動きがますます加速していくでしょう。

これからの経営には、このような働く人たちのニーズに応える懐の深い、強靭な意思決定が求められるに違いありません。

本書の初版から早や２年余りがたちました。「顧客価値の創出」を経営の第一の目的に置き、働く人たちに期待する役割と目標、組織行動の基準を明示して、各人の貢献と成長を支援するという本書のコンセプトは、おかげさまで多くの読者の支持を得ることができました。

改訂版では、第８章の評価制度の解説で、自社に合った「顧客価値の創出」に向けた事業のコンセプトと戦略ストーリーの組み立て方を詳述し、目標による管理（MBO）のより有効な活用方法について解説を加えました。

また調査統計を最新の情報に改めたほか、改正高年齢者雇用安定法で努力義務となった70歳雇用の動きや、同一労働同一賃金をめぐる新たな判例を考慮した加筆を行いました。引き続き、本書が皆さんの会社の人事制度改革と実務運用の実践的なガイドブックとしてお役に立てることを願っています。

2022年３月

株式会社プライムコンサルタント代表　菊　谷　寛　之

はじめに

平成から令和に移り、2020年代の組織・人事は大きな転換が迫られています。

最大の要因は**加速する高齢化と人口減少**です。足元では緩やかな景気回復とともに雇用が拡大し、国内市場は堅調さを保っています。人手不足が急速に広がり、新卒初任給やITエンジニア、現業労働者等の賃金、パートタイマーの時給や派遣料金がじりじりと上昇しています。出産や子育てを終えた団塊ジュニア世代の復職で女性の就業率は過去最高の約７割となり、自営業からの転職や定年延長・継続雇用の後押しもあって高齢者の就業率も６年連続で増えました。

しかしそれもこの２、３年でピークを迎え、その後は減少に転じます。2018年の人口動態調査は、出生数が過去最少、結婚は戦後最小、死亡数は戦後最多となりました。

労働力人口の減少は一方では国内市場の縮小を招き、他方では恒久的な人手不足が経営の制約となり、生き残りをかけた企業間競争が激しさを増していきます。

２つ目の要因は、人手不足が引き金となって、「**第４次産業革命**」と呼ばれるIoT、ビッグデータ、AI、ロボットなどと結びついた大規模な技術革新が一挙に加速し、世代を巻き込んだ知識によるパワーシフトが起きることです。これからは大量生産・画一的なサービス提供から、ニーズごとにカスタマイズされた個別生産・柔軟なサービス提供に転換できる企業が幅広い顧客をつかみ、市場をリードするようになるでしょう。

その担い手は、ユニバーサルなICTやマーケティング、コミュニケーションのスキルを身につけた若い世代です。過去の知識にとらわれて経営が陳腐化した企業は淘汰され、さまざまな業界で大規模な再編成が起きることでしょう。

３つ目の要因は、**政府の社会政策の転換**です。2019年から働き方改革法制がスタートし、長時間労働の規制強化とともに、大企業は2020年から、中小企業は2021年から「同一労働同一賃金」が実施され、その対応が待ったなしとなりました。同じ企業で働く正社員と非正規従業員の間で、賃金・手当・賞与などの個々の待遇ごとに不合理な待遇差が禁止され、待遇に差を設ける場合は、従業員への説明が義務づけられています。

働き方改革法制は、企業の利益が上がっているうちに、勤労者所得を増やして国内市場の縮小に歯止めをかけようという政策意図によるものです。政府は企業にベースアップを要請する一方、最低賃金の引き上げや女性の就労支援に力を入れ、70歳までの雇用義務化や公務員の定年延長についても検討を進めています。

しかし国内市場が縮小する中で、中小企業が既存の事業構造のまま賃金待遇を改善することは容易ではありません。事実、初任給や最低賃金の引き上げで若年層やパートの賃金は上がっていますが、中高年層の賃金は頭打ち傾向が続いています。

４つ目の要因は、**働く人たちの意識の変化**です。中小企業を含めてグローバルな経済活動やインバウンドの人の動きが常態化し、国境を超えた人の交流や膨大なネット情報を通して、多様なモノの見方が私たちの日常生活にも深く浸透するようになりました。

人事の世界でも、昭和以来の伝統的な日本的人事慣行にとらわれない、ユニバーサルな人事スキルを持った若い世代が育っています。世界での事業展開と人材の獲得を目指す日立グループやオリンパスなどは、世界共通の職務基準の人事制度の導入に踏み切りましたが、その企画・開発と運用をリードしているのは若い人事パーソンたちです。

改めて平成という時代を振り返ると、この30年間、日本企業はバブル崩壊による資産価値の激減とグローバル経済化による販売価格の下落に対抗するため、原価と販管費の圧縮・効率化による資本収益率の改善にひたすら取り組んできました。

バブル期に膨れ上がった年功賃金を抑制するとともに、組織の内部統制を強化し、製造部門の海外移転や業務のアウトソーシング、子会社の分離によるグループ企業内下請け構造の作りこみ、正社員から非正規雇用への置き換えなど、さまざまな手法で人件費を圧縮してきました。結果、企業の内部留保はいまや史上最高水準まで積み上がり、バブル期なみの利益を実現する企業も出ています。

ただし、このような個々の企業の経営努力は、日本経済に深刻なデフレをもたらしました。低賃金でないと利益を上げられない企業が急増し、サラリーマンの実質賃金は低下し続け、未婚率の上昇や少子化、格差の拡大に拍車がかかる悪循環に陥っています。また経営の管理強化と雇用の分断は、経営者の視野狭窄や組織の硬直化、働く人たちの意欲低下をもたらし、全体的な生産性が伸び悩む原因ともなっています。

これまでのような、会社が求める結果に向けて組織内部の評価基準で人を外発的に動機づけ、業績査定で処遇するという閉鎖的なマネジメントを続けるだけでは、明らかに限界があります。

では令和の時代・2020年代の人事テーマはどのようなものなのでしょうか。

筆者は平成30年間の停滞を打破し、中小企業が人口減少社会を生き抜く強靭さを獲得するためには、組織・人事の２つの課題に向き合う必要があると考えています。

１つは、いつの時代も変わらない経営と人事の基本原則の徹底です。個々の顧客から世の中全体、さらには世界市場での需要に応える**「顧客価値の創出」を経営の第一の目的**に置き、国内・国外に新たな市場を切り開く事業成長のビジョンと有効な戦略を徹底的に探究し、その組織活動の実践にまい進する以外にありません。

２つ目は、働く人たちの活躍・成長を支えリーダーシップの発揮を促すマネジメントの力で、年功序列的な管理統制型組織の中でこれまで封印されていた**若い人たちの可能性に満ちたパ**

ワーを開放させ、百年企業のレベルで永続する強固な信頼関係と組織的な集中力を実現・保持していくことです。

このような経営と人事の刷新を実現するには、働く人たちが多様な働き方を認め合い、お互いにリーダーシップを発揮して活躍できる新しい組織のかたちと、安心・納得して働けるシンプルな人事制度のプラットフォームがぜひとも必要になります。

これからの人事制度は、むしろ外に大きく広がる市場の機会や、社会が求める真のニーズに働く人たちの目を向けさせ、組織を挙げて顧客価値の創出に貢献することを各人の「役割」と位置づけ、その「貢献」や「成長」を働く人たちに強く動機づけ、社会を支える組織生命体としての適応・進化を促進するものでなければなりません。

「役割貢献」こそ、これからの人事運用の中心軸です。これは、**顧客にどのような価値を実現する機会があり、自分たちはどのような組織能力を発揮するのかという事業コンセプトを問い続け、事業戦略を共有したうえで、働く人たちに期待する役割と目標、組織行動の基準を明示して、各人の貢献と成長を支援する**やり方をいいます。

そのためには人材マネジメントも、オープンな対話のもとで働く人たちの関係性を変え、一人ひとりが働く目的や内発的動機を深め、思考や行動の質を高めて着実に成果を上げられるよう支援する必要があります。

本書では、各々の役割に対する貢献を一人ひとりの成長の機会とするために、期末にはその仕事のプロセスと結果を上司と本人が一緒に振り返り、支援的な人間関係の中で次の仕事の課題を探求する「振り返り面談」を推奨しています。

その振り返りを通して、組織的な学習と信頼関係を深め、結果として、その役割をどれだけ実際に遂行し、役割の中でどれだけ顧客価値に貢献したか、どれだけ仕事に習熟（スキルアップ）したのかを、上司の立場から具体的な成果や行動で評価し、納得感のある賞与や昇給、キャリア支援に連動させることができるようになります。

これからは、**雇用形態のいかんにかかわらず、組織のビジョンを共有し、日々の仕事と自己啓発によって成長を遂げながら、顧客価値の創出に貢献することが自分たちの評価と処遇に連動する**という、いわば当たり前のことが肌身で理解できるオープンな人事の運用が大事になります。このような顧客価値創出を第一義に置く役割意識が組織の主流を占めるよう、日本の人事に新しい風を吹き込んでゆかねばなりません。

本書では、このような人事のトレンドに沿って、人事・賃金・評価制度の見直しを進めたいという中堅・中小企業の経営者や人事担当者の皆さんに、その具体策の導入・運用方法を分かりやすく解説しています。

本書で紹介する役割等級のつくり方（**第２章**）、役割給の導入・運用方法（**第３章～第５章**）、諸手当の決め方（**第６章**）、賞与原資の決め方とその配分方法（**第７章**）、評価の進め方（**第８章**）は、実際に多くの先進的な中小企業で活用され、その効果が実証されているものばかりです。本書では、その基本的なしくみと考え方、具体的な実施方法を、豊富な図表やQ&A、注釈、索引を交えて分かりやすく解説しました。

特に賃金制度の中心となる役割給（基本給部分）については、「ゾーン型範囲給」「ゾーン型等級別賃金表」「ランク型賃金表」という代表的なしくみを３章に分けて紹介し、各社の実情に合った最適な選択ができるよう工夫しました。

本書が、皆さんの会社の人事制度改革と実務運用の実践的なガイドブックとしてお役に立てば、筆者としてこれに勝る喜びはありません。

本書は2005年１月に出版しロングセラーとなった『実践！中小企業経営を成功させる実力主義の賃金・賞与・評価の決め方』を、2020年代の時代的要請に合わせて抜本改訂したものです。また、筆者が編集アドバイザーを務める高齢・障害・求職者雇用支援機構「エルダー」誌に連載した記事も活用しました。

本書の執筆にあたっては、労働調査会出版局の加藤誠二氏に編集の労をとっていただきました。また前著でお世話になった同磯谷弓子氏には、今回も適切なアドバイスをいただきました。この場を借りて、厚くお礼申し上げます。

本書は、弊社創業20周年の記念事業として刊行するものです。これまで数々の仕事の機会をいただき、ご支援いただいたクライアントおよび提携先の皆様には、深甚の謝意とともに本書を捧げたいと思います。

この20年間、苦労をともにし、具体的なノウハウの開発やコンサルティングの実践に尽力し、サポートしていただいた当社のコンサルタントおよび支援スタッフの皆さんには心よりお礼申し上げます。

2019年10月

株式会社プライムコンサルタント代表　菊　谷　寛　之

改訂版　役割貢献の評価と賃金・賞与の決め方

■目　　次■

〈本書中の引用文献〉
『ストーリーとしての競争戦略 優れた戦略の条件』（楠木建著、東洋経済新報社、2010年５月）

■図表目次■

序　章

第1章

第2章

第3章

第4章

第５章

第６章

第７章

第8章

序章 大局的視点で時代の変化と人事を考える

はじめに図表序－１をみてください。本書では、これからの中小企業が、どのような人事制度・人事施策を講じていけばよいかを、報酬制度を軸に解説していきますが、どのような時代でも人事制度・施策は経営環境や雇用環境から大きな影響を受けます。

他方では、人事制度・施策が、新しい時代が求める経営の目的に向かって企業と従業員との新しい関係をつくり、新しい時代を切り開いていく媒介の役目を果たす力を持つことも確かです。

図表序－１　人事は流行に従う？

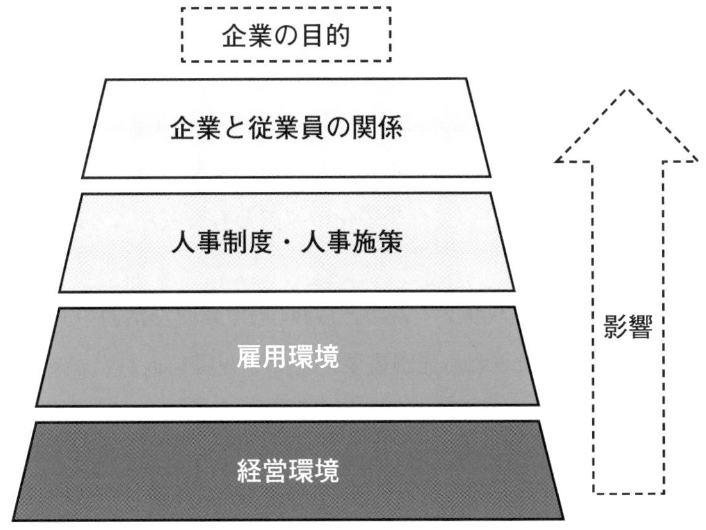

- 人事制度・人事施策は企業と従業員をつなぐ媒介
- 企業も従業員も社会的な存在であり環境の影響を受ける。当然、人事も環境の影響を受ける
- 平成から令和の時代に移り、人事制度・人事施策も大きな変化が迫られている
- 他方、人事制度・人事施策には、経営の目的にふさわしい、企業と従業員の新しい関係をつくり出す力がある
- 本書では、時代とともに変えていく部分と、変えなくともよい部分、変えてはならない部分を意識して、具体的な人事制度のつくり方、運用の仕方を解説していく

序章では、令和の時代にふさわしい経営の目的とは何かという視点から、どのような人事制度・人事施策が求められるのかを考えていきます。

1 昭和・平成型の企業パラダイムはどう変わるか

いま、日本の雇用・人事・組織に大きなパラダイムの転換が起きつつあります。

歴史をさかのぼると、古い昭和型の日本企業は、高度成長期から安定成長期にかけて新卒採用・終身雇用・年功処遇・職場小集団を軸とする日本的経営のしくみをつくりあげ、鉄鋼・電機・自動車などの競争力のある輸出産業が経済成長をけん引しました。いまはその面影もありませんが、強壮だった日本経済の黄金期といってよいでしょう（第Ⅰ期）。

平成に入ってバブル景気が崩壊し、グローバル経済化のもとで成長率がピークアウトしコスト競争が激化すると、高コストの正社員の年功処遇をどうやって修正し、人件費を圧縮するかが経営の至上命題となりました。成果主義の導入や賃金水準の抑制、派遣社員やパートタイマーなどの非正規雇用の増大、子会社や関連会社による企業グループ内下請け構造の拡大が進み、いまもなおこの動きは続いています（第Ⅱ期）。

賃金の厳しい抑制と人件費の圧縮は、1997年をピークとする生産年齢人口の減少と重なって、大規模な消費の低迷とデフレ・スパイラルを招きました。企業の海外進出と国内雇用の空洞化は、中小企業や地方経済の衰退、ひいては少子化の遠因ともなったことは、読者の皆さんも直感的に理解されていることでしょう。

しかしいま、昭和型や平成型のパラダイムにとらわれず、新たな活力のある働き方を実現し、成熟社会の潜在需要やAIに象徴される先端需要、世界を視野に入れたハイエンドな需要に効率的に応えようとする、新世代の企業群が急速に台頭しつつあることも事実です。

第Ⅰ期・昭和型企業の関心事が経済規模の拡大・成長だとすれば、第Ⅱ期・平成型企業の最大の関心事はコストダウンによる資本収益率の増大と内部留保でした。

これに対して、第Ⅲ期・令和（脱平成）型企業の関心事は、独自の能力で社会の需要に応えていく持続的な内部成長型の組織の実現であり、そのための人材開発ではないでしょうか。

昭和型企業は、人件費をあたかも企業成長のためのガソリンとみなし、時には湯水のごとく使い続けて、大きなつまずきのもととなりました。

負の学習を経た平成型企業は、人件費をまず企業存続のために圧縮すべきコストと位置づけ、時には経営の安全余裕を脅かすリスクでもあるかのような負のとらえ方が浸透しました。経営者や人事担当者だけでなく、会社の存続と雇用の維持を第一に考える企業内労働組合をも巻き込んで、強い社会的コンセンサスが生まれたのです。中には人件費の削減のためには、人の働きがいを無視して過酷に収奪することも当然視する悪しき風潮が生まれ、「ブラック企業」がはびこる原因ともなりました。

第Ⅲ期・令和型企業の特長は、経営者・従業員が信頼関係を深めて創造性を発揮し、仕事の満足度を高め、組織の成長とともに働く人たちがキャリアを伸ばしていくことを最重視する点です。そのための健全な必要経費として、さらにいえば戦略的な人的投資として、人件費の有効活用を考える経営者が増えているように思います。

多様な従業員の内発的な成長と貢献による仕事のレベルアップは顧客満足度を高め、卓越した事業の成長と収益力の向上、ブランド価値をもたらします。その果実を、より多くの優秀な人材の獲得と処遇を行う人的投資の原資として活用し、好循環の経営を回していくのです。

これからは人手不足が常態化する中で、正社員か否かという枠にとらわれず、働く人たちが時間や場所、キャリアを自分で選択することを許容し、多様な人材がお互いにリーダーシップを発揮できるよう支援し合い、働く人たちに真の活躍の場を提供する企業こそが、高い優位性を占める時代がやってくるように思います。

その意味で、政府の働き方改革の政策を受け身にとらえるのではなく、むしろ人事制度を望ましい方向につくり替えるチャンスととらえ、経営者のリーダーシップで同一労働同一賃金や高年齢者雇用にも前向きに取り組む必要があるのではないでしょうか。

2 事業コンセプトを実行するクリエイティブな組織文化とは

いまでは常識ですが、世界的な大企業となったアップルもアマゾンもスターバックスも、スタートアップは零細企業にすぎませんでした。それが今日の隆盛を築いたのは、突飛とも思える需要に応えようとする尖った事業コンセプトを起点に、ユニークなイノベーションと果敢なマーケティングによって猛スピードで顧客を創造し、利益を増やし続けたからです。

また世界には、さほど資金力や収益力が大きくなく、動きも遅いのに、何百年にもわたって堅実経営を続ける伝統企業も少なくありません。その遥かな時間軸の長さと驚異的な持久力は、ニッチ市場に徹底的にこだわった独自能力の蓄積と、時代を超えて磨き抜かれた商品・サービスの巧みなポジショニングがあってこそ可能だったといえるでしょう。

まったく対極的なこれらの成功企業に共通するものがあるとすれば、それはいずれも対象とする「顧客価値」に徹底的にこだわり続け、競争力のある独自能力を発揮している点です。他の追随を許さない自社固有の知識やノウハウを、市場のニーズや顧客のウォンツに強力に結びつけ、確かな顧客価値を実現する組織的なスキルにまで高め、その強みを発揮し続ける個性的なマネジメントのスタイルを確立しているのです。

そして、アップルやアマゾンのように社会の深部の需要に変化を起こせば、巨大な世界市場をつかむに至ります。逆に規模は小さくとも、社会や地域の多様性を支えるうえで不可欠な需要にていねいに応え続けていけば、世代を超えて、細く長く事業を維持することができるようになるでしょう。

金余りと膨大な情報が飛び交うネット社会になって、このような独自の事業コンセプトを明確にし、コア・コンピタンスを具体的な目標に転化できる企業には、必要な資金力や生産財が自然と集まるようになりました。

いまや企業経営は、むしろ事業上の知識や人材の確保、市場のニーズや顧客のウォンツをめぐる知恵比べの時代になったといっても過言ではありません。いかに情報を収集し分析・活用するかはもちろんのこと、新たなものの見方で事業コンセプトを再定義し続け、旗幟（きし）を鮮明にした目標を掲げて顧客や人材を引きつける情報戦が、これまで以上に重要になっているのです。

わが社はどの市場で、「本当のところ、誰に何を売っているのか」（楠木建）という、製品やサービスの本質的な顧客価値を明確にすることは、事業の有効性と組織の方向性、そこで働く人たちの意欲と動機、組織の潜在的な成長力をも左右する強力なインパクトがあります。例えばスターバックスは、職場や学校、家庭に代わる「サードプレイス」（第３の場所）という事業コンセプトでコーヒーショップの空間とバリスタ店員のサービスを再定義し、文化の壁を越えて全世界に出店するという偉大な目標を達成し、いまも成長し続けています。

では、このような組織の使命を分かりやすく表現し、訴求力のある最適な目標を掲げる事業シナリオの構想力や、環境の違いを乗り越えてコンセプトを実行し、目標を達成する強靭でクリエイティブな組織はどうすれば実現するのでしょうか。

結論をいうと、経営者のリーダーシップによって、事業のコンセプトに共感し、高い志を喚起された人々のパワーがその源です。個々のタレントも大事ですが、それ以前に、働く人たちの間で顧客の潜在的なニーズを絶えず探求し、課題を真摯に受け止め、目標を共有し、最善の解決に向けて対話し「**集合知**」を発揮し続ける良質な人間関係が何にもまして重要です。

この多様性に富んだ複雑な世界のありようや、変転し続ける社会の動きの深部に感受性を働かせ続けることは、一個人の力では到底なし得ません。自分たちの仕事の普遍的な意味や、この会社で働くことの目的をともに確認し合える相互理解と尊重の文化の中でこそ、全体観を持ったクリエイティブな人材が育ち、鍛え合って、その真の力を発揮するのです。

平成の30年間を振り返ると、平成景気とバブル崩壊に見舞われた激動の前半期（1988～2003年）、日本企業は過剰債務・過剰設備・過剰雇用の重石に苦しみながら、国際的なコスト競争が激化する中で、デフレや市場の変化に対応するため、それこそ必死の思いで組織・人員のリストラや規模のダウンサイジング、事業の選択と集中を進めてきました。

平成の後期（2004年～2018年）は、緩やかな景気回復（いざなみ景気）の波に乗りながら、企業グループ内の下請け構造をつくって事業構造をスリム化したり、パートタイマーや派遣社員などの非正規雇用を増やしたりして人件費コストをそぎ落とし、収益力を回復することに力が注がれてきました。結果、企業の利益率は大きく改善し、過去最高の内部留保を蓄積するに至ったのです。

しかしコストをカットして利益を回復しても、ただお金を貯め込むだけでは、やはり限界があります。

リーマンショック（2008年）から立ち直った後の景気回復局面を改めて振り返ると、経営の基本に立ち返り、**従業員満足度を高めて商品・サービスを工夫し、１人でも多くの顧客をつかみ、売上・付加価値を伸ばしていく成長戦略**を描き、そのための着実な手を打ってきた企業がさまざまな業種・業態で頭角を現してきたことが印象的です。

以前に比べて損益分岐点を下げた会社は、少し売上を伸ばせば利益を大幅に増やせるようになり、利益とともに信用も高まり、資金調達も容易になっています。その勢いでさらに多くの顧客をつかみ、よりよい製品・サービスを提供するためのヒトや設備、情報への投資に積極的な会社に、いま勝機がめぐってきています。

このように、従業員満足度の向上を事業構造変革のレバレッジに活用し、顧客満足度を高める組織活動に集中して市場での顧客の支持基盤をより確かなものにできれば、さらに売上を伸ばし、利益を増やしていくプラスの循環を描けるようになるのです。

3 プロダクト・アウトから顧客価値創出へ

古い昭和の時代の会社経営は、次のような「プロダクト・アウト」のしくみの中で、資本の投入効率を向上させて製品・サービスの供給力を高め、どの顧客も平等に満足させる製品・サービス品質を維持し、結果としてマスの顧客満足を実現しようというものでした。

> 資本調達（人・モノ・金・情報）→供給力（効率・効果）
> →製品・サービス（物量・品質）→顧客（満足）

よい製品・サービスが不足していた時代には、次々と市場のフロンティアが広がる中で、図抜けた供給力を確立して顧客満足を実現しようとする考え方は経営的な卓見であり、成長戦略に基づく果敢な企業行動が爆発的な需要の拡大と高い業績をもたらしました。いわゆる高度成長期・安定成長期とはこのような時代だったのです。

しかし市場が成熟期・衰退期に入ると様相は激変します。いまは世の中に安くてよい製品・サービスがあふれている時代です。ひと通りの満足を経験した顧客は、欲しいと思った製品・

サービスには惜しげもなくお金を使いますが、コモディティ化した製品・サービスには必要最小限のお金しか使いません。

いま伸びているのは、思いがけない顧客のニーズを充足し新たな価値体験をもたらすユニークな商品を提供したり、顧客が欲しい製品・サービスを簡単に自分で見つけられ、早く確実に手に入れられるしくみをつくり上げている事業です。いいかえれば顧客の購買力を引きつける吸着力や、顧客視点の選択肢やサポート力を提供している会社です。

日本に限っても、ヤフオクや楽天、メルカリ、モノタロウ、ゾゾタウンなどのECサイトはその大きな成功事例です。中小・個人のマイナーな業態でも、ディープな品ぞろえで通販ビジネスを成功させている衣料、食料品、音楽、スポーツ用品、ホビーなどの例も少なくありません。

世界に目を向けると、例えばアマゾンやApp Store、Uber、ユーチューブ、Netflix、電子決済サービスのような、高度なIT技術を駆逐して新しい市場創造を目指すプラットフォームビジネスがしのぎを削る時代になりました。これらは、例えば新聞・雑誌やテレビ、CD、DVDなどの伝統的なメディアの置き換えビジネスに成功し、市場のリーダーシップを奪取するに至っています。

そこでは何よりも情報やスピード、先見性とデザイン力が物事を大きく左右します。名門企業であるとか、創業何年の老舗であるとか、売上ランキングが何位だとか、豊富な資金を持っているかどうかなどはあまり関係がありません。

インターネットや物流の力で、マーケットの主導権が会社から顧客に移ったことで、「顧客満足」の意味も大きく変わってきました。顧客の満足水準を決めるのは、製品・サービスの仕様を決めて品質をつくり込む会社ではなく、よりよい製品・サービスを探そうと学習し続ける顧客自身の選択行動であり、それにすばやく応えることができたサービス提供者だけです。

製品・サービスの内容がどんどん進化し、高度化、複雑化、個性化していく結果、製品・サービスの具体的な意味や固有の価値を顧客にうまく理解してもらうことが、商品開発と同じくらいに重要になっています。いくら優れた製品・サービスであっても、その意味や価値がうまく顧客に伝わり、理解されなければ、顧客には存在しないのと同じなのです。

単に優れた製品・サービスであるという印象や評価だけでは不十分です。それを購入し使うことの意味や価値を具体的な印象や経験によって気づかせ、自分の選択に自信を持たせることが大事なのです。その製品・サービスが自分にとって重要であると分かれば、顧客が考えることはただ1つ、いま買うか、後で買うかだけなのですから。

さまざまな欲求や不満を抱いている顧客に、自社の製品・サービスの特性を分かりやすく明示し、経験・実感させ、価値のある用途や使い方を提案・デザインすることで、顧客がもともと何を期待していたのかを気づかせるサポートが、新たな需要と付加価値を生み出すのです。

このように顧客を力づけ、顧客にリーダーシップを持たせられる会社は強い競争力を持っています。なぜなら、深い顧客理解に基づいて顧客が期待する製品・サービスの内容を明確に特定し、顧客が期待する実際の成果をよりすばやく的確にデザインし、実現し提供できるようになるからです。

顧客（期待）→製品・サービス（特性）
→資本投入（人・モノ・金・情報）→提案力（プロセス）→実現力（成果）

これからは、製品やサービスを使用することで得られるユーザー体験（ユーザー・エクスペリエンス）での気づきを起点として、顧客が期待する製品・サービスの内容をいち早くつかみ、スピーディかつ的確な提案・開発・リリースのプロセスに資本を編成・投入する「顧客価値創出」の考え方に、組織の集中力を発揮していかなければなりません。

4 なぜ人事制度の改革が必要か

組織の方向性が「プロダクト・アウト」から「顧客価値創出」に移行しようとすると、組織の志向性も180度変わり、人事管理にも質的な転換が必要になります。

「プロダクト・アウト」の会社では、いかに製品・サービスの仕様を守り、効率的に品質をつくり込み、納期を守るか、いかに仕事のやり方を継続的に改善するかが組織の最大の焦点となります。逆説的に聞こえますが、製品・サービスの仕様・品質を優先する結果、顧客の要望を後回しにすることも少なくありませんでした。

組織・人事のあり方は、各人が自分の担当業務をていねいに遂行し、お互いに円滑に連携できるように、標準的なスキル体系や同じような価値観、同じようなものの見方を持った人材を内部育成することが重視されます。例えば海外に進出する際も、日本人幹部が現地従業員を厳格に統制し、長期雇用に基づいて職務能力の蓄積・開発や組織的な規律を重視する日本的な人事制度や評価制度に巻き込もうとする傾向があります。

これに対し「顧客価値創出」の会社では、例えば海外に進出する場合も、顧客を一番理解している現地人が幹部に登用され、顧客の気持ちをしっかりとグリップできる現地の従業員をエンパワーすることが優先されます。会社の経営資源（人・モノ・金・情報・時間）は顧客価値を継続的に探究し、顧客満足を実現する一点のために投入され、製品・サービスや仕事のやり方の絶え間ない変革が常態となります。

経営者も従業員も、顧客の印象や経験に寄り添って市場の潜在的なニーズを絶えず探求し、自社の製品・サービスの課題を真摯に受け止め、顧客ニーズを的確・スピーディに実現することが仕事の中心となります。従業員は常に顧客サイドに立って自律的に発想、行動し、多様な顧客ニーズを実現するイノベーションを起こすように訓練され、動機づけられる必要があります。

顧客の多様な要求や仕事の変化に柔軟に適応するために、一元的な価値観、ものの見方、同一のスキル体系を有する人材が集まるよりも、多様な価値観、ものの見方、異質なスキル体系を持った人材が集まってお互いの気づきを通わせ、啓発し合い、最善の解決に向けて集合知を発揮し続ける良質な人間関係が何よりも重要になります。

顧客志向を本質とする組織のもとでは、顧客にみずから責任を負い自律的に仕事を開発し、確かな価値を顧客に組織的に提供することが従業員の最も重要な使命となります。そのために、実際にどのような役割を引き受け、どのように行動し、どのようなプロセスで成果を実現したかを評価して処遇を決める「役割貢献」を軸とする人事制度の導入が不可欠となるのです。

新時代にふさわしい顧客価値創出のための報酬マネジメント

いうまでもなく、会社が事業の成果を上げ続けるには、適切な経済的・心理的報酬のマネジメントが不可欠です。

ここでは「報酬」を、図表序－２のような４つの次元で整理し、どのようなマネジメントが必要になるかをみてみましょう。

報酬１.０は金銭報酬です。基本給30万円、残業手当４万円、あるいはボーナス70万円といった、お金で支給する賃金そのものです。

金銭報酬によって会社は労働の対価を支払い、人々の働きを組織化し、投入した人件費を超える顧客価値を実現して収益を上げていきます。

働く人たちは、会社の生産活動に貢献しながら、賃金から税金や社会保険料を払い、商品を購入して家庭生活を営みます。

会社が十分な収益を上げ、働く人たちが安心して働ける必要十分な賃金を支給できるかどうかは、経営の成否と働く人たちの人生にかかわる根源的なテーマといってよいでしょう。社会全体でみても、金銭報酬の総量とその購買力が、市場経済の規模と富の質を左右するといっても過言ではありません。

報酬２.０は、賃金の経済効果を高める昇給や手当、賞与、報奨金などの配分によるインセンティブを活用することです。例えばある職種の熟練者を30万円の固定給で20年雇うよりも、初任給20万円で若手を雇い、熟練度に応じて毎年6000円昇給し、20年後には32万円になるような賃金の傾斜配分を行えば、全体で支払う人件費は約７分の６に節約できます。しかも熟練とともに生活水準が年々向上するので、固定給で据え置くよりも従業員の労働意欲はむしろ高まることが分かっています。

このような金銭報酬の納得感と効果性を高め、人件費の投資効率を高めることが、賃金・評価制度の中心的なテーマといってよいでしょう。同じお金をかけても、賃金制度の設計と評価

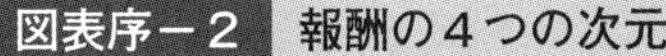
図表序－２　報酬の４つの次元

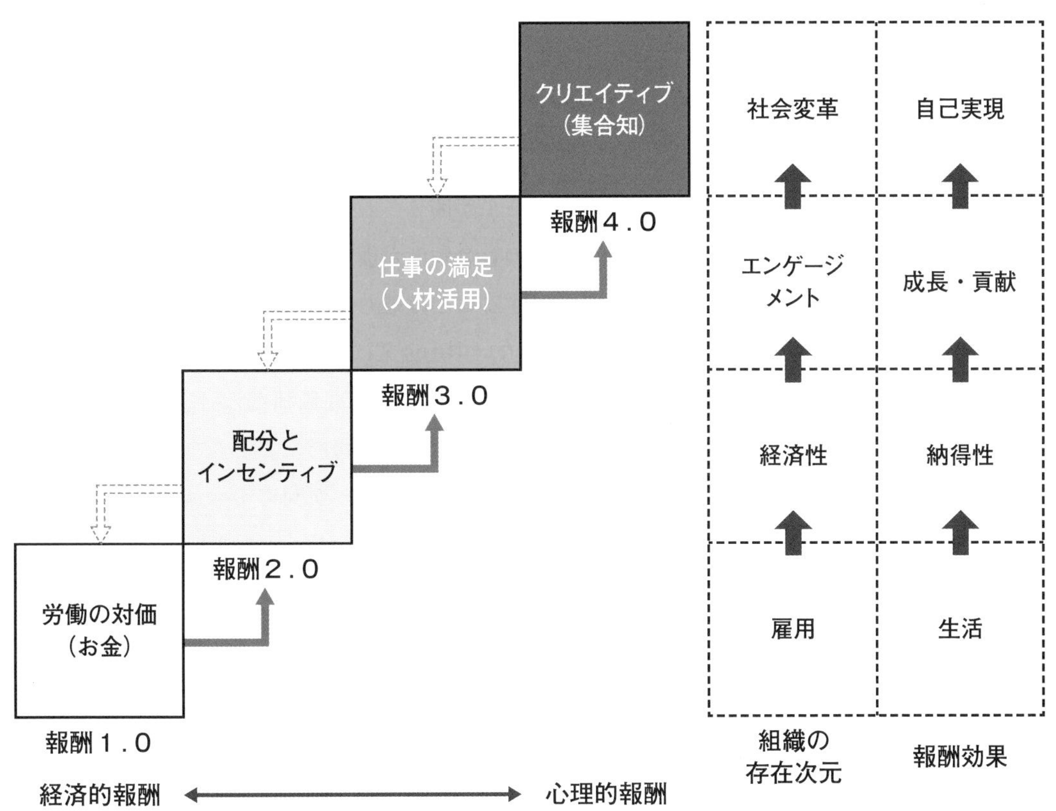

の運用、その説明力の巧拙によって、働く人たちの納得感やヤル気が大きく違ってくることは間違いのない事実です。

そして、どのような賃金配分が最適かという答えは、労働法制や労働市場のしくみ、会社の付加価値構造、働く人たちの生活形態と意識のありようによって大きく変わっていきます。

令和の時代の新しい動きとしては、コロナ禍の中で定着したリモートワークに即した仕事と人の管理、評価のしくみ、同一労働同一賃金への配慮や70歳雇用への対応が不可欠となります。後者については、同じ働きをしている人には同じ賃金を、働きに違いがあればその違いに応じた賃金を支給し、そのしくみを説明できるようにすること、そして70歳までの就労を希望する高齢者に適切な報酬を提供することが、極めて大事な取組みとなるのです。

報酬３.０は金銭ではなく、**組織への参加や仕事そのものから受け取る心理的な満足**を高めることです。賃金が高くても、組織に疎外感を抱き、仕事に満足できない従業員は、いずれ組織の中で不平・不満を抱え、問題行動やモラールの低下を引き起こすでしょう。逆に賃金がそれほど高くなくても、目標を持ち、仕事の満足度が高い従業員は自律的な成長意欲とともに高い能力を発揮し、組織の成長に大きく貢献する駆動力となるのです。

古今東西を問わず、またどのような組織でも、**金銭報酬の裏づけのもとに、働く人の仕事の満足を実現し、その成長や自律的な駆動力を引き出す人の動機づけと人材活用こそがマネジメントの要諦**とされてきました。賃金制度だけいくら新しくしても、その正しい運用がないと役に立たないといわれるのはこのためです。そして金銭報酬とは離れたところで、人やチームを動機づける能力開発や組織開発のさまざまなツールが開発され、さかんに使われています。

残念ながら、第１段階の金銭報酬や第２段階の賃金制度が弱い会社では、第３段階の報酬にのみ力を入れても、仕事の満足度を高くキープすることは難しいといわざるを得ません。大企業に比べて賃金水準が低い、賃金制度が整っていない中小企業は、その点は確かに不利でしょう。

ただし、金銭報酬にどれだけ物量を投入しても、賃金制度や評価制度の完成度を上げても、仕事の満足度を高めなければ、大事な人件費が台無しになりかねないこともまた明白な事実なのです。そして、実はこの点にこそ、人材マネジメントの小回りが利く中小企業にとって、大きな勝機が隠れているのです。

報酬４.０は、顧客価値の創出を目指して多様な人材が集合知を発揮し、仕事を自己組織化し、市場をリードしながら自己変革を続けるクリエイティブな組織体験を一人ひとりが共有できることです。

組織の中で支援的な関係性を築き、お互いが自分の強みを掘り下げながら顧客価値の創出に奮闘し、きちんと収益を上げつつ社会の変革に参加するという一連の経験は、個人的な仕事の満足にとどまらない醍醐味、職業人・組織人としての深い喜びをもたらすでしょう。

日本の代表的な企業でいうと、昔なら松下電器、いまならトヨタや日立、京セラ、ファナック、ユニクロ、リクルートといった独自の企業文化をつくり上げ、多彩な人材を輩出している企業で働くことは、サラリーマンとして稀有な体験です。

では中小企業ではダメかというと、決してそんなことはありません。

例えばグーグル（Google）は、このようなクリエイティブな組織文化をつくり上げた企業の世界的なトップランナーとして非常に有名です。

そこでは、「心理的安全性」に裏づけられた、働く人たちどうしの相互支援的な関係性を築くことが重視され、組織的な学習そして思考と行動の変革を通して組織の達成力に貢献するディープな経験をくりかえし共有することが、組織の大事な習慣として奨励されています。

実はグーグルでは、会社が大きくなってからその習慣がつくられたのではなく、学生サークルのようなノリで小さな会社がスタートアップしたときから、その習慣が大切にされ、その習慣のおかげで会社の成長に拍車がかかったといわれているのです。

グーグルでは、創業当時から、すべての構成員が自分の野心的なOKR（Objective & Key Result 仕事の目標と成果指標）をかかげ、難易度の高い挑戦をし続けることを大切にしていました。自分のやりたいこと、やるべきと考えることに基づいて一人ひとりがリーダーシップを発揮し、さらにフォロワーシップを持ってサポートし合う組織文化が最重視されていたのです。

このような知的ネットワーク型の企業文化の成功を知って、自分もこのような場で伸び伸びと働きたいと考える優秀な人材を引きつけ、参加者の成功が連鎖反応を起こし、爆発的に結びついて、今日の卓越した組織を作り上げるに至ったのです。

現在、グーグルでは、このような各人の活動をいわば下から支え、自分自身が直接的にパフォーマンスを発揮する人ではなく、「部下が最大の成果を上げるための場づくりができる人」が最高の上司とされています。

このようなクリエイティブな、内発性を重視する企業文化は、むしろ中小企業にこそ非常に身近なものといえるでしょう。

要はマネジメントが、顧客価値のために働く人たちの心理的安全性を確保し、その多様性と自主性を重んじ、チームの中で活躍できる支援的な場を提供することに徹して、顧客価値のための真摯な活動を保障し、成果を上げることを組織の習慣にできればよいのです。

もちろん、実際にそのような成果を上げ続けるのは、言葉でいうほど容易ではないと思います。ただそうであっても、組織の使命や課題を共有し、一人ひとりが仕事の失敗や成功をていねいに振り返る対話の場を確保する中で、人々が集合知を発揮し、各人の持ち場で貢献し合うことができれば、組織の達成力は飛躍的に高まるのではないでしょうか。

組織の困難な課題を自分たちで克服し、社会にインパクトを与える成果を上げるとともに、新たなキャリアのステージに自己成長を遂げる経験は、個人的な仕事の満足を超えて、一人ひとりにとってこの上なく大切な物語となり、生涯に残る一期一会の記憶となることでしょう。これが報酬の第4段階と私が考えているものです。

これからは、働く人たちが顧客価値創出にコミットし続けることができるように、このような次元の異なる報酬をていねいに開発し、人々の自発的な創造力や達成力を着実に高めていける組織が社会をリードしていくようになると思います。

本書のメインテーマは、顧客価値創出という大目的にふさわしい賃金・評価制度（報酬2.0）をつくり上げ、働く人たちの仕事の満足（報酬3.0）を最大限に高める人事や育成・評価の運用の道筋をつくることにあります。その日常的な実践を通して、実需に基づくクリエイティブな組織体験（報酬4.0）の中で、社会変革や自己実現に踏み出す端緒をつかんでもらいたいと思います。

第1章 役割貢献を支える賃金・人事制度の考え方

1．本質的に顧客志向・成果重視の個人事業主
2．従業員の仕事と賃金、顧客価値の関係
3．従業員が顧客価値に特別な関心を払わない理由
4．年功給、能力給、職務給、成果給のしくみが顧客価値に対する無関心を助長する
5．経営戦略と人事、評価・報酬の連動

1 本質的に顧客志向・成果重視の個人事業主

はじめに、読者の皆さんに「評価」や「賃金」というものの本質をクリアに理解してもらうために、どの企業にも属さないで、一人で稼いでいる「個人事業主」のことから考えてみたいと思います。

個人事業主とは、農家、商人、職人、一人親方、自営のプログラマー、フリーライター、医師、税理士、弁護士……などのように人に雇われないで、いいかえると他人から給料をもらうのではなく、独立して事業を行っている人たちです。

図表１−１の上は個人事業主の仕事のしくみを単純化したチャートです。彼らは自分たちの腕と才覚で「顧客」に直接商品やサービスを提供する「仕事」をして売上を稼いでいます。誰かの下請けになって仕事を回してもらったり、仲間で仕事を融通し合うこともありますが、それ以外は基本的に誰にも指図されない自由な職業人です。

個人事業主やその家族にとって、仕事の「成果」がどれだけ顧客に「評価」してもらえるかが売上に直結することは、ごく当たり前のことです。どんなによいお米を作る農家でも、その品質を評価して買い取ってくれる農協や業者、消費者がいなければ、農家の経営は立ち行きません。ヤブ医者じゃない？ と疑われるような診療しかできないクリニックは、たちまち患者さんが来なくなって赤字経営になってしまいます。

仕事の成果は顧客にその値打ちが評価されてこそ意味があるのですから、その意味をここでは「顧客価値」という言葉で表現しておきましょう。

どのような顧客を持ち、商品やサービスを通してどのような顧客価値が提供できるのかという腕前、技術やノウハウ、そして看板や暖簾、信用が彼らの生活基盤なのです。

図表１−１ 自営業者の事業のしくみ

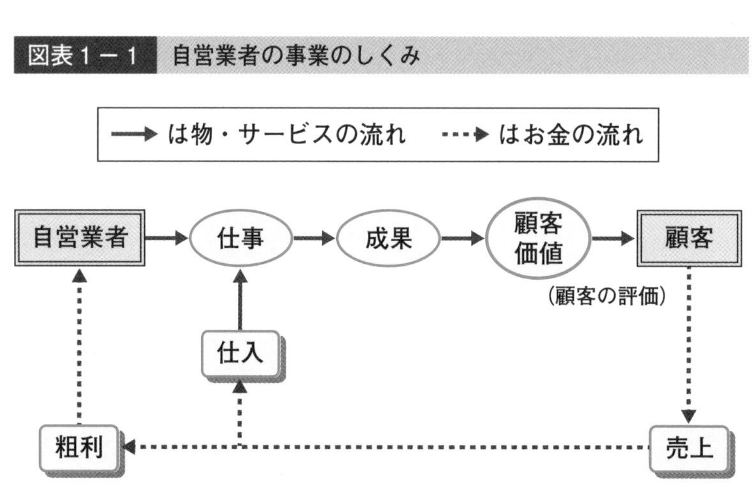

売上からかかった仕入や経費のコストを引けば、残った稼ぎ（粗利）をどうするかは自由です。顧客に約束通り商品・サービスを誠実に提供し、取引先や銀行に債務を返し、

きちんと税金さえ払えば、後はどのように使おうと自由です。

一人で仕事をしている場合なら、稼ぎがそのまま個人所得になり、それで家族を養います。家族ぐるみの事業の場合は、話し合いで稼ぎ・生活費を配分することになります。サラリーマンのような毎年の昇給や夏冬のボーナスはありませんが、仕事にかかる経費を損金に落とせるのはサラリーマンにない税制の特典といえます。

彼らは顧客に評価してもらえる仕事の成果＝顧客価値を実現することにエネルギーを集中し、その売上がストレートに稼ぎ＝報酬に直結します。個人事業主は本質的に「顧客志向」であり、「成果重視」の働き方になるのは当然でしょう。

成功すればとても大きな見返りがあるかわりに、失敗した時はすべて自分で責任を負わねばなりません。どの程度仕事のリスクをとり、どのようなリターンを狙うかはその人の考え方次第です。ハイリスク・ハイリターンを狙うには、難しい仕事に挑戦しなければならず、人並みはずれた努力と才覚が必要です。そうしたリスクをとらない仕事のやり方をすれば生活は比較的安定しますが、そのかわり高い収入は期待できません。究極の実力主義と働きがいの世界といえそうですね。

頼れる組織に属さない個人事業主は、文字通り「一所懸命」に働いて当たり前、健康と勤勉は善で、怠惰や放漫は悪です。

サラリーマンのように「就業規則」に縛られたりはしませんが、成功している個人事業主をみると、自分なりの職業の規律を持って働き、顧客の信用はもちろん、家族や交友関係を大事にしている人が多いように見えます。宗教や学芸、スポーツなどで心のバランスや生活のリズムを保ち、心身の健康を保つことが生活の知恵となっていることが分かります。

2 従業員の仕事と賃金、顧客価値の関係

会社の事業のしくみ

さて、事業が大きくなって個人や家族経営では間に合わなくなり、給料で人を雇う段階になると話は少し違ってきます（図表１－２）。

いま、ある事業主が、粗利の一部を人件費にあて、従業員を雇って仕事をさせようとしました。もっと人を増やして、事業を大きくしようと考えたのです。家族が一体で仕事をしていた

図表1－2　会社の事業のしくみ

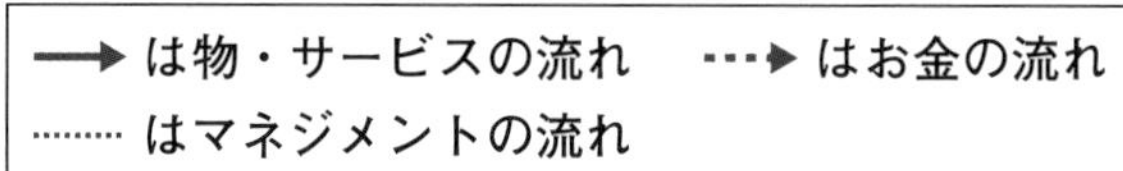

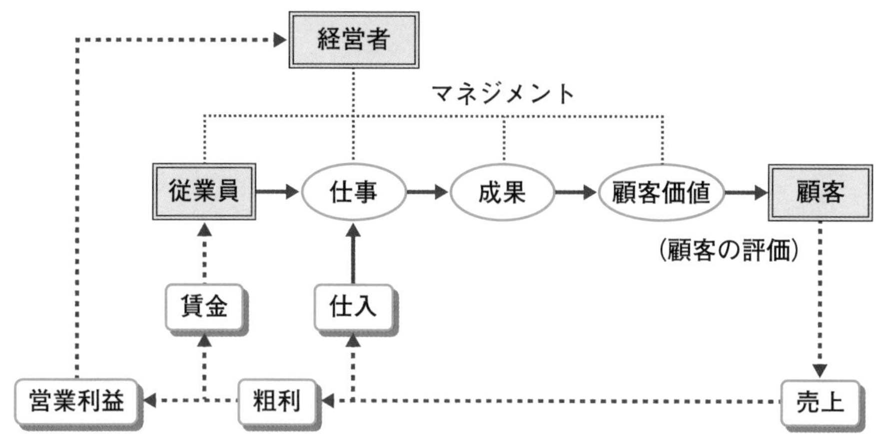

それまでの組織は使用者と労働者とに別れ、事業主は「従業員」に「賃金」を払い、その労働を管理しながら、顧客に組織的に商品・サービスを提供する形態になりました。つまり個人事業から会社になり、事業主は「経営者」になったのです。

経営者は、従業員と労働契約（就業規則）を確認し、従業員が約束の労働時間を勤務して与えられた「仕事」をこなし、期待された「成果」を実現するように労務管理を行います。また既存顧客との信頼関係や新規顧客を開拓するためのマーケティングも行います。

このように会社を組織的に動かし、成長させるための計画的な活動が「マネジメント」と呼ばれるもので、経営者の中心的な役割です。これが個人事業主のときとは大きく異なる点です。

このとき、従業員は要求された仕事の労役を提供し、その対価として労働時間分の賃金を受け取るという経済的な関係になります。民法でいう「雇用契約」の関係です。「請負契約」のように仕事の成果と報酬とを直接に取引しているわけではありません。

個々人の仕事の「成果」は組織的に会社の商品・サービスへと統合され、最終的には顧客に具体的な効用や価値をもたらし、その対価が会社の「売上」を実現します。経営者は売上から仕入を除いた「粗利益」から賃金や経費を支払い、残りの「営業利益」が経営者の手許に残ります。

会社の事業のしくみをごく単純化すると、以上のようになります。

仕事と賃金の関係

さて、ここで従業員の仕事と賃金の関係に着目すると、次の３通りの組み合わせが考えられます。

A　仕事＜賃金　……　仕事よりも賃金が多い状態。これで賃金が世間相場に合っていれば従業員にとっては嬉しい状態です。ただ経営者には不満でしょう。

B　仕事≒賃金　……　仕事と賃金とがバランスしている状態。賃金が世間相場に合っていれば、経営者も従業員もこれで納得できるはずです。

C　仕事＞賃金　……　仕事よりも賃金が少ない状態。賃金が世間相場に合っていれば従業員は多少我慢できるかもしれません。でも世間相場に足りなければもちろん不満を抱きます。

以上の議論は、仕事で賃金が決まるという仮定でした。ただ実際には、仕事だけで賃金が決まるわけではありません。

特に、仕事の成果が実際の「顧客価値」に結びつき、顧客の評価＝売上・粗利を実現してはじめて賃金を支給できるようになるのですから、「顧客価値」こそが賃金を左右する究極の要素といえます。では、この視点から議論を補足してみましょう。

もし顧客価値が十分高い場合は、

A＋　仕事＜賃金＜顧客価値　……　仕事より高い賃金を払っても、高い顧客価値が実現しさえすれば事業収入も増え、経営は十分成り立ちます。もちろん従業員もやる気が出ます。

B＋　仕事≒賃金＜顧客価値　……　仕事と賃金とがバランスし、しかも高い顧客価値を実現している状態です。人件費の投資効率が高いので、経営的には大きなメリットがあります。ただし「経営者だけが利益を独り占めしている」と従業員が不満を持ったりしないように注意する必要がありますね。

反対に顧客価値が低い場合は、

B－　仕事≒賃金＞顧客価値　……　いくら仕事と賃金とがバランスしていても、低い顧客価値しか実現できなければ事業収入は思うように上がりません。経営者はこれ以上賃金を上げたくない、できれば下げたいと考えるようになります。経営不振になったりすれば、世間相場の賃金を支給することさえ困難になります。

C－　仕事＞賃金＞顧客価値　……　仕事に比べて低賃金で、しかも顧客価値が低いために事業収入も低下し、賃金を上げられない状態です。これでは経営者も従業員も困難に陥ってしまいます。

このようにみてくると、単に仕事と賃金とを比較するだけの議論はあまり意味がなく、経営サイドはもちろん、賃金をもらう従業員サイドからみても、いかに「顧客価値」を高めるかが経営の焦点となることが分かります。

3 従業員が顧客価値に特別な関心を払わない理由

ところが残念ながら、仕事の成果＝顧客価値の実現が会社の経営に直結し、自分たちの処遇にも大きく影響することを、従業員にきちんと理解させている会社はあまり多くありません。

すでにみたように自営業者の場合は、毎日の仕事の成果や顧客の評価に最大の関心を払いながら事業を行っています。しかし経営者と従業員の関係になると、両者の問題意識には大きなズレが生じるのが普通です。

というのも、経営者にとって事業収入が従業員に払う賃金の源泉であることは常識ですが、多くの経営者は、賃金の決め方を事業収入とは切り離した経営の専権事項とみなし、仕事の対価＝固定的な人件費コストととらえる傾向があるからです。経営が多少苦しくても一定の賃金を払うかわりに、経営が順調であってもなかなか賃金を上げようとはしません。

「みんなで顧客価値を増やして、もっと賃金を上げよう」と呼びかければ従業員のハートに強く響くはずなのですが、大半の経営者はそのようなイニシアチブをとろうとはしません。平成の時代に日本企業に深く浸透した、賃金コストを最小限に抑えようというデフレマインドがいかに強固なものかが分かります。

経営者がそのようなスタンスですから、一般に従業員は、仕事に対して賃金をもらっているという意識になりがちです。与えられた仕事は大事にしても、自分たちの仕事がもたらす顧客価値が会社の事業収入ひいては賃金の源泉であることまでには考えが及びません。そのために、従業員が目前の仕事をこなすことだけを目的ととらえ、成果（顧客価値）に対して無関心になったり、顧客志向で働くことの意味を理解できず仕事の質が低下したり、結果として事業収入が伸び悩み、低賃金を余儀なくされている会社が非常に多いのです。

営業や販売のように顧客と直接接触し、対面でていねいに対応するような仕事でも、顧客の視点で自分たちの製品・サービスを振り返ることのできる従業員は意外と少ないのです。まして顧客と直接の接点を持たない開発や生産、間接部門の仕事になると、成果について顧客の評価をフィードバックされる機会も限られます。結果、次のようにプロダクト・アウトの尺度で仕事を自己評価する傾向になりがちです。

「自分たちは会社の仕事を大事にしている」

「自分たちは一生懸命仕事をしている」

「自分たちの製品やサービスは品質がしっかりしている」

「自分たちの製品やサービスが売れないのは、世の中のせいだ」

「事業がうまくいくかいかないかは、経営者の責任だ」

経営者も一般に、経営のしくみを分かりやすく説明し、一人ひとりの仕事の成果と顧客価値がどのようにつながっているのか、顧客価値と事業収益とがどのように結びついているかを理解させようとはしていません。理解させることの必要性や、どう理解させればよいかもよく分かっていない人が多いのです。

しかし、これではいくら人数が増えても、個人事業主のようなこだわりを持って仕事をする人はいなくなってしまいます。顧客志向や成果重視の姿勢で仕事をすることができない組織になってしまいます。

まして顧客価値を自分たちの力で創出しようという発想など生まれるはずがありません。

4 年功給、能力給、職務給、成果給のしくみが顧客価値に対する無関心を助長する

このようになる原因の1つに、これまで行われてきた年功主義や能力主義、職務主義、成果主義の人事・賃金制度があります。

このことは案外気づかれていませんが、年功給や能力給、職務給、成果給というこれまでの賃金決定のしくみは、いわば組織が追求すべき真の成果＝顧客価値とは切り離されたところで従業員の処遇基準を決め、賃金を配分する考え方なのです。

例えば欧米流の職務給の場合は、職種別採用を前提に、配置する仕事のポジションに応じて人事担当者が「職務記述書（ジョブ・ディスクリプション）」を作成します。担当する業務内容、期待する成果、必要な知識や行動などを箇条書き的に列挙し、担当上司と内容を調整します。

担当上司は、職務記述書とともに各人の職務等級（ジョブ・グレード）と賃金・賞与などの待遇条件を本人に提示します。そのうえで、本人に具体的な成果目標を持たせ、それに対する実際の成果や行動の実績を評価して、賞与や、1年後の昇給・昇格を査定するわけです。このように、欧米では担当上司が直接、部下の採用初任給や賞与・昇給・昇格等を決定し、人事担当者はそのしくみを脇でサポートするやり方が一般的です。

職務給のやり方はそれなりの合理性があり、マネジメントさえしっかりしていれば運用もうまくいくのですが、よい話ばかりではありません。

最大の問題は、職務記述書の作成や目標の設定が、過去のテンプレートに頼りがちなことです。するとどうしても、これまでの仕事のやり方を外形的にくりかえす書き方になってしまい、上司がよほどの問題意識を持っていないと、顧客価値に焦点を当てた真の仕事の目的や、

正しい成果を定義することは難しいのです。

当然、目標もその延長線上に、顧客価値とは無関係な外形的な目標を設定させることになりがちです。その目標を達成することに本人が全力で取り組めば取り組むほど、これまでの仕事のやり方を形のうえでくりかえすことに終始するわけで、これでは、マネジメントする側も、される側も、顧客価値に焦点を当てたクリエイティブな発想にはなかなか至りません。

ここでは職務給を引き合いに出しましたが、日本の能力主義や成果主義と呼ばれる人事制度も、実情はそれほど変わりません。

日本人になじみの深い年功主義の場合、従業員にとって居心地のいい年功賃金や年功的職能給のしくみを長年続けてしまうと、「あなた方の仕事の成果を、お客様は厳しい目で評価しています」などと社長が熱心に説明しても、普通の従業員には現実感がないはずです。

「顧客志向」といわれても当事者意識が持てず、ピンときません。それよりも自分は社内人事序列のどのあたりにいるのかとか、いつ先輩のように昇給するのか、というような人事処遇への関心が勝ると思います。

職務給のしくみも同じです。自分たちの仕事の責任範囲は「労働契約書」や「職務記述書」に書いてある通りで、賃金もそれで決まっています。「仕事で給料は決まっているはず。なぜ成果や顧客の評価まで自分たちが心配しなくちゃいけないの？」というのが普通の反応でしょう。それよりもいまの仕事がいつまで続くのか、早く賃金レートの高い仕事に移れないか、ということのほうがずっと気になります。

成果給の場合は、一般に仕事の成果責任や成果目標を客観的な評価尺度にして、賞与や昇給が決まるしくみです。当然、従業員は「仕事の成果」に人一倍敏感になりますが、実は多くの会社が評価尺度にしている成果基準は、売上高とか利益、歩留まりやロス率、納期、生産性など、組織サイドが決めた内部基準によるものがほとんどです。正しい意味での顧客にとっての価値を成果に見据え、顧客価値を具体的な評価尺度に取り上げている会社はごく少ないのです。目先の売上や利益、歩留まりなどの抽象的な指標やノルマで仕事が外形的に評価され、最も大事な顧客価値をていねいに考える余裕もなく、戦略・戦術の不在そして思考停止状態のために成果が上がらないまま、馬車馬のように働かされる疲弊感に陥る例が少なくありません。これでは心まで病んでしまう従業員が出ても不思議ではありません。

このような方法で各人の賃金を支給すると、従業員の顧客価値に対する無関心は一層助長されます。経営者がいくら顧客志向や仕事の成果の重要性を理解させようとしても、彼らの胸には切実に響きません。

顧客価値創出を軸とする３つの信頼関係

従業員に顧客志向を浸透させ、真摯に顧客価値を追求する従業員が社内の多数を占めるようにするためには、顧客価値創出を中心軸においた３つの信頼関係を経営のイニシアチブのもとに永続的に築いていかねばなりません。

その考え方は図表１－３のようにとてもシンプルです。

① **経営者と社員の信頼関係（ビジョンとモチベーション）**……経営者は事業の目的や商品・サービスの価値、事業活動の進め方などについてのビジョンを社員と共有し、顧客価値創出に向けた果敢な挑戦を鼓舞し、働きを評価し、報酬を払います。社員が安心して顧客価値創出の活動に専念（モチベーション）できるよう物心両面での後方支援を行います。

② **社員と顧客の信頼関係（使命感）**……顧客の切実なニーズに応え、具体的な顧客価値創出に貢献し、その経験を通した成長や自己実現に働きがいを感じる社員の使命感こそが、会社の顧客基盤を培う事業活動の源泉（ソース）です。具体的な商品・サービスの事前情報や購買経験、実際に使用した経験などからその効用・価値を享受した顧客は、その背後に経営者のビジョンや社員の献身的な働きを感じ取ります。企業に対する信頼や愛着の度合いを高めたロイヤルカスタマー（お得意様）は、世代を超えて会社を支えてくれる存在にもなるのです。

③ **顧客と企業の信頼関係（ブランド価値）**……顧客は、商品・サービスの効用・価値に対

図表１－３　顧客価値創出を軸とする３つの信頼関係

（顧客価値創出を最重視する社員の思考・行動が事業活動の源となる）

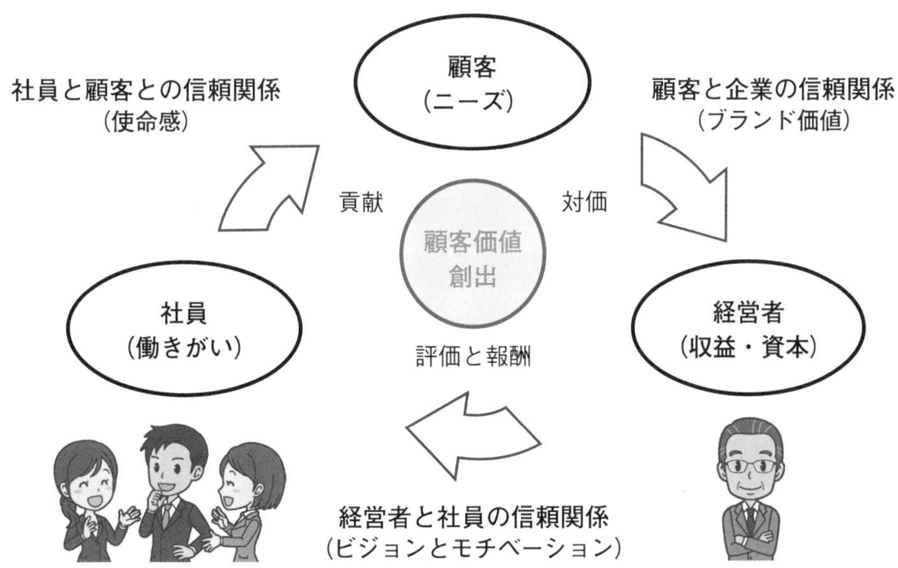

し、その正当な対価を企業に払います。経営者はその売上・収益に支えられて、次の事業活動のための人件費や投資活動の費用をまかなうだけでなく、自らの顧客基盤を信頼してさらなる顧客価値の創出に向けて雇用を増やし、待遇を改善し、社員を一層力強く鼓舞できるようになります。

もう少し①について補足すると、経営者は、第一線で顧客価値創出のために奮闘する社員の活動を組織的に支えるよう、効果的な人事制度や組織文化を整えていかねばなりません。そうしてはじめて、社員の貢献や成長を支援する人材マネジメントを通して、顧客価値創出に貢献した社員の働きに、必要十分な経済的・心理的な報酬で報いることができるのです。

では、効果的な人事制度や組織文化とはどんなものなのでしょうか。単純化していうと、次のようになります。

効果的な人事制度・組織文化

❶ **自分たちが日々追求する具体的な顧客価値の集積が、会社の収益を支え、経済的・心理的な報酬に連動することを見える化し、日々経験させる**

❷ **顧客価値創出に貢献することを一人ひとりの役割の軸に据え、顧客価値の探求や具体的な課題の設定、その課題の解決を日々の活動の中心に置く**

❸ **その課題解決のプロセスを定期的に振り返り、各人の役割に対する貢献を評価して賞与や昇給・昇格に連動させる**

❹ **以上のことがロジカルに、また日々の実践を通して従業員が肌身で理解できるような人事制度や対話のしくみを用意する**

くりかえしますが、これまでのように顧客と従業員との間にカーテンを引いてしまったり、顧客価値以外のノルマに気持ちが奪われたりするような賃金のしくみは、早急に廃棄されねばなりません。

年功給や年功的職能給、職務給、成果給を廃棄して、役割貢献の評価に応じた基本給を決めるためには、次のようなしくみが必要です（図表１－４）。

① **等級制度**＝どのように従業員の役割を区分し、その貢献度を評価し、賃金に連動させるかという人事制度のフレーム

② **賃金制度**＝顧客価値の実現・改善・継続が毎年の賞与や賃金改定（昇給・昇給停止・マイナス昇給）の原資に連動する合理的な賞与配分と賃金決定のしくみ

③ **評価制度**＝継続的な顧客価値の創出に焦点を当てた会社の事業戦略に基づいて、具体的な組織目標を設定し、一人ひとりに期待する顧客価値創出の行動や成果を振り返り、評価し、人材の育成と賞与の配分や賃金改定、昇格に連動させるしくみ

図表1－4　顧客価値創出のための「役割貢献人事制度」のフレーム

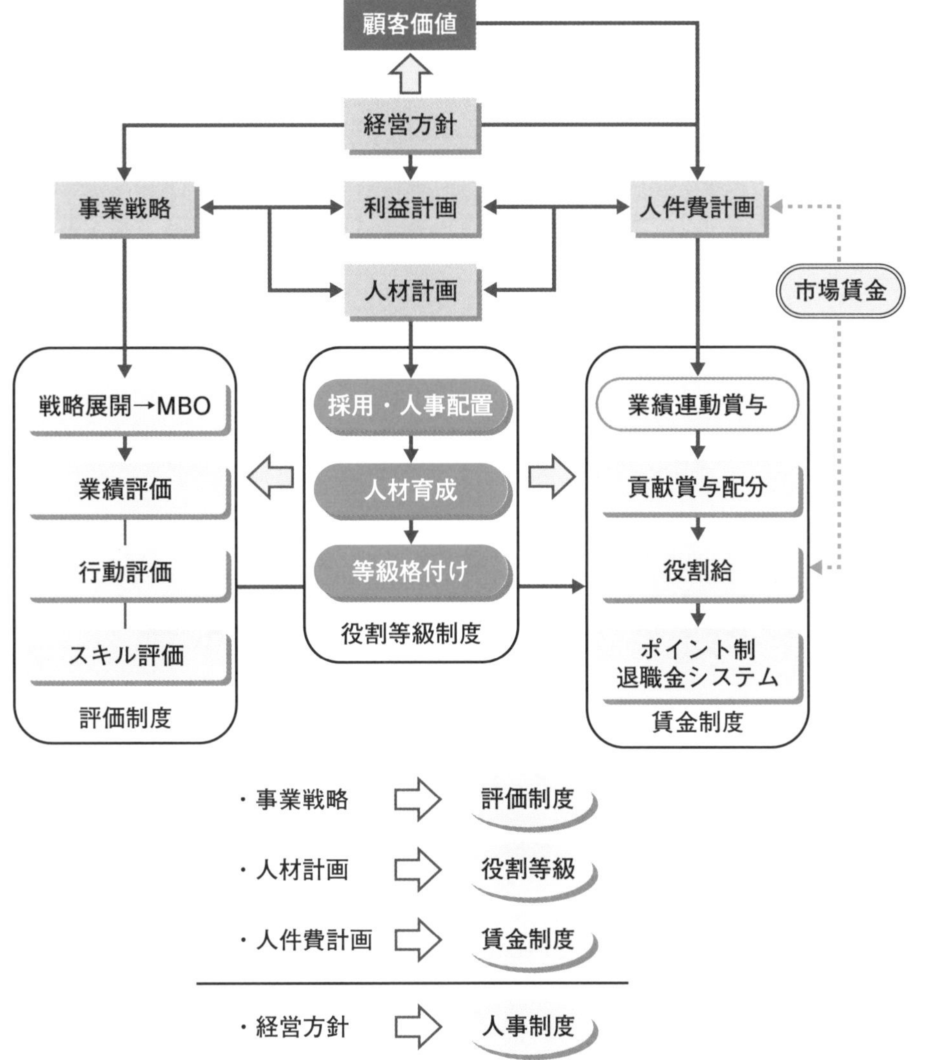

このような人事制度の情報を開示して、具体的な顧客価値への貢献に連動した報酬のしくみを導入すれば、従業員も一人ひとりの現場で顧客価値を大切にし、その結果として会社の収益や生産性が上がることにリアルな関心を持てるようになります。常に顧客価値を念頭において、自分たちの仕事の効率や効果性をどうやって高めていけばよいかを、自分の頭できちんと考えるようになるのです。

もちろん、人は賃金だけを目的に仕事をしているわけではありませんし、賃金のことをさほど気にせずに仕事そのものに熱心に取り組んでいる従業員がいることも事実です。

働くことで人に頼らず自分の力で生活できるという自立感や、組織に属して仲間と一緒に仕事ができる、組織の中で人の役に立てているという働きがいは、社会人としての基本でしょう。仕事へのかかわり方が深まってくると、自分の力を仕事に発揮できるという効力感や仕事そのものの面白さ、困難な課題にチャレンジしてやり遂げる達成感も大きなウェイトを占めるようになります。

ただし自営業者と同じように、自分たちの仕事の成果が顧客に実際に評価されていることや、顧客価値の探究・実現・改善・継続を通じて社会に貢献していることを実際の報酬の中でも実感できるようになれば、従業員は仕事の厳しさを含めた、より一層大きな働きがいを肌身で感じ取ることができるようになるはずです。

真の従業員満足を実現するためには、顧客価値創出についての分かりやすい情報共有と、それを実感させるような対話と評価、賃金決定などのフィードバックのしくみが欠かせないのです。

5 経営戦略と人事、評価・報酬の連動

組織的な成果（顧客価値）のマネジメント

企業、行政機構や労働組合、政党、宗教法人などすべての組織には、組織固有の目的と実現すべき成果があり、そのための機能を持っています。

後でも触れますが、企業は市場活動を通じて顧客（需要）を創造し、顧客の求める独自の商品・サービスを提供することを目的につくられた機能組織です。その売上によって付加価値と利益を実現し、それを再び経営資源として事業を継続していきます。

例えば、病院は地域あるいは専門分野における質の高い医療サービスを提供し、医業収入を得ることによってその事業を存続させていきます。

企業はその事業目的を達成するために、経営目標を掲げ、有能な人材を集めてさまざまな役割分担に組織化し、具体的な任務・課題を与え、高品質の商品・サービスを提供して顧客価値を実現していかねばなりません。

病院では的確な診断と効果的な治療、学校では人間的な質の高い教育・指導と研究、工場では安価で高品質な製品の加工・組立とスピーディな供給、運送会社では迅速で正確・ローコストの配送、警備保障会社では徹底した顧客の安心・安全・信頼の確保というように、**事業の中心は顧客にとっての成果＝顧客価値**です。顧客にどのような成果を提供しているか、将来にわ

たって価値を提供できるかが、会社の現在と未来の業績を決定します。

顧客に提供できる成果を継続的に高めるためには、組織的な成果（顧客価値）のマネジメントが経営にとって必須となります。

顧客価値のマネジメント

（1）**経営戦略**……………組織としてどの顧客にどのような価値を提供するかを決め、他社より優位に具体的成果を実現するための、持続可能な中長期の計画を持たねばなりません。

（2）**顧客の創出**…………戦略の中心は、現在の得意顧客を発掘し獲得する効果的な営業活動と、需要を創造し未来の優良顧客を獲得するイノベーションおよびマーケティングです。

（3）**組織・人事**…………組織的に顧客価値を実現するための組織の主活動・支援活動の機能を決め、職務を編制し、適性のある人材を配置して役割責任と行動基準を明確にする必要があります。

（4）**目標設定と実行**……顧客価値実現のために組織や個人が達成すべき成果ととるべき行動の基準を明示し、組織的にその遂行プロセスをモニターしていかねばなりません。

（5）**振り返りと探求**……達成された成果と行動の質を上司と一緒に振り返り、学習と成長のための対話を促進し、どうすればもっと顧客価値が高まるかを分析して、課題と対策を組織的に実行していかねばなりません。

（6）**評価と報酬**…………通常、半期ごとに役割に対する貢献度を評価して賞与を支給し、年に一度、期待度も加味した昇給・昇格によって賃金を決めます。各人の貢献と成長にふさわしい待遇を行い、報酬に対する従業員の納得感を確保しなければなりません。

（7）**人件費管理**…………投入した雇用や人件費が実際の成果（顧客価値の創出）と必要な収益につながっているかどうかを検証し、適正要員を保ち費用対効果を高めていく必要があります。

図表1－5は主な人事イベントと評価制度のねらい・着眼点を整理したものです。

役割貢献に基づく人事システムを運用するためには、これだけの人事イベントに対応する人事評価と貢献度評価のしくみを用意する必要があります。

「人事評価」は、人材の採用や配置、昇格（降格）、役職の登用など重要な人事を判定するために、人材ポテンシャルの事前評価（能力アセスメント）を行うものです。

会社の組織運営と一人ひとりの意欲・能力とをマッチングさせ、役割を与え、承認する「人事」は経営者であれば避けて通れない大事な意思決定です。従業員も経営者がどのような人事を行うかを注意深く見ているのです。

図表１－５　何のために、何を評価すべきか？

人事イベントと評価制度のねらい・着眼点

評価制度	イベント	ねらい	着眼点
人事評価（人材アセスメント）	採用	人材発掘	将来性
	配置	役割付与	経験・適性
	昇格	成長期待	キャリア段階
	登用	組織成果	専門・管理能力
育成評価	育成※	学習・成長	キャリア課題・意欲
貢献度評価	賞与	成果配分	貢献
	昇給※	賃金決定	習熟・貢献

※昇給には育成評価も併用することがあります。

補足

「登用」と「昇格」

登用は責任役職への任命をいい、昇格は職務内容のレベルアップ＝キャリア段階とともに役割がグレードアップすることをいいます。下位等級ではキャリア段階が上昇すれば役割も昇格しますが、上位等級では責任役職の登用と役割の昇格を一体的に運用します。

どのような組織にするために、どの人材に力を発揮させるのか。あるいは、どの人材を昇格させ、誰を責任者にすれば組織の業績は伸びるのか。組織上の役割期待に対して、一人ひとりの経験、能力、意欲、人望などの適性を判定し、ベストの人事を行います。

「育成評価」は、上司・部下のOJTや「1on1」の対話を通して、部下のキャリア課題や仕事への意欲を評価し、カウンセリングやコーチングを行うものです。これには事前・事後という概念はなく、その都度、現在進行形のかかわりの中で進めていきます。

最後の「貢献度評価」は、文字どおり役割貢献の度合いを事後的に評価して、賞与や昇給を決める参考にします。下位等級の場合は、仕事に対する習熟度も評価します。本書で単に「評価」という場合は、この賞与や昇給に用いる貢献度評価や習熟度評価のことを指します。

競争戦略の主戦場

「組織は戦略に従う」（A. チャンドラー）という言葉がありますが、企業が人を雇い、人事を決めて組織を編制し、給料を払うのも、顧客にとっての成果を実現するためです。

例えば学校は、効果的な教育・研究プログラムを生徒や学生に提供し、向上心や成長意欲を刺激するとともに、継続的な学習・研究活動を通じて高い知識や技能、規範、自律的な行動力などを習得させることを使命としています。

「学校は企業のような営利法人とは違う」という人もいるかもしれませんが、そうではありません。生徒や学生本人は学校に行くかどうかを自分で決め、せっかく行くならよい学校に行きたいと考えます。家族も、せっかく行かせるならよい学校に行かせたいと考えます。そういう意味では学校といえども利用者から厳しく評価されています。競争にさらされ、教育の成果つまり顧客価値を上げなければいけない点は企業と同じなのです。

「よい学校を作る」「教育の成果を上げる」「よい学生を世に送り出す」という学校設置者の

意思は、その理念に共感できる教職員を採用・補充し、どの学科のどんな授業を強化するか、どのような学生を評価するかという教育カリキュラムやシラバスとして具体化され、必要な教職員の職務と人事が決定されます。その上で年度の学校運営方針に基づいて教育・研究活動の課題・目標が設定され、実際の活動成果が評価されます。

それによって教職員の新たな任免や処遇が決定されます。このとき、活動が評価できる教職員の給料を昇給させたり、評価できない教員の給料を抑制したり、場合によっては退職を勧奨するという処遇のメリハリは、経営が成果を真剣にマネジメントしようとしていることを示す重要なメッセージとなるものです。

学生本位に教育の成果を常に考え続け、学校が決めた運営方針や課題・目標に真剣にコミットした教員であれば、その人事評価の意味は一瞬で理解できるはずです。

このとき、残念ながら多くの学校では、活動が評価できる教員も、評価できない教員も一律に年功で処遇するようなやり方を続けてしまうために、「よい学校をつくる」「教育の成果を上げる」「よい学生を世に送り出す」という学校設置者の意思が中途半端にしか教員に伝わらないのです。そういうやり方を続けていけば、十中八九、その学校はよくなりません。これまでは何とか学校を維持できたとしても、少子化が進む中で力を伸ばしてくる他の学校にきっと負けてしまうでしょう。

ここでは１つの例に学校を取り上げましたが、このような顧客価値をめぐる戦略と人事、評価・報酬の連動は、より高い成果を上げ、より大きな価値を顧客に提供しようとするすべての組織に共通の経営課題といえます。

どのような顧客価値を実現し、そのためには何が仕事の成果であり、組織にとって何が優れた業績かということを抜きにして、従業員の成績や能力あるいは意欲だけを一般的に問題にしても始まりません。やみくもに評価や報酬、人事の公平だけを求めても意味がないのです。ビジネスの目的を不問にした評価や報酬、人事などあり得ないのです。

これまでの説明でお分かりのように、「顧客志向」と「成果重視」は企業経営の最低基準であり、むしろ企業間の競争戦略の主戦場は、より優れた顧客価値の実現をめぐる組織・人事のマネジメントにシフトしています。

「成果主義」という言葉が一時、流行のように使われたりしましたが、企業が顧客や成果を重視するのは昔から当たり前のことです。むしろ本質的な課題は、他社が容易に実現できない独自の顧客価値をいかに実現するかという戦略構想力と具体的な成果活動、そのための組織編制力、そしてどのように人材を採用・育成・定着させ、組織的な集合知や人材タレントをフルに発揮させるかという人事の運用力にあります。

顧客価値をないがしろにした人事管理や賃金の決め方をして企業が永く栄えることはありません。大事なのは、顧客価値という目標の重要性を経営者と従業員がどのように共有し実践できるか、どうすればそのような人事管理ができるのか、という点です。本書の問題意識もそこにあります。

新時代の待遇制度＝役割給の賃金制度のつくり方

1．月例給与、賞与、退職金の役割
2．非正社員に対する不合理な待遇差の禁止（同一労働同一賃金）への配慮
3．賃金制度（基本給）を構成する４つの評価軸
4．３つの従業員区分方法＝等級制度
5．役割等級の考え方
6．役割・貢献度の評価と賃金・賞与とのつながり
7．役割等級のつくり方

1 月例給与、賞与、退職金の役割

いうまでもなく毎月の給与、賞与、退職金には、それぞれ異なる役割があります。

① **月例給与**

賃金の世間水準を考慮して役割と貢献度に応じた**基本給**を1年ごとに決定し、これを補完する**諸手当**とともに毎月安定的に賃金を支給します。期待役割と実際の働きに応じた分かりやすい「労働の対価」を実現し、従業員の前向きなキャリア形成に対する動機づけを行うとともに大事な「生活給」の原資とします。

基本給の決定は、新卒採用または中途採用／ハイキャリア採用の初任給からスタートして、役割の中で実際の貢献度を定期的に評価しながら、徐々に各人の役割貢献のレベルに合った金額に近づけていく**中期決済型**の運用を行います。

具体的な運用としては、役割の異動に伴い基本給の昇格・降格を随時行う「基本給1」の運用と、定期的に仕事の経験やスキルアップ、貢献を評価して昇給・降給を行う「基本給2」の運用とがあります。ただし、基本給1＋2という2階建てで基本給を構成するわけではなく、単一の基本給で両面の運用を行います。

どういうことかというと、役割の高さに応じた基本給の上限・下限（**範囲給**、英語でバンドという）を等級別に設定し、各人の初任時の等級格付けや昇格・降格を行います。これが基本給1の運用です。

その範囲給（バンド）の中で、「**段階接近法**®」という方法を使って、各人の現在の賃金の高さと貢献度の評価によって基本給の昇給・昇給停止・マイナス昇給を実施します。これが基本給2の運用です。

（注）「段階接近法」は株式会社プライムコンサルタントの登録商標です。

このような基本給1の等級の格付けと基本給2の賃金改定の組み合わせにより、古くから行われてきた年齢給や職能給の並存型の賃金体系や、年齢基準の昇給ルールは原則不要になります。賃金体系とその運用がシンプル

補足 賃金改定の時期

賃金改定は不定期という会社もありますが、通常は年に一度改定する会社が大多数です。なおスタートアップの会社では半年ごと（年2回）に行う会社もあります。有期契約のパートタイマーや契約社員も半年ごと、さらには数カ月ごとに改定する会社もあります。

昇格・降格の等級格付けは本来、随時行うものですが、中堅クラス以上の会社になると、定期的な人事異動に合わせて昇格・降格と賃金改定を同時に行うところも少なくありません。

補足 「ベースアップ」と「ベースダウン」

昇格や昇給がなく、賃金の社内的な位置づけが同じでも、その市場価値や生産性の上昇に伴い賃金水準を引き上げることを「ベースアップ」といいます。反対に会社の賃金の支払能力が低下し、賃金水準を引き下げることを「ベースダウン」といいます。いずれも賃金制度上の昇給・降給とは区別します（**第5章参照**）。

になり、従業員にも大変分かりやすくなります。

所定労働時間に対応して基本給の月額を決め、時間外・休日労働があったときは超過勤務手当を追加支給すれば、必要最小限の賃金体系が揃います。

② **賞与**

会社が実現した期間利益の一部を従業員に成果配分する臨時給与です。

「一時金」ともいいます。通常、半年ごとに経営業績と個人成績に応じて従業員に還元・配分することにより、経営や仕事の成果に対する報奨を行い、組織に対する役割貢献の意識を高めます。

補足 **賞与支給のタイミング**

賞与支給のタイミングは、通常は半年ごとに夏季賞与・年末賞与の２回と決めている会社がほとんどです。夏・冬の賞与とは別に事業年度末に決算賞与を出している会社もあります。中小企業の中には定期的な賞与がなく、利益に応じて随時・不定期に支給したり、決算賞与だけ支給するという会社もあります。

本書では、基本給との連動や過去の支給実績の影響を少なくし、半年ごとにゼロ・リセットで経営業績と個人の貢献度評価に応じた配分を行う**短期決済型**の業績連動賞与の決定手法を紹介します。会社業績と人件費の連動性を高めることによって、総人件費に占める変動人件費の割合を高め、損益分岐点を下げて財務の安全性を高めることができます。

③ **退職金**

入社から退職時までの勤続功労に報いる最終給与で、最も長期決済型の報酬です。永年の貢献度の累積に応じて原資の積み立てを行い、退職時の支払いを約束することにより、従業員の長期勤続への意欲と会社への帰属意識を高め、退職後の生活援助を行います。筆者は、これまでのような勤続年数と基本給の上昇に連動して支給額が増えていくウルトラ年功型の退職金制度ではなく、基本給とは独立に、個々人の毎年の累積貢献度を確実に反映させることのできる**ポイント制退職金**の導入をお勧めしています。

なお、退職金制度を実施する場合は、中小企業退職金共済制度や確定拠出年金（DC）、確定給付企業年金（DB）、保険商品などを活用して、退職金の適正な積立・支払方法を確立しておく必要があります。退職金を支給する段になって慌てないよう、会社の**退職給付債務**が、知らず知らずに膨張しないように注意しなければなりません。

本書は、はじめに本章で賃金・評価制度の基礎となる役割等級制度のつくり方を説明し、**第３章、第４章、第５章**で月例給与の中心を占める最も大事な「基本給」の決め方を３通り解説します。それから諸手当（**第６章**）、賞与（**第７章**）へと解説を進め、最後にその運用に必要な評価制度のつくり方（**第８章**）を取り上げます。退職金については別途詳しい説明が必要になることから、本書では触れませんでした。

2 非正社員に対する不合理な待遇差の禁止（同一労働同一賃金）への配慮

パートタイム・有期雇用労働法による均衡待遇・均等待遇の規定強化

「同一労働同一賃金」とは、仕事や責任の内容が同一またはその価値が同等であれば、同じ賃金を支払うべきという、欧米ではごく当たり前の考え方です。

しかし日本では、正社員と非正社員との雇用形態の違いによる賃金格差が非常に大きく、同一労働同一賃金の原則はほとんど無視されてきました。すでに序章で説明したように、日本では、無期雇用・フルタイムの正社員は人材を内部育成し、多様な仕事の機会を与え、人材としてフル活用するメンバーシップ型の人事管理とキャリア開発のしくみが広く定着しています。正社員の賃金待遇は、同一労働同一賃金とは異質な年功賃金や職能給のしくみが多くの企業で採用され、大企業ほどその傾向が強く残っています。

他方の有期雇用の非正社員は、業務の繁閑に応じた雇用の調整弁として位置づけられ、仕事の内容や責任も限定され、賃金は外部労働市場によって決められてきました。正社員のような評価制度や昇給制度、人材育成は多くの企業で対象外とされ、賞与や退職金は支給されないか、支給されたとしても少額にとどまっています。

正社員と非正社員のこのような賃金待遇差は大きな社会問題にもなり、どの雇用形態でも納得して働けるよう、2019年６月に「働き方改革関連法」の目玉の１つとして、「パートタイム・有期雇用労働法」が成立しました（旧パートタイム労働法を改称）。大企業は2020年４月、中小企業は2021年４月から、同一企業（団体を含む）における正社員と非正社員（短時間労働者、有期雇用労働者、派遣労働者）の間の不合理な待遇差の解消を目指す「同一労働同一賃金ガイドライン（指針）」（正式名称は「短時間・有期雇用労働者及び派遣労働者に対する不合理な待遇の禁止に関する指針」。平成30年厚生労働省告示第430号）が適用されます。

法律改正のポイントは、次の３つです。

1. 同じ企業に勤めている正社員と非正社員の不合理な待遇差の禁止（均衡待遇と均等待遇）
2. 労働者に対する待遇差に関する説明義務
3. 裁判外紛争解決手続き（行政ADR）の整備

まず、「不合理な待遇差の禁止」は、同一企業内における正社員と非正社員の間で、基本給や賞与、役職手当等の諸手当、福利厚生、教育など、個々の待遇のそれぞれについて不合理な待遇差を設けることを禁止しました。

正社員どうしや非正社員どうしの待遇差や、他企業の社員との待遇差は問題になりません。

待遇に差を設ける場合には、①職務内容（業務内容および責任の違い）および②職務内容・配置の変更の範囲（人材活用のしくみともいう）、③その他の事情（労使交渉の有無、定年退職など）のうち、それぞれの待遇の性質・目的に照らして適切と認められるものを考慮して、不合理なものであってはならないという「均衡待遇規定」があります（第８条）。

また、対象者は少ないと思いますが、すべての雇用期間を通じて上記①②③の要素が正社員とまったく同じ非正社員については、「均等待遇規定」により、待遇差そのものが禁止され、完全な同一待遇が義務づけられます（第９条）。

これにより、例えばこれまでパートタイマーや嘱託は昇給や評価の対象外とし、賞与を支給してこなかった企業は、均衡待遇を配慮した昇給や賞与の支給が求められるようになり、評価の対象にも含めなければならなくなります。

色文字①〜③の部分を、「職務３要素」といいます。

同一労働同一賃金ガイドライン（指針）の概要

「パートタイム・有期雇用労働法」の成立に併せて、2018年12月28日に公布された同一労働同一賃金ガイドライン（指針）は、賃金や賞与、手当、教育訓練、福利厚生等に関する、正社員と非正社員の待遇差が不合理か否かについて、原則となる考え方および具体例を示したもので、司法判断の法的根拠になります。その概要は次の通りです。

① **基本給の均等・均衡待遇の確保**

基本給が職務に応じて支払うもの、能力に応じて支払うもの、勤続に応じて支払うものなど、その趣旨・性格がさまざまである現実を認めたうえで、基本給の支給基準を能力・経験、業績・成果、勤続年数の３つに分類し、それぞれの趣旨・性格に照らして、正社員と短時間・有期雇用労働者との実態に違いがなければ同一の、違いがあれば違いに応じた支給を求めています。昇給についても、勤続による能力の向上に応じて行おうとする場合には、正社員と同様の能力の向上には同一の、違いがあれば違いに応じた昇給を求めています。

② **各種手当の均等・均衡待遇の確保**

・　ボーナス（賞与）について、会社の業績等への貢献に応じて支給しようとする場合は、正社員と同一の貢献には同一の、違いがあれば違いに応じた支給を求めています。この場合、通常の労働者には職務の内容や会社の業績等への貢献等にかかわらず全員に何らかの賞与を支給しているのに、非正社員には支給していないような事例は問題があると解釈されます。

・　役職手当についても、役職の内容、責任の範囲・程度に対して支給する場合、同一の役職・責任には同一の、違いがあれば違いに応じた支給を求めています。

・　その他、業務の危険度等に応じて支給される特殊作業手当、交替制勤務などの特殊勤務手当、精皆勤手当、時間外・深夜・休日労働手当の割増率、通勤手当・出張旅費、食事手当、単身赴任手当、特定の地域で働く者を対象とする地域手当は、同一の支給要件を満たす場合は同一の支給を求めています。

③　福利厚生や教育訓練の均等・均衡待遇の確保

・　食堂、休憩室、更衣室といった福利厚生施設の利用、転勤の有無等の要件が同一の場合の転勤者用社宅、慶弔休暇、健康診断に伴う勤務免除・有給保障については、同一の利用・付与を求めています。

・　病気休職については、無期雇用短時間労働者には正社員と同一の、有期雇用労働者にも労働契約の残存期間については同一の付与を求めています。

・　法定外年休・休暇については、勤続期間に応じて認めている場合には、同一の勤続期間であれば同一の付与を求め、特に有期労働契約を更新している場合には、当初の契約期間から通算した期間を勤続期間として算定する必要があります。

・　教育訓練については、現在の職務に必要な技能・知識を習得するために実施しようとする場合、同一の職務内容であれば同一の、違いがあれば違いに応じた実施を行わなければならないとしています。

④　派遣労働者の取扱い

派遣元事業者は派遣労働者の待遇について、派遣先社員との均等・均衡待遇を確保する「派遣先均等・均衡方式」か、同一地域、同業種の労働者と同水準以上の労働条件を定めた労使協定による待遇を確保する「労使協定方式」のいずれかを選択しなければなりません。

⑤　定年後の継続雇用者

・　定年後の継続雇用者と通常の労働者との間の賃金の相違については、実際に両者の間に①職務内容、②職務内容・配置の変更の範囲、③その他の事情の相違がある場合は、その相違に応じた賃金の相違は、行きすぎたものでない限り許容されるとしました。

・　この場合、定年後の継続雇用者であることも③のその他の事情に当たりますが、さまざまな事情（注：退職金・企業年金の支給や公的年金の支給の有無、高年齢雇用継続給付の有無、労使の話し合いなど）が総合的に考慮されて、通常の労働者と当該有期雇用労働者との間の待遇の相違が不合理と認められるか否かが判断され、定年後の継続雇用者であることだけをもって、通常の労働者との待遇差が認められるわけではないと注記しています。

⑥　**その他の基本的考え方**

・　職務との関連が自明ではない退職金や企業年金、家族手当、住宅手当等は今回のガイドラインに原則となる考え方や具体例が示されていませんが、ガイドラインの具体例に該当しない場合についても、不合理と認められる待遇の相違の解消等が求められ、各社の労使間で不合理な待遇差を解消するよう求めています。

・　不合理な待遇差を解消するために労使の合意なく正社員の待遇を下げることは、基本的に望ましい対応とはいえないことを明らかにしました。

・　複数の雇用管理区分やキャリアコースがある場合でも、すべての雇用管理区分やキャリアコースとの間で不合理な待遇差の解消が求められます。

・　正社員と非正社員とのあいだで職務の内容等を明確に分けた（注：「職務分離」といいます）場合であっても、正社員との不合理な待遇差の解消が求められます。

非正社員に対する待遇の相違に関する説明義務の強化

さらに、正社員と非正社員の間の待遇差等に関して、採用時そして採用後に非正社員から説明が求められた時には、使用者に具体的な説明義務が新たに課されることになりました。今後、労働者に十分な情報を提供できない企業は、待遇差の不合理性が争いになった場合の司法判断において、法的に不利になる可能性が強まったのです。

ガイドラインでも、正社員と非正社員の基本給や各種手当といった賃金に差がある場合において、その要因として、「正社員と有期雇用労働者又はパートタイム労働者は将来の役割期待が異なるため、賃金の決定基準・ルールが異なる」という主観的・抽象的説明に終止しがちですが、これでは足りず、①職務内容、②職務内容・配置の変更範囲、③その他の事情の客観的・具体的な実態に照らして、不合理なものであってはならないと注記しています。

まず、雇い入れ時の賃金、賞与、諸手当、教育訓練、福利厚生施設の利用、正社員への雇用転換措置といった雇用管理上の措置内容の説明義務は、非正社員も対象になります。

次に、非正社員から求めがあったときは、**正社員との間の待遇差の内容・理由、待遇を決めるにあたって考慮した事項について、具体的資料に基づいて説明**しなければなりません。説明を求めた非正社員への不利益な取扱いは禁止されます。

説明する待遇差の内容については、通常の労働者と非正社員との間の賃金・賞与・手当、教育訓練、福利厚生等の待遇差についての基準・ルールの違いの有無のほか、（A）通常の労働者と非正社員それぞれの待遇の個別・具体的な内容、または（B）待遇に関する基準・ルールを説明し、（C）その具体的な理由についても説明しなければなりません。

説明方法は、就業規則・賃金規程・正社員の待遇の内容を記載した資料などを活用し、口頭で説明するのが基本です。ただし、説明すべき事項をすべて記載した非正社員が容易に理解できる内容の資料を用いる場合には、その資料を交付する等の方法でもよいとされています。

(A) 個別具体的な説明をする場合

比較対象となる「通常の労働者」は、非正社員の①職務内容、②職務内容・配置の変更の範囲などに最も近いと事業主が判断する正社員です。比較対象として選定した通常の労働者が1人の場合は、例えば賃金・賞与・手当であればそれらの金額を説明します。比較対象として選定した通常の労働者が複数人の場合は、例えば賃金・賞与・手当などの数量的な待遇については、平均額または上限・下限を説明します。教育訓練など数量的でない待遇については、標準的な内容または最も高い水準・最も低い水準の内容を説明します。いずれの場合も、比較対象となる個人名などが特定されないよう、個人情報の保護には十分注意する必要があります。

(B) 待遇に関する基準・ルールを説明する場合

例えば賃金・賞与・手当であれば、賃金規程や等級表等の、支給基準を説明します。ただし、説明を求めた非正社員が、比較の対象となる通常の労働者の待遇の水準を把握できるものである必要があります。例えば、「賃金は、各人の能力、経験等を考慮して総合的に決定する」等の説明では足りず、具体的な昇給・昇格のルールや賃金表、評価基準・評価手続き等に基づく具体的な説明が必要になります。

(C) 待遇の相違の理由の説明

さらに、これらの通常の労働者と非正社員との間で待遇の基準が同一である場合には、同一の基準のもとで待遇差が生じている理由を、例えば成果、能力、経験の違いなどについて、その評価根拠とともに説明しなければなりません。

通常の労働者と非正社員との間で待遇の基準が異なる場合には、待遇の性質・目的を踏まえ、待遇に関する基準に違いを設けている理由(①職務内容、②職務内容・配置の変更の範囲、③労使交渉等その他の事情など)を説明し、それぞれの基準を通常の労働者と非正社員にどのように適用しているかを説明する必要があります。

同一労働同一賃金に対応した賃金・評価制度の策定

以上の通り、非正社員に対する待遇の相違に関する説明義務は非常に厳格な内容となっています。

上記の(A)個別具体的な説明をする方法と(B)待遇に関する基準・ルールを説明する方法とを比較すると、(A)は個別資料をいちいち調査・作成しなければならず、個人が特定されるリスクがあり、(B) 待遇に関する基準・ルールを説明する方がよいと思います。

その場合、正社員と非正社員に同一基準（例えば賃金制度や評価のしくみなど）を使い、同一基準内で待遇差の理由を説明できるほうが、はるかに説明しやすいことはいうまでもないでしょう。

もし、正社員と非正社員で異なる賃金制度や評価のしくみなどを使う場合は、それぞれに異なる基準を適用している理由が見出しにくく、それぞれの基準をなぜ、どのように運用しているかを説明することまで求められ、説明に窮することが考えられます。

また、正社員と非正社員で異なる賃金制度や評価のしくみを用いることは、管理・運用する側の負担も大きくなり、正社員と非正社員との間の相互転換のしくみを設けなければならないことも考えると、得策とはいえません。

同一労働同一賃金ガイドラインや関連通達は、正社員には客観的な賃金制度や評価のしくみがあることを前提にしていますが、正社員について客観的な賃金制度や評価のしくみがなく、あってもあいまいな運用ですませてきた会社は、大変困ったことになる可能性が極めて大です。

これらの説明義務に十分応えることができないと、仮に不合理な待遇差の存在をめぐって争いになったときに、使用者側に不利な司法判断が下される可能性が極めて高くなりました。

争いというと裁判を連想しますが、そのような敷居の高い場所だけでなく、事業主と労働者間のトラブルを早期に解決するため、行政による「裁判外紛争解決手続き（行政ADR）」も整備されました。非正社員の均等・均衡待遇等に関する個別労使紛争については、無料・非公開で各都道府県労働局の調停会議へ「調停」を申請することができます。非正社員が会社に待遇差について具体的な説明を求めても、疑問を解決できないときは、このような場に問題を持ち込みやすくなりました。

また厚生労働省では、中小企業向けに各都道府県に設置した「働き方改革推進支援センター」での相談支援や、具体的な取組みをまとめた取扱い手順書、業界別の同一労働同一賃金マニュアルの策定、職務分析・職務評価の導入支援、キャリアアップ助成金による支援事業など、さまざまな支援施策を展開しています。

以上のような同一労働同一賃金への対応を考えると、正社員と非正社員の両方に統合的に適用でき、運用もシンプルで説明しやすい賃金・評価制度を導入することが最善の策と思われます。

以下の解説では、実際にそのような賃金・評価制度を導入するための基本的なフレームとして役割等級制度と役割給の考え方をご紹介します。

3 賃金制度（基本給）を構成する4つの評価軸

賃金体系

毎月の給与明細に出てくる基本給とか時間外手当、家族手当、通勤手当……などの賃金項目とそれらの支給基準を、ひとまとめに**賃金体系**と呼びます。賃金体系は、大きく基本給と諸手当の２つに分かれます。

（１）基本給……従業員全員に適用する共通の基本的賃金 （２）諸手当……個別の仕事や属人条件に応じて支給し基本給を補完する補助的賃金

一部の従業員だけの特殊な問題や、その都度変化する問題は諸手当でカバーします。

例えば、超過勤務をした従業員には、その時間分の手当を別に支給するようにします。時間外手当を支給しない部長や課長には管理職手当を支給して、管理職にふさわしい賃金の高さをつくります。結婚したり子供ができた従業員には家族手当を支給し、離婚したり、子供が独立したら外す……という具合です。手当はむやみに増やすべきではありませんが、上手に活用すれば、賃金管理が分かりやすくなり、また限られた人件費が効率的に使えるようになります（**第６章**参照）。

賃金制度（基本給）を組み立てる４つの要素

では賃金の中心となる基本給はどのようなロジックで決めると分かりやすいでしょうか？

図表２−１は、企業の賃金制度を組み立てるうえで重視すべき４つの要素を整理したものです。横軸の**①内部バランス**は、企業の中で組織編制や人事配置、賃金（基本給）を決定するときの制度的骨格となる待遇の区分＝等級の違いを示します。何を基軸に従業員の待遇を区分し、人材として活用し、従業員の何を評価して賃金を決めるのかを示すものです。

よほど単純な業態の零細企業ならともかく、全従業員に同じ評価基準を適用して賃金・処遇を決める方法は実際的ではありません。というのも、その従業員に求める役割や仕事の内容、能力や行動特性によって、労働市場の性格も賃金水準も評価基準も大きく異なるからです。

賃金制度をつくるには、従業員をいくつかのグループ・等級に区分して、等級ごとに賃金表や賞与の配分基準、評価基準をつくるのが、正しいやり方です。このような考え方を「人材の層別管理」といいます。いきなり個別の人事や賃金を決めようとせず、まず大きな人材区分の

図表２－１　賃金・処遇を決定するための４つの枠組み

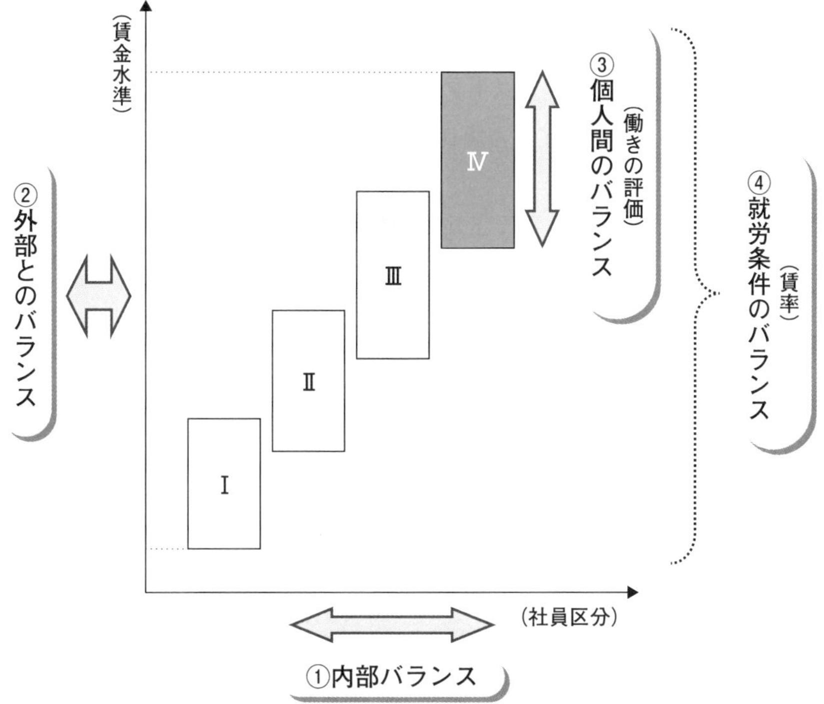

①内部バランス：等級制度

⇒組織が必要とする職務・能力にあった社員区分、評価グループを確立する。

※何を基準に社員を区分するかで賃金制度の基本的な性格が決まる

②外部とのバランス：世間相場にあった適正水準の「賃金表」

⇒人材を獲得・定着させ、人件費を適正にコントロールする

③個人間のバランス：個人の働きに見合った適用

⇒公正な評価基準により個別賃金を決定し、人材を引きつける

④就労条件のバランス：適正賃率の適用

⇒多様な働き方に対応する賃金処遇を実現し、不公平感をなくす

フレームを決めておき、等級に当てはめながら個別の人事や賃金を決めるわけです。

さらにいえば、その企業が年功・能力や職務、成果などのうち、何を基本的な等級の評価軸として賃金の内部バランスを実現しようとするかで、賃金制度の基本的な性格が決まります（次項）。

縦軸は、社会的な賃金水準、いわゆる世間相場との**②外部バランス**の必要性を示します。横軸（等級）で賃金の基本的な評価軸を決めたら、今度は、その評価軸を用いて同業他社や市場賃金水準（世間相場）とバランスをとることが賃金管理の重要なテーマとなります。

会社の賃金が高すぎては人件費のコストアップになりますし、低すぎては良質な人材の採用はおろか、定着させることもできません。従業員の生活や社会的ステイタスも十分考慮して、最適なバランスをとらねばなりません。

次に個人の経験・熟練や能力・意欲・主体的努力の違いなど、一人ひとりの習熟度や貢献度の違いを賃金に反映させる**③個人バランス**も重要です。会社の定めた内部バランスと市場によって決まる外部バランスだけで賃金が固定されるのでは、従業員個人の働きの違いが否定され、いわゆる「悪平等」の賃金になりかねません。

賃金は、すでに終わった業務活動に対して従業員に支払う労働対価としての機能とともに、**経営が期待する成果（顧客価値創出）に向けた労働意欲を引き出し、新たな業務活動に向けて従業員を前向きに動機づけるインセンティブ機能**を持たせる必要があります。

簡単にいうと、賃金には後ろ向きの賃金と前向きの賃金という両面があり、従業員に未来志向の仕事の姿勢や成長意欲を持たせるためには、個人の習熟度や貢献度の違いが適切に評価・フィードバックされ、昇給や昇格によって一人ひとりの成長や貢献が実感できるよう賃金を決めていく分かりやすいしくみが必要です。

最後に、キャリアコースによる転勤の有無や職種転換などの配置・異動の範囲の違い、労働時間や超過勤務の条件の違いなどに応じた「賃率」を用いて適度の賃金待遇差を設ける**④就労条件のバランス**が必要になります。

賃率とは、所定労働時間に対応した基本給に労務の提供度合い（人材活用の自由度や就労上の制約）に応じた賃金の支給率を掛け算するものです。長期継続雇用のもとで無限定の働きが求められるキャリア型正社員の基本給を賃率100%とし、他方で、職務配置・異動地域・時間・作業負荷など働き方の制約を認める限定正社員や有期契約社員、定年再雇用者、パートタイマーなどの賃金に100%未満の賃率を適用して減額することは、同一労働同一賃金の原則に照らしても不合理とはいえません。

上記①②③の統一的な賃金待遇のフレームを活用しつつ、賃率を活用することにより、多様な雇用形態や働き方の違いをカバーするフレキシブルな賃金待遇のしくみが説明できるようになり、不公平感に起因する無用なトラブルも回避できるようになります。

以上の４つの要素それぞれに分かりやすい基準を用意できてはじめて、人材の市場価格や経営コスト、企業の競争戦略、人材の成長や動機づけ、働き方の多様性に的確に対応し、会社の賃金制度を合理的にコントロールできるようになるのです。

3つの従業員区分方法=等級制度

では、①内部バランスは、どういう方法で従業員の待遇・等級を区分すればよいのでしょうか。大きく分けると3通りの方法があります（図表２－２）。

① 従業員の職務遂行能力レベルで区分する（職能等級） ② 担当業務の大きさや難易度で区分する　（職務等級） ③ 従業員に求める期待役割レベルで区分する（役割等級）

最初の**職能等級**は、従業員を、どれくらい仕事ができる能力を持っているかで階層に分ける方法で「～ができる能力の人材＝○等級」という分け方になります。「能力等級」ともいいます。古くから「職能資格制度」と呼ばれる方法もその１つです。属人的な能力で従業員を区分するので、ソフトで人間くさいイメージがありますが、主観的な評価になりやすいことと、メンバーシップ型長期雇用の日本企業ではどうしても年功的処遇になりがちな面が弱点です。

２番目の**職務等級**は、従業員が実際に担当する仕事の大きさや難易度を評価して等級に区分する方法です。人となりではなく、仕事ではっきりと区分されるので、客観的でクールな感じがします。欧米やその影響を受けた新興国では、英語で「ジョブ・グレード」と呼ばれるやり

図表２－２　社員を区分する3通りの方法

●賃金・評価制度の基本となる人事制度には３通りの社員区分がある

■ 社員の職務遂行能力レベルで区分する ⇨ 職能等級
■ 担当業務の大きさや難易度で区分する ⇨ 職務等級
■ 社員に求める組織的な役割で区分する ⇨ 役割等級

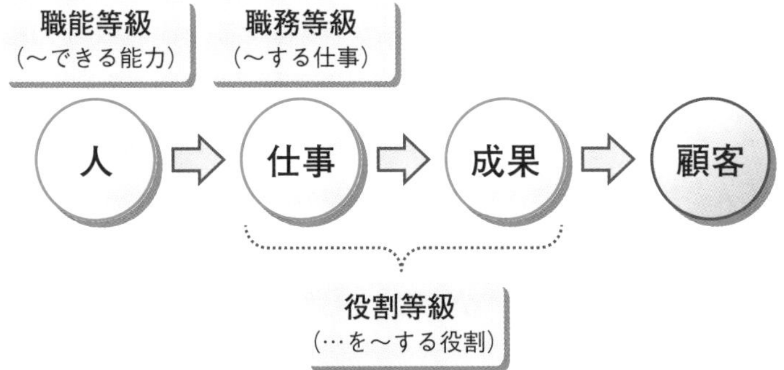

方が主流となっていて、日本でも外資系企業などに多い方法です。外資系の人事コンサルタントの基本的なノウハウもこれです。

３番目の**役割等級**は、配属されている組織上の役割に対する成果責任や、期待する役割貢献のレベルで人材のキャリア段階を区分し、成果や行動の評価基準を適用して賃金待遇に結びつける方法です。英語で「ミッション・グレード」と呼ぶ人もいます。基本的には欧米の職務等級をルーツに日本的に改良した仕事基準の等級制度ですが、会社が従業員に求める成果や期待する行動のイメージを、固定的な職務ではなく、緩やかな「役割」として大くくりに定義し、日本の職能等級の特長である人材の育成や柔軟な人材活用にも使いやすいように工夫しています。

結論からいうと、３番目の役割等級が、私が従来から推奨している方法です。１番目の職能等級のような煩雑な運用の手間がかからず、２番目の職務等級のような職務の配置・異動の範囲が制約を受け、人事異動がしにくくなるような問題もありません。職務記述書を作らずに、１年または半期ごとの目標設定と業績・行動の評価を通してツボを押さえた人材マネジメントが行えます。

役割等級を人事制度の基軸に置くことで、会社の事業戦略に合わせた組織編制と柔軟な雇用・職務配置が可能になり、評価と育成、人材活用が効果的に行えるようになります。

5 役割等級の考え方

グローバルに進展する産業構造の高度化に伴い、特に先進国では付加価値の構成比率はモノよりも知識・サービスに中心が移り、モノを相手とした肉体・技能労働よりも組織や人間を相手とした知識労働やサービス労働の比重が大きく増しています。

これに対応して、マネジメントのしくみも、一元的な上司の管理・統制・指示に代わって、専門的なタレント人材や自律的なチームの創発的な行動をビジョン・戦略・活動ネットワークの力で方向づけ、いわば自己組織化させる流れが主流になってきました。

専門知識・技術・ノウハウで仕事をする「知識労働」の特徴は、商品や顧客あるいは業務プロセスに対する**働く人の目的意識、知識や探求心、達成意欲が成果をもたらす駆動力**となることです。いいかえると、個々の担当者がその仕事の主人公となり、仕事の企画・立案から改善、進捗管理、仕上げの成否までをリードする専門家として、顧客に責任を負うのです。

そして会社に固有の専門知識・技術・ノウハウの独自性が高まれば高まるほど、人材の確保・

育成、仕事の熟練や引継ぎ・変更に時間がかかるようになり、簡単に担当者をチェンジできません。たとえ上司といえども、事情の分からない部外者が安易に仕事に干渉したりしては、従業員のやる気や生産性を阻害しかねません。

また物流、小売、飲食、教育、技術サポート、コンサル、医療、介護などの「サービス労働」は、サービスの提供と消費が同時に進行し、やり直しがきかないという特色があります。担当者がその場、その時、その顧客にどんなサービスを提供するかによって仕事の価値が決まります。

知識労働もサービス労働も、仕事のやり方と出来ばえを左右するのは、高い顧客価値を実現しようとする一人ひとりの動機と探求心、達成意欲であり、自分達の専門知識やスキルを発揮して、顧客が納得・満足できる成果の実現にリーダーシップを発揮する内発的・自律的な行動力なのです。

このような主体的な動機・意欲と行動力の源泉（ソース）は、**顧客価値の創出に自身の仕事の満足を見出し、組織目標への貢献を通して成長しよう、組織の成長と社会の変革とともに自己実現を図ろうとする従業員自身の決意**です。このような、仕事を通した顧客と組織との緊張感のある関係性に進んで自己を投入しようとする決意や覚悟を英語で「エンゲージメント」と呼んでいます（**図表序－２**参照）。

「役割」と「貢献」による等級区分

従来型の職能資格制度や職務給のように、課業ベースでの「能力評価」で人を細かく序列化したり、あるいは職務記述書に基づく「職務評価」で仕事やポストを細かく序列化したりする手法は、どうしても組織が過去につくりこんできた定常的な仕事のしくみに人事処遇の基準を置く傾向があります。仕事のとらえ方が静態的、固定的、保守的になりがちなだけでなく、市場や顧客の真のニーズとは切り離された、組織の内部基準で担当者の行動や発想を縛る傾向があります。

くりかえしになりますが、これからの賃金人事制度は、むしろ**組織の外にある市場の機会や、実現すべき顧客価値、組織全体の成長に目を向け、顧客価値への組織的な貢献を各人の「役割」と定義**し、組織人としての「当事者意識」や職業人としての「成長」を担当者に強く自覚させるものでなければなりません。

賃金の内部バランスを決める等級制度も、能力等級のような従業員の年功・能力や、職務等級のような仕事の大きさ・難易度などでなく、顧客にどのような価値を実現する責任があるのか、そのためにどのような組織的な役割を求めるのかによって等級を決め、求められる成果に対する目標やとるべき行動の基準を明示するかたちで各人の役割貢献を定義することが大事です。

昇進昇格や職務配置、人材登用にあたっては、組織的な顧客価値創出に向けての貢献意欲と期待できる能力をアセスメント（事前評価）によって判定し、各人に求める役割を個別に明示します。

その役割の中でどれだけ実際の顧客価値創出に貢献し、等級の中でどれだけ仕事に習熟（スキルアップ）したのかを具体的な成果や行動で検証し、賞与や昇給に連動させるのです。

このような新しい賃金人事制度のバックボーンとなる考え方を「役割給」と呼びます。

具体的には、**図表2－3**のように担当する仕事の役割等級ごとに賃金表の上限額と下限額を決め、各人の役割に対する貢献度（成果・行動）や習熟度（スキル）を評価して基本給の賃金改定（昇給・昇給停止・マイナス昇給）を行い、各人のキャリア・ステップと実力に応じた賃

図表2－3　ブロードバンドの「役割給」へ

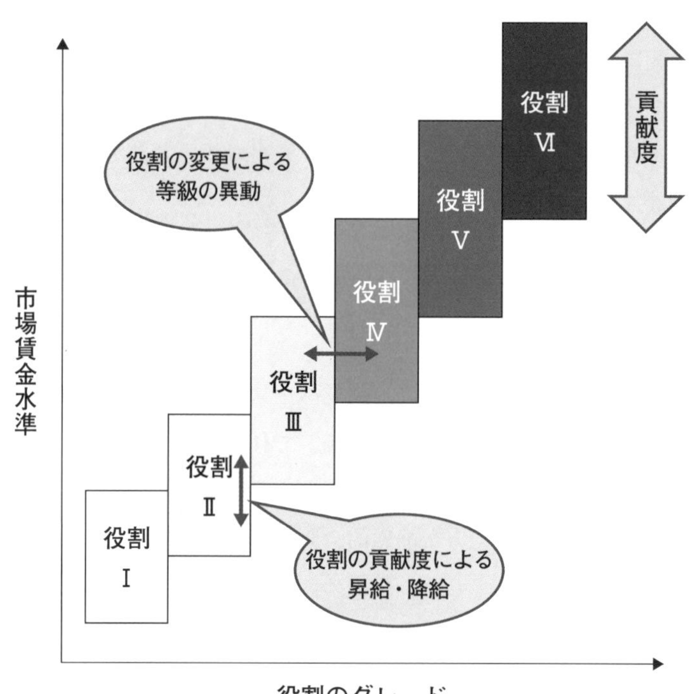

●ブロードバンドの役割給による基本給改革

- ■役割に対する貢献度（成果・行動）、習熟度（スキル）に応じた賃金決定ができる
- ■市場賃金と人事戦略に対応して基本給をトータルにコントロールする分かりやすい手法を確立する
- ■賃金の上限・下限を設け、階層･等級間で適切な賃金バランスを保ち人件費配分を合理的にコントロールする
- ■年功賃金化を防ぎ、発揮能力次第では合理的にマイナス昇給を実施できる
- ■昇格／降格に伴う賃金変動を最小限に抑え、人事配置が柔軟にできる
- ■仕事の緊張感、賃金の納得感が高まり、筋肉質の組織体質をつくる

金を実現していきます。

各等級のくくりを本書では「バンド」と呼びますが、欧米企業で運用されてきた従来型の職務等級よりもバンドの上下幅（賃金レンジ）を意識的に大きくとって、各人の期待役割や貢献度の違いを基本給に十分反映できるしくみにします。このような基本給のしくみを「ブロードバンドの役割給」と呼んでいます。

このように大くくりに従業員の役割を区分すると、次のように幅広い人事管理の効果が期待できます。

「ブロードバンドの役割給」の効果

❶ 能力や職務の細かな等級定義がいらないので、見た目に分かりやすくなります。

❷ 能力や職務で細かく等級格付けを評価する必要がなく、会社の人事権でどういう役割の仕事に配属するかを決めれば、常識的に等級を判定できるようになります。

❸ 大くくりの等級区分なので人事異動にも使いやすくなります。役割のレベルが同じであれば、仕事の内容が多少変わっても、等級を変える必要がありません。

❹ 期待する役割と実際の仕事のイメージが一致し、分かりやすくなります。期待される業績・行動をとらえやすく、目標が設定しやすくなり、評価基準も明確になります。

❺ 性別・年齢・学歴・人種など個人属性にとらわれず、能力・適性・意欲に応じた仕事・役割のアサイン（割り当て）が可能になり、経営戦略に連動した組織編制・人材活用がやりやすくなります。

❻ 新卒人材をステップ・バイ・ステップでキャリア人材に育成したり、ハイキャリア人材を思い切った高賃金でスカウト採用したり、職務・地域・時間・作業負荷等の制約を考慮して役割を限定した職務配置を行ったり、組織のニーズに応じて複線的な人材の調達・育成・活用ができるようになります。

❼ 正社員だけでなく、高年齢者の継続雇用や契約社員、パートタイム労働者などの雇用形態の違いを超えて、職務内容・働き方の違いに応じた同一労働同一賃金に対応した賃金処遇が実現しやすくなります。

❽ いずれの場合も、役割に対する発揮能力で貢献度や習熟度をストレートに評価できるようになり、見通しのきいた賃金の絶対額コントロールができるようになります。

❾ 実際の役割で等級をアップ・ダウンさせる機動的な昇格・降格が可能になります。あやふやな能力や年功評価でずるずると昇格させて、人件費が膨らむことを防止できます。

6 役割・貢献度の評価と賃金・賞与とのつながり

図表２－４は、役割等級と貢献度の評価、賞与・賃金のつながりを示したチャートです。

まず左の「店長」の例のように、各人に期待する役割の内容を「…を～する」という動詞的表現で職種・階層別または個別に定義し、各人の役割が組織のどの位置にあるかを判定して、次ページのような５ないし６段階の役割等級に格付けます。

図表２－４　役割等級と評価、報酬の関係

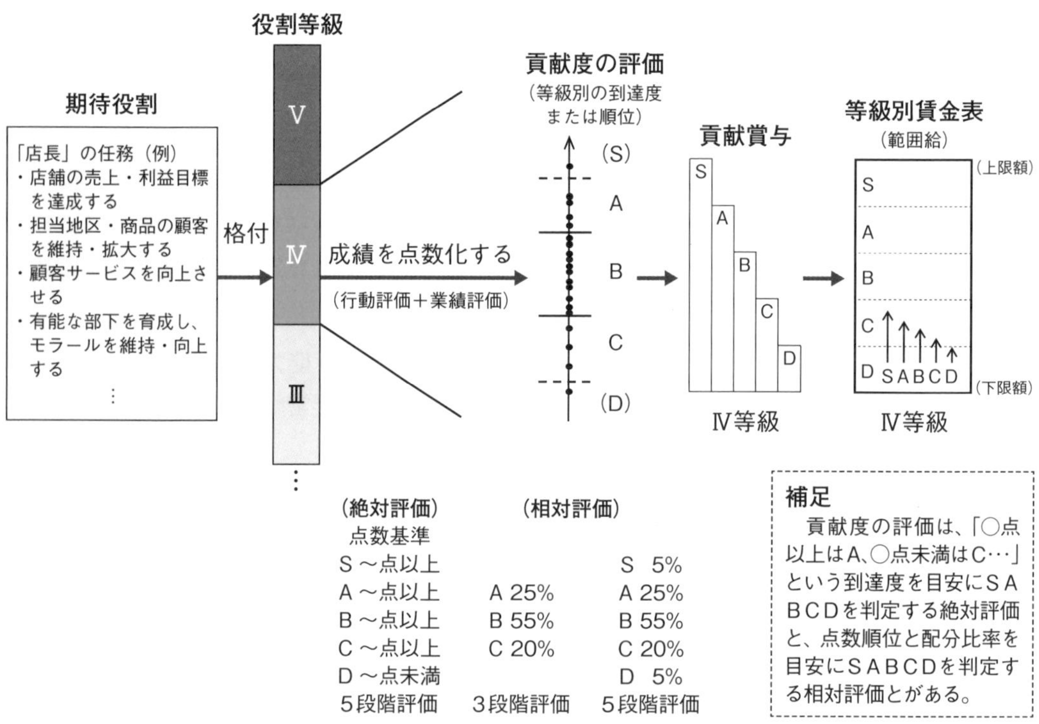

年２回・半年ごとに、本人と上司が実際の行動や成果を一緒に振り返り、上司が各評価項目のスコアを評定した後で、貢献度のＳＡＢＣＤを判定して冬夏の「貢献賞与」を決定。

年１回、各人の役割貢献の期待度をＳＡＢＣＤで判定し、等級別賃金表（範囲給）を使って賃金改定（昇給・昇給停止・マイナス昇給）を決定。

▶役割等級の区分例（小規模企業・５等級構成）

Ⅰ　指示された定常業務を忠実に実行する作業者やアシスタント担当者
Ⅱ　任された範囲で自己判断の責任と応用動作を求める上級担当者
Ⅲ　高度の訓練・専門知識や企画裁量的な判断を求める指導的な熟練者
Ⅳ　課レベルの業務管理責任者
Ⅴ　部門全体の経営管理責任者

▶役割等級の区分例（中堅企業・６等級構成）

Ⅰ　指示された定常業務を忠実に実行する作業者やアシスタント担当者
Ⅱ　任された範囲で自己判断の責任と応用動作を求める上級担当者
Ⅲ　高度の訓練・専門知識や企画裁量的な判断を求める指導的な熟練者
Ⅳ　監督者・専門職としてチームをリードする計画的・課題遂行的な業務推進者
Ⅴ　課レベルの業務管理責任者やスタッフ、専門職集団のグループ責任者
Ⅵ　部門全体の経営管理責任者やスタッフ、専門職集団の統括責任者

この例は、図表２－５のような組織の階層構造と等級構成になっている小売業なので、店長はⅣ等級になります。

図表２－５　組織の責任・権限構造から役割レベルを判別

●人＝年功・能力の区分ではなく、仕事＝役割・責任の区分

等級＝役割

本社店舗運営部長
地域ブロック長
ライン
地域ブロック長
スタッフ
商品課長
……
店長
店長
主任
主任
販売員
販売員
販売員
販売員

等級	役割
Ⅵ	経営管理職
Ⅴ	業務管理職
Ⅳ	業務推進職
Ⅲ	指導職
Ⅱ	担当職
Ⅰ	一般職

Ⅰ　販売のアシスト従業員（主体はパート販売員）

Ⅱ　一般の販売員

Ⅲ　販売主任、副店長

Ⅳ　店長

Ⅴ　地域ブロック長（エリアマネジャー）

Ⅵ　本社店舗運営部長（執行役員）

同じように、工場、営業部門、サービス部門、管理部門などについても組織の役割責任段階に対応して等級を区分します。

図表２－６は、ある会社の営業部門について、バランス・スコアカード（**第８章**参照）の考え方を使って階層別に成果責任の内容すなわち役割の評価基準を４つの視点から整理した事例です。

このように、従業員個々の具体的な期待役割の中味は、所属部門の組織機能に基づく成果責任（アカンタビリティ）のかたちで明示することができます。成果に対する行動の方向性を明確に表現することで、主要業務に対する従業員の責任内容を位置づけていきます。

この例では、営業部長、支店長、営業所長、営業主任と階層が下がるに従って要求される成果のスケールや責任の範囲が格段に小さくなり、また仕事の難易度も低くなることが理解できます。このような責任レベルの違いに着目して役割等級に分類し、等級別に層別管理を行って貢献度の評価や賃金決定を運用するわけです。

図表２－６　職位階層と成果責任のとらえ方（営業部門の例）

等級	Ⅵ	Ⅴ	Ⅳ	Ⅲ
役職	営業部長	支店長	営業所長	営業主任
財務	営業部門の売上・利益目標を達成する	支店の売上・利益目標を達成する	営業所の売上・利益目標を達成する	担当顧客・商品の売上・利益目標を達成する
市場・顧客	市場ニーズに合った商品開発を推進し、市場を拡大する	効果的な販売戦略を実行し、担当エリアの顧客を維持・拡大する	顧客ニーズをつかみ担当地区・商品の顧客を維持・拡大する	営業チームの顧客サポート力を強化し、信頼関係を維持・改善する
内部プロセス	営業部門の業務機能を向上させ、会社の販売力を強化する	支店・営業所のQCD目標を達成し、顧客サービスを向上させる	効率的な業務運営により営業活動に伴う顧客サービスを向上させる	効果的な情報共有により商品のクイック・デリバリーを維持する
組織・人材	営業組織を統括し、営業部門の戦力を維持・向上する	支店・営業所の人材を確保し、適正配置を実現する	有能な部下を育成し、リーダーシップを発揮させる	営業部員のスキルアップとチームプレーを推進する

ここでは職能資格制度で理想とされていた職種別職能要件書のように、各人の仕事を課業レベルで羅列したり、細かな等級に序列化したりする必要はありません。通常、１人分の仕事について４～６つ前後の業務分野に分ける大くくりなとらえ方で十分です。

上の「店長」や図表２－６の例のような期待する役割の内容を、全社員について定義するのですか？　それだと、職務記述書を作るのとさほど変わらないように思えます。

上の「店長」や図表２－６の例は、「役割」の意味を具体的にイメージしてもらえるように作った参考資料で、このような期待する役割の内容を職務記述書のようにいちいち定義するわけではありません。実際には、次に説明する「役割等級説明書」で社員の期待役割を一般的に定義するにとどめ、具体的な期待する役割の内容は、各人の目標や行動基準として、評価シートに記述するケースが大半です。

7 役割等級のつくり方

各等級の期待役割のモデル

図表２－７は、一般的なライン業務（左）とスタッフ・専門業務（右）を想定して、各等級の期待役割・責任段階の違いを定義したものです。

どのような企業も、ある程度の規模になると、バリューチェーン（後出297ページ参照）の主活動を支える部門ごとに、組織階層に対応した責任役職と人材を育成するキャリア・ステップが必要になってきます。

一般的には、はじめに課、チーム、営業所、店舗などの業績責任単位となる最小組織のユニットを考え、責任役職までのキャリア・ステップを区分します。

正社員の場合は、新卒入社を一番下のⅠ等級とし、最小組織ユニットの責任者を育成・登用するまで何段階にキャリアを区分するかを考えて、新卒入社から責任者までの等級を決めます。

この例では、正社員はⅠ等級の一般職、Ⅱ等級の担当職、Ⅲ等級の実務指導職、Ⅳ等級の業務推進職（係長・店長・職長）というキャリア人材の成長ステップを一般従業員の等級区分と

図表2－7　役割等級説明書（正社員6区分モデル）

等級	階層	管理職系列	スタッフ・専門職系列
Ⅵ	管理・専門階層	**部門経営責任職（部長クラス）** 1．会社の基幹事業・中枢機能の責任者として経営首脳の意思決定を補佐する。 2．全体最適の視点から担当部門の経営方針・事業計画を立案する。 3．効率的な実行体制を整備して中長期的な業績と成長性を確保する。 ・経営全般に熟達する ・戦略的な意思決定と効率的な財務資金運用をマスターする	**経営管理スタッフ・部門統括専門職** 1．会社経営を支える主要専門分野に関する戦略的意思決定を担当する。 2．高度な専門的立場から経営首脳の意思決定を補佐する。 3．会社の方針と経営環境を正しく把握し、将来の成長の核となる投資分野を決定し先端的能力を獲得する。 ・将来事業を探索し創出する ・業界最高水準の専門能力を保持する
Ⅴ		**業務管理責任職（課長・室長クラス）** 1．担当業務の責任者として上司を補佐しながら、新たな顧客価値を創造するために最適な組織目標を設定・実行する。 2．関係各署とも連携しながら、対話とチーム学習を通して組織的な対応力を高める。 3．仕事を組織化し、部下・チームに最適な役割・目標を与えて動機づけながら、必要な制度環境を整備して期間業績を確保する。 ・業務と人事のマネジメントに熟達する ・経営方針に参画する責任態度をマスターする	**業務管理スタッフ・業務統括専門職** 1．関連分野の専門職の責任者として部レベルで扱う専門ノウハウに関する開発や意思決定を統括する。 2．専門的立場から上司を補佐する。 3．担当分野の技術水準を保証し、組織的な問題解決と目標遂行能力を継続的に高めていく。 ・専門能力を体系化・共有する ・専門能力を発揮し業績に貢献する
Ⅳ	推進・指導階層	**業務推進責任職（係長・店長・職長クラス）** 1．上司を補佐しながら、自己および課・チームの仕事の任務・目標を設定する。 2．同僚や後輩と問題意識を共有し、業績達成に向かって動機づけながら計画的に成果を実現する。 ・基本業務のマネジメントをマスターする ・組織的な調整・意思決定に熟達する	**業務推進スタッフ・技術推進専門職** 1．課レベルで扱う専門ノウハウに関する開発や意思決定を統括する。 2．専門的側面から上司を補佐するとともに、広範な技術指導を行う。 3．所属部門だけでなく、外部とも連携しながら新しい技術やノウハウを確立し、組織の能力・技術水準を高めていく。 ・複数の分野に熟練の範囲を拡大する ・知識創造のノウハウに熟達する
Ⅲ		**実務指導職／熟練指導職（主任）** 1．複数の定常業務を含む計画的・応用的な業務を担当する。 2．幅広い裁量や創意工夫、企画提案により、顧客の期待に応え業績に貢献できる独自の成果を実現する。 3．所属部門の任務を明確に理解し、上司をサポートしながら効果的な目標を設定し、同僚や後輩に対し自ら模範となって実行を指導する。 4．主体的に新しい技術やノウハウ、他部署との連携を試みながら自分や組織の能力水準を高めていく。 ・状況に対応したリーダーシップを発揮する　・組織的な意思決定の手続きをマスターする ・熟練の範囲を拡大する　・知識創造のノウハウをマスターする	
Ⅱ	実務階層	**担当職** 1．応用動作を伴う比較的定常的な業務を担当する。 2．自分の担当範囲に責任を持ち、多様な応用動作を用いて自分の判断で主体的に処理しながら、顧客や組織の期待に応える成果を出す。 3．直接担当する業務以外でも積極的に改善策を提案し、他のメンバーと協力して所属部署の生産性の向上に積極的に貢献する。 4．組織の基本的なルールを理解し、仕事の目的に照らして自分で判断すべきことと上司や先輩に判断を仰ぐべきことを使い分ける。 ・組織的な判断力をマスターする　・組織目標に参画し仕事の目標を持つ ・応用動作の範囲を広げる　・熟練を深める	
Ⅰ		**一般職** 1．比較的短い期間で習得できる定型業務を担当する。 2．業務マニュアルや経験者の指示・指導に従い、仲間と協力して与えられた任務を忠実に実行し、スピーディに正しい成果を出す。 3．顧客の要望や職場の問題点を正確に上司に報告し、判断を仰ぎながら、作業能率と品質の向上、顧客の信頼、円滑な人間関係を保つ。 ・チームスピリットを尊重する　・組織人としてのコミュニケーションを保つ ・初歩的な応用動作をマスターする　・作業マニュアルや訓練を通じて基本的な技術をマスターする	
P1		**定型職** 1．短期間で習得できる反復的な定型業務を担当する。 2．監督者や所定の手順に従って正確に作業を行い、目的とする品質を確実に実現する。 3．作業中の不具合や顧客のクレーム、気づきを速やかに上司に報告して判断を仰ぎ、作業品質や円滑な人間関係を保つ。 ・組織の基本ルールを理解し遵守する　・他者を尊重し円滑なコミュニケーションを保つ ・仕事の基本動作をまずマスターする　・指示や訓練を通じて基本的な作業をマスターする	

（注）破線の上が役割定義、下は採用・配置・昇格の基準となる資格要件の例である。Ⅰ～Ⅵ等級は正社員、P1はパートタイマーである。

©プライムコンサルタント

しました。

その上位等級に、複数の最小組織ユニットを統括する責任者を置きます。ここではV等級の課長クラス、さらにその上位者をⅥ等級の部長クラスとしています。

また、組織のカナメとなるこれらの部門長・チーム長などのライン役職とは別に、プロジェクト・リーダーやスタッフ・専門職など、Ⅳ～Ⅵ等級のライン役職と並行関係にある専門職系列の役割を定義しています。

これによって、主活動の組織階層のライン役職と並んで、組織横断的なプロジェクトを推進する責任役職や、研究開発などの専門職、支援活動を担うスタッフ職等についても、仕事の難易度や責任の重さ、必要な経験などをライン管理職と比較考量しながら役割等級に位置づけていきます。

上段には、各人の組織上の役割に期待される成果・行動の方向性を「～する」という動詞形で定義し、「～できる」「～の知識がある」というような課業ベースでの能力定義は行いません。また仕事の大きさや難易度を特定するような厳密な職務定義も通常は行いません。

参考までに、各等級の下段にはこのような役割の人材を採用したり、昇格させたりする場合の基準となる「資格要件」の例を定義しました。

このような資格要件の定義は、一見すると能力等級のようなイメージを持たれるかもしれませんが、そうではありません。

いわゆる職能資格制度では、従業員の「能力のレベル」を直接等級に格付けし、賃金や処遇の序列に連動させる人基準の等級制度でした。能力評価が人事処遇の焦点となり、等級の数は9つ以上になることが珍しくありません。能力・意欲があれば昇格できるので、等級には定員がなく、結果、属人的な年功基準や論功行賞で昇格させることが多く、人事がインフレ化する原因になっていました。

これに対し役割等級では、事業を遂行する組織編制と人事配置の必要に基づいて役割・職務の内容と求める成果や行動レベルを定義します。管理職やスタッフ・専門職などの上位等級では会社の組織機構におけるポストの責任段階で、下位等級では組織が必要とする人材育成のためのキャリア・ステップで等級を区分します。

組織構造と対応づければ、部下の仕事を掌握している経営者・管理者にとって各等級の責任レベルの違いは明白であり、定員管理的な規制も働き、むやみに年功や論功行賞で昇格させることはできなくなります。

そのポストや役割に対して、下段の資格要件の例のような観点で候補者の職務適性や必要な能力レベルの判断を行って、組織上の各人の配置を決め、役割を付与するのです。

このように役割等級は、会社の経営目的のための組織編制と適正人事配置を実現するための人材登用・職務配置（任免）に基づく等級格付けが本質で、能力評価はそれに必要な事前評価

（アセスメント）を行うものと位置づけられます。

役割等級は、組織階層をできるだけフラットなものとし、課長代理や次長などの中間職制を排除すれば、等級の数は５～６区分程度と必要最小限のものとなります。

図表２－８は、これに対応する役職呼称の例です。このような各社の組織編制に応じた組織系統・役職階層を整理し、対応する役割等級に従業員を格付けていきます。

肩書が部長・工場長、あるいは課長・支店長・室長というように違っていても、組織階層における責任レベルが同じと判断されれば同じ等級に格付けます。また管理職とスタッフ・専門職も、責任レベルが同じと判断されれば基本的に対等に扱います。

これからは組織のスピードと集中力を高めるため、部や課の数はなるべく減らして、風通しのよいフラットな組織をつくるようにしなければなりません。したがってラインの部課長などの管理職は、合理的・シンプルな組織編制の責任者として、ますます少数精鋭に人材を絞り込む必要があります。

他方では、個々の業務ニーズに応えるプロジェクト・リーダーや、ライン業務を特定の機能面から支える専門スタッフなどの人材は、階層別組織を統括する役目ではなく、むしろ個として組織横断的に貢献する専門人材、英語でいうと「インディビジュアル・コントリビュータ」（ＩＣ）です。

また、特定分野で卓越した力を発揮する研究開発のスペシャリストや、顧客や市場を熟知し商品知識や保有技術を応用する商品開発のクリエイター、専門業務に精通し高度技能を発揮するエキスパートなどは、難しい個別課題に対し余人に代えがたい集中力を発揮し、組織の創造

図表２－８　組織系統別の役職呼称（例）

等級	管理系					専門・スタッフ系			
	本社	工場	営業拠点	店舗	グループ・チーム制	業務系	スタッフ系	開発系	コンサル系
Ⅵ	部長	工場長	営業部長	販売部長	ディビジョンマネジャー	～部門統括	～部門統括（～室長）	首席研究員	首席コンサルタント
Ⅴ	課長	課長	支店長	ブロック長	グループマネジャー	～業務統括	～業務統括（～室長）	上席研究員	上席コンサルタント
Ⅳ	係長	係長・職長	営業所長	店長	チームリーダー	～専任	～調査役	主任研究員	主任コンサルタント
Ⅲ	主任	主任・班長	営業主任	販売主任	リーダー	～主任	～主任	研究員	コンサルタント
Ⅱ	担当職								
Ⅰ	一般職								

力や達成力をリードする人材層といえるでしょう。

このような「ノウハウ・マネジャー」とも称すべきハイ・ポテンシャルの人材には、そもそも定員という発想がなく、組織の需要と機能の高度化に応じて、エッジのきいた人材を適材適所で活躍させるべきです。

独自の専門分野に力を集中し、より高付加価値な事業領域を伸ばしていくためには、これらのタレント人材やプロ人材、エキスパート人材を意識的に活用し、事業の管理レベルを上げ、先見性のある俊敏な経営を実現していかねばなりません。

管理職系列とスタッフ・専門職系列と、それぞれに昇格ルートを用意する２本立て階層制（デュアルラダー＝２本の梯子）は、ライン中心の管理機能とスペシャリスト中心の専門機能との間にほどよいバランスをもたらし、人事の柔軟性も高まります。自分の専門を持ちたいと考える若い人たちも安心してそれぞれの任務に専念できるようになるはずです。

図表２−９は、役割等級の判定資料の１つとして、各等級の役割レベルの特徴をまとめた事例です。このような基準と照合して従業員の役割レベルを上下にグループ分けするだけなので、能力で等級を区分する職能資格制度に比べると等級格付けははるかにやりやすくなるでしょう。

図表２−９　役割レベルのとらえ方

等級	役　割	責任の範囲	仕事の焦点	コミット	対人志向性	仕事の時間幅	キーワード
Ⅵ	統括マネジャー 統括専門職	大規模なプロジェクト	戦略・ビジョンをおく長期事業展開	企業を取り巻く状況を変革していく	全従業員	長期 ３〜５年	戦略　起業 創造　人材確保 変革　要員配置
Ⅴ	上級マネジャー 上級専門職	複数のプロジェクト	方針計画を策定する組織的実施	部門を取り巻く状況を変革していく	自部門 （他部門）	中長期 ２〜３年	計画立案　統合 実施　管理 展開　育成
Ⅳ	一線マネジャー 職場リーダー 専門職	大きなプロジェクト	目標をおく一連の業務プロセス	独自の工夫で自ら成果を実現する	複数のチーム	中期 １〜２年	創意工夫 策定具申 運営統率　企画 開発　推進
Ⅲ	指導的担当者 熟練技能者	小さなプロジェクト	目標をおく応用的業務	変化する状況の中で自己の裁量で行動	１つのチーム	短期〜中期 ４カ月から１年	指導調整 提案実施 共有　明示 影響　模範
Ⅱ	一線担当者 実務スタッフ	多面的な境界 多様な接点	複数の課業 （職務）	通常の状況の中で自主的に行動	パートナー	短期 ２〜３カ月	適応　報告 応用判断　説明 改善　活用
Ⅰ	一線作業者 アシスタント	単純な境界 少数の接点	与えられた課業	誰かから具体的指示を受ける	自己・仲間	ごく短期 〜１カ月	遂行　協調 維持　順守 習得　伝達

資料出所：プライムコンサルタント

第3章 簡易版・ゾーン型の範囲給を使った役割給の決め方

1．ゾーン型範囲給と「段階接近法」のしくみ
2．ゾーン型範囲給と昇給ルールのつくり方
3．役割給のしくみを「モデル昇給グラフ」で見える化する
4．役割給の昇給調整、水準調整とベースアップのやり方
5．役割と貢献度に基づく昇給評価の進め方

1 ゾーン型範囲給と「段階接近法」のしくみ

ゾーン型の範囲給（バンド）の中で貢献度に応じた賃金を実現する「段階接近法®」

本章では、役割と貢献度に基づく賃金（役割給）の基本的な考え方を説明するために、一般的な号俸表のような「賃金表」を使わないで、基本給の上限・下限を決めるだけの簡易な「ゾーン型範囲給」の手法を説明します。

これは、あらかじめ**図表３－１**のように貢献度レベルの評価SABCDに合わせて範囲給を５つの「ゾーン」に区分します。このゾーンを活用して、範囲給の中で基本給の高さと貢献度の評価とを対比して、常に両者のバランスをとるように昇給・昇給停止・マイナス昇給を行い、合理的に基本給の絶対額をコントロールします（段階接近法）。

図表３－１　範囲給をゾーンに分ける①

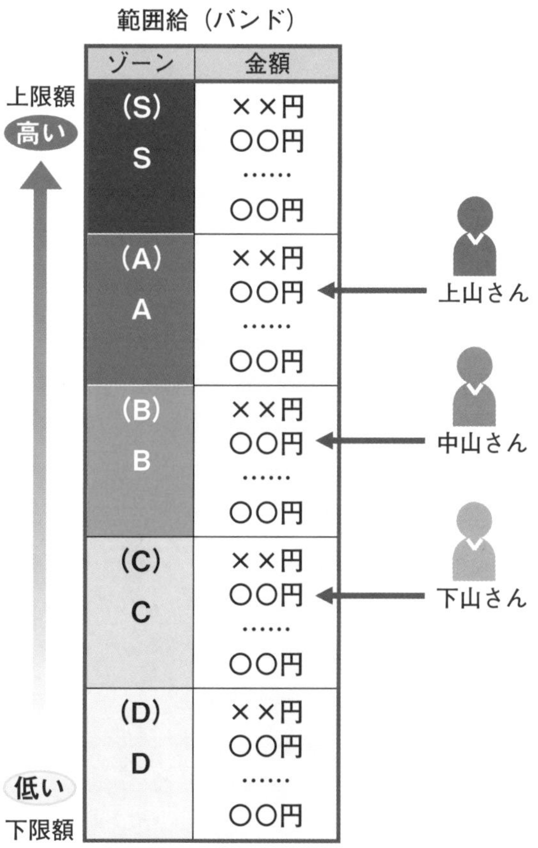

範囲給（バンド）

ゾーン	金額
(S) S	××円 ○○円 …… ○○円
(A) A	××円 ○○円 ← 上山さん …… ○○円
(B) B	××円 ○○円 ← 中山さん …… ○○円
(C) C	××円 ○○円 ← 下山さん …… ○○円
(D) D	××円 ○○円 …… ○○円

上限額　高い ↑　低い　下限額

範囲給のほかは「職能給」とか「年齢給」「勤続給」などの他の基本給項目は使いません。この範囲給一本で基本給を決めます。

一般的な「職能給」では、評価SABCDによって毎年号俸をプラスする昇給を行います。「年齢給」「勤続給」の場合は年齢や勤続年数が増える都度、「職能給」は習熟度が高まる都度昇給します。これらを毎年定期的に行うという意味で「定期昇給」と呼びます。職能給には、原則としてマイナス昇給はありません。

これに対して段階接近法では、個々の社員が「どのゾーンにいて」「どんな貢献度の評価をとるか」で、昇給、昇給停止、マイナス昇給を行います。

例えば、いままでの基本給を**図表３－１**の賃金表の上に読み替えたところ、右のように基本給の低い下山さんはCゾーン、中山さんはBゾーン、給料が高い上山さんはAゾーンに位置づけられたとしましょう。新しい基本給の運用方法は次のようになります。

① **いまの基本給のゾーンよりも高い評価をとると上のゾーンへ向かって昇給します。**

貢献度の評価は、SABCDの5段階評価（Bが標準）を毎年行います。

例えば、基本給の低い下山さんはB以上の評価をとるとBゾーンへ向かって昇給し、中山さんはA以上の評価をとるとAゾーンへ向かって昇給します。そして基本給の高い上山さんは、最高のS評価を採らないとSゾーンへは昇給できません。

上のゾーンに昇給するには、いまの基本給ゾーンより高い評価をとる必要があり、高いゾーンにいる人ほど、高い貢献をしないと上のゾーンには昇給できません。

② **基本給のゾーンと同じ評価だとゾーンの上限まで昇給し、そこで昇給停止になります。**

表では、各ゾーンの上限を下から（D）、（C）、（B）、（A）、（S）と表示しています。

例えば、下山さんはC評価でCゾーンの上限（××円）まで少しずつ昇給できますが、C評価はそこで昇給停止となります。同じく中山さんはB評価ではBゾーンの上限（××円）まで、上山さんもA評価ではAゾーンの上限（××円）までしか昇給できません。

つまり自分の基本給ゾーンと同じ評価だと、そのゾーンの上限までで昇給停止となります。

③ **いまの基本給のゾーンよりも低い評価をとると昇給停止またはマイナス昇給になります。**

例えば、基本給の低いCゾーンの下山さんは、最低のD評価をとると昇給できません。同じくBゾーンの中山さんはC評価では昇給停止、D評価をとるとCゾーンへ向かってマイナス昇給になります。基本給の高いAゾーンの上山さんは、B評価では昇給停止、C以下の評価でマイナス昇給となります。

このように、基本給が高いゾーンにいる人ほど、求められる貢献度のハードルが高くなり、ゾーンよりも低い評価をとってしまうと、給料が下がる場合があります。

貢献度に応じたゾーン別の上限額に基本給が収れんする

今度は、**図表３－２**をみてください。

いま、新入社員の入口さんが賃金表の一番低い金額（初任給）からスタートしました。

この新入社員が、もし普通のB評価をとり続けるような平均的な社員だと、普通に昇給して最後はBゾーンの上限（B）で昇給停止となります。

ところが、これが10年に１人という超優秀な逸材で、最高のS評価をとり続けたとすると、基本給はぐんぐん昇給し、ある程度年数がかかりますが、最後には賃金表の最高額であるSゾーンの上限（S）まで昇給します（実際はSゾーンの上限（S）に届く前に、上位等級の役割

図表3－2　範囲給をゾーンに分ける②

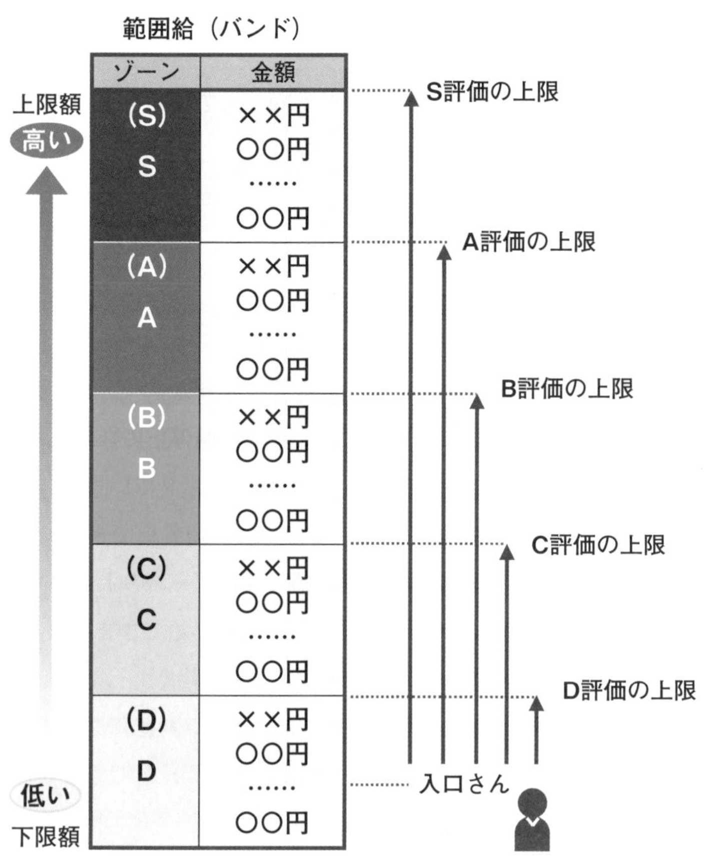

範囲給（バンド）

ゾーン	金額
(S) S	××円 ○○円 …… ○○円
(A) A	××円 ○○円 …… ○○円
(B) B	××円 ○○円 …… ○○円
(C) C	××円 ○○円 …… ○○円
(D) D	××円 ○○円 …… ○○円

に昇格していると思いますが）。

逆に、採用を間違ってしまい、残念ながらＤ評価ばかりとるような社員だと、昇給は抑制され、Ｄゾーンの上限（Ｄ）で早くも昇給停止となります。

このように、年数とともにその社員の貢献度レベルに見合う基本給が決まっていきます。

ここでは毎年同じ評価を続けるかのような説明をしましたが、実際は毎年、各人の評価は変化します。例えば、はじめはＣ評価が続いていたような新入社員でも、途中から急にやる気を出してＢ評価をとるようになり、いつの間にか優秀な社員に成長してＡ評価をとるようになることもあります。この場合はＡゾーンの上限まで昇給できるのです（もちろん、油断すれば再びマイナス昇給の対象になることもあり得ます）。

反対に、はじめは張り切ってＢ評価やＡ評価をとっていたのに、途中からやる気がなくなってＣ評価ばかり続けば、最後はＣゾーンの上限で基本給は固定します（この場合も、再び一念発起すれば上のゾーンに上がることもできます）。

このように、長い目で見ればその人の本当の実力のレベルに最後は基本給が収れんしていくと考えてよいでしょう。

いかがですか？　これが、「**段階接近法®**」と呼ばれる役割給の賃金管理手法です。

この手法を活用することによって、次のような特徴を持つ「ブロードバンドの役割給」を非常にシンプルな手法で実現できるようになります。

「ブロードバンドの役割給」の特徴

❶ 期待役割に基づいて賃金表の上限と下限を設定する。
❷ これまでの毎年の定期昇給は廃止する。
❸ 不要で無意味な手当は廃止し、基本給に吸収する。
❹ 年齢や勤続、学歴、性別などではなく、貢献度の評価で昇給を決める方法に変える。
❺ 貢献度に見合う基本給の上限までは昇給できるが、上限で昇給はストップする。
❻ 基本給に比べて貢献度が低いときは、基本給を下げるマイナス昇給も行う。
❼ 貢献度の評価は、従業員に求める成果と行動に対する発揮能力で判定する。
❽ 基本給と賞与、退職金を切り離し、それぞれ目的と支給基準を別立てとする。

以下、賃金表を使わずに、ゾーン型範囲給の下限額と上限額を設定するだけで簡易に導入できる「ブロードバンドの役割給」のしくみを、モデル例を使って紹介しましょう。

2 ゾーン型範囲給と昇給ルールのつくり方

簡易なゾーン型範囲給を用いた役割給の設定方法

役割給のバンド（上限〜下限の金額）を設定するには、役割等級別に自社従業員の賃金（基本給部分）の月額を調べ、また世間相場も考慮に入れながら、**図表３－３**の例のように、役割・貢献度のレベルにふさわしい目標賃金水準を設定します。

そして、同じ等級でも貢献度の評価によって大きな金額のメリハリがつくように、既存の従業員の賃金実態をある程度カバーできる大きな範囲給のレンジで設計します。

この例では、Ⅰ等級のバンドのスタート金額は高卒初任給を想定した17万円とし、上限額を28万1000円としました。さらにバンドの中を、貢献度の評価SABCDに対応して、下からDゾーン（上限額19万円）、Cゾーン（同21万2000円）、Bゾーン（同23万4000円）、Aゾーン（同25万7000円）、Sゾーン（同28万1000円）という５つのゾーンに分けています。

各等級の上限・下限額と各ゾーンの上限金額は任意に設定できます。詳しい説明は省きますが、この例では、金額に規則性を持たせるため、Ⅰ等級のスタート金額（E）17万円に対し順次1.07倍し、かつ8500円を加算して１つ上のゾーン別上限額を設定しました。このようにすると、各ゾーンの差額は次ページの枠の（　　）内のように徐々に大きくなります。

図表３－３　等級別の範囲給（バンド）の設定ロジック（例）

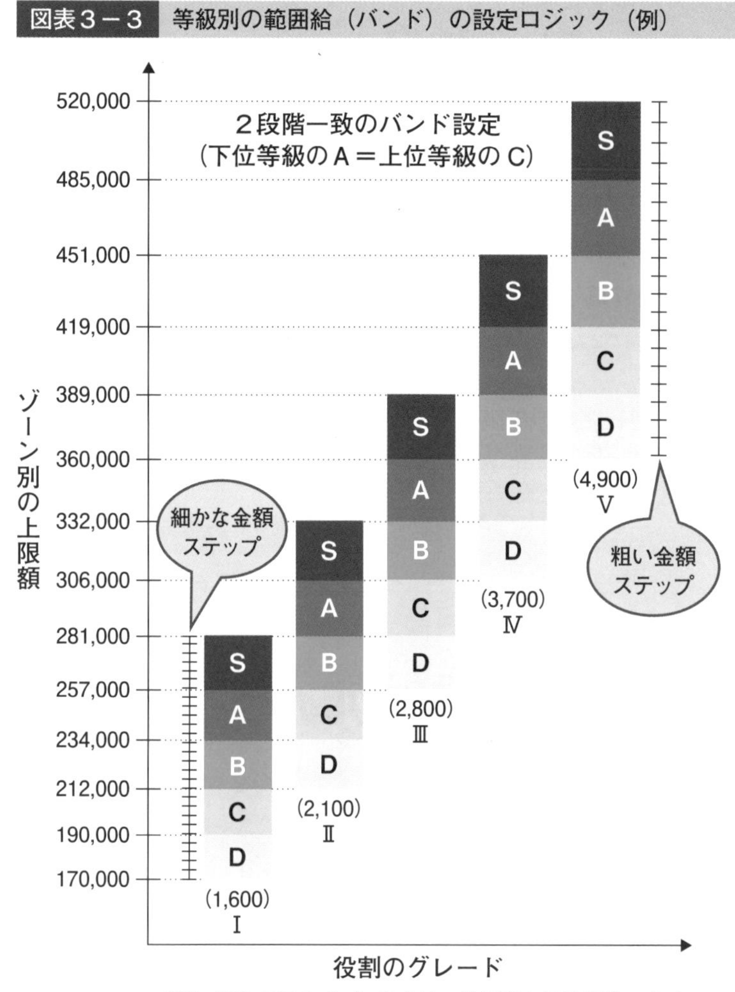

（注）等級の下の（　）書きは、等級別の昇給単位である。

Ⅱ等級以上も考え方は同じですが、やはり考え方をシンプルに統一するため、図表３－３のように各等級のゾーンが重複するようにバンドを設定しました。ここではゾーンを２つずらして、下位等級のＢゾーンは上位等級のＤゾーン、下位等級のＡゾーンは上位等級のＣゾーン、下位等級のＳゾーンは上位等級のＢゾーンとなるように設定しました。このような対応関係を専門用語で「２段階一致」といいます。

上位等級でもゾーン別上限額を順次1.07倍プラス8500円で設定しました。このように通常は下位等級から設定し、下位等級は上下幅をやや抑え気味にし、上位等級ほど上下幅を大きくしていきます。これによって、下位等級ではむやみに賃金が上がるのを防ぎ、上位等級では賃金水準を高くして貢献度の違いによるメリハリの効いた賃金待遇が行えるようになります。

念のため付け加えると、範囲給の上限額の設定により長期的にみた昇給率は大きく変わ

補足　「レンジ」「ブロードバンド」

（上限額－下限額）÷下限額の比率を専門用語で「レンジ」といいます。この例では、Ⅰ等級では65％（（Ⅰ等級Ｓゾーンの上限額281,000円－下限額170,000円）÷同170,000円＝65％）、Ⅴ等級では44％となっています。この比率が小さい範囲給を英語でナローバンド、反対に比率が大きい範囲給をブロードバンドと呼びます。

▶ゾーン別上限額の設定方法（Ⅰ等級の例）

(E) 170,000円（スタート金額）

(D) 170,000円 $\times 1.07^1$ +8,500円 × 1 ＝190,000円（20,000円の差）

(C) 170,000円 $\times 1.07^2$ +8,500円 × 2 ＝212,000円（22,000円の差）

(B) 170,000円 $\times 1.07^3$ +8,500円 × 3 ＝234,000円（22,000円の差）

(A) 170,000円 $\times 1.07^4$ +8,500円 × 4 ＝257,000円（23,000円の差）

(S) 170,000円 $\times 1.07^5$ +8,500円 × 5 ＝281,000円（24,000円の差）

（注）1000円単位に四捨五入。上の1.07倍と8500円は任意に設定できます。

ります。分かりやすくいえば、会社の平均基本給に比べて、標準的なB評価の上限額（B）を高めに設定すれば、長期的に全体の昇給率は増加します。逆に平均基本給よりも標準的なB評価の上限額（B）を低めに設定すれば、全体の昇給率は大幅に抑制されます。

Q 管理職になると超過勤務手当は支給されなくなると思いますが、範囲給の金額にはその分も含んでいるのでしょうか？

A 範囲給は基本給（ここでは役割給と呼びます）だけの金額です。管理職にはいわゆる「管理職手当」（後述）などの超過勤務手当の代替措置が別途必要です。一般従業員の時間外手当も別途支給する必要があります。

Q 役割給になると家族手当や住宅手当などの属人的な手当はなくなって、基本給にすべて含めるのでしょうか？

A 役割給であっても、必要であれば、家族手当や住宅手当などの属人的な手当を使い続けても問題ありません。現行の手当の意味が弱くなっていて、この際、役割と貢献度に基づく基本給に純化したいという考えであれば、廃止・吸収する選択肢もあります。手当の支給目的や意味をよく考えて、検討してください（第6章参照）。

Q Ⅰ等級の上限額（28万1000円）が高すぎます。Ⅰ等級の仕事は単純業務なのですから、もっと低くてもよいのではないでしょうか？

A 実際には、Ⅰ等級の上限額（S）＝28万1000円は、Ⅰ等級に適用される評価基準の中で、トップレベルのオールS評価をとり続けて最後に到達する金額なので、まず普通は対象になりません。

（A）＝25万7000円もそうです。

SやAをとり続けるような優秀なⅠ等級は、いつかⅡ等級に昇格するはずです。昇格しないで普通のB評価の人が上がっていけるのは、（B）＝23万4000円までです。

後でⅠ等級の「モデル昇給グラフ」をみてもらうと分かりますが、この例では、高卒18歳がオールB評価で（B）＝23万4000円に届くのは、24年後、42歳のときです。その年齢からすれば、決して高い金額ではありません（図表3－6②（79ページ）参照）。

SゾーンやAゾーンの該当者はほとんどいないと思いますが、SゾーンやAゾーンを設定する必要があるのですか？

もちろんSゾーンやAゾーンは必要です。

理由1：厳格に役割等級の昇格管理をやっていくと、いくら実力があってもあえて昇格させないで、いまの役割責任のまま仕事をしてもらうというケースがあり得ます。特に役職のポストに定員がある上位等級では、十分その可能性があります。

理由2：従業員に励みを持たせるために、S評価やA評価をとるようにがんばれば、ここまで昇給できるという金額を示すことも必要です。賃金表にBゾーンまでしか表示していなかったら、がんばろうという気持ちにはなりにくいでしょう。

理由3：上の等級から「降格」になったときは、前の金額を直近下位に読み替えて下の等級に当てはめます。そのときはSゾーンやAゾーンが受け皿として必要になります。

理由4：年功的な旧賃金制度から役割給に移行したときにも、高賃金者の賃金をいったん賃金表に当てはめる必要があります。SゾーンやAゾーンがその受け皿として必要になります。

昇給は等級別に「昇給単位」を決め、ゾーン別・評価別の「昇給倍率」を掛け算

昇給は、図表3－3の（　）のように等級別に「昇給単位」（「昇給ピッチ」ともいう）の金額を設定し、これに「昇給倍率」を乗じて毎年の昇給額を決定します。

この例では、昇給単位はⅠ等級1600円、Ⅱ等級2100円、Ⅲ等級2800円、Ⅳ等級3700円、Ⅴ等級4900円と設定しました。

昇給単位は、長期雇用と能力開発を重視する一般社員の等級では細かい刻み方にして、徐々に発揮能力に応じた賃金バランスを実現していく比較的緩やかな方式をとります。他方、等級

（＝賃金水準）の高い管理職や専門・スタッフ職については、昇給単位の刻みを意識的に大きくし、賃金が多少早めにアップ・ダウンする短期決済型の賃金制度の性格を持たせるようにします。

これらの昇給単位に、図表３－４のような「昇給倍率」を掛け算して毎年の具体的な昇給額を算定します。

図表３－４　役割給のゾーン別・評価別昇給ルール

●昇給倍率の基準（段階接近法®）

賃金↓	S評価	A評価	B評価	C評価	D評価
Sゾーン	1	0	-1	-2	-3
Aゾーン	2	1	0	-1	-2
Bゾーン	3	2	1	0	-1
Cゾーン	4	3	2	1	0
Dゾーン	5	4	3	2	1

（注）上限額（各ゾーンのちょうど境目の金額）では上位ゾーンの昇給倍率を適用する。例：Aゾーンの上限額でA評価、Bゾーンの上限額でB評価はそれぞれ昇給ゼロとする。
評価別上限額を超えるときは、上限額を超えないように昇給額を調整する。例：A評価はAゾーンの上限、B評価はBゾーンの上限を超えないように昇給額を調整する。

●昇給額の計算例（昇給単位×昇給倍率＝昇給額）

Ⅰ等級の昇給単位 1,600円 ×昇給倍率

賃金↓	S評価	A評価	B評価	C評価	D評価
Sゾーン	1,600	0	-1,600	-3,200	-4,800
Aゾーン	3,200	1,600	0	-1,600	-3,200
Bゾーン	4,800	3,200	1,600	0	-1,600
Cゾーン	6,400	4,800	3,200	1,600	0
Dゾーン	8,000	6,400	4,800	3,200	1,600

Ⅱ等級の昇給単位 2,100円 ×昇給倍率

賃金↓	S評価	A評価	B評価	C評価	D評価
Sゾーン	2,100	0	-2,100	-4,200	-6,300
Aゾーン	4,200	2,100	0	-2,100	-4,200
Bゾーン	6,300	4,200	2,100	0	-2,100
Cゾーン	8,400	6,300	4,200	2,100	0
Dゾーン	10,500	8,400	6,300	4,200	2,100

この表は縦軸と横軸のマトリクス表になっていて、その従業員が

・いまどのゾーン（S‐A‐B‐C‐D）にいるか（縦軸）

・今回どの貢献度の評価（SABCD）になったか（横軸）

をみて、両者の交点に当たる昇給倍率を使います。

図表３－４の下の表でⅠ等級の昇給単位1600円を例にとると、一番賃金の低いＤゾーン（基本給19万円未満）では、Ｓ評価は５倍8000円、Ａ評価は４倍6400円、Ｂ評価は３倍4800円、Ｃ評価は２倍3200円、Ｄ評価は１倍1600円（ただしＤゾーンの上限額19万円では昇給ゼロ）というように昇給額が変わります。

このような貢献度の違いによる昇給の違いは、どのゾーンでも同じで、評価１つの違いで昇給倍率に１つずつ差がつきます。

また賃金ゾーンが１つ高くなると昇給倍率も１つずつ小さくなります。

同じＢ評価でも、Ｄゾーン（19万円未満）では３倍の4800円ですが、Ｄゾーンの上限額（D）（19万円）～Ｃゾーン（21万2000円未満）では２倍の3200円、Ｃゾーンの上限額（C）（21万2000円）～Ｂゾーン（23万4000円未満）では１倍の1600円というように、賃金ゾーンが高くなるに従い昇給額を小さくし、Ｂゾーンの上限（同23万4000円）～Ａゾーンの上限額（25万7000円未満）では昇給ゼロとします。さらにＡゾーンの上限（同25万7000円）～Ｓゾーン（28万1000円以下）では1600円のマイナス昇給（減給）とします。

このように、低い賃金ゾーンでは昇給幅を大きくとり、高い賃金ゾーンに移るに従い段階的に昇給幅を抑制し、最終的にその評価に対応するゾーンの上限（ターゲット金額）に達したら昇給を停止します。また賃金のゾーンに比べて評価が低すぎるときは、そのギャップに応じた昇給停止やマイナス昇給を行い、賃金が各人の既得権のようになるのを防ぎます。

図表３－５は、Ⅰ等級～Ⅲ等級のゾーン別・評価別の昇給額を、それぞれのゾーン別上限額で割り算した昇給率を試算したものです。ご覧のように、基本給が低く評価が高いほど昇給率は大きく、基本給が高くなるに従い昇給率は小さくなって、ゾーンよりも評価が低いと昇給ゼロまたはマイナス昇給になることが分かります。

毎年の評価は当然変動しますが、このような昇給の運用を続けると徐々に各人の役割と貢献度にふさわしい賃金水準へと段階的に接近し、最後はその上限額に収れんします。

このような範囲給のゾーン設定と昇給単位を従業員に示し、昇給倍率のルールを説明すれば、各人の賃金の位置づけと評価に見合った昇給金額が目に見えて理解できるようになるでしょう。

図表３－５　ゾーン別・評価別昇給率（%）の試算（Ⅰ～Ⅲ等級）

●昇給率（%）＝ゾーン別・評価別昇給額÷ゾーン別上限額

Ⅰ等級

賃金↓	S評価	A評価	B評価	C評価	D評価
Sゾーン	0.6%	0.0%	-0.6%	-1.1%	-1.7%
Aゾーン	1.2%	0.6%	0.0%	-0.6%	-1.2%
Bゾーン	2.1%	1.4%	0.7%	0.0%	-0.7%
Cゾーン	3.0%	2.3%	1.5%	0.8%	0.0%
Dゾーン	4.2%	3.4%	2.5%	1.7%	0.8%

Ⅱ等級

賃金↓	S評価	A評価	B評価	C評価	D評価
Sゾーン	0.6%	0.0%	-0.6%	-1.3%	-1.9%
Aゾーン	1.4%	0.7%	0.0%	-0.7%	-1.4%
Bゾーン	2.2%	1.5%	0.7%	0.0%	-0.7%
Cゾーン	3.3%	2.5%	1.6%	0.8%	0.0%
Dゾーン	4.5%	3.6%	2.7%	1.8%	0.9%

Ⅲ等級

賃金↓	S評価	A評価	B評価	C評価	D評価
Sゾーン	0.7%	0.0%	-0.7%	-1.4%	-2.2%
Aゾーン	1.6%	0.8%	0.0%	-0.8%	-1.6%
Bゾーン	2.5%	1.7%	0.8%	0.0%	-0.8%
Cゾーン	3.7%	2.7%	1.8%	0.9%	0.0%
Dゾーン	5.0%	4.0%	3.0%	2.0%	1.0%

3 役割給のしくみを「モデル昇給グラフ」で見える化する

等級別のモデル昇給グラフで各人の賃金が将来どうなるかを示す

図表３－６①は、Ⅰ等級のスタート金額17万円から、毎年A評価、B評価、C評価と毎年同じ評価をとり続けたときに、基本給の金額が年数とともに各ゾーンでどのように増加していくのかを理論的に試算した「モデル賃金」です。

図表３－６①　Ⅰ等級の評価別モデル賃金（Ⅰ等級の昇給単位1,600円の場合）

◆ゾーンに応じて昇給倍率を調整し、上限額に達したら昇給を停止

年	257,000上限	A評価			234,000上限	B評価			212,000上限	C評価		
	基本給	ゾーン	昇給倍率	昇給額	基本給	ゾーン	昇給倍率	昇給額	基本給	ゾーン	昇給倍率	昇給額
0	170,000	D	4	6,400	170,000	D	3	4,800	170,000	D	2	3,200
1	176,400	D	4	6,400	174,800	D	3	4,800	173,200	D	2	3,200
2	182,800	D	4	6,400	179,600	D	3	4,800	176,400	D	2	3,200
3	189,200	D	4	6,400	184,400	D	3	4,800	179,600	D	2	3,200
4	195,600	C	3	4,800	189,200	D	3	4,800	182,800	D	2	3,200
5	200,400	C	3	4,800	194,200	C	2	3,200	186,000	D	2	3,200
6	205,200	C	3	4,800	197,200	C	2	3,200	189,200	D	2	3,200
7	210,000	C	3	4,800	200,400	C	2	3,200	192,400	C	1	1,600
8	214,800	B	2	3,200	203,600	C	2	3,200	194,000	C	1	1,600
9	218,000	B	2	3,200	206,800	C	2	3,200	195,600	C	1	1,600
10	221,200	B	2	3,200	210,000	C	2	3,200	197,200	C	1	1,600
11	224,400	B	2	3,200	213,200	B	1	1,600	198,800	C	1	1,600
12	227,600	B	2	3,200	214,800	B	1	1,600	200,400	C	1	1,600
13	230,800	B	2	3,200	216,400	B	1	1,600	202,000	C	1	1,600
14	234,000	(B)	1	1,600	218,000	B	1	1,600	203,600	C	1	1,600
15	235,600	A	1	1,600	219,600	B	1	1,600	205,200	C	1	1,600
16	237,200	A	1	1,600	221,200	B	1	1,600	206,800	C	1	1,600
17	238,800	A	1	1,600	222,800	B	1	1,600	208,400	C	1	1,600
18	240,400	A	1	1,600	224,400	B	1	1,600	210,000	C	1	1,600
19	242,000	A	1	1,600	226,000	B	1	1,600	211,600	C	1	400
20	243,600	A	1	1,600	227,600	B	1	1,600	212,000	(C)	0	0
21	245,200	A	1	1,600	229,200	B	1	1,600	212,000	(C)	0	0
22	246,800	A	1	1,600	230,800	B	1	1,600	212,000	(C)	0	0
23	248,400	A	1	1,600	232,400	B	1	1,600	212,000	(C)	0	0
24	250,000	A	1	1,600	234,000	(B)	0	0	212,000	(C)	0	0
25	251,600	A	1	1,600	234,000	(B)	0	0	212,000	(C)	0	0
26	253,200	A	1	1,600	234,000	(B)	0	0	212,000	(C)	0	0
27	254,800	A	1	1,600	234,000	(B)	0	0	212,000	(C)	0	0
28	256,400	A	1	600	234,000	(B)	0	0	212,000	(C)	0	0
29	257,000	(A)	0	0	234,000	(B)	0	0	212,000	(C)	0	0
30	257,000	(A)	0	0	234,000	(B)	0	0	212,000	(C)	0	0
31	257,000	(A)	0	0	234,000	(B)	0	0	212,000	(C)	0	0
32	257,000	(A)	0	0	234,000	(B)	0	0	212,000	(C)	0	0

図表３－６②は、縦軸にモデル賃金の金額、横軸に年数をとり、グラフにトレースした「モデル昇給グラフ」です。

A評価を例にとると、Dゾーンでは昇給単位の４倍の6400円ずつ昇給しますが、Cゾーンに入ると３倍の4800円、Bゾーンでは２倍の3200円、Bゾーンの上限とAゾーンでは１倍の1600円ずつ昇給し、Aゾーンの上限額の手前では600円だけ昇給してちょうど上限額25万7000円に到達し、以降は昇給ゼロとなります。

図表3－6② Ⅰ等級のモデル昇給グラフ

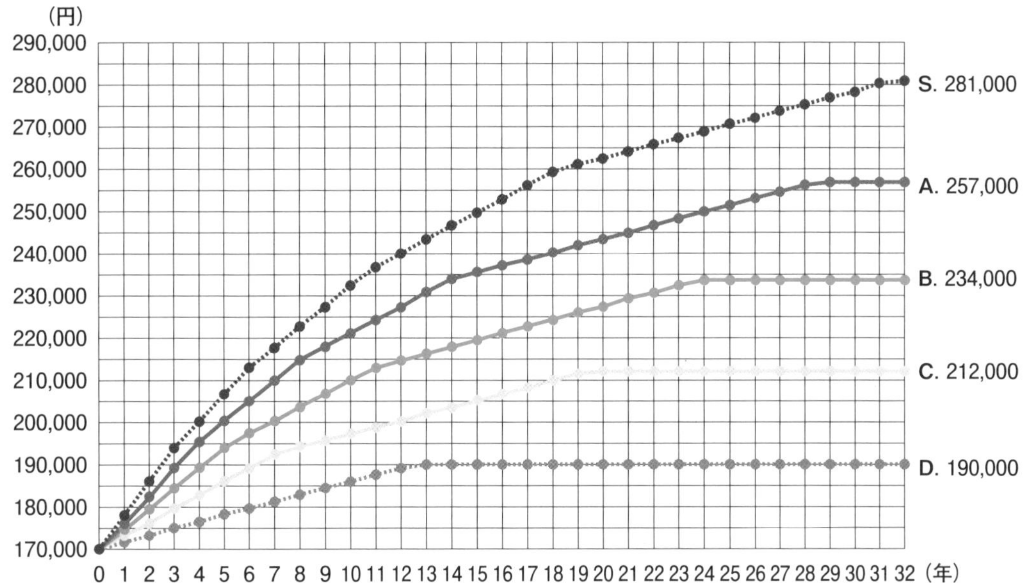

B評価、C評価とも同じ規則ですが、それぞれ対応するBゾーンの上限（23万4000円）、Cゾーンの上限（21万2000円）で基本給は頭打ちになります。

スペースの関係でS評価、D評価の試算は省略しましたが、グラフは同じようにS評価はSゾーンの上限（28万1000円）、D評価はDゾーンの上限（19万円）で頭打ちになることが分かります。

ここではⅠ等級のスタート金額17万円から計算しましたが、このようなモデル賃金は、従業員各人の基本給がいくらからスタートしても同じように計算することができます。この昇給のしくみが分かれば、誰でも自分の賃金が将来どうなるかという展望が描け、生活設計に役立つことがご理解いただけるでしょう。

補足 昇給単位の設定

昇給単位の設定は、モデル昇給グラフに影響を与えます。昇給単位を大きく設定すると毎年の昇給幅が増加し、その分早い年数で基本給が頭打ちになります。逆に昇給単位を減らすと昇給率は抑制され、毎年小幅にゆっくりと昇給するかたちになるので、基本給が頭打ちになる年数も遅くなります。

高卒以外の新卒初任給はどのように決めればよいのでしょうか？

新卒初任給は、競合他社の金額や賃金統計資料などを参考に、例えば、高専・短大18万5000円、大卒は21万円というように決めます。ただし、よほど優秀

なスペシャリスト人材でもない限り、既存の若年社員と逆転しないように注意してください。なお、高卒と高専・短大はⅠ等級、大学、大学院はⅡ等級というように、採用等級を使い分けることもできます。

ちなみに東京都職業安定部の「学卒者の初任賃金」調査によると、令和３年(2021年）度の新卒初任給の平均額（東京都・全産業・男女計）は、高校卒17万9400円、専修卒19万7700円、短大卒19万6000円、大学卒21万円となっています。

中途採用初任給は、どのように決めればよいのでしょうか？

採用しようとする人材の職歴や仕事の実績を調べ、その人材が実際に入社したとき、何等級でどの程度の即戦力が期待できるかを貢献度SABCDで想定してみます。例えばⅡ等級でB評価程度と見込んだときは、Ⅱ等級Bゾーンの上限額（図表３－３（72ページ）の例では28万1000円）までの範囲で、既存社員とのバランスをみて決めます。これに時間外手当の見込み額や家族手当等の諸手当を加え、賞与の支給条件や労働時間・休日、福利厚生、教育制度等の条件も併せて提示します。

小企業を想定した昇給試算表の例

しくみの説明だけでは分かりにくいと思いますので、図表３－７をみてください。

これは従業員15人の小企業Ｓ社を例に、図表３－３（72ページ）の範囲給と図表３－４（75ページ）の昇給ルールを当てはめた基本給の昇給試算例です。この会社では、右のように部長がⅤ等級、課長がⅣ等級、主任Ⅲ等級、担当職Ⅱ等級、定型職Ⅰ等級という５段階の役割等級の区分としています。

▶Ｓ社の役割等級の区分（小企業・５等級構成）

Ⅰ	アシスタント実務担当者、定常業務の作業者
Ⅱ	上級実務担当者、応用業務の作業者
Ⅲ	主任（指導職）、専門業務の高度熟練者
Ⅳ	課長（業務管理責任者）
Ⅴ	部長（経営管理責任者）

表頭の平均をみると、15人の旧基本給の平均は26万8133円、平均昇給額は5413円、旧基本給に対する平均昇給率は約2.0％となっています。

各人別にみていくと、１番目のASさんはⅤ等級の部長です。昇給前の旧基本給は39万5000円のCゾーンで、昇給はA評価でした。CゾーンでA評価の昇給倍率は３倍です。これにⅤ等級の昇給単位4900円を掛け算した昇給額は１万4700円で、新基本給は40万9700円、旧基本給

図表3－7　基本給の昇給試算表（社員15名のサンプル）

（単位：円）

					旧基本給					昇給額		新基本給	昇給率			
	合計→				4,022,000					81,200		4,103,200				
	平均→38歳				268,133					5,413		273,547	2.0%			
番号	氏名	年齢	役職位	等級	旧基本給	ゾーン	評価	昇給倍率	昇給単位	昇給額	新年齢	新基本給	昇給率	ゾーン	昇格者	ゾーン
1	AS	44	部長	Ⅴ	395,000	C	A	3	4,900	14,700	45	409,700	3.7%	C		
2	YM	37	課長	Ⅳ	340,000	C	A	3	3,700	11,100	38	351,100	3.3%	C		
3	SO	39	課長	Ⅳ	330,000	D	B	3	3,700	11,100	40	341,100	3.4%	C		
4	KE	43	主任	Ⅲ	330,000	B	B	1	2,800	2,000	44	332,000	0.6%	(B)		
5	GO	34	主任	Ⅲ	273,000	D	A	4	2,800	11,200	35	284,200	4.1%	C		
6	WT	53	担当職	Ⅱ	280,000	B	D	-1	2,100	-2,100	54	277,900	-0.8%	B		
7	DA	50	担当職	Ⅱ	280,000	B	C	0	2,100	0	51	280,000	0.0%	B		
8	SU	45	担当職	Ⅱ	270,000	B	A	2	2,100	4,200	46	274,200	1.6%	B	Ⅲ	D
9	NT	43	担当職	Ⅱ	250,000	C	B	2	2,100	4,200	44	254,200	1.7%	C		
10	HI	37	担当職	Ⅱ	240,000	C	B	2	2,100	4,200	38	244,200	1.8%	C		
11	HO	32	担当職	Ⅱ	230,000	D	A	4	2,100	8,400	33	238,400	3.7%	C	Ⅲ	E
12	MA	29	担当職	Ⅱ	215,000	D	C	2	2,100	4,200	30	219,200	2.0%	D		
13	TH	35	定型職	Ⅰ	234,000	(B)	B	0	1,600	0	36	234,000	0.0%	(B)		
14	SK	24	定型職	Ⅰ	185,000	D	C	2	1,600	3,200	25	188,200	1.7%	D		
15	EM	18	定型職	Ⅰ	170,000	D	B	3	1,600	4,800	19	174,800	2.8%	D		

に対する昇給率は3.7%となりました。

２番目の課長以下も同じように計算しますが、２番目のYMさんはCゾーンのA評価で３倍、３番目のSOさんはDゾーンのB評価で同じ３倍の昇給倍率となり、昇給額は3700円の３倍で同額の１万1100円となっています。

４番目の主任KEさんはBゾーンのB評価でルール上の昇給倍率は１倍です。ただし旧基本給の33万円からⅢ等級の昇給単位2800円昇給すると、B評価の上限33万2000円を超えてしまうので、新基本給がちょうど上限額33万2000円（B）になるように昇給額を2000円に調整しています。

６番目の担当職WTさんと７番目の担当職DAさんは同じBゾーンの28万円でしたが、WTさんはD評価でマイナス昇給、DAさんはC評価で昇給ゼロとなった例です。

13番目の定型職THさんはB評価ですが、すでにBゾーンの上限（B）に達しているため昇給ゼロとなった例です。

以上のような昇給ルールを用いて毎年の基本給を改定し、非管理職には法定の時間外・休日・深夜勤務手当（割増賃金）を支給し、時間外・休日勤務手当を支給しない管理職には、例えば部長は８万円、課長は６万円といった「管理職手当」を支給すればよいのです。さらに必要に応じ、家族手当、住宅手当、通勤手当などの支給基準を定めて支給すれば、最低限の説明可能な役割給の賃金制度ができあがります。

役割等級の昇格の取扱い

役割等級では、次のようなときに上位等級に昇格させます。

① 現状より上位等級の役割の仕事をすることになったとき

② 現在行っている職務内容が上位等級の役割に相当すると認定されたとき

前者は、例えばS社の場合は主任（Ⅲ）、課長（Ⅳ）、部長（Ⅴ）等の責任役職に登用されたときに行う昇格です。後者は、ⅠからⅡ、ⅡからⅢ（主任以外の熟練者）など、責任役職以外に昇格を行うときの考え方で、現状の仕事の難しさや責任の程度が、すでに上位等級並みになったと会社が認定する方式です。

いずれの場合も、上位等級への役職昇進や職務内容の高度化、影響力の拡大など、実際の仕事の役割が上がることが昇格の条件となります。逆にいえば、役割が上がらずに年功序列あるいは身分資格的に等級だけが昇格することはありません。

このような、入り口での条件をつける昇格を一般に「入学方式」といいます。職能資格制度では、一定の評価基準や滞留年数を満たした従業員を自動昇格させる「卒業方式」を行う例が多い（特に下位等級）のですが、役割等級ではこのような考え方は原則としてありません。

昇給と同時に役割等級を昇格・降格させるときは、これまでの評価に基づき昇給を行ってから役割等級を変えるようにします。昇格昇給はなくても構いませんが、必要なときは昇給単位１～２倍程度をプラスすることも差し支えありません。

なお、昇格する等級の下限額より基本給が低い場合、本来はその下限額まで特別昇給が必要になりますが、下限額よりも低い基本給のまま「Eゾーン」として運用する方法もあります。

図表３−７の例をみると、８番目のSUさんと11番目のHOさんはともにⅡ等級でA評価を取り、昇給後にⅢ等級に昇格させています。

８番目SUさんはⅡ等級でBゾーン、昇格後もⅢ等級Dゾーンに入るので、こちらは問題ありません。

ところが、11番目のHOさんは、昇給後（23万8400円）にかろうじてⅡ等級のCゾーンに入った程度で、昇格してもⅢ等級の下限額（25万7000円）には届きません。

> 補足 **Eゾーン**
> Eという評価はありませんが、Dゾーンに届いていないことを明示するために、このような表記を行います。次回以降の昇給はDゾーンとして昇給倍率を適用します。

ただしここでは、下限額への特別昇給は行わず、その金額のままⅢ等級の「Eゾーン」として取り扱っています。

このような範囲外での昇格をどこまで認めるかは、ゾーン型の範囲給の上限・下限をどこまで厳格に運用するかというルールにかかわります。

HOさんの例は、現行等級のCゾーンに達していれば上位等級への昇格を認めることを認めた例です。ただしDゾーンにいる従業員でも昇格を認めるなど、あまり運用をルーズにしすぎると範囲給を設定する本来の意味が失われます。

かといって、あまり運用を厳格にしすぎても、上位等級への昇格が遅れ、賃金待遇の不満から離職につながることも考えられますので、注意してください。

役割等級の昇格を織り込んだ年齢別モデル昇給グラフ

前出の**図表３－６②**（**79ページ**）は昇格しないで同じ等級・同じ評価を続けた場合のモデル昇給グラフでしたが、A評価やS評価など貢献度の高い従業員は、通常、早めに上位等級の役割に昇格させて仕事の責任・権限を与え、より大きな活躍・貢献の場を与えるのが普通です。

では、貢献度がA評価の従業員を、順次上の役割に昇格させたときの賃金（基本給）はどうなるでしょうか？

図表３－８はこのような基本給全体のしくみを把握できるように、**図表３－３**（**72ページ**）のゾーン型範囲給と**図表３－４**（**75ページ**）の昇給ルールを用いて、Ⅰ等級からⅤ等級への昇格を織り込んだ年齢別モデル昇給グラフを作成したものです。

グラフの左側には、Ⅰ等級からⅤ等級のゾーン型範囲給の下限～上限額を目盛りのように示しました。●と●のドットは、**図表３－７**で取り上げたS社の従業員15人の昇給前・後の基本給を等級別にプロットしたものです（●が昇給前、●が昇給後）。このような図を作ると、どの等級のどのゾーンに自社の従業員がいるのか、一目で判別できるようになります。

グラフの右側の右肩上がりのグラフがⅠ等級からⅤ等級のモデル昇給グラフです。これらのグラフは、**図表３－６**のような年齢別基本給のモデル昇給試算をⅤ等級まで作成し、年齢別にグラフにしたものです。

図表３－８　ゾーン型範囲給によるモデル昇給グラフと実在者プロット例（図表３－３の範囲給に対応）

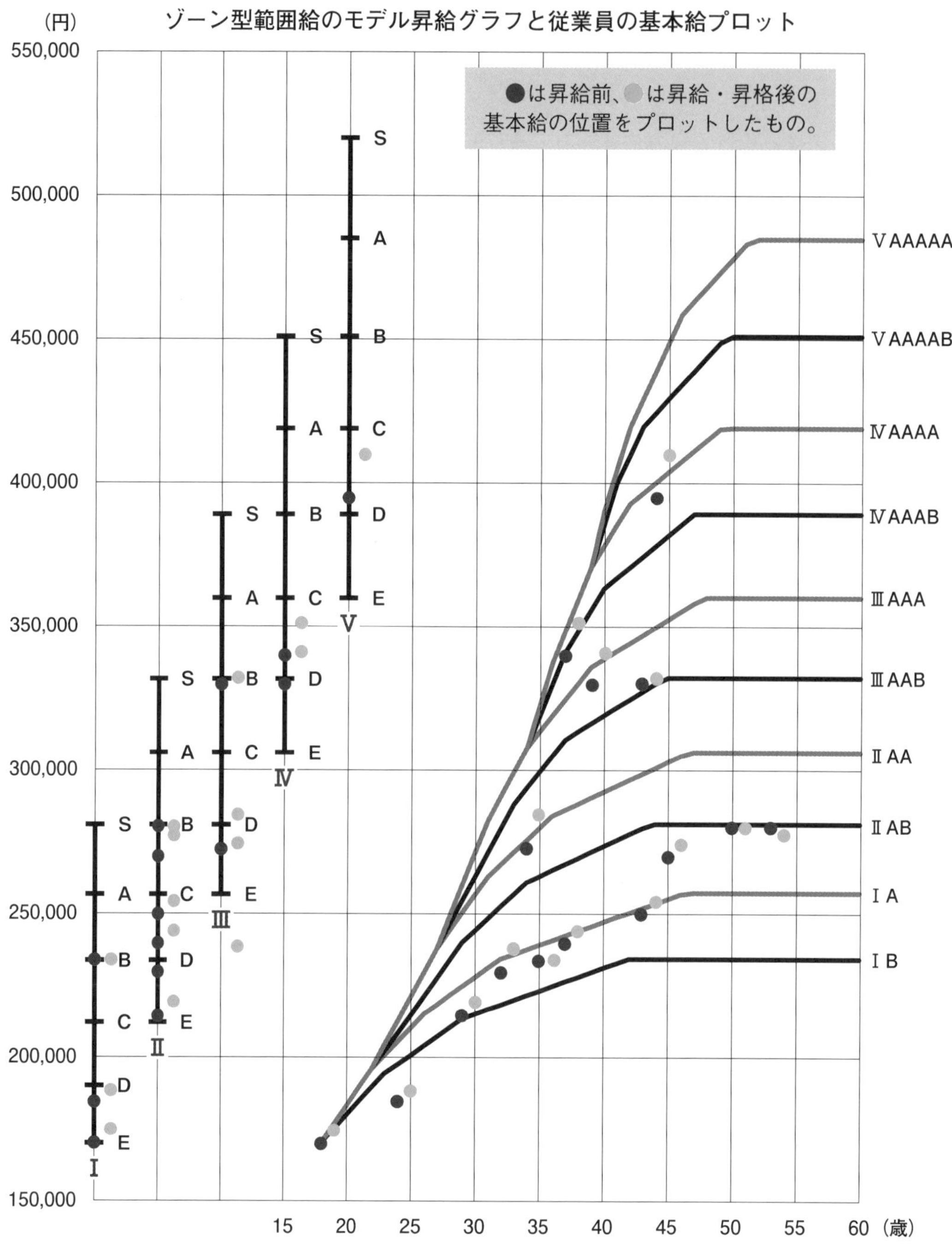

それぞれグラフの右端には、次のような等級別の昇格モデルパターンを示しました。グラフの下から次のような意味を表します。

▶等級別の昇格モデルパターン　　（ ）内は本書で用いた略号

Ⅰ B	Ⅰ等級でB評価を続けたもの
Ⅰ A	Ⅰ等級でA評価を続けたもの
Ⅱ AB	Ⅰ等級ではA評価、Ⅱ等級ではB評価を続けたもの
Ⅱ AA（A2）	Ⅰ・Ⅱ等級ともA評価を続けたもの
Ⅲ AAB（A2B）	Ⅰ・Ⅱ等級でA評価、Ⅲ等級ではB評価を続けたもの
Ⅲ AAA（A3）	Ⅰ～Ⅲ等級ともA評価を続けたもの
Ⅳ AAAB（A3B）	Ⅰ～Ⅲ等級でA評価、Ⅳ等級ではB評価を続けたもの
Ⅳ AAAA（A4）	Ⅰ～Ⅳ等級ともA評価を続けたもの
Ⅴ AAAAB（A4B）	Ⅰ～Ⅳ等級でA評価、Ⅴ等級ではB評価を続けたもの
Ⅴ AAAAA（A5）	Ⅰ～Ⅴ等級ともA評価を続けたもの

Ⅰ等級のグラフの始点は18歳の高卒初任給（17万円）です。Ⅱ等級は、Ⅰ等級のAモデル人材（ⅠA）がⅠ等級のDゾーン（19万円）を超え、Cゾーンに入った22歳でⅡ等級（Eゾーン）に昇格させています。

Ⅲ等級は、Ⅱ等級のAモデル人材（ⅡAA）がⅡ等級のDゾーン（23万4000円）を超え、Cゾーンに入った27歳でⅢ等級（Eゾーン）に昇格させています。

ただしⅣ等級、Ⅴ等級は昇格要件を厳しくし、Aモデル人材がⅢ等級Cゾーン（30万6000円）を超えた34歳でⅣ等級、Ⅳ等級Cゾーン（36万円）を超えた39歳でⅤ等級にそれぞれ昇格させています。

Ⅳ等級、Ⅴ等級への昇格については、Cゾーンで昇格させると一般的な管理職への昇格年齢に比べて早すぎるので、ここではCゾーンを超えBゾーンに入った36歳、39歳でそれぞれ昇格させました。

いずれの昇給カーブも、対応する役割のバンドのBゾーンの上限額、Aゾーンの上限額まで昇給し、以降頭打ちになっていることが分かります。

ここまでの説明でお分かりかと思いますが、これらのモデル昇給グラフは、下位等級まで常にA評価を続ける「理論上のAモデル人材」が、Ⅰ～Ⅱ等級はDゾーンを、Ⅲ～Ⅳ等級はCゾーンを超えたと同時に昇格できたと仮定した場合の、理論的な試算をしたにすぎません。

いうまでもなく、誰でもこのように昇給・昇格できるわけではありませんし、各人の実際の昇格のタイミングは一人ひとり違います。

また**図表３－４**の昇給単位の金額が小さいと、その分、Dゾーン、Cゾーンを超えるのにかかる年数が増えますから、これほど早くは昇格できなくなることにもご注意ください。

ここでは、分かりやすく範囲給の始点となる18歳の高卒初任給（17万円）からグラフを作成しましたが、高専・短大の20歳や大卒22歳からのグラフも作ることができます。

年齢別のドットは、●が昇給前、●が昇給後の実在者の基本給を年齢別にプロットしたものです。**図表３－７**と対照させると、それぞれの位置関係がよりクリアに理解できます。

現行の正社員の基本給は、会社によって差はあるでしょうが、ある程度このような右肩上がりの年功的な賃金分布になっているはずです。

範囲給の上下幅（レンジ）を大きめにとることによって、このような年功的な賃金実態をカバーできる「役割給」のロジックを適用し、これまで説明した「段階接近法」を毎年実施することで、年功賃金を徐々に是正する賃金の絶対額管理をスムーズに行えるようになります。いったん現行の賃金を範囲給のゾーンに当てはめ、現行の基本給を保証してから緩やかな役割給への移行措置をとることで、多少年月はかかりますが、役割と貢献度に応じた賃金のバランスができあがっていくわけです。

4 役割給の昇給調整、水準調整とベースアップのやり方

等級別の昇給単位を調整して全体の昇給率を調整する

ところで、**図表３－７**（**81ページ**）の事例でみた平均昇給額（5413円）や平均昇給率（約2.0％）は、従業員の等級格付けや評価SABCDのつけ方によって変化します。上位等級者が多かったり、評価が上振れしたりすれば昇給額・率は大きくなり、逆に下位等級者が多かったり、評価が下振れしたりすれば昇給額・率は小さくなります。

ただし、等級格付けや評価が妥当であっても、会社が非常な経営不振に陥ったときなどは、緊急避難的に昇給額・率を通常より抑えたくなるかもしれません。

その場合は、昇給単位を一時的に調整することも選択肢の１つです。簡単にいえば、**図表３－３**（**72ページ**）の昇給単位を半額にすれば、**図表３－４**（**75ページ**）の昇給額や**図表３－５**（**77ページ**）の昇給率も半分ですみます。**図表３－７**（**81ページ**）の平均昇給額5413円、平均昇給率2.0％も半分以下に抑えることができるはずです。

もし翌年業績が改善し、前年の昇給抑制分を戻したいときは、やはり一時的に昇給単位を1.5倍に増やし、翌々年から通常の昇給単位に戻すことも考えられるでしょう。

ただしこのような昇給調整を講じるときは、背景・理由を含めて従業員に十分な説明が必要でしょう。さほど重大な理由もないのに、昇給単位を安易に減らすのは避けるほうが賢明です。賃金制度に対する従業員の信頼感を確保するには、昇給単位も従業員に対する１つの約束事というような感覚を持つべきです。

範囲給の上限・下限を調整して中長期の昇給率を調整する

ところで、インフレや経済成長に対応して昇給額を増やすには、昇給単位だけでなく、ゾーン型範囲給そのものの引き上げも検討する必要があります。昇給単位だけ増やしても、範囲給の上限・下限を引き上げないと、昇給の頭打ちが早く起き、従業員の不満を招く恐れがあるからです。

範囲給の上限・下限と各ゾーンの上限額は、賃金の世間相場や会社の支払能力、従業員の採用・定着力などを経営的に総合判断して、いつでも改定できます。

一般的には、これからも人手不足が進み、緩やかな経済成長と物価上昇が続いていきます。最低賃金や新卒の初任給も年々上昇していくでしょうから、範囲給の水準は適宜引き上げていかねばなりません。もちろんそのためには、弛まず生産性向上に努力する厳しい経営姿勢が不可欠です。

Point! **範囲給を増額改定する際のポイント**

範囲給を増額改定するには、労働事情の変化に対応してその都度範囲給の金額と昇給単位を設定しなおしてもよいのですが、その手間が以外と面倒です。

設定した基本給のバランスを大きく崩さずに簡易な一律計算で引き上げるには、次の定率方式または定額方式で水準を引き上げるとよいでしょう。

①定率方式 ▶全等級に定率X%（例えばインフレ率）を加算して範囲給と昇給単位を増額改定します。例えば定率で2%加算したいときは、範囲給と昇給単位それぞれの金額を1.02倍します。その際、範囲給のゾーン上限額は100円単位で、昇給単位は10円単位で金額を丸めるとよいでしょう。昇給単位は等級にかかわらずほとんど同じ増加率になり、昇給率もほぼ変わりません。

②定額方式 ▶全等級に定額Y円を加算して範囲給を増額改定します。これは範囲給の上限・下限と各ゾーンの上限額に例えば一律1000円をプラスして改定する方法で、低い等級ほど増加率は高くなります。この場合、昇給単位は変えません。昇給額は変わりませんが、昇給率は少しずつ下がります。

③定率＋定額方式 ▶①定率のX%と②定額のY円をミックスする方法もあります。これにより、下位等級の増加率と上位等級の増加率を任意にコントロールすることができます。昇給単位は定率のX%だけ調整します。

初任給の引き上げと各人の基本給の調整

ゾーン型範囲給は、等級別の上限・下限と各ゾーンの上限額を設定するだけのものですから、その水準を改定しただけでは各人の基本給の直接的な引き上げ（いわゆるベースアップ（ベア））にはつながりません。

例えば、ゾーン型範囲給を「一律１万円」引き上げ、高卒初任給17万円を18万円に、大卒初任給21万円を22万円に改定したとします。しかしそのままでは、既存従業員の基本給は通常の昇給を行うだけですから、改定後の新卒初任給と既存従業員の基本給との格差が一挙に１万円分縮まることになり、極端な場合、新卒初任給のほうが高くなる逆転現象が起きます。これは放置できません。

このような場合は、原則として既存従業員の基本給にも、通常の昇給に加えて「一律１万円」をプラスする必要があります。これが専門用語でいう本来の「ベースアップ」であり、通常の昇給とベースアップは別物なのです。

ただし、従業員全員を「一律１万円」引き上げるのは人件費の大幅な増加になります。そこで、例えば「初任給に最も近い若年層は9000円引き上げ、各人の基本給が段々高くなるに従い引き上げ額を減らし、基本給が30万円以上は引き上げない」というような「配分」を行って、ベースアップの必要原資を減らす工夫をすることも少なくありません。

古い昭和の時代の春闘交渉では、賃上げ額も大きく、このようなベア原資の配分は労使の大きな関心事でした。平成に入って、ベースアップはほとんど死語のようになってしまいましたが、最近はまた若年層を中心にベアが復活し、新卒初任給もじりじりと上がってきています。

ただ、貢献度の評価に関係なく一律基本給を引き上げるベースアップには、強い抵抗を覚える経営者も少なくないと思います。

最近の筆者の指導例では、一律のベースアップを避けるために、貢献度を加味した特別昇給を加算する例が増えています。

> 初任給に最も近い若年層は貢献度の評価SABCDに応じて昇給倍率をプラスし、各人の基本給が段々高くなるに従い通常の昇給倍率に近づけ、基本給が30万円以上は通常の昇給倍率のみとする。

というような、貢献度を反映した昇給調整を行う例も出てきました。このやり方であれば貢献度の高い従業員ほど大きくプラス調整され、貢献度の低い従業員は最小限のプラス調整に留めることができます。

新卒初任給と若年層の賃金が異常接近したり、逆転現象が起きたりしている会社は、賃金に対する不満から若年・中堅層の離職を招く恐れがあります。できるだけ早く的確な対策をとる必要があるでしょう。

5 役割と貢献度に基づく昇給評価の進め方

業績評価・行動評価のスコアに基づいて貢献度の評価SABCDを判定

ゾーン型範囲給を用いた役割給の使い方は以上の通りですが、では役割給の昇給評価（SABCD）はどのように行えばよいのでしょうか。

多くの企業では、通常、半年ごとに夏季・年末の賞与を支給しています。その賞与を支給する際に、役割に対する半年間の貢献度評価（SABCD）を行い、その２回の評価に、これから１年間の期待度を加味した総合評価（SABCD）を行って基本給の昇給・昇格を実施すると、役割・貢献度と報酬の関係が大変分かりやすく整理できるようになります（図表４−13（128ページ）参照）。

当社は毎年５月に昇給を決めています。普通は４月に昇給を行う会社が多いようですが、問題ないでしょうか？

日本では新卒が毎年４月に入社します。また多くの会社が３月決算のため、事業年度初めの４月に昇給する会社が多いのです。その場合、上半期（４月〜９月）の賞与は冬（12月）に支給し、下半期（10月〜３月）の賞与は夏（６月か７月）に支給します。その２回の評価に基づいて昇給を決めることになります。ただし新年度は４月からという会社でも、下半期の評価結果が出るには多少時間がかかります。また労使で賃上げ交渉を行う会社もあるため、貴社のように５月または６月に昇給を決める会社も少なくありません。この場合、大企業などでは４月にさかのぼって昇給差額を精算するところもありますが、中小企業ではさかのぼらない会社も多いようです。付け加えると、３月決算や９月決算の会社は４月に昇給を行いますが、外資系企業など12月決算の会社では１月に昇給を行う場合もあります。

賞与時の貢献度評価は、等級ごとに従業員の役割貢献の成果や行動をスコア化し、SABCDを判定するやり方が基本です。その役割に対して所属組織の課題に基づく各人の目標や、役割ごとの行動基準を設定し、年に２回・半年ごとに実際の成果や行動を振り返りながら役割に対する貢献度をSABCDで評価して、冬夏の貢献賞与を決定します（具体的な賞与の支給方法については、**第７章**をご覧ください）。

図表３－９　役割に対する貢献度の評価方法

評価制度の基本的な組み合わせ方（例）　図表８－５（278ページ）も参照

等級	業績面		行動面
Ⅴ	【業績評価】 ※目標による管理（MBO）を行い具体的な目標の達成度を評価		【行動評価】 ※役割等級別行動基準の遂行度を評価 ・役割行動 ・価値行動 ・職務行動
Ⅳ			
Ⅲ	【業績評価】 同上	【スキル評価】 ※具体的な仕事の習熟度を評価	
Ⅱ			
Ⅰ			

図表３－９のように、貢献度の評価は、「目標による管理（MBO）」を行う業績評価と、役割に求められる行動レベルをみる行動評価の組み合わせが基本です。

業績評価は各人の期待役割や職責に照らして、組織の目標に貢献する一人ひとりの課題を抽出・把握したうえで、個人目標を期初に設定し、難易度や評価ウェイトを上司と確認しておきます（図表８－11（300ページ）参照）。

期末にその取組みの結果を上司と振り返り、達成度を評価します。なお、目標による管理に基づく業績評価がなじみにくい、比較的定常的な仕事を行う下位等級者に対しては、具体的な技能・知識に対する習熟度をチェックするスキル評価も有効です（図表８－15（306ページ）参照）。

後者の行動評価は、それぞれの役割に求めるマネジメントやリーダーシップなどの基本的な役割行動や、組織として重視する価値観や仕事の姿勢などの価値行動、あるいは安定的に高い業績を発揮する社員の職務行動などを「行動基準」として設定し、その遂行レベルを評価します。

絶対評価と相対評価

実際のSABCDの判定は、大きく分けて図表２－４（58ページ）で示したような絶対評価と相対評価の２通りの方法があります。

絶対評価は、役割ごとに設定した目標や行動基準を評価尺度に、上司が各評価項目のスコアを評定した後で、「○点以上はA、○点未満はC……」という到達度の基準を目安にSABCDの総合評価を部下一人ひとりに直接つける方法が代表的なものです（点数化を省き、ダイレクトに評定項目ごと、あるいは総合評価をSABCDで判定する方法もあります）。

相対評価は、同じく役割ごとに上司が各評価項目のスコアを評定した後で、図表２－４の例のような配分比率を目安に、スコアの順位でABCの３段階評価やSABCDの５段階評価に振り分ける方法です。

絶対評価は、どちらかというと客観的な評価基準がつくりやすい下位等級の実務担当者クラスに成長意欲や達成意欲を持たせるうえで効果的な手法です。ただし役割に対する目標や行動基準の設定レベルが低かったり、評価者の成果や行動の評価が甘くなったりすると、昇給額が上振れするリスクがあるので注意する必要があります。

他方、相対評価は、経営的な成果へのコミットメントを求める企画・営業担当者や管理職・専門職クラスにお互いの切磋琢磨を求め、一定の人件費の枠内でバランスのとれた賃金処遇を行うときには説得力がある方法です。ただし役割ごとに設定した目標や行動基準をクリアしたか、しなかったかにかかわらず、評価対象者グループ内の相対順位でSABCDが決まるというズレが起きるので注意してください。また相対評価による競争が行きすぎると、お互いの信頼関係や組織的な連携を損ねる原因になることもあるので、やはり注意が必要です。

評価の納得性を高める５つのマネジメントサイクル

絶対評価も相対評価も一長一短がありますが、いずれの手法にせよ、賃金処遇の決定のためだけに上司が一方的に部下の仕事ぶりを評価する査定的な方法では、評価の納得性や信頼性は得られません。

まず、生身の人間が行う評価である限り、主観的な評価の甘辛や評価の偏りなどの問題は常につきまといます。さらに、どんなに有能な上司であっても、部下の仕事を外側から眺めているだけでは、部下の働きの実相に迫ることはできません。

ここで評価者が実践すべきことは、次のような育成型の評価制度を活用したマネジメントサイクルの５つのアクションです。

マネジメントサイクルの５つのアクション

1 組織目標	▶評価期間の始めに、経営方針とともに担当組織が追求すべき組織目標と行動基準を明示し、部下と共有する
2 目標設定と組織化	▶担当組織の目標に対して、組織的な障害や問題点、解決課題を洗い出し、部下と共有したうえで、一人ひとりの能力・意欲に応じて組織に貢献する個人目標を設定させる
3 動機づけ	▶目標の進捗に合わせてOJTやコーチングを通して部下の仕事を継続的にサポートし、問題点や解決策を部下一人ひとりと共有する
4 振り返りと学習	▶評価期間の終わりに、業績（またはスキル）と行動の両面から部下一人ひとりの実績を総括させる。部下と一緒にその内容を振り返り、具体的にうまくいったこと、うまくいかなかったことを話し合い、来期に向けた各人の課題を共有する
5 評価とフィードバック	▶評価尺度に基づいて上司の評価と来期に向けた指導事項やアドバイスをまとめ、全社調整後の評価SABCDとともに本人にフィードバックする

このような評価制度を活用したマネジメントサイクルに部下を巻き込み、仕事の方向性や問題意識、目標を共有してはじめて、上司・部下の間でやるべき仕事と評価基準のすり合わせ（コミュニケーション）ができるようになり、仕事の客観的な振り返りと対話が可能になります。

このような対話を通じてはじめて、評価者は部下の仕事の成果や取組み姿勢、能力・意欲の実相を知ることができるのです。

このようにみてくると、部下の動機づけや育成に積極的にかかわろうとする評価者（直属上司）のリーダーシップやマネジメントスキルが、評価制度の運用の質を大きく左右することが分かります。

このようなマネジメントの手順を踏むことなく、一方的に部下の仕事ぶりを査定しようとする従来型の人事考課では、評価の納得感につながらないばかりか、賞与や昇給・昇格に対する不安も払しょくできないことがお分かりいただけると思います。

会社によっては、評価の客観性を改善するために、仕事の結果や行動プロセスを緻密な数値でカウントしたり、複数の上司や同僚・部下などの多面評価を集計したりする「評価システム」を工夫されたりしていますが、それだけでは納得感が改善されない事情がご理解いただけるのではないでしょうか。

役割貢献を基準とする評価と報酬とのリンク

これまで説明してきたように、組織的な期待役割や求める成果責任のレベルに応じて等級を決め、実際の貢献度を比較評価して、今後１年間の期待度を加味して賃金を決めるのが、役割等級に基づく賃金処遇の基本的な考え方です。

年２回の貢献度の評価に基づいて、短期決済の報酬である賞与の配分も、中期決済の報酬である基本給の賃金改定もすっきり合理的に運用でき、経営者にも従業員にも大変分かりやすい評価と報酬がリンクするシステムを確立することができます。

役割等級は、従来の職能等級のように等級＝能力の評価をダイレクトに賃金を連動させません。また従来型職務給のように、等級＝職務の評価を賃金に直接連動させる方法でもありません。期待役割や組織上の責任をベースに人材をグルーピングし、貢献度の判定というワンクッションを置いて賃金を決定する実際的で分かりやすい方式です。

これを定式化すると次のようになります。

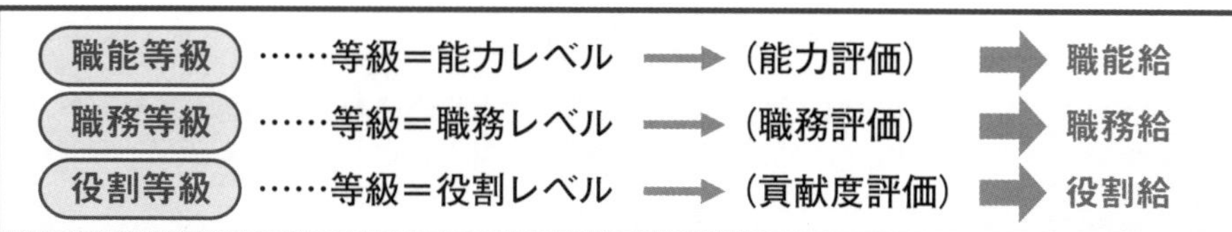

すでに説明したように、同一労働同一賃金の法律が2020年（中小企業は2021年）からスタートし、従業員への均等待遇・均衡待遇を配慮した評価や賃金・賞与の説明義務が企業に求められるようになりました。

これからの日本の人事制度は、従来の曖昧模糊としたヒト基準の賃金から、このような役割貢献に基づく客観的な仕事基準の賃金へと、大企業も中堅・中小企業も徐々に処遇のしくみが移行していくものと思われます。

第4章 ゾーン型賃金表を使った役割給の決め方

1. 「ブロードバンドの役割給」を実現するゾーン型の等級別賃金表
2. ゾーン型等級別賃金表への移行方法と号俸改定ルール
3. ゾーン型等級別賃金表のしくみと具体的なつくり方
4. 世間相場と学歴差を配慮した新卒初任給の決め方
5. 号俸改定の実務と昇給のシミュレーション
6. 人材マネジメントのループと昇格の判定方法
7. 年齢別昇給カーブを展開した「標準昇給図表」
8. 中途採用初任給の実務

1 「ブロードバンドの役割給」を実現するゾーン型の等級別賃金表

役割等級という従業員区分の新しい考え方と、期待役割と貢献度で基本給を決める役割給の考え方は、前章までの説明でひと通りご理解いただけたと思います。

第３章で紹介した簡易版のゾーン型範囲給のしくみは、いわゆる「賃金表」を使わないで役割給を導入・運用できるように工夫したモデル例の１つです。

役割等級別に、基本給の上限・下限と貢献度の評価（SABCD）に対応したゾーン別の上限額を設定し、昇給を運用する「昇給単位」を決めるだけで、シンプルなブロードバンドの役割給が実現できます。

賃金表に縛られないので、毎年の昇給調整やゾーン型範囲給の水準調整が比較的簡易に行えることも分かりました。このような設定の自由度や運用の柔軟性は、簡易版のゾーン型範囲給の大きな特長ですが、別な言い方をすると、長所は逆に短所ともなります。

簡易版のゾーン型範囲給の特長と問題点

■ 基本給の上限・下限と貢献度の評価（SABCD）に対応したゾーン別の上限額の設定には、すでに説明したような一定のロジックを持たせることもできるが、極端にいえば、このようなロジックを使わなくとも、適当に「鉛筆をなめる」方法でも、金額を任意に変えることができる。

■ 一度決めた上限・下限やゾーン別の上限額を、任意にいつでも変えられるので、経営者のやり方次第では恣意的に賃金水準を上下できる。

■ 「昇給単位」も任意にいつでも変えられるので、やはり経営者のやり方次第では毎年の昇給額を恣意的に上下できる。

■ 段階接近法のルールや昇給単位を無視して、裁量的に昇給やベースアップを行うこともできるため、従業員サイドからすれば、自分の賃金がいつ頃、どのようになっていくのかが分からなくなり、賃金制度として不安定な面は否定できない。

■ 昇給とベースアップが区別されずに基本給が決まっていくため、経営サイドからみても、なぜどのような経緯でこのような金額設定になったのかが、いつの間にか、誰も説明できなくなってしまうおそれがある。

ここでは発想を180度変えて、より説明力のある強固なロジックに基づく号俸制の「ゾーン型賃金表」を用いる手法を紹介します。段階接近法を用いて昇給号俸を決める方法は同じですが、賃金表を用いることで将来の見通しを含めて賃金に客観性が加わり、昇給とベースアップの区別も明確になります。

号俸型の「等級別賃金表」を「ゾーン」に分ける

ゾーン型の等級別賃金表も、次のような基本的なしくみは同じです。

- 期待役割（第２章）で従業員を等級に区分し ……内部バランス
- 世間相場との釣り合いを考えたゾーン型範囲給の賃金表を設定し ……外部バランス
- その中で賃金の高さと貢献度との見合いで基本給の号俸を運用する ……個人バランス
- 雇用形態やキャリアコース等の違いに応じた賃率を適用する ……就労条件のバランス

賃金表のバンド（上限～下限の金額）は、**図表４－１**のように期待役割・貢献度レベルに応じた重複型のゾーンを設定する点は簡易型の範囲給（**図表３－３（72ページ）**）と同じです。

ただし下位等級では賃金の最低昇給ラインを引き上げる「Ｅゾーン」を設けて生活給への配慮を行い、上位等級ではＤゾーンまたはＣゾーンから始めています。

このように等級によってゾーンの設定方法にはバリエーションがあり、上位等級と下位等級のゾーンには必ずしも明確な対応関係がありません。これらが簡易型の範囲給との大きな違いです。

賃金表は、「○等級○号＝○円」で基本給が決まるシンプルな段階号俸表を使い、段階接近法に基づいて昇給ルールを運用します。

号俸の金額ステップ（後述：号差金額といいます）は、下位等級では毎年の昇給格差をむやみに大きくせず、徐々に貢献度に応じた賃金バランスを実現するように細かな刻みにし、上位等級では逆に刻みを大きくして短期決済型の性格を持たせます。この考え方は簡易型の範囲給と同じです。

図表４－１　等級別・ゾーン型賃金バンド設定のロジック（例）

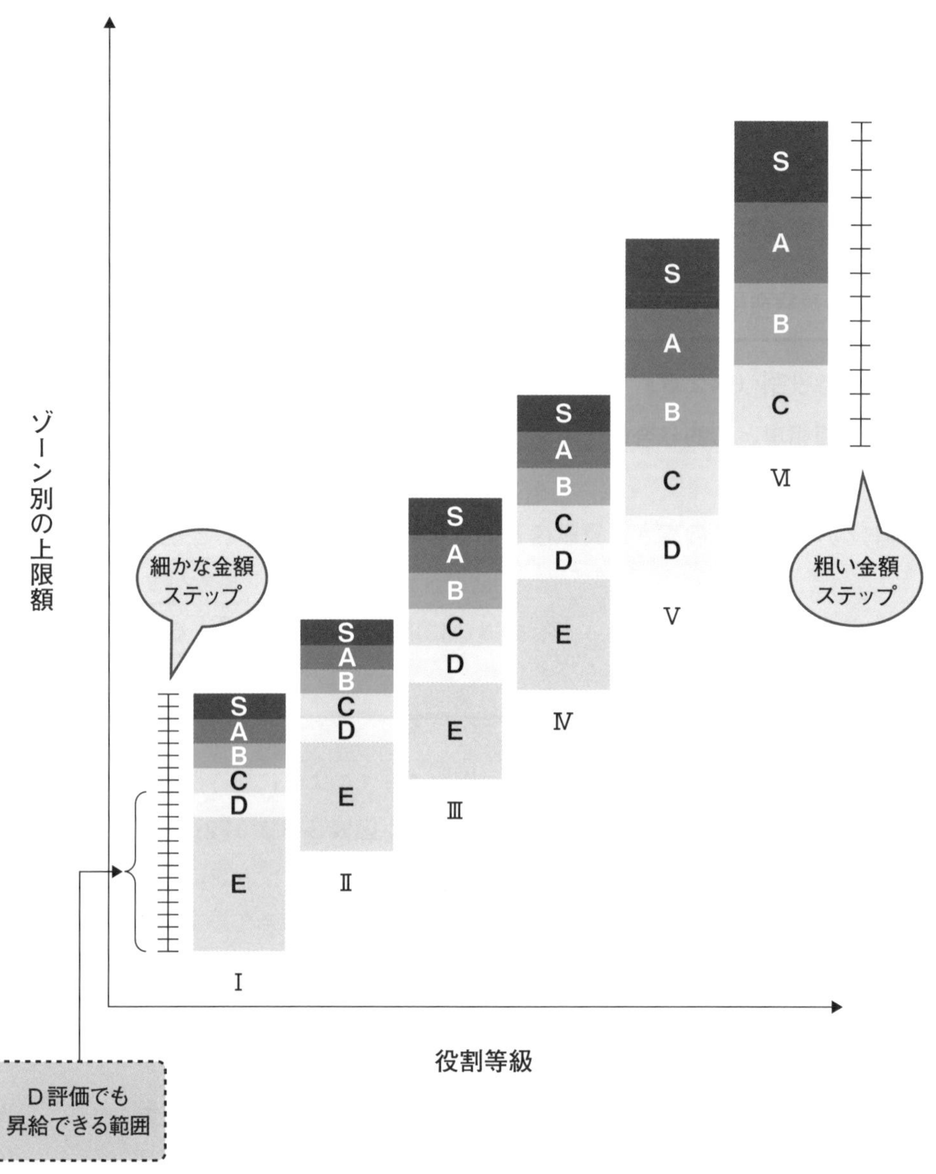

Ⅰ等級の賃金表のモデル例

では具体的なモデルをもとに、どういうしくみにするか説明していきましょう。

図表４－２は、全国的な中堅企業の賃金水準を想定して作成したⅠ等級の賃金表のモデルです（図表４－１とは逆に、下にいくほど賃金が高くなることにご注意ください）。

一番金額の低い１号（17万円）は高校卒18歳の初任給です。賃金表の構造はごく単純で、各

図表4－2　Ⅰ等級の賃金表（モデル）

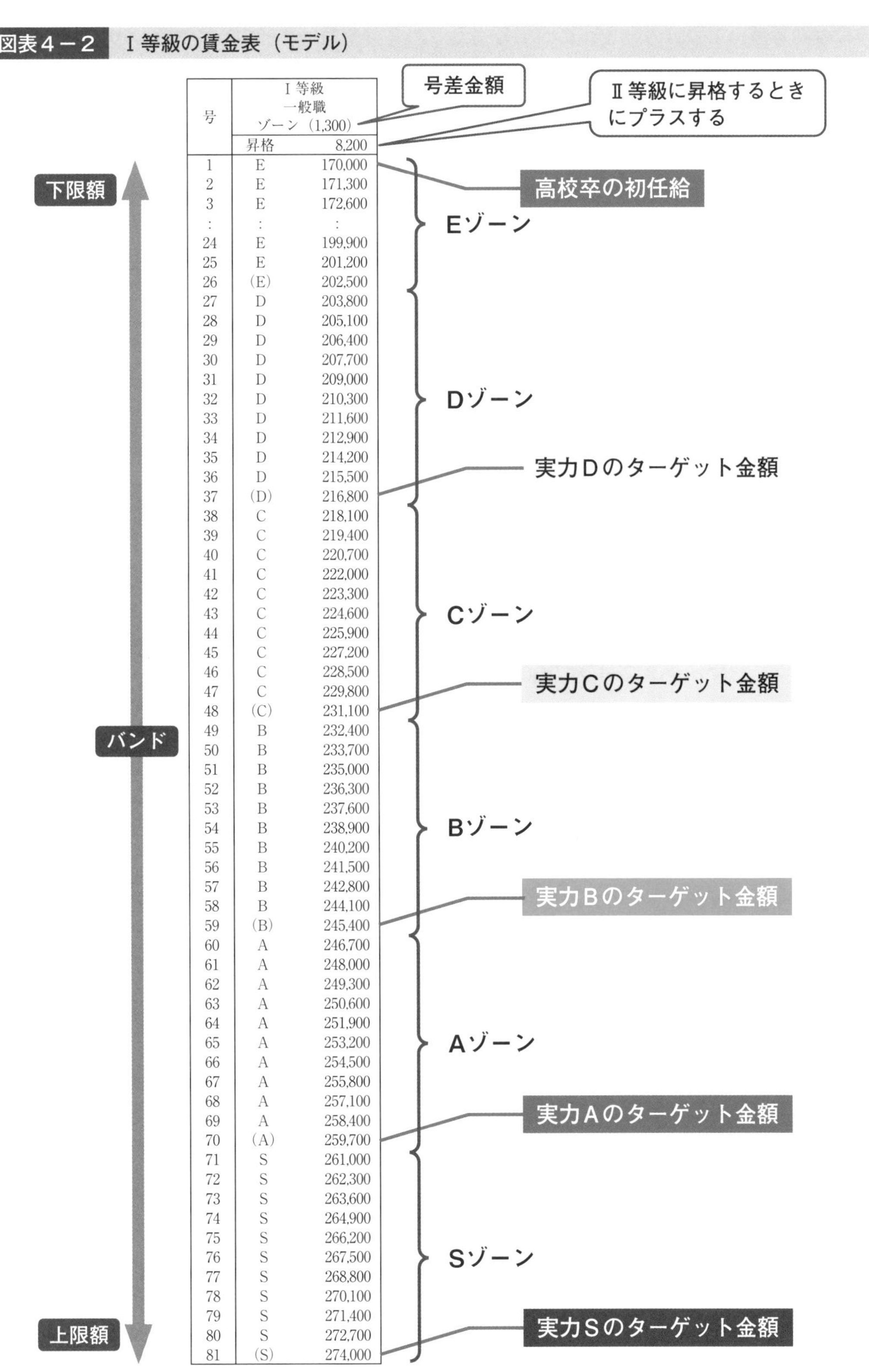

号	Ⅰ等級 一般職 ゾーン（1,300）	
	昇格	8,200
1	E	170,000
2	E	171,300
3	E	172,600
:	:	:
24	E	199,900
25	E	201,200
26	（E）	202,500
27	D	203,800
28	D	205,100
29	D	206,400
30	D	207,700
31	D	209,000
32	D	210,300
33	D	211,600
34	D	212,900
35	D	214,200
36	D	215,500
37	（D）	216,800
38	C	218,100
39	C	219,400
40	C	220,700
41	C	222,000
42	C	223,300
43	C	224,600
44	C	225,900
45	C	227,200
46	C	228,500
47	C	229,800
48	（C）	231,100
49	B	232,400
50	B	233,700
51	B	235,000
52	B	236,300
53	B	237,600
54	B	238,900
55	B	240,200
56	B	241,500
57	B	242,800
58	B	244,100
59	（B）	245,400
60	A	246,700
61	A	248,000
62	A	249,300
63	A	250,600
64	A	251,900
65	A	253,200
66	A	254,500
67	A	255,800
68	A	257,100
69	A	258,400
70	（A）	259,700
71	S	261,000
72	S	262,300
73	S	263,600
74	S	264,900
75	S	266,200
76	S	267,500
77	S	268,800
78	S	270,100
79	S	271,400
80	S	272,700
81	（S）	274,000

等級の初号値（1号目の金額）に、1号当たりの号差金額（1300円）を順次プラスしていき、2号、3号、4号……の金額を計算すればできあがります。

このような「等差号俸」の賃金表にしておくと、号数に比例して同じピッチで金額が増えるので、初号値と号差金額さえ分かれば、「○等級○号」という号俸を使って従業員一人ひとりの基本給が直ちに決定できる利点があります。毎年の号俸改定も「プラス・マイナス○号」さえ決めれば、いくら基本給がアップ・ダウンするのかがすぐに分かります。

- **N号の号俸＝初号値（1号）＋（N－1）号×号差金額**
- **号俸改定額＝昇給号数×号差金額**

◆ 「Ⅰ等級31号」の号俸を計算するには、Ⅰ等級の初号値（17万円）に31号との差額（30号×号差1300円＝3万9000円）をプラスし20万9000円となります。

◆ 従業員個人の号俸改定の金額は、次のように計算します。
プラス4号＝1300円×4＝5200円
マイナス2号＝1300円×▲2＝▲2600円

▶ターゲット金額
(D) 21万6800円
(C) 23万1100円
(B) 24万5400円
(A) 25万9700円
(S) 27万4000円

Ⅰ等級の賃金表は、金額の低いほうから「E‐D‐C‐B‐A‐S」という6つのゾーンに区分しています。各ゾーンの上限（　）が、Ⅰ等級レベル従業員の貢献度評価に対応する賃金の到達目標値となるターゲット金額です。

評価は5段階評価（SABCD）で行いますが、高卒の新入社員が、何年も続けて最高のS評価をとり続けたとすると、ぐんぐん昇給して、最終的に基本給は賃金表の最高額であるSゾーンの上限27万4000円まで昇給します。

もし毎年普通のB評価をとり続けたとすると、普通に昇給して最後はBゾーンの上限24万5400円で昇給停止となります。

もし最低のD評価しかとれなければ、昇給も最低限に抑えられ、21万6800円で昇給停止となります。

誰でも昇給できるEゾーンの設定

Eという評価はありません。Eゾーンというのはいわば誰でも昇給できる部分を意識的に設けたものです。この例では、D評価ばかり続ける従業員であっても、少なくとも21万6800円までは昇給できます。これが基本給の最低保障の考え方です。

役割給を導入して、定昇制度を廃止すると、「年齢給」プラス「能力給」のような生活保障のしくみが一切なくなると受け取られがちですが、そのような考え方は行きすぎです。

高卒17万円という新卒の初任給は、独身者が何とか一人で食べていけるという最低限・半人前の給料でしかありません。一般に20代から30代にかけては、よほど能力の低い人でもない限り、仕事の経験を積んで周囲からノウハウを吸収し、仕事の技量や内容をどんどんレベルアップしていきます。

したがって、**従業員として成長する余地が大きい20代から30代くらいは、誰でも最低限ここまでは昇給できるという生活給部分を設けることは、長期継続雇用の賃金処遇の定石**です。そのほうがはるかにモラールも高まり、定着率も向上するのです。

これがEゾーンという誰でも昇給できる部分を意識的に設ける理由です。

ただEゾーンだからといって、誰でも一律に同じスピードで昇給させるのは間違いです。

同じ仕事の経験を積んでも、周囲からノウハウを吸収して、仕事の技量や仕事の内容をレベルアップさせていくスピードや到達のレベルにはかなりの個人差があります。毎年昇給させるといっても、このような個人差を無視して一律に昇給させては、個人バランスが保てなくなります。優秀な人が不満を覚え、能力の低い人が安易に高い自己評価をしてしまうことになりかねません。

後で説明する号俸改定のルールを使って、Eゾーンでも実力評価によって昇給額に差がつくような運用を行います。

2 ゾーン型等級別賃金表への移行方法と号俸改定ルール

図表４－３はⅠ等級からⅥ等級までの賃金表を横にまとめたものですが、各等級とも同じように「ターゲット金額」を設定し、ゾーンに分けてあります（Ⅰ～Ⅲ等級は、スペースの都合でSゾーンを省略しました）。

図表4－3 ゾーン型等級別賃金表（Ⅴ・Ⅵ等級短期決済型）

	Ⅰ等級 一般職 ゾーン（1,300）		Ⅱ等級 担当職 ゾーン（1,600）		Ⅲ等級 指導職（主任） ゾーン（2,000）		Ⅳ等級 業務推進職（係長） ゾーン（2,500）		Ⅴ等級 業務管理職（課長） ゾーン（5,000）		Ⅵ等級 経営管理職（部長） ゾーン（8,000）		号
号	昇格	8,200											
1	E	170,000	E	196,400	E	228,400	E	278,400	D	340,900	(D)	420,900	1
2	E	171,300	E	198,000	E	230,400	E	280,900	D	345,900	C	428,900	2
3	E	172,600	E	199,600	E	232,400	E	283,400	D	350,900	C	436,900	3
4	E	173,900	E	201,200	E	234,400	E	285,900	D	355,900	C	444,900	4
5	E	175,200	E	202,800	E	236,400	E	288,400	D	360,900	C	452,900	5
6	E	176,500	E	204,400	E	238,400	E	290,900	D	365,900	C	460,900	6
7	E	177,800	E	206,000	E	240,400	E	293,400	D	370,900	(C)	468,900	7
8	E	179,100	E	207,600	E	242,400	E	295,900	(D)	375,900	B	476,900	8
9	E	180,400	E	209,200	E	244,400	E	298,400	C	380,900	B	484,900	9
10	E	181,700	E	210,800	E	246,400	E	300,900	C	385,900	B	492,900	10
11	E	183,000	E	212,400	E	248,400	E	303,400	C	390,900	B	500,900	11
12	E	184,300	E	214,000	E	250,400	E	305,900	C	395,900	B	508,900	12
13	E	185,600	E	215,600	E	252,400	E	308,400	C	400,900	(B)	516,900	13
14	E	186,900	E	217,200	E	254,400	E	310,900	C	405,900	A	524,900	14
15	E	**188,200**	E	218,800	E	256,400	E	313,400	(C)	410,900	A	532,900	15
16	E	189,500	E	220,400	E	258,400	E	315,900	B	415,900	A	540,900	16
17	E	190,800	E	222,000	E	260,400	E	318,400	B	**420,900**	A	548,900	17
18	E	192,100	E	223,600	E	262,400	E	320,900	B	425,900	A	556,900	18
19	E	193,400	E	225,200	E	Mさん 264,400	E	323,400	B	430,900	(A)	564,900	19
20	E	194,700	E	226,800	E	266,400	E	325,900	B	435,900	S	572,900	20
21	E	196,000	E	**228,400**	E	268,400	E	328,400	B	440,900	S	580,900	21
22	E	197,300	E	230,000	E	昇給 270,400	E	330,900	(B)	445,900	S	588,900	22
23	E	198,600	E	231,600	E	272,400	E	333,400	A	450,900	S	596,900	23
24	E	199,900	E	233,200	E	274,400	E	335,900	A	455,900	S	604,900	24
25	E	201,200	E	234,800	E	276,400	E	昇格 338,400	A	460,900	(S)	612,900	25
26	(E)	202,500	E	236,400	E	**278,400**	(E)	**340,900**	A	465,900			26
27	D	203,800	E	238,000	E	280,400	D	343,400	A	470,900			27
28	D	205,100	E	239,600	E	282,400	D	345,900	A	475,900			28
29	D	206,400	E	241,200	E	284,400	D	348,400	(A)	480,900			29
30	D	207,700	E	242,800	E	286,400	D	350,900	S	485,900			30
31	D	209,000	(E)	244,400	E	288,400	D	353,400	S	490,900			31
32	D	210,300	D	246,000	E	290,400	D	355,900	S	495,900			32
33	D	211,600	D	247,600	E	292,400	D	358,400	S	500,900			33
34	D	212,900	D	249,200	E	294,400	(D)	360,900	S	505,900			34
35	D	214,200	D	250,800	(E)	296,400	C	363,400	S	510,900			35
36	D	215,500	D	252,400	D	298,400	C	365,900	(S)	515,900			36
37	(D)	216,800	D	254,000	D	300,400	C	368,400					37
38	C	218,100	D	255,600	D	302,400	C	370,900					38
39	C	219,400	D	257,200	D	304,400	C	373,400					39
40	C	220,700	D	258,800	D	306,400	C	375,900					40
41	C	222,000	(D)	260,400	D	308,400	C	378,400					41
42	C	223,300	C	262,000	D	310,400	(C)	380,900					42
43	C	224,600	C	263,600	D	312,400	B	383,400					43
44	C	225,900	C	265,200	(D)	314,400	B	385,900					44
45	C	227,200	C	266,800	C	316,400	B	388,400					45
46	C	228,500	C	268,400	C	Oさん 318,400	B	390,900					46
47	C	229,800	C	270,000	C	320,400	B	393,400					47
48	(C)	231,100	C	271,600	C	322,400	B	395,900					48
49	B	232,400	C	273,200	C	324,400	B	398,400					49
50	B	233,700	C	274,800	C	326,400	(B)	400,900					50
51	B	235,000	(C)	276,400	C	328,400	A	403,400					51
52	B	236,300	B	278,000	C	330,400	A	405,900					52
53	B	237,600	B	279,600	(C)	332,400	A	408,400					53
54	B	238,900	B	281,200	B	334,400	A	410,900					54
55	B	240,200	B	282,800	B	336,400	A	413,400					55
56	B	241,500	B	284,400	B	338,400	A	415,900					56
57	B	242,800	B	286,000	B	340,400	A	418,400					57
58	B	244,100	B	287,600	B	342,400	(A)	420,900					58
59	(B)	245,400	B	289,200	B	344,400	S	423,400					59
60	A	246,700	B	290,800	B	346,400	S	425,900					60
61	A	248,000	(B)	292,400	B	348,400	S	428,400					61
62	A	249,300	A	294,000	(B)	350,400	S	430,900					62
63	A	250,600	A	295,600	A	Nさん 352,400	S	433,400					63
64	A	251,900	A	297,200	A	354,400	S	435,900					64
65	A	253,200	A	298,800	A	356,400	S	438,400					65
66	A	254,500	A	300,400	A	358,400	(S)	440,900					66
67	A	255,800	A	302,000	A	降給 360,400							67
68	A	257,100	A	303,600	A	362,400							68
69	A	258,400	A	305,200	A	364,400							69
70	(A)	259,700	A	306,800	A	366,400							70
71	S	261,000	(A)	308,400	(A)	368,400							71
		（以下略）											

この例は、Ⅴ・Ⅵ等級はEゾーンを設定しない短期決済型の賃金表を用いています。Ⅴ・Ⅵ等級でもEゾーンを設定できますが、最近はあまり使われなくなりました（後述）。

正社員は全員、その期待役割レベルに対応した等級に格付け、その表の号俸を適用して基本給を決定します。

各人の現行賃金を新しい賃金表に移行させるには、何らかの理由で廃止する不要な手当をいったん基本給に吸収し、その基本給移行額を次の計算方法で「○等級○号（＝○円）」というように賃金表の同額または直近上位に読み替え、各人のゾーン区分を把握します。

●N号＝（移行額－初号値）÷号差金額（端数切り上げ）＋1

移行額が26万円のKさんの号数とゾーン区分は、次のようになります。
Ⅰ等級なら（26万円－17万円）÷1300円＋1＝71号（Sゾーン）
Ⅱ等級なら（26万円－19万6400円）÷1600円＋1＝41号（(D) ゾーン）
Ⅲ等級なら（26万円－22万8400円）÷2000 円＋1＝17号（Eゾーン）

（注）一般に所定内賃金の0.2～0.4％前後の読み替え差額が発生します。

当たり前ですが、どの等級に移行するかで、ゾーンの適用が大きく変わり、その後の号俸改定も大きく変わります。

Q Ⅳ等級1号の金額に届かないKさん（26万円）をⅣ等級に格付ける場合はどうするのでしょうか？

A 最低Ⅳ等級1号＝27万8400円まで、1万8400円の特別昇給を行って1号を適用します。

Q (S) よりも高い者、例えば現行賃金45万円の者をⅣ等級に格付ける場合はどうするのでしょうか？

A 最高Ⅳ等級66号＝44万900円の基本給を適用し、差額（9100円）は調整給として支給します。調整給は数年間で段階的に減額するなどの移行措置を別途決めます。

昇給・昇給停止・マイナス昇給の号俸改定のルール

これまで何度もくりかえしてきたように、号俸の改定には昇給・昇給停止・マイナス昇給があります。

４月になったら、前年の貢献度評価に基づいて、今後１年に期待できる実力レベルをSABCDの５段階で評価し、現在の賃金に○号プラス・マイナスします。等級別賃金表の新しい号俸の位置がSABCDの評価によって個別に決まります。

図表４－４がその号俸改定のルールです。

この表も、賃金表の位置（＝基本給の高さ）を示すゾーン（縦軸）と、毎年の評価（横軸）とのマトリクス表で号俸改定が決まります。**第３章**で紹介した「昇給倍率」の**図表３－４**（**75ページ**）と基本的な使い方は同じです。

昇給倍率の表は上から下にいくほど賃金が低くなっていましたが、この表は図表４－３の賃金表に合わせるため、上から下にいくほど賃金が高くなることにご注意ください。また、Ｄゾーンよりも賃金が低いＥゾーンを加え、（　　）にターゲットの昇給号数の取扱いを表示しています。

図表４－４　号俸改定のルール

厳格なマイナス昇給

各人の賃金表の位置を示す

毎年の評価を示す

ゾーン	評価 S	A	B	C	D
E（低い）	6	5	4	3	2
D	5	4	3	2	1
(D)	4	3	2	1	0
C	4	3	2	1	-1
(C)	3	2	1	0	-1
B	3	2	1	-1	-2
(B)	2	1	0	-1	-2
A	2	1	-1	-2	-3
(A)	1	0	-1	-2	-3
S	1	-1	-2	-3	-4
(S)（高い）	0	-1	-2	-3	-4

賃金が高くないＥゾーンでは、
S=6号
A=5号
B=4号
C=3号
D=2号
と昇給する。

賃金が高いＡゾーンでは、
S=2号
A=1号
B=-1号
C=-2号
D=-3号
となる。

（注）１．新卒入社１回目の昇給はB、２回目はABCのみ適用。
２．各ゾーンの(　)内は上限(ターゲット給)の運用を示す。Ｄ評価はＤゾーン、Ｃ評価はＣゾーン、Ｂ評価はＢゾーン……のそれぞれ上限に達したら、以降昇給を停止する。
３．マイナス昇給の範囲は選択可能（**図表４－６**（**110ページ**）参照）

ゾーンが高くなるに従って昇給号俸を抑制する

具体的にみると、基本給がまだ低いEゾーンではA評価なら５号、B評価なら４号、C評価なら３号、最低のDでも２号というように昇給します。

しかしDゾーン、Cゾーン、Bゾーン……と基本給が高くなるに従って、同じB評価でも３号、２号、１号というように昇給する号数はだんだん少なくなります。

例えば、**図表４－３**でⅢ等級20号＝26万6400円・EゾーンのMさんは、Ⅲ等級の号差金額が2000円なので、A評価は１万円、B評価は8000円、C評価なら6000円、D評価でも4000円昇給します。すでに述べたように、まだ賃金の低い（年齢の若い）Eゾーンの段階では、人材育成と生活昇給を配慮して、D評価でも4000円昇給できるという手厚いしくみにしているわけです。

ところが同じⅢ等級・B評価でも40号＝30万6400円・Dゾーンの人は３号＝6000円の昇給に減ります。同じく50号＝32万6400円・Cゾーンの人は２号＝4000円に、60号＝34万6400円・Bゾーンの人は１号＝2000円だけの昇給になり、最終的に62号＝35万400円・(B) に届いた段階でB評価は０号つまり昇給停止になります。

図表４－４の色をつけた部分が、それぞれの評価で昇給できる基本給のゾーンを表し、D評価はDゾーンの上限（D）で頭打ち、同じくC評価はCゾーン、B評価はBゾーン……のそれぞれ上限に達した段階で昇給ゼロとなります。それ以上昇給するには、各人のゾーンの位置よりも高い評価を受ける必要があります。

マイナス昇給の場合

また基本給がCゾーン以上になると、ゾーンの位置よりも評価が低いときは**図表４－４**の右下部分のようにマイナス昇給を行います。

例えば、**図表４－３**で66号＝35万8400円・AゾーンのNさんの例では、C評価でマイナス4000円という結果になっています。

Nさんはいま Aゾーンにいるので、S評価は２号＝4000円、A評価は１号＝2000円昇給できますが、B評価はマイナス１号＝▲2000円、C評価はマイナス２号＝▲4000円、D評価になるとマイナス３号＝▲6000円となります。

これは基本給の高い従業員ほどハイレベルの働きが求められ、賃金の高さに評価が届かないときは直ちにマイナス昇給を行うという厳しい運用になっているわけです。

評価に応じた基本給の経年的変化のイメージ

図表４－５の上図は、Ｅゾーンの下限額からスタートした従業員が、評価の違いによって基本給がどのように毎年昇給するかを経年グラフにしたイメージ図です（図は上にいくほど金額が高く、図表４－４とはゾーンの設定が上下逆になることに注意してください）。これをみると、どの評価も、最終的には対応するゾーンの上限（ターゲット金額）に到達したら、そこで昇給が止まることが分かります。

図表４－５の下図は、最高のＳゾーンの上限金額にいた従業員が、評価の違いによって基本給がどのように毎年下がっていくかを経年グラフにしたものです。どの評価も、最終的には対

図表４－５　段階接近法による基本給の絶対額管理

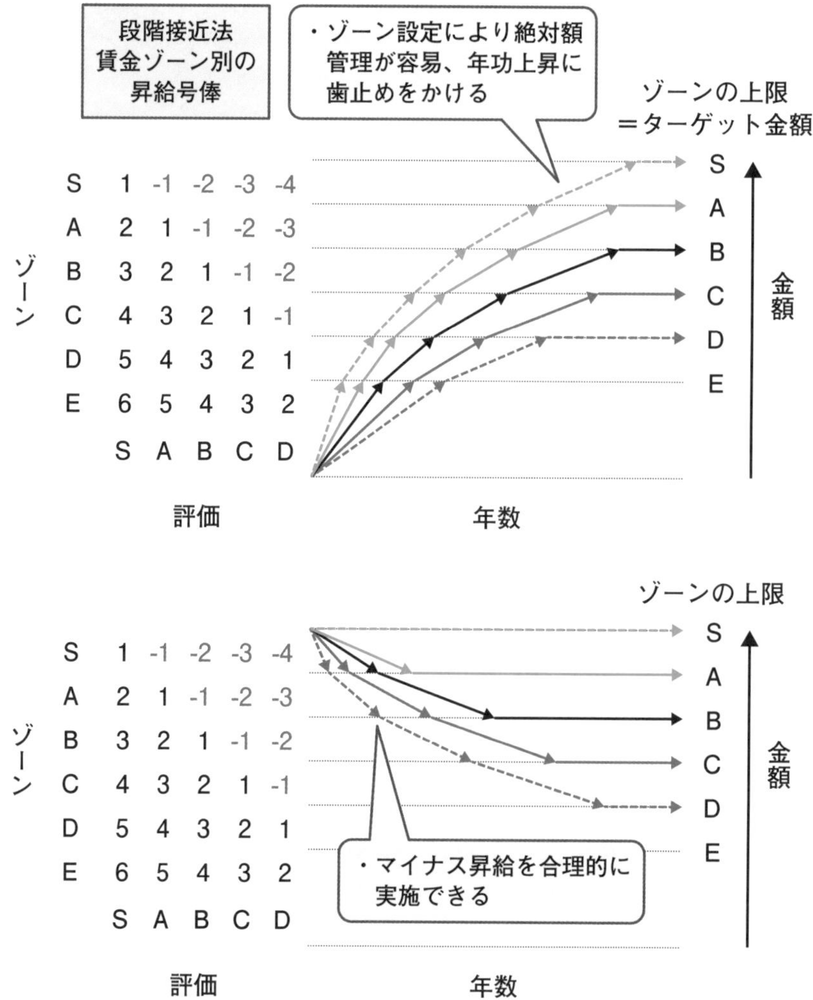

応するゾーンの上限（ターゲット金額）まで下がることが分かります。

上下の図を比較してもらいたいのですが、要するに上がるにしろ、下がるにしろ、どこから出発しても最終的には実力にふさわしい金額に基本給が落ち着くしくみであることがお分かりいただけると思います。

Q Sゾーンになると、最高のS評価を受けてもわずか1号しか昇給しません。最高の評価でも1号しか昇給しないのでは、やる気が出ないのではないでしょうか？

A その等級の最高額に近いSゾーンの基本給をもらっている人がS評価をとるのは、むしろ当然のことです。賃金表のしくみを開示、説明して、自分の賃金が等級の最高額に近いことが本人に理解されていれば、特別に高い昇給を行わなくても十分やる気になれるはずです（上の等級に昇格して実力を発揮すれば、さらに昇給を続けることもできます）。

Q Aゾーンになると、普通のB評価を受けても基本給がマイナス昇給になるのはどういうわけですか？

A Aゾーンという高い基本給は、役割等級の中でも貢献度が高いA評価以上の人材に支給するものです。この基本給を維持するには、図表4－4（104ページ）のルールのように、少なくともA評価以上の貢献度を発揮してもらわねばなりません。もし貢献度が平均程度のB評価だと、Aゾーンという高い基本給に比べて貢献度が低いので、残念ながら（B）の号俸まで毎年1号ずつマイナス昇給が適用されます。もちろんいつでもA評価をとれば、再び昇給できます。

Q わずか2000円といっても基本給が下がると、モラールが低下してしまうのではないですか？

A 一時的にモラールは下がるかもしれませんが、支給されている基本給に貢献度が追いついていないためにマイナス昇給になったことや、いまの基本給を維持するには、その金額に見合う貢献をしないといけないことを説明すれば、いずれは受け入れてくれます。むしろ貢献度に比べて高い基本給を支給し続けると、現状に安住したり賃金を既得権のように誤解したりする隠れたモラールダウンが起きます。

賃金を下げることは、法律で禁止されているのではありませんか？

約束した賃金を使用者の一方的な都合で切り下げたりすることは、労働契約における権利の侵害となり違法です。しかし、賃金の高さと貢献度の評価に基づいて賃金をアップ・ダウンさせる賃金制度を導入し、その運用ルールに基づいて昇給やマイナス昇給を行うことじたいは違法ではありません。そのためには、就業規則の変更手続きもしくは労働協約の改定手続きをとったうえで賃金表と号俸改定のルールを明文化し、従業員に対する説明もしっかり行ってください。

「段階接近法®」の基本思想を再度確認する

この号俸改定のルールは、基本給の年功的上昇に歯止めをかける一方で、次の4通りの方法で従業員にモチベーションを持たせようとしています。

段階接近法による号俸改定とモチベーション効果

❶ 自分の基本給のゾーンより高い貢献度を発揮すれば昇給できる
➡まだ賃金の低い（若い）従業員に成長意欲を持たせる

❷ 評価の高い人ほど大きく昇給できる
➡貢献度の高い従業員に励みとさらなる挑戦意欲を持たせる

❸ 自分の基本給のゾーンより低い評価だとマイナス昇給となる
➡賃金の高い（年配）従業員に、少なくとも賃金の高さに見合う貢献をするように緊張感を持たせる

❹ 基本給の高さに比べて評価の低い人ほどマイナス昇給が大きくなる
➡賃金の高い（年配）従業員が低い評価にならないよう注意を喚起し、年功賃金に安住できないしくみとする

このように貢献度の評価と基本給とのバランスを常に保つように号俸のアップ・ダウンを合理的にコントロールし、基本給の絶対額を各人の発揮する貢献度レベルに向かって段階的に接近させていきます（段階接近法）。

これまで、年功賃金に歯止めをかける方法といえば、ある金額（号数）に達したら評価にか

かわらず昇給を一律にストップしたり、一定年齢に達した従業員は機械的に昇給号数を減らしたり、55歳以上は基本給を一律○%カットしたり、C評価やD評価というだけでマイナス昇給を発動したり、役職を外してついでに基本給も下げたりという苦肉の策をとる企業が少なくありません。

しかしそんな思いつき的な方法では、決して従業員を納得させられないでしょう。

例えばA評価もC評価も区別なく一律の上限額で頭打ちにする方法は、優秀な従業員ほど早く頭打ちになって不満を覚えるはずです。また能力・意欲の高い人は何歳であっても実力を発揮します。年齢という形式的な属性で賃金を減額・抑制する宿命論的な方法は、実力のある人までもスポイルしかねません。「要するに会社は給料を抑えたいだけではないか」という不満分子を増やすだけです。

段階接近法を使うことによって、これからは自信を持って年功賃金に歯止めをかけ、役割と貢献度に見合った賃金（役割給）に切り替える合理的なロジックを確立することができます。日本の賃金制度が長年引きずってきた「年齢」「年功」という属性基準の賃金運用の弊害は、これでほぼ完全に払しょくできるでしょう。

マイナス昇給の運用方法

マイナス昇給については次のような実務的な選択肢があり、会社のポリシーで階層ごとに方法を選ぶことができます。

①厳格方式 ……**いまの賃金ゾーンよりも評価が1段階低ければ即マイナスという厳格な方式（図表4－4（104ページ））。**

②緩和方式 ……**いまの賃金ゾーンよりも評価が1段階低いだけなら昇給ゼロにとどめ、2段階以上低くなるとマイナスになる緩やかなB方式（図表4－6左）。**

＊**第3章**の簡易版の昇給倍率はこの緩和方式によっている（図表3－4（75ページ）参照）。

③ゼロマイナス方式 ……**マイナス昇給は一切行わない方式（図表4－6右）。**

厳格方式は、各人の貢献度のレベルに合った上限額に向けて、昇給・降給ともに収れんさせる段階接近法の「原理」をそのまま適用するもので、論理的には最も説得力があります。ただ、そのためには経営方針や人事ポリシーについて経営者がきちんと説明責任を果たし、当然、評価制度もしっかり運用できなければなりません。目標を設定させ、部下と対話を深め、評価・育成する上司のマネジメント・スキルアップが不可欠となります。

補足 マイナス昇給の運用例

例えば、労働組合のある会社などでは、賃金制度改革をスムーズに移行させるために、次のような移行措置をとる場合があります。

導入１年目 組合員層には③マイナス昇給を実施せず、管理職層だけ②緩やかなマイナス昇給を実施する。

↓

導入２年目 組合員層には②緩やかなマイナス昇給を、管理職層には①厳格方式を実施する。

↓

導入３年目 全員①厳格方式を実施する。

緩和方式は、例えばBゾーンの従業員がC評価をとっても昇給ゼロなので、とりあえずはいまの基本給を維持できます。ただD評価ではさすがにマイナス昇給の対象になります。厳格方式に比べればかなり甘い運用ですが、マイナス昇給の緊張感を持たせるだけならこの程度の運用でも意味はあります。いきなり厳格方式を実施するとショックが大きすぎると考えられる場合は、緩和方式も現実的な選択肢です。

ゼロマイナス方式は、どんなに評価が悪くてもマイナス昇給にならないので従業員からすれば安心ですが、反面、賃金の既得権化を認めることになりかねないので注意が必要です。昇給ゼロになった従業員が、「もう昇給できないなら、がんばるのはやめた」と考えてモラールダウンが起きても、歯止めがきかないというリスクがあります。

このように考えると、できれば①厳格方式、最低でも②緩和方式で運用することを勧めます。③ゼロマイナス方式は、一時的な経過措置以外は勧められません。

図表４－６ 号俸改定ルールの変型

緩和方式（緩やかなマイナス昇給）

ゾーン	評価				
	S	A	B	C	D
E	6	5	4	3	2
D	5	4	3	2	1
(D)	4	3	2	1	0
C	4	3	2	1	0
(C)	3	2	1	0	0
B	3	2	1	0	-1
(B)	2	1	0	0	-1
A	2	1	0	-1	-2
(A)	1	0	0	-1	-2
S	1	0	-1	-2	-3
(S)	0	0	-1	-2	-3

ゾーンより２段階以上評価が悪いときマイナス昇給を適用する

ゼロマイナス方式（マイナス昇給なし）

ゾーン	評価				
	S	A	B	C	D
E	6	5	4	3	2
D	5	4	3	2	1
(D)	4	3	2	1	0
C	4	3	2	1	0
(C)	3	2	1	0	0
B	3	2	1	0	0
(B)	2	1	0	0	0
A	2	1	0	0	0
(A)	1	0	0	0	0
S	1	0	0	0	0
(S)	0	0	0	0	0

ゾーンより評価が悪くてもマイナス昇給を適用しない

3 ゾーン型等級別賃金表のしくみと具体的なつくり方

仮想人材モデルを用いた賃金バンドの設定手法

では、もう一歩踏み込んで、等級別賃金表の構造とつくり方を説明しましょう。

すでに述べたように、会社の組織構造に基づいて等級区分を決めたら、各等級の役割にふさわしい人材市場価値（賃金水準）に対応して基本給のバンド（上限・下限）を設定します。

ただ、日本では職務給的な賃金相場が未確立で、役割等級に対応する賃金バンドを設定するための賃金統計がほとんどありません。わずかに役職別の賃金統計がある程度です。当然、対応する賃金のバンドを世間相場から客観的に設定する手法も、はっきりいって未確立です。

そのかわりに考案されたのが、これから説明する**「A能力モデル」という仮想人材**を使った金額の設定方法です。

等級の高さを「この年齢・等級のA能力モデルの人材に対して、（諸手当を除く基本給分として）いくら支給すればよいか？」という問題に変換することにより、等級別賃金表の下限額を順番に設定します。

図表4－7をみてください。これは、高卒の「A能力モデル」というバーチャル人材が、SABCDの5段階評価で毎年A評価をとり続け、理想的なペースで順調に等級を昇格していく歩み（キャリア・パス）を考えています。「そんな人いるわけない！」などといわないでください。あくまで理論的なモデルを考えるだけです。

その理想的な人材が、18歳・Ⅰ等級で入社し、下のような最短の昇格基準年齢でⅡ等級、Ⅲ等級……と昇格し、最後には40歳でバリバリのⅥ等級・部長クラスまで昇格したとき、それぞれの等級で最初に支給すべき金額が各等級の下限額となります。

▶ A能力モデル人材のキャリア・パス（標準モデル）

Ⅰ	Ⅱ	Ⅲ	Ⅳ	Ⅴ	Ⅵ
18歳 ➡	21歳 ➡	25歳 ➡	30歳 ➡	35歳 ➡	40歳
（３年後）	（４年後）	（５年後）	（５年後）	（５年後）	

図表4－7　「A能力モデル」を基準に賃金表の下限（初号値）を設定する

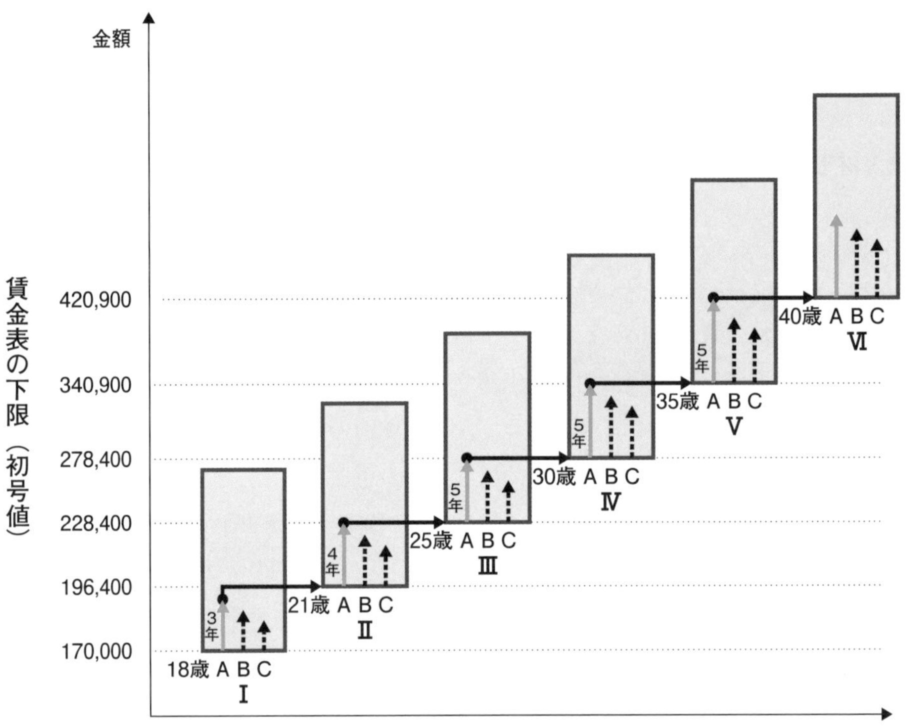

図表4－7の左下のⅠ等級の下限額は高卒18歳の初任給17万円です。

ここからスタートしたA能力モデルの人材が、毎年オールAの評価を続け、順調に昇給したとすると、最短で3年後の21歳にはⅡ等級に昇格できます。そのときの金額が19万6400円です（このときⅠ等級の高卒・短大卒初任給とⅡ等級の大卒初任給との間の格差を調整するため、昇格昇給8200円をプラスします）。

Ⅱ等級でもやはりオールA評価を続けると、最短で4年後の25歳にはⅢ等級に昇格できます。そのときの金額が22万8400円です。

Ⅲ等級は最短5年・30歳でⅣ等級に昇格でき、その金額は27万8400円です。

Ⅳ等級も最短5年・35歳でⅤ等級に昇格でき、その金額は34万900円です。

Ⅴ等級も最短5年・40歳でⅥ等級に昇格でき、その金額は42万900円です。

上記の例は、オールA評価の人が最短で昇格できたときの年数と金額を決めただけで、この年数・金額になったら誰でも自動昇格させるとか、昇格させる必要があるといっているわけではありません。

実際に昇格するには、そもそも上の役割の仕事を担うことが前提ですし、その役割にふさわしい人材かどうかを事前にアセスメントする必要があります。

したがって、A評価でも実際の昇格は遅くなったり、昇格できなかったりします。ましてB評価以下の人の昇格は、もっと制限が厳しくなります。この点については、136ページ以降で説明しますので、後で確認してください。

このように毎年オールＡで昇給し続け、上の役割へと順調に昇格していくＡ能力モデルの人材に対して、最初にいくらの基本給を用意する必要があるかを賃金の世間相場から判断して各等級の下限額（１号の金額）を設定します。

日本には、職務給的な賃金相場も賃金統計もありませんが、そのかわり厚労省の「賃金構造基本統計調査」のような年齢別の賃金統計はとても発達しています。おそらく国際的にみてもトップクラスでしょう。

生活感覚としても、「どの地域、職種、役職で、何歳くらいでいくらの賃金をもらっているか」というとらえ方がなじみやすく、賃金を払う側もそのようなとらえ方が主流といってもよいと思います。

役割等級に見合う賃金の高さを「この年齢・役割のＡ能力モデルの人材に対して、（諸手当を除く基本給分として）いくら支給する必要があるか？」という問題に変換することにより、役割に見合う等級別賃金表の下限額が設定しやすくなるわけです。

下の等級の1.25倍で「号差金額」をセット

各等級の号差金額は、Ａ能力モデルの人材が順調にオールＡで昇給したとき、基準年数で上位等級の初号値の金額に達するように金額のピッチを決めます。

いま、高卒18歳・Ⅰ等級１号で入社したＡ能力モデルの人材に**図表４－４**の昇給基準（Ｅゾーン）を適用し、基準年数の３年間のうち１回目はＢ・４号、２回目以降オールＡ・５号で３年間昇給させると、次のように３回で合計14号昇給します。

19歳　１回目　Ｂ＝４号昇給
20歳　２回目　Ａ＝５号昇給　｝合計14号
21歳　３回目　Ａ＝５号昇給

そのときの号数は、Ⅰ等級1号＋14号＝Ⅰ等級15号、金額にして、17万円＋1300円×14号＝18万8200円です。

この金額に「昇格昇給8200円」をプラスして18万8200円＋8200円＝19万6400円がⅡ等級の初号値になります。

このとき昇格昇給（8200円）をプラスするのは、**Ⅰ等級（定型職）の高卒・短大卒初任給とⅡ等級（担当職）の大卒初任給との間の水準格差を調整するためです。**

逆にいうとⅠ等級の号差金額は、Ⅰ等級１号から14号分昇給し、昇格昇給額をプラスしたら、Ⅱ等級の初号値に届くように決めるのです（Ⅱ等級の初号値－昇格昇給額－Ⅰ等級の初号値）÷14≒ Ⅰ等級の号差金額）。

この関係は各等級とも同じで、初号値に「号差金額×Ａ・５号×基準年数」をプラスしたものが上位等級の初号値になるように号差金額をセットしてあります（後述）。

さらにⅡ・Ⅲ・Ⅳ等級の号差金額は**下の等級の1.25倍**になるよう工夫してあります。これは昇格時に昇給評価が１段階程度下がることを想定して、下の等級のＡ・５号昇給が上位等級のＢ・４号昇給に等しくなるようにするためです。このしくみは後で説明するように、昇格の運用にあたって重要な意味を持ちます。

下位等級の号差×5号≒上位等級の号差×４号　とするには、上位等級の号差＝下位等級の号差×５÷４＝下位等級の号差×1.25とすればよいことになります。

「等級別賃金表」の簡単なつくり方

自社の賃金実態に合った等級別賃金表を作成するには、まず自社の昇進・昇格実態を考慮して基準年齢・基準年数を設定し、適正水準の下限額（初号値）および号差金額を設定します。

これから説明する手順をトレースすれば、誰でも簡単にいろいろな等級別賃金表の下限額を設定することができますので、ぜひ試してください。

(1) まず次の５つの数字を自分で設定します。

例

	（例１）	（例２）
①等級の区分	Ⅵ等級構成	Ⅴ等級構成
②Ⅰ等級の開始年齢	18歳	15歳
③各等級の基準年数	3-4-5-5-5年	5-5-5-6年
④Ⅰ等級の号差金額	1300円	1280円
⑤Ⅰ等級の初号値	16万円	14万5000円＊

＊本書の事例はⅠ等級１号＝高卒18歳の初任給ですが、必要により中卒15歳、あるいは短大20歳等からスタートしても構いません。

(2) ここでは上の（例１）で説明しましょう。**図表４－８**のような賃金表のフォームを用意し、上の数字を該当箇所（太字）に記入します。次の手順で必要な数字を計算して１枚の賃金表を完成させます。

(3) Ⅰ等級からⅡ等級については昇格昇給を行うので、Ⅰ等級の号差金額を1.2倍してⅡ等級の号差金額を設定します（100円単位で切り上げ）。

昇格昇給のないⅡ等級以上については、下位等級の号差金額を1.25倍し、順次Ⅲ等級以降の号差金額を設定します。

図表4－8　等級別賃金表の下限額（初号値）と号差金額の設定方法

Aモデル人材の昇給・昇格の歩み

（抜粋）

号		Ⅰ等級	Ⅱ等級	Ⅲ等級	Ⅳ等級		Ⅴ等級	Ⅵ等級	号
		18歳 3年	21歳 4年	25歳 5年	30歳 5年		35歳 5年	40歳	
号	号差	1,300 →	×1.2 1,600 →	×1.25 2,000 →	×1.25 2,500 →		×2.0 5,000 →	×1.6 8,000	号
		(8,200)							
1	初号	• 170,000	• 196,400	• 228,400	• 278,400	D	• 340,900	• 420,900	1
2		171,300	198,000	230,400	280,900	D	345,900	428,900	2
3	+B4	172,600	昇格 199,600	232,400	283,400	D	350,900	436,900	3
4		173,900	201,200	234,400	285,900	D	355,900	444,900	4
5		• 175,200	202,800	236,400	288,400	D	• 360,900	452,900	5
6	+A5号	176,500	• 204,400	• 238,400	• 290,900	D	365,900	460,900	6
7	以下	177,800	2＊ 206,000	240,400	293,400	D	370,900	468,900	7
8	同じ	179,100	207,600	242,400	295,900	(D)	375,900	476,900	8
9		180,400	209,200	244,400	298,400	C	• 380,900	484,900	9
10		• 181,700	210,800	246,400	300,900	C	385,900	492,900	10
11		1＊ 183,000	• 212,400	• 248,400	• 303,400	C	390,900	500,900	11
12		184,300	214,000	250,400	305,900	C	• 395,900	508,900	12
13		185,600	215,600	252,400	308,400	C	400,900	516,900	13
14		186,900	217,200	254,400	310,900	C	405,900	524,900	14
15		♂ 188,200	218,800	256,400	313,400	(C)	• 410,900	532,900	15
16		189,500	• 220,400	• 258,400	• 315,900	B	415,900	540,900	16
17		190,800	222,000	260,400	318,400	B	• 420,900	548,900	17
18		192,100	223,600	262,400	320,900	B	425,900	556,900	18
19		193,400	225,200	264,400	323,400	B	430,900	564,900	19
20		194,700	226,800	266,400	325,900	B	435,900	572,900	20
21		196,000	♂ 228,400	• 268,400	• 328,400	B	440,900	580,900	21
22		197,300	230,000	270,400	330,900	(B)	445,900	588,900	22
23		198,600	231,600	272,400	333,400	A	450,900	596,900	23
24		199,900	233,200	274,400	335,900	A	455,900	604,900	24
25		201,200	234,800	276,400	338,400	A	460,900	612,900	25
26		202,500	236,400	♂ 278,400	♂ 340,900	A	465,900		26
27		203,800	238,000	280,400	343,400	A	470,900		27
28		205,100	239,600	282,400	345,900	A	475,900		28

（注）号差金額・初号値は100円単位で切り上げ、♂は上位等級への昇格基準号数。
＊印はそれぞれ1＝短大卒、2＝大学卒の各初任給である。
Ⅰ等級下の（　）はⅡ等級に昇格するときの昇格昇給額。

1300円×1.2 ＝1600円（Ⅱ）

1600円×1.25＝2000円（Ⅲ）

2000円×1.25＝2500円（Ⅳ）

(4) Ⅰ等級1号から最初はB・4号、以降A・5号ずつ昇給し基準年数（3年）で到達する位置（**図表4－8の♂印**）の金額を計算し、これに5000円～1万円程度の昇格昇給額を加えてⅡ等級の初号値とします（100円単位で切り上げ）。ここでは大都市圏の賃金水準を考慮して、大卒初任給が20万6000円になるように8200円の昇格昇給としました。

17万円＋1300円×14号＋8200円＝19万6400円（Ⅱ）

(5) Ⅱ等級１号から毎年Ａ・５号ずつ昇給し基準年齢で到達する位置（♂印）の金額をⅢ等級の初号値とし、同じようにⅣ、Ⅴ等級の初号値を順次計算します。

19万6400円＋1600円×20号＝22万8400円（Ⅲ）

22万8400円＋2000円×25号＝27万8400円（Ⅳ）

27万8400円＋2500円×25号＝34万900円（Ⅴ）

（Ⅴ等級以上は後述）

(6) 各等級の初号値と号差金額が揃ったら、各等級の２、３、４、５号……を順次計算して必要な号数分の賃金表を作ればよいわけです。

パソコンでエクセルなどの表計算ソフトが使える方は、このような玉突き的な計算のしくみをセットしさえすれば、いろいろな賃金表があっという間に作成できます。

またプライムコンサルタントでは、厚生労働省の「賃金構造基本統計調査」（賃金センサス）を基礎資料に使って、毎年、『都道府県版・等級別賃金表』を発表しています。その中で、賃金の都道府県別の地域格差を反映した全国水準・エリア水準・ローカル水準という３種類の等級別賃金表の下限額を紹介していますので、ぜひ参考にしてください。

「等級別賃金表」のゾーン上限額（ターゲット）の設定

下限額が決まったら、次に賃金の絶対額管理を行うために、貢献度の評価に対応する目標額（ターゲット金額）をセットし、賃金表をE-D-C-B-A-Sという６つの「ゾーン」に区分します。

結論からいえば、各等級のＡ人材、Ｂ人材、Ｃ人材が上の等級に昇格しないで、オールＡ評価、オールＢ評価、オールＣ評価を続けたときに、最高いくらの基本給まで昇給させるのが適切かを判断して、各ゾーンの評価別上限額（ターゲット金額）を設定します。

●**Aのターゲット金額**……優秀なＡ人材にいくらの基本給を用意するかは、とても重要です。できれば、競争相手と考えている他社が、エース人材にどのような基本給を払っているのかを調べ、これに負けない金額を用意してもらいたいところです。

●**Bのターゲット金額**……各等級の評価はＢ評価が標準です。段階接近法を用いると、平均基本給は一般的にＢのターゲット金額に向かって収れんしていきます。会社の中・長期の人件費計画を考えるとき、普通の人材に支給するBのターゲット金額をいくらに設定するかが重要なポイントになります。

●**Cのターゲット金額**……評価の低い従業員の生活給を配慮しつつ、基本給をどこまで抑制するかを決めます。いいかえると、評価が低くてもここまでは昇給させるという最低保障賃金を設定する意味があります。

図表４－９の上表はモデルに用いた等級別賃金表の評価別の上限額（ターゲット）をまとめたものです。**図表４－３（102ページ）**の賃金表と対応しています。

図表４－９　各等級のゾーン別上限額とゾーン幅

各等級の評価別ゾーン上限額（ターゲット）

区分	Ⅰ等級	Ⅱ等級	Ⅲ等級	Ⅳ等級	Ⅴ等級	Ⅵ等級
初号値	170,000	196,400	228,400	278,400	340,900	420,900
(E)	202,500	244,400	296,400	340,900	—	—
(D)	216,800	260,400	314,400	360,900	375,900	420,900
(C)	231,100	276,400	332,400	380,900	410,900	468,900
(B)	245,400	292,400	350,400	400,900	445,900	516,900
(A)	259,700	308,400	368,400	420,900	480,900	564,900
(S)	274,000	324,400	386,400	440,900	515,900	612,900
ゾーン幅	14,300	16,000	18,000	20,000	35,000	48,000
賃金レンジ	61%	65%	69%	58%	51%	46%

（注）「ゾーン幅」は（S）（A）（B）（C）（D）の各ターゲットの間隔。
「賃金レンジ」は（上限額－下限額）÷下限額の比率（72ページ補足参照）。

各等級の評価別ゾーン区分号数

ゾーン	Ⅰ等級	Ⅱ等級	Ⅲ等級	Ⅳ等級	Ⅴ等級	Ⅵ等級	
E	1	1	1	1	1	1	
(基準号数)	(15)	(21)	(26)	(26)	(17)	—	← α
(E)	26	31	35	26	—	—	
D	27	32	36	27	1	—	
(D)	37	41	44	34	8	1	
C	38	42	45	35	9	2	
(C)	48	51	53	42	15	7	
B	49	52	54	43	16	8	
(B)	59	61	62	50	22	13	
A	60	62	63	51	23	14	
(A)	70	71	71	58	29	19	
S	71	72	72	59	30	20	
(S)	81	81	80	66	36	25	
ゾーン幅	11	10	9	8	7	6	← β

（注）左の（S）（A）（B）（C）（D）は各ゾーンの上限号数。「ゾーン幅」は各上限号数の間隔。（基準号数）は上位等級への昇格基準号数。

くりかえすと、等級別賃金表の1号（初号値）は、Aモデル人材が最速年齢で各等級に昇格したときの初任賃金を決めたもので、これが各等級の賃金バンドの起点となります。これに対し賃金バンドの最高額が（S）のターゲットになります。

図表4－9の下表はこの賃金表のE-D-C-B-A-Sという各ゾーンの区分号数を一覧表にまとめたものです。

それぞれの1号はゾーンの起点を、下段（E）（D）（C）（B）（A）（S）はゾーンの上限（ターゲット）の号数を示します。一番下の「ゾーン幅」は、各ゾーンの幅を等間隔に決める号数（β号）です。

Eゾーンについては（　）内に昇格基準年齢で到達する号数（α号）を示しました。

各等級のゾーンは次の要領で設定します。

◆各等級のゾーンの設定方法

1 Ⅰ～Ⅳ等級は、オールAで昇給した場合は基準年齢で上位等級に昇格できるように、1号から昇格基準号数（α号）まではフル昇給のEゾーンとする。

2 Ⅰ～Ⅲ等級は、基準号数（α号）に一定号数（β号）をプラスした範囲も同様にフル昇給のEゾーンとする。Ⅳ等級は基準号数までがEゾーンとなる。

3 以下、等間隔（β号）で残りのD～Sゾーンを設定する。

4 Ⅴ等級についてはEゾーンを設定せず、等間隔（β号）でD～Sゾーンを設定する。

5 Ⅵ等級もEゾーンを設定せず、Dゾーンは（D）だけとし、以下等間隔（β号）でC～Sゾーンを設定する。

Ⅰ等級では昇格基準号数（15号）にゾーン幅（11号）をプラスした26号までがEゾーンです。さらに同じゾーン幅（11号）をプラスした37号までがDゾーンです。同様にC・B・A・Sの各ゾーンを等間隔で設定します。

同じようにⅡ等級では10号ごと、Ⅲ等級は9号ごと……と等級が上がる都度ゾーン幅の号数を1つ減らして各ゾーンを設定します。すでに説明したように、号差金額はⅡ等級が1.2倍、Ⅲ・Ⅳ等級は1.25倍に増えるように設定するため、このようにゾーン幅を1号ずつ減らして調整しないと、上の等級ではバンド幅が累乗的に大きくなってしまいます。

Eゾーンをなくした「短期決済型」の管理職クラスの賃金表

Ⅴ、Ⅵ等級の管理職クラスの賃金表については補足説明が必要ですね。

くりかえすと、Ⅳ等級まではEゾーンを用いる「中期決済型」の賃金表を使ってきました。管理職も熟成型で人材を育て、やや年功的に処遇をしていきたいという考えなら、Ⅳ等級までと同じようなロジックでⅤ、Ⅵ等級の賃金表を作ればよいわけです。

ただ、さすがに管理職クラスになると、Eゾーンを設けたり、D評価でも昇給し続ける中期決済型を続けることには、抵抗を覚える経営者の方が多いのではないでしょうか。

考えてみれば、40代の後半から50歳前後に管理職に登用したとすると、定年まで残り10年くらいしかありません。その間、ゆっくり基本給を運用する中期決済型では、貢献度に見合った基本給を実現する間もなく、ずるずると年功的な昇給が続くかたちで定年を迎えてしまう可能性があります。

ここでは、管理職にはもっとメリハリの効いた基本給のしくみにして、役割・貢献に見合うハイスピードの処遇をするため、**Eゾーンを使わないスピードの速い「短期決済型」の賃金表**のつくり方をしました。

具体的には、Ⅴ等級はEゾーンをなくしてDゾーンから、Ⅵ等級はDゾーンを（D）だけとし、Cゾーンからスタートするかたちにしています（**図表４－３（102ページ）**）。

Ⅴ等級の号差金額は一挙に２倍、Ⅵ等級は1.6倍にしています。

結果、Ⅴ等級の賃金表のゾーンの間隔は、Ⅳ等級２万円に対して３万5000円に広がりました。DゾーンのD評価は１号＝5000円ずつ昇給できるだけで、（D）37万5900円ですぐ昇給停止になってしまいます（Ⅳ等級の（C）38万900円よりも低い）。しかしDゾーンのB評価は１万5000円、A評価は２万円も昇給し、A評価を続ければ（A）48万900円まで昇給できます。

Ⅵ等級の初号値は、Ⅴ等級の賃金表にゾーンを設定してから、オールA評価で５年目に到達する「昇格基準号数」（**図表４－８（115ページ）**ではⅤ等級17号42万900円）を特定し、その金額と同じになるよう設定します。

さらにⅥ等級の号差金額は8000円と一層大きくなり、賃金表のゾーン間隔は４万8000円にも広げています。D評価は最低額の（D）42万900円に張りついたまま昇給できません。しかしA評価では（A）56万4900円まで昇給できます。

このようなつくり方をすることで、D-C-B-A-Sのターゲット金額の差が大きく、基本給が速いスピードでアップ・ダウンし、より実力主義的な色彩が強くなることがご理解いただけるでしょう。

Ⅵ等級の１号はＣゾーンでスタートしてもいいと思いますが、（D）とする意味は何でしょうか？

１号をＣゾーンでスタートすると、もしＣゾーンでＤ評価を取り続ける人が出たときにマイナス１号が続き、賃金表の１号を割り込んでしまう不都合が起きます。Ｄ評価は１号に留めるように、１号を（D）としています。

賃金バンドの幅とターゲット金額のバランスを考慮し決定

ここで設定した各等級のゾーン幅（E-D-C-B-A-Sの間隔）はあくまで本書の「標準モデル例」で、会社の賃金水準や実在者の賃金分布を考慮して、ある程度任意に設定できます。

ただし、各ゾーンの幅を設定する際は、各等級の賃金バンドの重なり具合やターゲット金額のバランスに十分注意する必要があります。

ゾーン幅を大きくとれば賃金バンドが拡大し、ターゲットD-C-B-A-Sの金額も上昇するので、昇給による刺激性がぐっと強まります。ただしあまり高くしすぎると、いつまでも年功的に昇給し続け、場合によっては定年になってもターゲットに届かない結果になります。また各等級の賃金バンドが深く重複し、上の等級の賃金範囲との差が目立たなくなります。これでは上限額を設定する意味が半減します。

反対に、ゾーンの幅が小さいとバンド幅も小さくなり、ターゲットD-C-B-A-Sの金額が低くなって昇給の頭打ちが早くなり、評価の刺激性が弱まります。いくら実力があっても昇格しない限り賃金があまり増えないので、貢献度を評価する意味が失われます。

このような全体のバランスを考慮して、ゾーンの幅を設定しなければなりません。

図表４－９の**上表**の下に「賃金レンジ」の比率がありますが、これは、下限額（１号）に対して上限額（S）が何パーセント高くなっているかを計算したものです。この%が大きければ大きいほど、賃金表の上下幅が大きいことを示しています。

アメリカの従来型職務給では、標準的なレンジは20～50%程度、ブロードバンド型の職務給では50～100%にもなるといわれています。今回のモデル例は、等級によっても違いますが、46～69%なので、やはりブロードバンド型の賃金表の一種であることがご理解いただけると思います。なお、**第３章**の簡易版も同じような比率となっています（**72ページ補足**参照）。

管理職年俸制にかわる短期決済型の賃金表

2000年代前半までの私たちの指導例では、管理職については年俸制（やはり段階接近法を使うターゲット年俸制という手法を使います）を導入し、非管理職については中期決済型の等級別賃金表を使うという組み合わせが多くみられました。

その後、Ⅴ・Ⅵ等級の例のような短期決済型の賃金表を開発してからは、**管理職については短期決済型、非管理職については中期決済型の等級別賃金表を使う**という組み合わせが多くなり、年俸制の導入事例は減る傾向にあります。管理職年俸制の実施率は、1990年代から2006年頃まで大手企業で約３割～４割、中小企業で２割くらいまで増加し、その後やや低下してきたという調査があります。

いわゆる年俸制を取り入れるメリットは、次のような点にあったと私は考えています。

・　賞与分を含めた年収額をずばり表示、コントロールするので分かりやすい
・　金額にインパクトがあり、報酬の高さと貢献度との関係を社員に考えさせる力がある
・　金額のアップ·ダウンが大きく速いので、経営にスピード感が出る

ただ、ひと頃に比べると新規に年俸制を導入する会社は減っています。管理職年俸制があまり増えなくなった理由としては、次のような点が指摘できます。

・　年俸制社員と一般社員とで賃金制度が二重になり、管理が煩雑
・　基本給部分と諸手当部分等を含め、どんぶり勘定的な賃金管理に陥りやすい
・　収益構造が大きく変化する中で、賞与分込みの年俸制が使いづらくなっている
・　給料をむりやり下げるための年俸制＝減俸制は強い批判を浴び、すでに役割を終えた
・　基本給そのものを実力主義の速いスピードで運用できる手法が導入されはじめた

基本給そのものを短期決済型に変えることができるのなら、わざわざ年俸制を使わなくてもいいのでは、と考える会社が増えてきたといってよいと思います。

ゾーン型賃金表の便利なところは、ゾーンの設定と号差金額を変えることで、中期決済型を少しスピードアップした程度から、金額が大きく変動する超短期決済型まで、かなり自由に賃金表の設計を変えられるという点です。もちろん中味については、等級どうしのバランスやSABCDのターゲット金額の設定とか、昇格・降格になったときに何か矛盾は起きないかとか、専門的なシミュレーションやチェックが必要ですのでご注意ください。

賃金表の水準を世間相場と比較する

ところで、ここで紹介した賃金表の水準は世間相場と比べてどの程度のものなのでしょうか。１つの例を紹介しておきます。

図表４－10は、厚生労働省が集計した「賃金構造基本統計調査」（賃金センサス）の中から、部長クラス、課長クラス、係長クラス、一般社員の役職別所定内給与のカーブを年齢別のグラフにしたものです。

図表４－10　役職別にみた所定内給与と現金給与

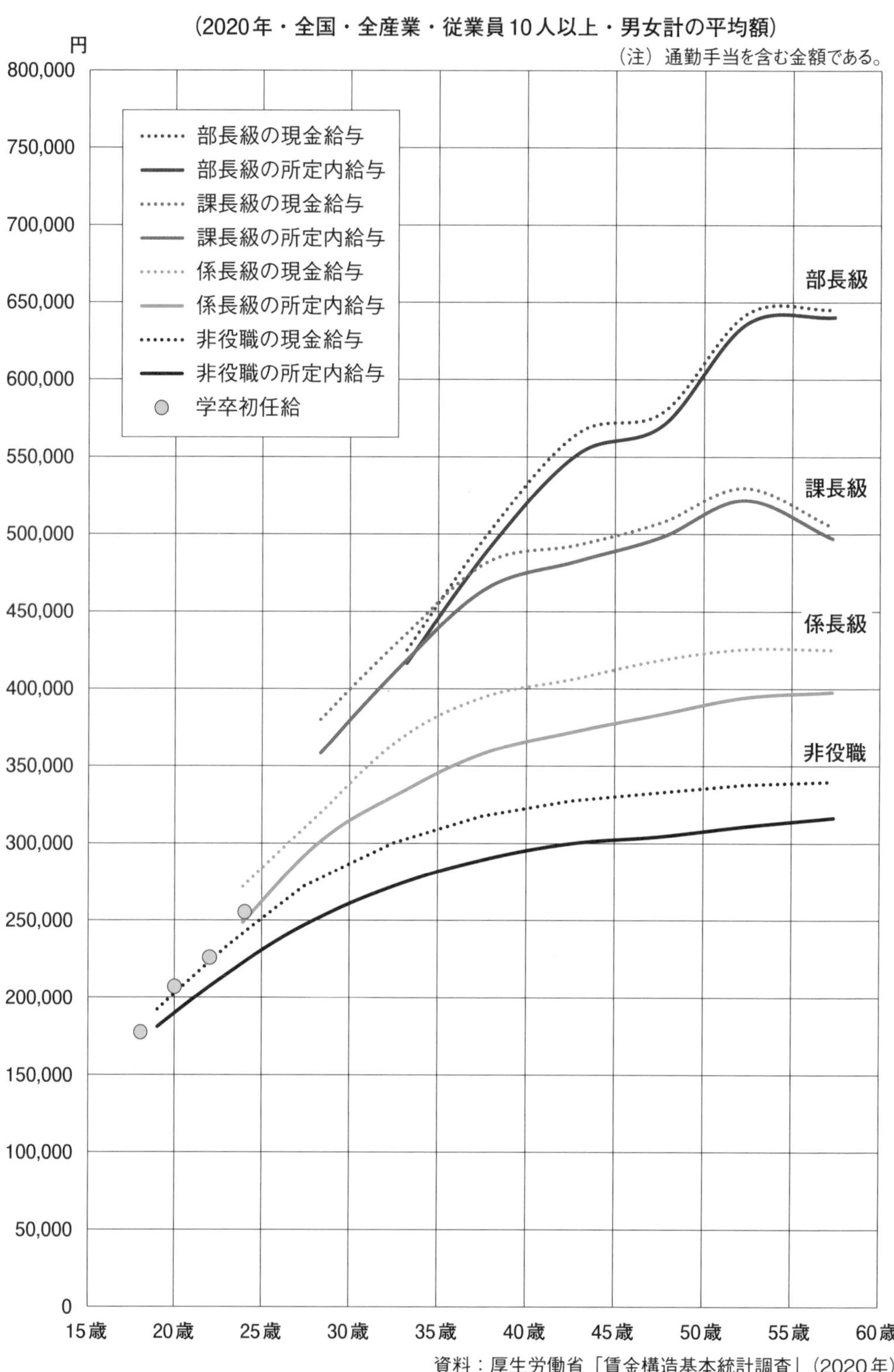

資料：厚生労働省「賃金構造基本統計調査」(2020年)

部長クラスはⅥ等級の賃金表（上限61万2900円～下限42万900円）

課長クラスはⅤ等級の賃金表（上限51万5900円～下限34万900円）

係長クラスはⅣ等級の賃金表（上限44万900円～下限27万8400円）

とそれぞれ見比べてください。ただし賃金表は基本給だけなので、管理職手当として部長クラスは６万円～10万円、課長クラスは４万円～８万円、さらに家族手当等として２万円～３万円をこれにプラスしてからグラフと比較するようにしてください。

このグラフは年齢別の平均額なので、この線より高い人も、反対に低い人もたくさんいることに注意してください。

賃金比較をするときは

賃金を比較するときは、基本給と、基本給に所定内の手当を加えた所定内賃金とを比較対象によって区別する必要があります。通常、労働時間管理を行わない管理職に支給する管理職手当や、役職手当などは所定内賃金に含めます。家族手当や住宅手当などの生活補助手当なども所定内賃金に含めます。なお、厚生労働省の賃金構造基本統計調査は通勤手当を所定内給与に含めていますが、他の調査機関のモデル賃金などは通勤手当を除いて集計していますので、注意してください。

参考　役職者の賃金相場を調べるには、このほか日本経団連の「定期賃金調査」の役職者賃金や、人事院の「職種別民間給与実態調査」の職種別賃金などがあります。

4 世間相場と学歴差を配慮した新卒初任給の決め方

新卒採用と初任給の設定

学卒初任給は、地域ごとにかなりはっきりとした相場があります。初任給が低いと、いくら採用活動にお金をかけても、よい人材は確保できません。

デフレのもとで、初任給相場は長年横ばいの状況が続いていましたが、アベノミクスで2014年にベースアップが復活し、景気回復と少子高齢化が重なって新卒採用が売り手市場になったこともあって、再び初任給が上昇し始めています。

ただし、相場だけをみてその都度初任給を決めるような方法では、過去に採用した若年層との賃金のバランスや高卒、短大・専門卒、大卒などの学歴間のバランスに苦労することになります。このあたりの事情は、**第３章の88ページ「初任給の引き上げと各人の基本給の調整」**

を読み返してください。

ここでは、あらかじめ等級別賃金表の中に新卒採用初任給のロジックを組み込み、客観的な基準に基づいて初任給を決める方法をご紹介します。

学歴・コースの差異を超えて実力次第で昇給できるシステム

図表４－３（102ページ）（**図表４－８**も同じ）で作成した等級別賃金表は、新規学卒の初任給を**図表４－11**のように設定しています。

基幹業務採用（A基準）と一般業務採用（B基準）とがありますが、前者は**図表４－12**のように、**高卒、短大卒でもがんばってⅡ等級に昇格し、A評価をとり続ければ、四大卒に基本給が追いつける位置に初任給を組んであります**。できるだけ優秀な高卒、短大卒、四大卒を採用し、入社後も一人前の社員になるようビシビシ鍛えていこうという考えであれば、基幹業務採用（A基準）一本で新卒を採用すべきです。もちろん男も女も関係ありません。

補助的な業務や定型業務をさせると割り切る一般業務採用*（B基準）は、Ⅰ等級で普通の

図表４－11　学卒初任給の基準等級・号数

学卒	学卒年齢	A基準（基幹業務採用）		B基準（一般業務採用）	
		等級号数	初任給	等級号数	初任給
高校	18歳	Ⅰ-1	170,000	Ⅰ-1	170,000
高専・短大卒	20歳	Ⅰ-11	183,000	Ⅰ-9	180,400
大学卒	22歳	Ⅱ-7	206,000	Ⅰ-17	190,800

（注）毎年の初任給の金額改定は、等級・号数で調整せず、賃金表のベース改定によって行う。（**第５章198ページ**参照）

基幹業務採用（A基準）は「専門業務採用」ともいい、仕事の中核戦力、組織のコアとなる人材を正規の公募試験で採用するもの。幅広くいろいろな業務を経験させて高い専門能力を持たせ、長期育成を行う。配置転換や出向を含め、機動的な人事異動の対象になる。入社後最初の昇給はB評価、後はオールA評価で昇給すれば上の学歴に追いつくよう、最適なバランスで等級・号数をセットする（**図表４－12**参照）。

一般業務採用（B基準）は「定型業務採用」ともいい、仕事の分野を限定した採用形態。長期勤続を必ずしも期待せず、半年～１年も経験すれば普通にこなすことができる補助的な業務や定型業務を中心に配置する。毎年B評価で昇給すれば上の学歴の初任給に追いつくように等級・号数をセットする。

図表４－12　基幹業務採用の初任給の設定方法

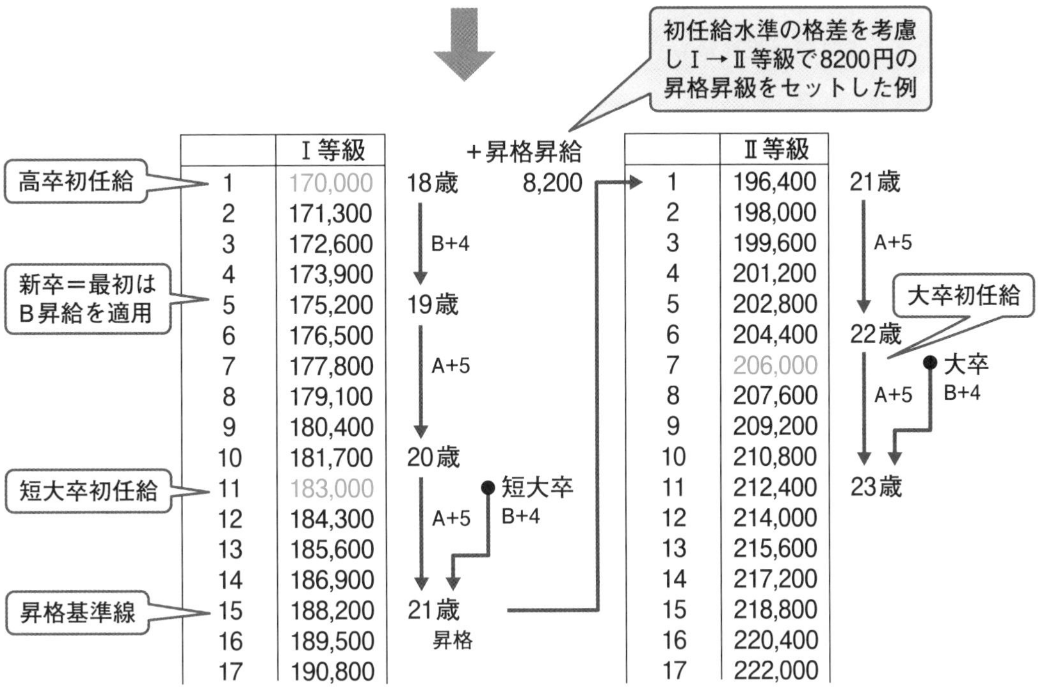

	Ⅰ等級
1	170,000
2	171,300
3	172,600
4	173,900
5	175,200
6	176,500
7	177,800
8	179,100
9	180,400
10	181,700
11	183,000
12	184,300
13	185,600
14	186,900
15	188,200
16	189,500
17	190,800

	Ⅱ等級
1	196,400
2	198,000
3	199,600
4	201,200
5	202,800
6	204,400
7	206,000
8	207,600
9	209,200
10	210,800
11	212,400
12	214,000
13	215,600
14	217,200
15	218,800
16	220,400
17	222,000

B評価をとれば上の学歴に追いつけるように初任給を組んであります。

入社後は、基幹業務採用も一般業務採用も同じ賃金表を適用し、評価もそれぞれの等級の中で区別せずに行います。その意味では、国家公務員のキャリア／ノンキャリアや、大企業のコース別人事制度の総合職・一般職のように、制度的にキャリアコースを固定したり、別々の賃金表を適用したりするものではありません。

入社後にコース変更や資格転換の手続きを行うようなしくみも特に必要ありません。一般業務採用であっても、成績優秀であればその能力・意欲が認められ、長期的な人材育成の対象になることもあり得ます。また段階接近法による昇給システムを適用するので、低い初任給からスタートしても、実力のある人材ならばいずれは基幹業務採用者に賃金が追いつき、追い越すことも可能です。

＊人手不足が進んで、一般業務採用は徐々に減る傾向にあります。

初任給と既存従業員の等級・号数とのバランスを考えた賃金表設計

最初に等級別賃金表を導入するときは、これらの初任給と既存従業員の等級・号数がうまくバランスするように設計しなければなりません。この設計を間違えると、後で若年層の基本給のアンバランスに悩まされることになります。

この等級・号数は給与規程にも明記し、簡単に動かせないようにしておきます。

なお浪人や留年などで遅れて入社した新卒も、同じ学卒年齢として同額の初任給を適用するのが普通です。学卒年齢とは、最後の学校を卒業して就職したときの年齢を、高校18歳、短大20歳、大学22歳とみなす方法で、１年留年した高校卒は実年齢19歳でも18歳、２浪の大学卒は実年齢24歳でも22歳として扱います。

最近では海外留学や専門学校などに寄り道してから入社する例も増えていますが、このようなときは個別に「１歳につき２号程度」をプラス調整しても構いません。いわゆる「第二新卒」についても同様です（後述する中途採用者として取り扱う方法もあります）。

初任給額の改定は、「賃金表のベース改定」を行って基本給表そのものを書き替えることにより行います（**第５章198ページ**参照）。

初任給の金額をその都度調整しようとして、**図表４－11**の基準等級・号数を動かしてしまうと、既存従業員の賃金とのバランスや初任給どうしのバランスが崩れ、やはり後で調整に大変苦労することになるので注意してください。

すでに触れたように高卒・短大卒と四大卒との間には、初任給の相場にかなり大きな金額のギャップがあり、特に首都圏では大手企業の四大卒初任給は22万円以上も珍しくありません。他方、高卒・短大卒は、建設・運輸等の現業系を除くと大卒ほどには上がっていません。

このギャップは、これまでは大卒初任給だけ個別に「初任給調整手当」を6000円～1万円程度プラスし、入社してから毎年手当を減らすような方法で調整するのが一般的でした。ただ、この方法だと高卒・短大卒に比べて４大卒の昇給が小さくなり、毎年の調整もなかなか面倒です。

図表４－３の賃金表では、Ⅰ・Ⅱ等級間に**昇格昇給8200円**を設定してギャップを埋める方法でこの問題をすっきりと解決しています。

5 号俸改定の実務と昇給のシミュレーション

ここでは、ゾーン型の等級別賃金表を導入した場合の号俸改定（各人別の号俸の変更）と昇格の運用実務を解説します。

半期ごとの貢献度の評価に期待度を加味する号俸改定の評価

号俸改定の手続きで重要なポイントは、いうまでもなく個々の人材への投資判断ともいうべき貢献度に対する期待度の評価です。具体的には**図表４－13**のように前年２回の賞与の貢献度評価を行い号俸改定の評価に連動させます。

(1) 等級別に過去半年ずつ２回の仕事の貢献度をSABCDで評価 → 賞与評価

(2) これから１年の期待度をSABCDで判定 → 号俸改定評価

このように工夫すると、号俸改定の手続きは驚くほど簡単になります。号俸改定のために別途人事考課の手続きをとる必要がなく、まるで「コロンブスの卵」のように評価システムが大変分かりやすくなります。

まず、過去６カ月間、どのような貢献度だったかを等級別にSABCDの５段階で評価し、冬夏の賞与を決定します。評価の具体的手法は、**第３章**で説明したように、絶対評価と相対評価の手法がありますが、いずれも目標に対する難易度・達成度をみる業績評価や具体的な仕事の習熟度をみるスキル評価、行動基準に対する到達度をみる行動評価を組み合わせるのが基本です（**図表３－９（90ページ）**参照）。

ゾーン型の賃金表を用いる企業では、どちらかというと相対評価を行うことが多いのですが、その場合は、**次のような「配分比率」を目安に貢献度のSABCDを決める方法が一般的です。**その場合、個々の目標や行動レベルに対する評価はいわゆる絶対評価を行いますが、賞与原資の配分や昇給原資の配分は相対評価とするわけです。

▶相対評価の配分比率（%・モデル）

3段階評価の例	
A	25
B	55
C	20

5段階評価の例	
S	5
A	20
B	55
C	15
D	5

7段階評価の例	
S	5
A	20
B^+	20
B	20
B^-	15
C	15
D	5

（注）小企業や、管理職のように人数がそれほど多くない等級は、基本的にABCの３段階で運用しても構いません。７段階のＢ＋、Ｂ、Ｂ－は、賞与の金額査定を細かくしたい場合に用います（ただし号俸改定時にはすべてＢ評価と扱います）。

図表４－13　号俸改定のSABCDの決め方

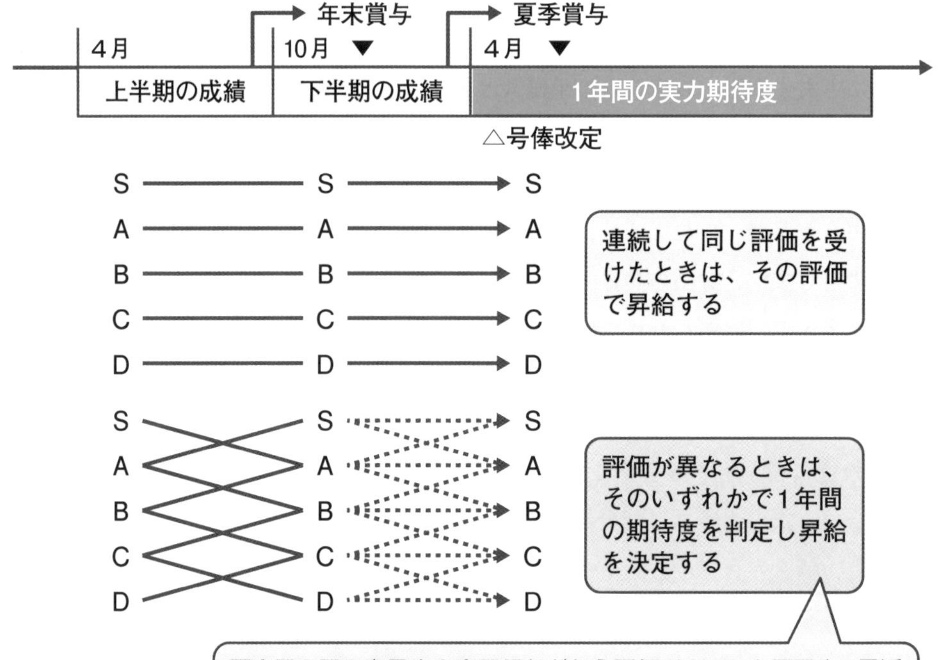

図表４－13のように貢献度の評価に連動させると、結果的に号俸改定も上に近い比率に収まります。

その２回の評価を使って、次のように今後１年間の期待度を判定します。

◆期待度の判定方法

1 上期・下期ともＡあるいはＢというように、上期・下期の評価が同じ（**図表４－13の上図**）なら、これから１年間も同程度の貢献が期待できるとみなし、その評価で号俸改定を行う（実線）。従業員の多くはこれで評価が決まる。

2 上期と下期で評価が動いた場合（**図表４－13の下図**）は、評価が上下した原因や最近の傾向を調べ、これからの期待可能性を判定して号俸改定を決める（破線）。ＡからＢ、あるいはＢからＡというように評価が１段階だけ動いたときは、号俸改定もそのいずれか（ＡまたはＢ）で判定する。特別な事情を除いて、それ以外のＳやＣ、Ｄは考えなくてよい。

ＡからＣというように評価が２段階動いたような場合は、中間のＢで号俸改定を行うことを基本にＡとＣも可能性に入れながら判定する。

上期・下期で評価が上下する場合はどう判定するか

2 について補足すると、直属上司の意見や人事記録などから評価が上下した原因や、最近の傾向を調べ、これから１年間どんな貢献度が期待できるかを判定します。下期の評価だけで号俸改定を行うと、「下期だけがんばればいい」という風潮になりやすいので、あくまで上期・下期の評価を対等に扱い、今後１年間の期待度を判定するようにします。

例えば若手が仕事に習熟してきたり、中途採用者が次第に実力を発揮したりするように、本人の主体的な努力で成績が上がってくる場合があります。「今後とも安定して高い成績が期待できる」と判定できるなら、後半の高い評価のほうで決定して構いません。逆に下半期に評価が下がり、今後も改善が見込めないようなら、低い評価のほうで決定します。

また組織変更や人事異動、上位者の不在や事故、大きな業務システムの変更、難しい特命事項につかせた場合といった、本人の責任を問えない会社の人事など外的要因が原因で評価が下がる場合があります。「もしこの外的要因がなかったら評価は下がらなかった」と想定できるなら、一時的に下がった評価は無視したほうがよいでしょう。これを単純に低いほうで評価を決めてしまうと、従業員は自分に不利な人事異動や新規業務に消極的になってしまいます。もし悪い評価が続いたときは、来年の評価を下げればよいのです。このような人事管理上の配慮は、仕事に積極的な風土を形成するうえで不可欠のものです。

このように論点を整理すれば、事実関係を確認しながら号俸改定を判定することは、それほど難しいことではありません。通常、上期・下期とも同じ評価で自動的に決まる従業員が半数以上いるので、そのバランスも考慮すればおのずと答えは得られるでしょう。

なお、一般的な号俸改定とは別に、次のような特別の理由で昇給調整を行うことがあります。

特別昇給の目的

❶ 初任給を低く設定した中途採用者の賃金調整
❷ 留学、第二新卒などで遅れて採用した新卒者の入社後の賃金調整
❸ 休職、休業その他の理由で昇給を停止した者の復帰後の賃金調整
❹ 賃金制度変更時の賃金調整
❺ 調整手当を減額するための賃金調整*
❻ 特別の功労を認めた場合の特別昇給

＊　一般に調整給あるいは調整手当と呼ばれるものは、毎年少しずつ減額します。ただし、高評価の者については基本給の特別昇給を実施してバランスをとることがあります。

Q 貢献度の評価SABCDの比率は、少人数の職場ではどのように運用するのですか？

A 職場ごと、あるいは評価者ごとにこの比率でSABCDを決めるわけではありません。より大きな部門、事業所、さらには全社横断的にSABCDを判定する組織範囲を決めておき、その中でこの配分比率を目安に運用します。

Q それでも等級の人数が非常に少ない場合はどうしますか？

A 少人数の場合は、配分比率のことはあまり考えず、標準をB評価に置き、貢献度の高い優秀者をA評価、反対に貢献度の低い人をC評価とする簡易な運用で構いません。貢献度に差がないときは、同じ評価になる場合もあります。

号俸改定の実際

図表４－14は、以上の考え方にそって、１人ずつ号俸改定を判定するためのワークシートの具体例です。

図表4－14 号俸改定の実務

○年度　号俸改定シート　厳格なマイナス昇給
Ⅱ等級

資料作成	○年3月10日	氏名○×○×	印
評語決定	○年3月20日	氏名○△○△	印

所属	氏名	新年齢(4/1)	旧本給			貢献度		号俸改定の評価				改定号数		新本給	等級変更	
			等級	号数	ゾーン	上期	下期	判定上の留意事項	決定評価	基準号数	特別調整	特別調整の理由	決定号数	号数	等級	号数
		*1	*2	*3	*4	*5	*6		*7	*8	*9		*10	*11	*12	*13
1課	山田	24	Ⅱ	6	E	A	B	8月に人事異動した	A	+5			+5	11		
	川田	22	Ⅱ	1	E	B	B		B	+4			+4	5		
	草田	40	Ⅱ	45	C	B	B		B	+2			+2	47		
	木田	25	Ⅱ	13	E	A	B	特命プロジェクト推進中	A	+5			+5	18		
	月田	29	Ⅱ	32	D	C	C		C	+2			+2	34		
	花田	23	Ⅱ	7	E	-	C	大学新卒	B	+4			+4	11		
2課	東村	29	Ⅱ	23	E	A	A		A	+5			+5	28		
	西村	52	Ⅱ	70	A	B	C	意欲低下顕著	C	-2			-2	68		
	中村	30	Ⅱ	24	E	B	A	仕事に慣れ、力を発揮	A	+5	+2	中途採用賃金補正	+7	31		
	南村	39	Ⅱ	56	B	B	B		B	+1			+1	57		
	北村	33	Ⅱ	36	D	C	C		C	+2			+2	38		
3課	白川	27	Ⅱ	28	E	S	S		S	+6			+6	34	Ⅲ	12
	黄川	25	Ⅱ	16	E	B	A	緑川から業務引き継ぎ	B	+4			+4	20		
	緑川	50	Ⅱ	61	(B)	B	B		B	+0			+0	61		
	黒川	49	Ⅱ	62	A	C	D	病気がちで欠勤多い	D	-3			-3	59		
:	:	:						:	:				:			

【号俸改定シートの使い方】

等級別＊2に、各人の上・下期の賞与の貢献度評価＊5､6を書き出して、号俸改定の評価SABCDを決めます（決定評価＊7)。

次に各人のゾーン＊4と評価＊7に基づいて基準の改定号数を書き出します（基準号数＊8)。

中途採用者などでプラス調整を行う人には、プラス何号を記入します（特別調整＊9)。

以上を合計して「決定号数＊10」が出ます。前の号数＊3にこれをプラス・マイナスすれば、改定後の新しい号数＊11が決まります。

号俸改定と同時に昇格または降格させる人がいたら、昇格の場合は新等級＊12の同額または直近上位に、降格の場合は同額または直近下位に号数＊13を読み替えます（等級変更)。

このような手順を追えば、どのようにして号俸改定を行ったのかという記録を残しながら整然と号俸改定の作業を進めることができます。

これまで昇給のたびに味わっていた苦労が嘘のように氷解し、経営者・従業員とも評価の流れが分かりやすくなって、風通しのよい組織になることは間違いありません。

各人のプラス・マイナスの号数が決まったら、全体の号俸改定額が合計でいくらになるかは、「各等級の号俸改定号数×号差金額」を集計すれば簡単に把握できます。

ある会社（P社）を例に説明しましょう。

図表4－15のように、P社では2022年度の昇給を試算したところ、従業員251人に対して総額159万600円、１人平均6337円の増加になり、旧基本給28万2248円に対し2.2％の昇給率とな

図表4－15 等級別昇給額の計算（例）

等級	人数	旧基本給合計	号俸改定号数	号差金額	号俸改定額	昇給率
Ⅰ	22	3,972,700	88	1,300	114,400	2.9%
Ⅱ	97	22,114,800	362	1,600	579,200	2.6%
Ⅲ	58	17,017,200	180	2,000	360,000	2.1%
Ⅳ	38	12,294,200	128	2,500	320,000	2.6%
Ⅴ	28	11,470,200	37	5,000	185,000	1.6%
Ⅵ	8	3,975,200	4	8,000	32,000	0.8%
総計	251	70,844,300			1,590,600	2.2%
1人平均		282,248			6,337	

（注） 賃金表は図表4－3（102ページ）、号俸改定は図表4－4（104ページ）を適用。

従業員251人に対して総額159万600円、1人平均6337円の増加になり、旧基本給28万2248円に対し2.2%の昇給率

りました。

この計算は、号俸改定評価のSABCDがまだ決まらなくても、全員オールBとみなせば、およその近似値は試算できますから、試みてください。経営計画を立てる際、あるいは労働組合と事前に号俸改定の見込み額を確認するときなどは、この方法で十分です。人の入れ替えがなければ、賃金が上がるにつれて年々昇給額は減り続けていきますから、昨年の昇給額を超えることはありません。

号俸改定ルール（段階接近法）を10年使うと賃金はどうなるか

図表4－16の上表は、この賃金表をP社の従業員に適用したとき、各等級のどのゾーンに何人いるかを集計したものです。

これをみると、半数以上はEゾーンにいますが、D～Aゾーンにもある程度いることが分かります。

図表4－17は、P社の従業員がこのまま入れ替わりなしで、毎年オールBで号俸改定を続けたと仮定したときの、10年間の基本給の平均昇給額・率をシミュレーションしたものです。前提条件として、号俸改定は**図表4－4**のルールをそのまま使いました（ということは、**図表4－16の上表**でAゾーン以上にいる従業員は、もしB評価を続けるとBのターゲット金額まで基本給が毎年下がっていくことになります）。

また、10年間同じ賃金表を使い続ける前提なので、賃金表そのもののベース改定分は含まれていません。もしこの間に物価が大きく変動したり、労働需給が変化したり、会社の賃金支払

図表4－16 P社の各等級のゾーン別人員分布

●2021年度（号俸改定前） （単位：人）

ゾーン	Ⅰ	Ⅱ	Ⅲ	Ⅳ	Ⅴ	Ⅵ	総計
(S) S							
(A) A			 1		3 2	 2	3 5
(B) B			2 3	 2	 8	1 3	3 16
(C) C		 5	1 6	1 5	2 6	1 1	5 23
(D) D		 14	1 10	 5	1 6		2 35
(E) E	 22	2 76	3 31	 25			5 154
総計	22	97	58	38	28	8	251

●2031年度（号俸改定後）

ゾーン	Ⅰ	Ⅱ	Ⅲ	Ⅳ	Ⅴ	Ⅵ	総計
(S) S							
(A) A							
(B) B	 20	 48	2 14	5 14	11	5	23 96
(C) C	2	7 4	 2	1			10 6
(D) D		31	19	14	6		70
(E) E							
総計	22	90	37	34	17	5	205

能力や賃金政策が変わったりしたときは、賃金表そのもののベースアップ（増額改定）やベースダウン（減額改定）を行う必要があるかもしれませんが、ここでは度外視しています。

表をみると2022年度は１人平均6337円、所定内給与対比で1.89％という昇給になりましたが、年々昇給額・率は小さくなり、10年後の2031年度には2939円、0.79％まで減っていきます。10年間の平均昇給額・率は4672円、1.32％になります。

これは、毎年昇給するごとに少しずつ上のゾーンに移る従業員が出てくるため、同じＢ評価でも昇給する号数が少なくなっていくからです。

図表４－16の下表は、10年後＝2031年度号俸改定後の各ゾーンの分布状況です。これをみると、各等級ともＥゾーン、Ａゾーンの従業員は１人もいなくなり、Ｄ、Ｃ、Ｂゾーンへと移動していることが分かります。また毎年オールＢという前提なので、Ａゾーンの従業員はマイナス昇給が続き、全員（Ｂ）のターゲット金額まで下がりました。

このまま続けていくと、全員（Ｂ）のターゲット金額に基本給が収れんしていきますが、実際には毎年全員オールＢという評価はあり得ませんし、等級の昇格もあります。役割と貢献度に応じて基本給が適度に分散することになるはずです。

実際には新入社員が少しずつ入ってくるので、これほど大きな昇給額・率の低下は起こりません。それでも、いままで上限規制をせずに（青天井で）ずるずると昇給を続けてきた会社にとっては、年功的な昇給カーブは抑制されるはずです。

図表４－17　10年間の昇給シミュレーション（P社）

段階接近法の効果で、基本給水準の上昇とともに、上のゾーンに移るため、昇給額・率は低減する

年度	昇給額	昇給率	新基本給	新所定内	指数	人数	年齢
2021	－	－	282,248	335,538	100.0	251	38.1
2022	6,337	1.89%	288,585	341,875	101.9	247	38.7
2023	6,116	1.79%	293,157	346,447	103.3	244	39.5
2024	5,691	1.64%	298,765	352,054	104.9	241	40.2
2025	5,260	1.49%	302,994	356,284	106.2	239	41.1
2026	4,837	1.36%	307,639	360,929	107.6	234	41.9
2027	4,526	1.25%	310,548	363,838	108.4	228	42.4
2028	4,096	1.13%	313,076	366,365	109.2	221	43.0
2029	3,675	1.00%	315,487	368,777	109.9	216	43.8
2030	3,241	0.88%	317,532	370,822	110.5	207	44.1
2031	2,939	0.79%	317,264	370,554	110.4	205	45.0
平均	4,672	1.32%					41.6

最初は1.89%の昇給率が10年後は１%未満に減少

（賃金表は図表４－３（102ページ）、号俸改定は図表４－４（104ページ）を適用。同一実在者、定年退職者を除く試算。実際は新卒入社など若年層への入れ替えが起きるため、昇給額・率はこれほど大きく下がらない）

「ブロードバンド」の役割給は社員の年齢構成によって昇給額・率が大きく異なる

図表４－18　年功賃金から役割給への転換

従来型の年功賃金カーブから、役割給に転換するということは……

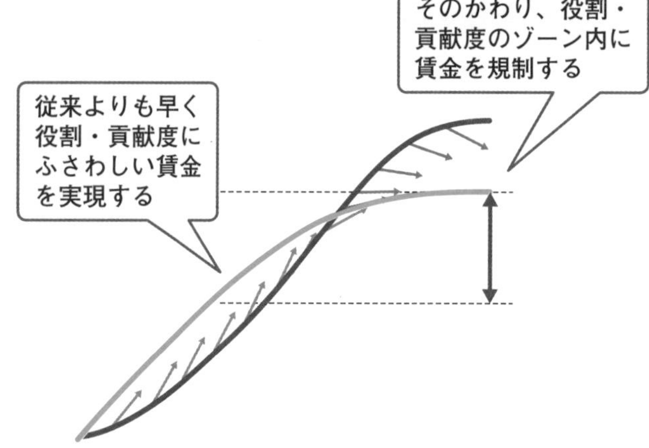

■賃金の低い若年層はいままでよりも大きく（早く）昇給する
■ゾーンを超える年配層は昇給停止かマイナス昇給となる
■結果、S字カーブから、逆放物線カーブに時間をかけて移行する
■若年層が多いと短期的には全体の昇給率は前より増えるが、将来の賃金上昇は抑制される

ただし、「この賃金表を導入したら、いますぐにでも賃上げが減る」などというのは早計です。むしろ逆に、いままでよりも昇給額・率が増えるケースもあります。

図表４－18をみてください。これは、従来型の年功賃金カーブ（S字カーブ）から、新しいブロードバンドの役割給（逆放物線カーブ）に移行したときに、どういう現象が起こるかを説明したものです。

これまでの年功賃金カーブでは、若年層はなかなか基本給が増えないかわりに長く昇給が続き、高年齢層になって昇給が抑制される、というS字カーブを描いていました。

新しいブロードバンドの役割給では、若年層から早めに賃金が立ち上がるかわりに、賃金の高さで昇給を規制するようになるので、結果、図のような逆放物線カーブを描きます。

年功賃金から役割給に移行すると、若年層ではいままでよりも昇給が増え、反対に基本給の高い中高年層は昇給が抑制・停止され、ゾーンを超えるような人はマイナス昇給の対象にもなります。

つまり、若い従業員ばかりの会社では、移行した当初は昇給の抑制効果はほとんどなく、かえっていままでよりも昇給が増えるわけです。長い目でみれば、前記のP社の事例（図表4－17）のように将来の昇給は抑制されるのですが、一時的には基本給の増加ペースが強まります。

このような会社が年功賃金から役割給に移行するには、一時的な人件費の増加傾向に耐えられる企業体力が必要になるわけで、その用意がないと基本給改革は進みません。

反対に、年配者の比率が高い会社では、昇給の抑制・停止やマイナス昇給が続出し、昇給額・率が大きく減るという現象になります。若年層やこれから会社に入ってくる人には、いままでよりも大きな昇給が適用されますが、全体としては減るインパクトの方が強く、長期的にみても昇給額・率はあまり増えません。

このように、会社の人員構成がどうなっているかで、このブロードバンドの役割給に移ったときの効果は大きく異なります。

これは実際に皆さんの会社の基本給分布状況を調べ、適切な賃金表を当てはめて号俸改定を正確にシミュレーションしてみないと分からない部分です。

等級別賃金表を導入する目的は、実力主義により人件費の投資効率を高めること

念のためにお断りしておきますが、役割給のしくみを導入する目的は、目先の賃上げ率を抑制することではありません。これまでの基本給システムにつきまとっていた属人的な年功賃金のしくみを、実際の役割・貢献度に見合うしくみに切り替え、最大の人件費である月例賃金（基本給）の配分構造を改革することが最大の目的です。

年功賃金であれ、職能等級であれ、職務等級であれ、よい人材を獲得するには、実力のある従業員が納得できる基本給を用意することは必須条件です。役割・貢献に基づく基本給システムは、それを一番効率的に実行するためのしくみであり、決して賃上げ率を抑えるためのしくみなどではありません。

実力のある従業員もそうでない従業員も、それぞれが自分の賃金に納得して大事な仕事に打ち込めるような制度環境を整えるには、これまでの基本給の年功賃金システムを廃棄して、組織的な顧客価値の創出に向けた各人の貢献度の評価が基本給の決定にリンクする分かりやすいルールを再構築する必要があります。そうしてこそ、長期的な組織の規律と活力を維持することができるのです。

また、長期的にみた人件費の投資効率（すなわち投入金額に対する従業員の発揮能力＝顧客価値創出の総和）を最大レベルに高めることができるのです。

これまで説明してきたように、その具体的な手法が開発されており、すでに先進的な企業には数多く導入されていることを理解していただきたいと思います。

6 人材マネジメントのループと昇格の判定方法

能力等級と役割等級とでは「昇格」の意味がこんなに違う

役職の昇進や仕事のレベルアップに伴い、役割等級の位置づけを一段階上に格付けることを昇格といいます。昇格すると等級別賃金表の号俸やゾーンも切り替わります。

従来の職能等級（職能資格制度）では、昇格＝職務遂行能力のアップと位置づけ、現行等級の能力要件をクリアしたら昇格させたり（卒業方式）、上の等級に必要な能力要件の有無をチェックして昇格させたり（入学方式）していました。また昇格が賃金のインセンティブになるように、基本給や資格手当で「昇格昇給」を行うのが定石となっていました。

職能等級に特徴的なことは、実際の仕事や役職とは相対的に独立して、能力等級での昇格を優先させる「昇格先行、資格と役職の分離」という原則があることです。

年功・能力で属人的な資格を与え、有資格者の中から役職者を選任したり、昇進できなくても年功的な昇格で救済したりする職能給のしくみは、仕事基準で等級・賃金を決める職務給や、役割・貢献で賃金を決める役割給に比べると、本質的に高コスト構造を抱えています（**図表4－19**）。しかも年功・能力基準なので「降格」という考え方もなく、その人件費コストは退職するまで固定化されます。

役割と貢献度で賃金が決まる役割等級

役割等級では、**昇格＝組織上の役割のレベルアップ**と位置づけています。

いいかえると仕事や役職がすでに一段階レベルアップしたか、これから一段階レベルアップすることを受けて昇格させる「職務先行、等級と役職の一致」を原則とします。

このことは、**組織が必要とするポストの数に基づいて等級格付けの定員管理を行うことにつ**

図表4－19　資格制度による処遇の弊害（O社の事例）

■有資格者から役職者を選任する資格制度のしくみ ➡ 本質的に高コスト構造を抱える
■役職を外れても年功的な資格制度で救済 ➡ 役割と貢献度による処遇には消極的
■年功、能力で属人的な資格を与える制度 ➡ 降格がないため人件費コストが固定化
■役割責任よりも個人の資格（身分）が現場を左右 ➡ マネジメントに支障が出る

O社の資格制度

平均給与	（人）	資格制度	役職制度	（人）
100万円	15	理事	執行役員	5
80万円	15	参与	工場長	10
70万円	20	参事	部長	15
60万円	20	副参事	課長	20
50万円	15	主事	課長補佐	25
40万円	15	副主事	係長	25
計6650万円				（計5800万円）
	資格別人員構成		実際の役職構成比	

ながります。職能等級のように、従業員の処遇のために等級に格付けるという属人的・身分資格的な運用は基本的にないのです。そのかわり、昇格できなくても実力さえあれば上のゾーンまで昇給できるブロードバンドのしくみが用意されています。

昇格しても実力を発揮するかどうかは別問題なので、基本的に昇格昇給は行いません。しかし実力を発揮しさえすれば、上の等級では昇給できる余地が大きく広がります。これは、会社の人件費を役割と貢献度に応じて効果的に配分するためにも重要な考え方です。

役割のレベルアップと適正な人事配置

役割のレベルアップとは、上位等級のライン職制では役職が一段階上に上がる昇進と同義です。例えば主任、店長、ブロック長というようなライン職制のもとで、一段上の職制に昇進することです（**図表2－5**（59ページ）参照）。その場合、職制のポストには定員があるので、ポストが空かない限り、むやみに昇進させることはできません。

また役職への登用・昇進だけでなく、役職の解任・降職と等級の降格も行い、社内で役職の「下克上」が行われるようにして最適な人事配置を維持していきます。

なぜなら、実力のない人材に重要なポストを任せ続けるのは経営的にみて非常にまずいことですし、若手・中堅の登用機会を奪うという別の不経済も発生するからです。

経営者としては、短期的には限られた職制ポストと等級の定員を守りながら、中期的に一定の人件費の枠内でどのように最強の人のフォーメーションを実現し、長期的に将来の人材を育てていくかを考え続けなければなりません。

次に、職制のない一般社員やスタッフ・専門職の場合は、役割のレベルアップとは、より大きな成果や難しい仕事に責任範囲やリーダーシップ（影響力）を広げることです。

ハイレベルの仕事を通じて事業に貢献してもらえるのであれば、組織的に実現する付加価値も増えるはずですから、この場合は定員がありません。何人昇格しても構わないわけです。ただし仕事の質や貢献度が低下したときは降格させます。

昇格・降格に伴う賃金の切り替え

図表４－20　昇格・降格時の基本給の読み替え

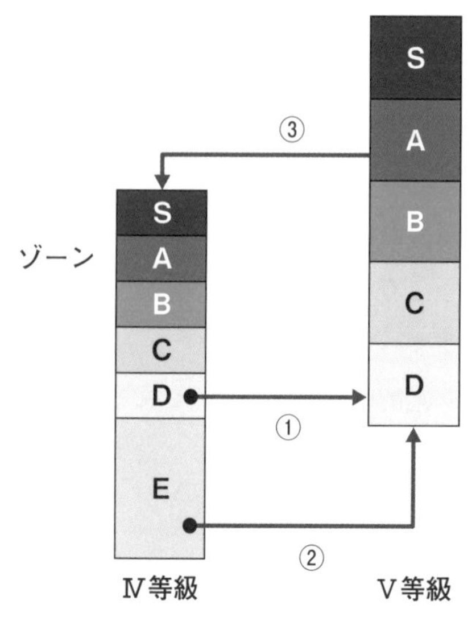

原則は元の賃金で読み替える
① 上位等級の同額または直近上位を適用（降格は同額または直近下位）
賃金表の上限・下限をはみ出す場合は次のように処理する
② 抜擢時は上位等級の１号を適用するよう昇給調整を行う（差額は記録し、降格時に控除するように規定化する）
③ 降格時は下位等級の上限（Ｓゾーンのターゲット）を適用する（マイナス分は調整給として補てんする場合がある）

このように役割等級では、効率的な組織編制と適正人事配置の原則を重視し、実際に「求められる仕事の任務」がより責任の重い、難しいものに変わらない限り、昇格させません。そのかわりブロードバンドの賃金表なので、昇格できなくても実力人材はＡゾーンやＳゾーンまで昇給でき、実質的に上の等級の賃金範囲まで昇給できます。職務給や職能給のように、昇格しないとすぐ賃金が頭打ちになるわけではありません。

本章で用いた等級別賃金表のモデルでは、Ⅰ等級からⅡ等級に昇格したときに限り高卒初任給と大卒初任給の水準格差を補うために8200円の昇格昇給を行います。

それ以外の等級では**図表４－20**の①のように元の基本給の同額または直近上位の号数に読み替えるだけで、昇格昇給は行いません（ただし上位等級の１号に届かない場合には**図表４－20**の②のように昇給調整を行います)。

職能等級では昇格昇給を行うことが当然と考えられていますが、役割等級では、通常、昇格昇給は行いません。昇格した後で実際の貢献度を確認して上位等級として昇格前よりも有利な昇給を適用するという考え方です。

昇格昇給は、確かに昇格時のインセンティブ効果は大きいものの、その分賃金が頭打ちになるのも早いので、後の効果が長続きしません。

また、昇格と同時に昇給させるのは、それだけ昇格の判定がリスキーなものになります。昇格後も能力・意欲を発揮し続ければよいのですが、必ずそうなるという保証はありません。逆に降格したときは賃金をマイナスしなければならず、降格もやりにくくなります。

等級別賃金表には原則として昇格昇給を導入せず、昇格昇給がなくても十分なインセンティブが働くしくみが工夫されています。

昇格の場合のメリット

昇格した場合のメリットは、①号差金額が下の等級よりも大きくなり、②賃金ゾーンが下がるため前よりも大きな昇給が期待できることです。

① 号差金額の設定

Eゾーンを使う中期決済型の賃金表の場合、各等級の号差金額は、下の等級の1.25倍にセットします。これはEゾーンでA＝5号昇給していた人が、昇格して上の等級のB＝4号昇給に変わっても昇給額が下がらないようにするためです（図表4－21)。これで少なくともA級の人材は、昇格して一時的にB評価に下がったり、昇格が遅れたりしてもEゾーンにある間は不利になりません。

いいかえるとA人材は、少なくともEゾーンにいる間は、先に昇格してBをとるか、いまの等級でAをとるかの違いと考えれば、多少昇格が遅れてもそれほど焦る必要がありません。昇

図表4－21 Eゾーンにおける等級別の昇給金額の比較

昇給評語	昇給号数	Ⅰ等級	Ⅱ等級	Ⅲ等級	Ⅳ等級
		1,300円	1,600円	2,000円	2,500円
S	6号	7,800円	9,600円	12,000円	15,000円
A	5号	6,500円	8,000円	10,000円	12,500円
B	4号	5,200円	6,400円	8,000円	10,000円
C	3号	3,900円	4,800円	6,000円	7,500円
D	2号	2,600円	3,200円	4,000円	5,000円

(注) 1. 金額は図表4－3（102ページ）の賃金表による。等級の下は号差金額。
2. 下位等級であっても、評価が高ければ上の等級の標準者（B）と同程度に昇給できる。
3. 上位等級であっても、評価が低いと下の等級の標準者（B）を下回る昇給となる。
4. Ⅰ→Ⅱ等級は若干の昇格昇給を見込んでいる。

給が１号分減速するＤゾーンに達するまでは、昇給額は同じだからです。

ただしこれまで普通のＢ昇給を続けていた人材は、昇格後Ｃ・３号昇給になったりすると昇格前よりも昇給額は減ります。いいかえると、上の役割で力を発揮する見込みのない者を温情で昇格させても、本人のためにはならないのです。むしろ下の等級にとどまるほうが賢明な選択かもしれないのです。

②　ゾーンの適用による昇給抑制の緩和

昇給が減速するＤゾーン以上の賃金になった者については、昇格すると低い賃金ゾーンに移るので、再び昇給する可能性が開けます。

図表４－３（102ページ）の例では、Ⅲ等級47号＝32万400円・ＣゾーンのＯさんが昇格したときは、Ⅳ等級18号＝32万900円・Ｅゾーンの基本給となります。

昇格前はＣゾーンまできていたので、Ｂ評価で２号＝4000円、がんばってＡ評価をとっても３号＝6000円の昇給だったのですが、昇格後のⅣ等級ではＥゾーンになるので、Ｂ評価で４号＝１万円、Ｃ評価でも３号＝7500円の昇給になります。

このように、昇格前に基本給がある程度昇給してゾーンが高くなった人は、それだけ毎年の昇給も少なくなって、賃金の頭打ちが近づくのですが、昇格後はゾーンの規制が一挙に軽くなるので、再び速いスピードで昇給できるようになります。

こういうしくみが従業員に理解されれば、昇格昇給がなくてもまったく差し支えないことがお分かりいただけると思います。

降格の場合もスムーズな運用が可能

逆に降格は、元の賃金の同額または直近下位の号数に読み替えます。下位等級の上限を超える場合には**図表４－20**の③のように減額調整を行いますが、それ以外は降格になっても基本給が大きく下がることがないので、それだけ降格人事がやりやすくなります。これは役職の入れ替えや組織の新陳代謝を図るうえで、重要なポイントです。

ただし降格になると高い賃金ゾーンに移るので昇給が抑制され、その賃金ゾーンに評価が追いつかないときはマイナス昇給の対象となります。

役割等級で最適人事配置と人件費の有効配分を実現

このようにゾーン型の等級別賃金表には、本人の役割と貢献度の評価が基本給に連動する巧妙なしくみがつくり込んであるのです。

役割等級と組み合わせたブロードバンドの賃金表の利点は、昇格にしろ、降格にしろ直ちに賃金が変動せず、等級変更後の実際の貢献度によって基本給が決まっていくしくみなので、従業員のモチベーションを落とすことなく、思い切った抜擢人事や配置転換を発動できるようになることです。

会社の人事を活性化させ、あるべき組織構造に基づく最適人員配置と人件費の有効配分を実現するうえで、このように柔軟性のある賃金システムを導入することがいかに大事かお分かりいただけるでしょう。

人材マネジメントにおける「昇格」の位置づけ

会社の組織は、顧客にどのような価値を提供するかという戦略に基づいて必要な組織の機能と個々人の役割を定義し、そこに貢献できる人材を配置して期待成果を実現するための合目的なフォーメーションを意識的につくっていかねばなりません。

図表４－22は、組織が健全に発展・成長を続けるために必要な人材マネジメントのステップをループ状に描いたものです。

図表４－22　組織が健全に発展・成長するための人材マネジメントのループ

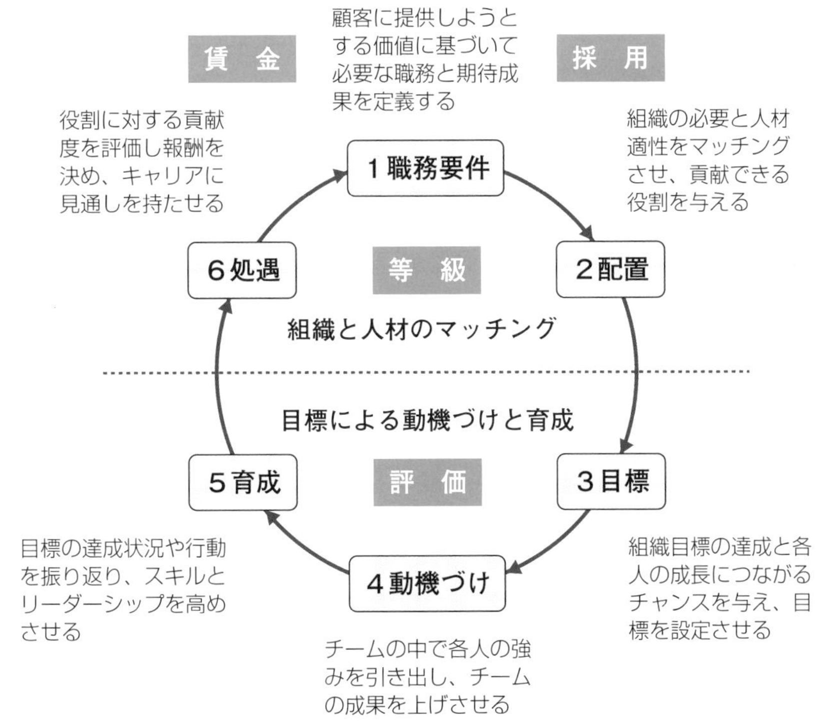

①職務要件 ……顧客に提供しようとする価値に基づいて必要な職務と期待成果を定義する

②配 置 ……組織の必要と人材をマッチングさせ、貢献できる役割を与える

③目 標 ……組織目標の達成と各人の成長につながるチャンスを与え、目標を設定させる

④動機づけ ……チームの中で各人の強みを引き出し、チームの成果を上げさせる

⑤育 成 ……目標の達成状況や行動を振り返り、スキルとリーダーシップを高めさせる

⑥処 遇 ……役割に対する貢献度を評価し報酬を決め、キャリアに見通しを持たせる

昇格は、上のループの①→②→③の部分をつなぐ重要な人事イベントの１つであり、組織と人材のマッチングを図り、実力主義の立場から人材を動機づけるうえでも人事の急所といえる部分です。

中でも管理職や高度専門職、プロジェクトマネジャー、現場リーダーなどの選抜は、経営者が最も注意しなければならない人事の１つです。まわりの従業員は、経営者がどういう人事をするかを常に注視しており、そこから経営者の価値観を読み取ります。どんなに小さな部署でも、責任者の選抜はその部門の業績や職場の志気に大きな影響を及ぼします。

役割等級における昇格の判定基準は、次の３点に要約されます。

役割等級における昇格の判定基準

❶ 組織の必要に基づいて適性を判定して昇格人事が行われること
❷ 担当業務の役割が実際にレベルアップする（した）こと
❸ より大きな役割において活躍・貢献が期待されること

例えば、ある重要なポジションに空席が生じたり、職務に空白が生じたりした場合は、次の何らかの方法で人材を再配置し空白を埋めなければなりません。

（補充） 外部から人を採用する ──▶ 採用選考
（異動） 他部署から人を回す ──▶ 人事選考
（登用） 下位職から人を昇格させる ──▶ 昇格選考
（兼務） 上位職または他の職位者にカバーさせる ──▶ 業務判断

いずれを選択するかは会社の経営判断ですが、いわゆるメンバーシップ型の雇用制度のもと

では具体的な人事の意思決定は会社の人事権の行使による経営の専決事項です。従業員が自分の好き嫌いで選択できる事項ではありません。

このような組織の全体最適を実現する方策の１つとして昇格人事があるわけで、昇格させるかどうかは組織の必要に基づいて経営判断しなければなりません。

くりかえしますが、年功や能力のある従業員を資格・肩書や給料で「処遇」したり「救済」したりするために昇格させるのではないのです。従業員の処遇は、図表４－22の⑥のように、会社・上司の期待役割に対する実際の貢献や成長があったかどうかを評価して事後的に決めるのです。

人材適性評価のアセスメント手法

すでに上位等級の仕事についている場合はともかくとして、新たに人材を登用しようという場合は、個別の職務内容の把握と人材の適性を評価することが必須となります。

人材適性の評価は、これから説明する手順で過去・現在・未来の３つの実力を評価・予測（アセスメント）しながら判定するのが正解です。

①　過去の実力＝昇格基準線をクリアしたかどうか

等級別賃金表には、等級ごとに上位等級の１号に相当する昇格基準号数（昇格基準線）がセットされています。上位等級に昇格するには、各人がこの昇格基準線をクリアする必要があります（ただし届いたら自動昇格という意味ではありません）。

これまで説明してきた賃金表では右のような位置になります。

▶等級別昇格基準号数の位置
（図表４－３（102ページ））

等級	号数	年齢
Ⅰ等級	15号	（21歳）～
Ⅱ等級	21号	（25歳）～
Ⅲ等級	26号	（30歳）～
Ⅳ等級	26号	（35歳）～
Ⅴ等級	17号	（40歳）～

昇格基準号数を超えていれば、上位等級の１号以上の号数に賃金を読み替えることができ、昇格させるときに特別昇給を行う必要がありません。

オールＡで昇給できるモデル人材は上の（　　）内の基準年齢で昇格基準線に到達できますが、評価が悪いと、それだけ昇格基準線への到達は遅くなり、続けてＣやＤをとるようでは何年たっても基準線に届くことができません。

この段階で、まず過去の実績によって昇格のふるいがかけられるのです。

ただし必要ならば、原則を崩して、昇格基準線に届いていない人材を思い切って特別昇給させ、上位等級に抜擢することも可能です。特に成長途上の組織の場合、昇格基準線に届くのを待っていては管理職に登用できないケースが少なくありません。この場合は、特別昇給というコストを払ってでも人材の登用を優先させるという判断になります。

② 現在の実力＝貢献度は満足できるものかどうか

昇格基準線は一定の評価を積めばクリアできますが、「以前は活躍していたのに、最近はパッとしない」という人もいます。そこで次のような直近１～２年の評価経歴（号俸改定時の評価）の基準を設け、現在の実力をみて昇格候補者を絞り込みます。

▶昇格に必要な評価経歴の基準（例）

					（必要条件）
Ⅰ	一般職	→	Ⅱ	担当職	Ｂ以上
Ⅱ	担当職	→	Ⅲ	指導職	ＢＡ以上
Ⅲ	指導職	→	Ⅳ	業務推進職	ＢＡ以上
Ⅳ	業務推進職	→	Ⅴ	業務管理職	ＡＡ以上
Ⅴ	業務管理職	→	Ⅵ	経営管理職	ＡＡ以上

ちなみに「ＢＡ以上」は、直近でＡ以上、その前年の評価がＢ以上という意味です。一度でもＣ評価をとるとアウトです。「ＡＡ以上」は２年連続Ａ以上です。

前に触れた相対評価の場合は、「２年連続Ａ以上」とは、その等級の中で相対的に上位25％程度（つまり４人に１人）の成績を２年間続けてきた人、という意味になります。

もちろんこの場合も、ほかに適材がいなければ上の基準をクリアしていなくても昇格させる場合があります。

③ 未来の実力＝上位等級のハイレベルの任務に耐え得る人材かどうか

上記の①②で過去・現在の実力を評価し昇格候補者をリストアップしたら、本当にその役割で実力を発揮できる人材かどうか、適性の見極めを行って最終的に昇格を判定します。

例えば、営業所長に任命するかどうかを含めて昇格を決める場合は、営業所長として本当に貢献できる人材かどうかという適性を事前評価（アセスメント）しなければなりません。これだけは一種の投資判断なので、過去・現在の実績評価からは分かりません。

「これまで営業のリーダーとしてがんばってくれた。その努力に報いるため、何とか営業所長にしてやりたい」というような考え方では、せっかくの昇格人事が失敗するかもしれません。なぜなら、営業部員（Ⅲ等級）として活躍してきた人材が営業所長（Ⅳ等級）になっても同じように活躍できるとは限らないからです。

営業部員の場合は、何といっても自分自身の成果に対するこだわりや着実な営業プロセスの実行、個々の顧客との信頼関係を築くことが求められます。このような人材であれば、営業パーソンとして高い業績を発揮できるでしょう。

しかし営業所長ともなると、顧客や市場に対する深い洞察に基づいて戦略を組み立て、部下を巻き込み、その能力・意欲を引き出すリーダーシップ（影響力）や、組織の状況をつかみ物事の優先順位を判断・決定するマネジメントのスキルが必要になってきます。このような営業所長の役割に向かない人材は、営業パーソンとしては優秀であっても、あえて昇格させない場合もあり得るわけです。むしろ、営業部員のエースではなく、二番手、三番手の従業員の中にこそ、営業所長にふさわしい人材が隠れているかもしれません。

同じように、小規模営業所の所長（Ⅳ等級）としては人望もあり高く評価できた人材であっても、複数営業所を統括する支店長（Ⅴ等級）に登用できる人材とは限りません。

人材の登用はそれだけ難しいのですが、方法がまったくないわけではありません。**昇格させると成果責任がどのように変わるのか、どんな知識・スキルやリーダーシップが必要になるのかを予測して選考基準をつくり、これを評価尺度に適性の有無をアセスメント（事前評価）するのがポイントです。**

ここでは、各種サービス機関が提供している360度評価や、ジョブ・フィットとかミッション・アプローチ等の人材アセスメントの判定資料が参考になります。具体的な情報収集・分析を行ったうえで、社長や上位管理職、人事担当者の目利き・人物評価で判定します。

7 年齢別昇給カーブを展開した「標準昇給図表」

昇給の標準モデルで中長期的な見通しを立てる

等級別賃金表を導入して号俸改定や昇格の基準を確立すると、上半期・下半期の成績評価がどのように翌年の昇給に連動するのか、どういう場合に昇格するのかが明確になり、経営者・従業員とも職務への配置と評価、賃金の連動が大変分かりやすくなります。

これから説明する「標準昇給図表」というグラフを使うと、従業員どうしの賃金バランスが視覚化でき、毎年の昇給だけでなく、5年後、10年後、さらに定年まで、昇格も含めてどのように基本給が増えていくのかも明示できるようになります。

① Ⅰ等級の「標準昇給図表」の例

図表4－23の上グラフは高卒の初任給（Ⅰ等級1号）を起点とする「標準昇給図表」SABCDの号俸グラフです。**第3章**の簡易版・ゾーン型範囲給では金額のモデル昇給グラフ（**図表3－6②（79ページ）**）を紹介しましたが、ここでは縦軸を金額にせず号数にし

図表4－23　標準昇給図表Ⅰ・Ⅱ等級と実在者プロット例

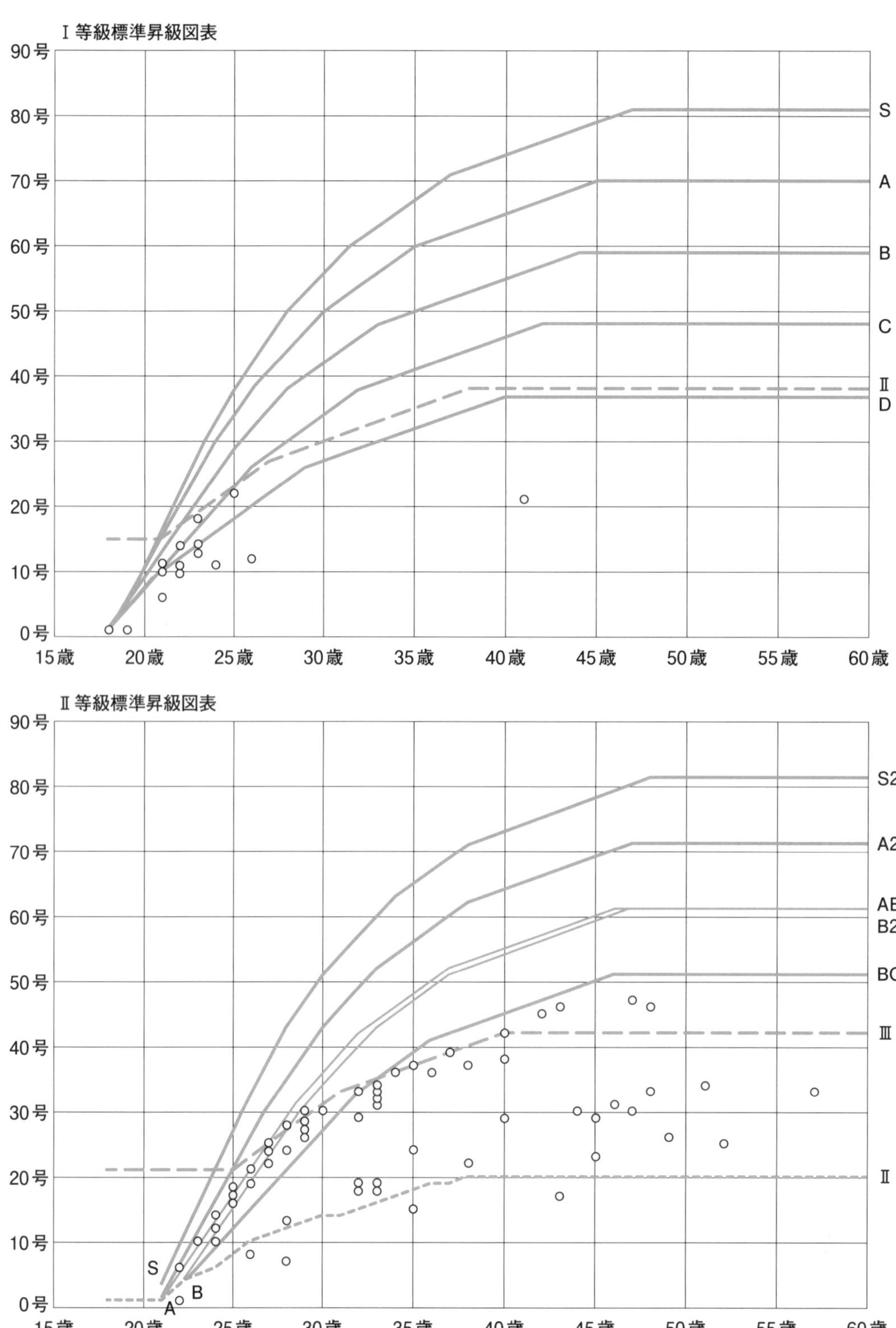

てあります。実在者のプロットは、前出のP社のI等級の従業員です。

号数にしたのは、ベース改定の都度グラフをつくり替えなくてすむからで、必要なら号数のわきに毎年の基本給額を書き込んでもOKです。

標準昇給図表を使うと、いまの位置から普通のB昇給を続けたら、あるいはがんばってA昇給を続けたら、何年後に何号まで昇給するか、あるいは何等級まで昇格できる可能性があるか、その時の基本給はいくらになるか等を容易に知ることができます。

このグラフは高卒からスタートしていますが、同じように短大卒20歳、大卒22歳など、任意にどの位置からでも標準昇給図表を描くことができます。

標準昇給図表には、各等級とも前に触れた**「昇格基準線」**と呼ばれる破線が引いてあります。昇格基準線は、上の等級に昇格するのに必要な「賃金の高さ」を号数で表示したもので、昇格するには、（特別に抜擢する場合は別として）各人の賃金がこの基準線に届くことが必要条件になります。この号数でオールAの昇給線（A、A2、A3……）にぶつかったら、後はD昇給線に平行になるように昇格基準線を屈折させています。

これは、年功だけでは昇格基準線に近づけないように最低保障のD昇給分をキャンセルし、B・C昇給の昇格を厳しくする効果があります。

具体的には、高卒入社のS昇給とA昇給は3年後・21歳で昇格基準線に届きますが、B昇給は4年後・22歳、C昇給は7年後・25歳にならないと昇格基準線をクリアできません。

D昇給になると、「平行線は永久に交わらない」ので、D昇給を続ける限り昇格基準線を超すことはできず、昇格できないわけです。

② Ⅱ等級の標準昇給図表の例

Ⅱ等級の標準昇給図表は、I等級のグラフで昇格基準線に届いたら直ちに昇格したと仮定して、Ⅱ等級の起点を作ります（ただし、実際はこのような自動昇格は行いません）。

昇格したときの基本給の切り替えは、すでに述べたように元の基本給を上の等級の同額または直近上位の号数に読み替えるだけですから、この高卒の場合、昇格時の年齢と号数は右のようになります。

A	21歳・I-15号	→	Ⅱ-1号
B	22歳・I-17号	→	Ⅱ-3号
C	25歳・I-23号	→	Ⅱ-8号

（注）読み替えは図表4－3（102ページ）による。

同年同期で入社しても、毎年の評価が違うと基準線に届く年齢には差が出ます。基準線に届くだけでは直ちに昇格させませんから、実際の昇格年齢はもっと差が開くでしょう。

Ⅱ等級のグラフは、この位置に「A」「B」「C」の起点をセットし、そこからまたいろいろなモデル昇給グラフを引きます（**図表4－23の下グラフ**）。例えば、I等級Aが再びオールAで昇給する線が「A2」、I等級Bがまたオール Bで昇給する線が「B2」、I等級ではオールAだったのがⅡ等級になったらオールBで昇給する線は「AB」と書きます。

このようにして次々とⅠ等級からⅥ等級まで、代表的なモデル昇給グラフを描いて等級別の標準昇給図表を作ります。本書では高卒のグラフで説明しましたが、短大卒や大卒の場合も基本的に同じような標準昇給図表になります。

標準昇給図表は、昇格候補者の判定（昇格基準線を越えたかどうか）に使われるだけでなく、従業員の賃金バランスをチェックしたり、中途採用者の初任給（後述）を決めたりするときにも活用します。使い慣れると大変便利なツールですから、等級別賃金表を導入したら、従業員の賃金を毎年プロットして、実務に役立ててください。

ゾーン型の賃金表を使うと、このような緻密な賃金管理も可能になるのです。

基本給の標準的なモデル昇給グラフはこうなる

図表４－24はこれまで説明してきた「等級別賃金表」を用いて代表的なモデル昇給グラフ（基本給）を等級別に作成したものです。実在者のプロットはＰ社（251人）です。これでゾーン型等級別賃金表を使った役割給の全体像を把握できると思います。

グラフの左側にあるⅠ～Ⅵの目盛が各等級のバンドです。SABCDEは、各ゾーンの上限＝ターゲット金額を表しています（**図表４－３**（**102ページ**）参照）。実在者の分布状況は、**図表４－16**（**133ページ**）の2021年度（号俸改定前）の人数と対応していますので、比較してみてください。

右側には、横軸に年齢をとり、各等級のターゲット金額に向かって基本給が増えていくモデル昇給グラフを描いてあります。

一番上にA6というグレーの線がありますが、これが**図表４－７**（**112ページ**）で説明したⅠ等級からⅥ等級までオールＡで昇給し最短で昇格する「Ａ能力モデル」のカーブです。Ａ能力モデルの昇格基準年齢ごとに各等級の１号の金額をつなぐように線が描かれており、最後にⅥ等級のＡのターゲットに届いたら頭打ちになっていることを確認してください。

その下のA5Bという線は、Ⅰ～Ⅴ等級までオールＡ、Ⅵ等級ではオールＢで昇給したカーブです。Ⅵ等級のＢのターゲット金額に届いたら頭打ちになっています。

以下、A5、A4BがⅤ等級の線、A4、A3BがⅣ等級、A3、A2BがⅢ等級、A2、ABがⅡ等級、一番下のABCDがⅠ等級の線です。

それぞれ、対応する等級のＡのターゲット金額、Ｂのターゲット金額等に届いたら頭打ちになることが分かります。

これらのカーブを横に割り込んでいる破線がありますが、これが各等級の**昇格基準線**です。Ⅱ等級以外は、各等級のバンドの下限に対応していることが分かります。

Ⅱ等級のバンドの下限は、Ⅰ等級の昇格基準線の金額に昇格昇給額8200円をプラスした位置

図表４－24　ゾーン型賃金表に基づく基本給のバンドとモデル昇給グラフ（P社）

（図表４－３（102ページ）の賃金表に対応）

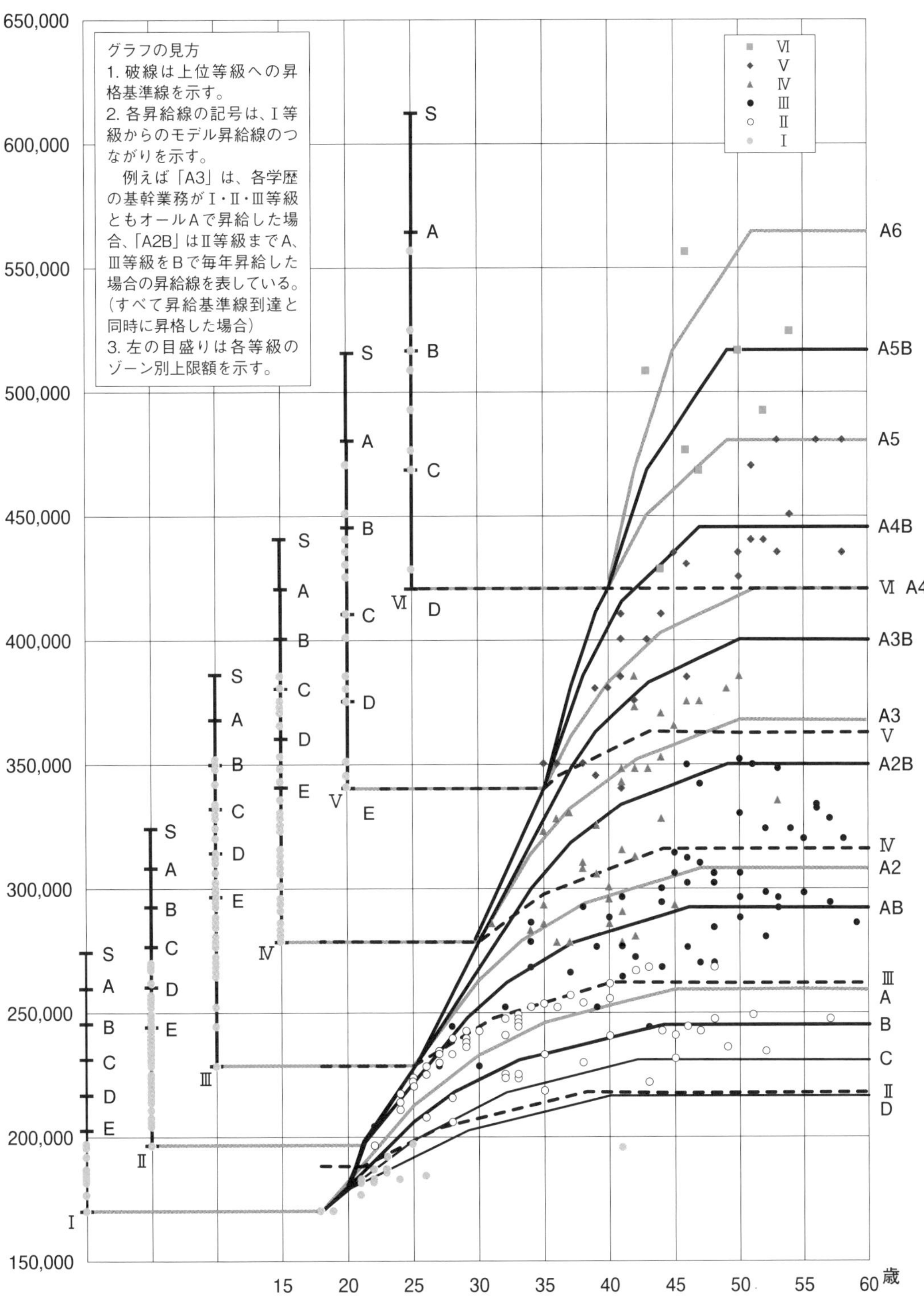

になります。

8 中途採用初任給の実務

中途採用初任給を決定する際の問題点

新卒の初任給については、本章の4で説明したとおりですが、ここでは中途採用者の初任給の決め方を解説します。

昔の人材募集広告にはよく「給与　社内規定により優遇」などと書いてありましたが、最近このような表記はあまり見かけません。むしろ「基本給○円以上、別途時間外手当支給」「年収○円以上」といった具体的な表記が多くなっています。

理由はいくつか考えられます。

- 仕事や実力本位で賃金を決める会社が多くなり、年齢基準の「社内規定」が少なくなってきた
- 会社が人を選ぶのではなく、人が会社を選ぶ時代になってきたため、金額条件を積極的にアピールしないと採用できなくなってきた。
- 「社内規定」を打ち出すと一方的に決められる感じがして応募する側の印象がよくない

いうまでもなく、中途採用者の初任給は、人材の需給関係によって大きく左右され、会社の都合だけでは決まりません。会社が欲しいと思う人材は、きっとほかの会社も声をかけていますから、明確な待遇条件を打ち出せなければ、他社にとられてしまいます。

応募者に「いくら出していただけますか？」と面接で質問されて、口をもごもごさせているようでは失格です。

そうはいっても、その場の成り行きや勢いで個別に初任給を決めていては、社内の賃金バランスが崩れ、後々トラブルの原因にもなりかねません。会社としては、やはり何らかの基準を持っておき、そのうえで個別に調整できるようにすべきでしょう。

役割等級に基づいて「等級別賃金表」を導入すると、中途採用者の初任給についても合理的な決定基準を確立することができます。

中途採用者の初任給決定の手順

中途採用者の初任給は次の手順で決定します。

(1) まず、本人のキャリアや他の従業員とのバランスも考慮しながら、担当してもらう仕事の内容を決め、その期待役割に基づいて等級を決定します。

(2) 次に入社後、その等級の従業員と比較してどの程度の貢献が期待できるかをABCの3段階で評価します。

◆中途採用者の実力期待度のABC評価

A評価……その等級でほぼ間違いなくA以上（SまたはA）の評価が見込める優秀な人材をスカウトする場合に適用する。さらに高い「S」評価もあるが、よほど特異なハイキャリア人材でない限り用いることはない。

B評価……その等級で普通のB評価程度の人材を採用する場合に適用する。

C評価……その等級では十分な貢献が期待できないという評価。一般にその等級では採用しないが、やむを得ず要員として必要な場合や、その人脈や経験が欲しい場合などに適用する。D評価は採用不可。

具体的には、書類選考により過去の職務経歴を調べ、面接で実際の業績や新しい仕事に対するスキルや意欲を詳しく聞き取ります。専門機関の能力適性検査を受けさせ、最後に複数面接を行って評価を総合判定します。いきなり社長1人で会ったりしないで、採用する部門の責任者、専門分野の担当者、人事担当者が複数で面接するようにしてください。面接後、各人が意見交換して社長が総合判定します。

(3) 採用初任給の号数を決定します。前出の「標準昇給図表」を活用して本人の経験年数と社内のバランスを考慮し、最適な号数を把握し「基本給」を決定します。

これに管理職手当や家族手当など諸手当をプラスして採用初任給が決まります。

なお、様子をみるために低めの初任給で採用した場合は、翌年以降、評価に応じて昇給時のプラス調整を行います（130ページ参照）。

(4) 年間賞与や時間外手当を含めた見込年収を出して、前職年収や希望年収と比較します。前職年収は、できるだけ給与明細や源泉徴収票などをもらって本人の説明をよく確かめます。

(5) 見込年収が本人の希望より低くなる場合は、何か対策を考えねばなりません。

会社の昇給や賞与のしくみを説明して「入社後のあなたの実力次第です」と納得させるのも1つの方法ですが、それでは採用に不安がある場合は、採用調整給をプラスしたり、思い切って支度金や賞与を上乗せすることも考えてみます。

一般に、最初の年の賞与は減額して支給することが多いと思いますので、初年度だけ年俸を約束したり、賞与や支度金で年収調整を行うのは多少やむを得ない面があります。

いずれにしろ、普通の中途採用は無理なく行える賃金表にしておくことが大事です。

ある重要なポストの「課長」を採用しようと思います。当社の場合、課長はⅤ等級ですが、初めからⅤ等級とするのには抵抗があるのですが。

管理職のように重要な仕事で、実際に仕事をさせてみないと確信が持てない場合は、本人と合意のうえ、試験的に「課長心得」としてⅣ等級でチャレンジ採用する方法があります。実際には課長（Ⅴ等級）の仕事をさせ、Ⅴ等級での評価に１段階プラスします。Ⅴ等級でＢ評価の場合はⅣ等級のＡ評価、Ａ評価の場合はⅣ等級のＳ評価として賞与を支給し、Ｂ評価以上であれば１年以内に正規の課長（Ⅴ等級）に昇格させます。逆にＣ評価以下の場合は、そのポストに不適格な可能性がありますから、本人と話し合って職務内容を再定義するようにします。

支度金を出す場合は、どのように考えればよいでしょうか？

中途採用の支度金を考える際は、前職と当社との賞与の支給関係を把握して、空白期間を埋めていくことが基本です。

（ア）例えば、前職で夏季賞与を受け取ってからこの夏に入社したとすると、年末賞与は支給対象期間が6カ月未満になるため、金額が少なくなります。その減る分を会社で補填します。

（イ）もし前職で夏季賞与を受け取らずに入社する場合は、夏季賞与分を補填する必要も生じます。

一般的には（ア）のケースになると思いますが、（イ）の場合はかなり金額も大きくなるので、できれば夏季賞与をもらってから来てもらうほうがよいわけです。

いずれにしても、時間外手当を含めた毎月の賃金や賞与の事実関係を整理して、どれくらい補填すればよいかを検討してください。そのうえで、こういう理由でこれだけ支度金を出しますと説明すれば、ぐっと好感度が増します。

会社で設定した初任給が本人希望額・実績額に満たない場合

ところで、会社で設定した初任給が本人の希望額や前職の金額に届かないときはどうすればよいのでしょう。いろいろな方法がありますが、ここでは次の４通りを紹介しましょう。

方法１ ▶ 本人に賃金表を見せて、基本給のしくみとターゲット金額を説明します

「現状ではこの基本給になりますが、もしあなたがA評価を続ければ○号＝○円まで昇給できます。もしB評価なら○号＝○円までです。あなたの実力次第で増やせると思いますので、がんばってください。」

このとき、中途採用者のハンディは一切ないこと、実力次第で基本給が決まることを強調することがポイントです。前の会社で不透明な賃金体系に不満を覚えていた人とか、一律年功的な定期昇給に飽き足りない思いをしてきた人は、案外これで納得してくれるかもしれません。

方法２ ▶ 上記に加え、非管理職の場合は例えば30時間の固定時間外手当を支給します

例えば基本給が30万円で１カ月の所定労働時間が160時間の会社の場合、率にして30時間×125％÷160時間≒23.4％、金額にして約７万円の固定時間外手当になります。月額合計で約37万円、年収にして37万×12カ月＝444万円を提示できます。通常の賞与を約４カ月分支給する会社の場合、30万円×４カ月＝120万円をプラスして、564万円という年収になります。なお30時間分の固定時間外手当とは、30時間分までは労働時間にかかわりなく30時間分の時間外手当を保証し、実際の時間外勤務が30時間を超えたときには超過分を別途支給するという方法になります（212ページ参照）。

方法３ ▶ 通常の賞与とは別に、例えばA評価を前提に夏冬各１カ月分の賞与加算を行います

例えば**方法２**に賞与加算２カ月分60万円をプラスすると、564万円＋60万円＝624万円という年収が提示できます。ただしこの賞与加算は、B評価の場合は半額に、C評価の場合はゼロというように決めておきます。なお、賞与加算は終身つけるのではなく、面倒ですが昇給に合わせて少しずつ減らしていく必要があります。

方法４ ▶ Aゾーン（場合によってはSゾーン）を上限に、あえて高い金額を提示します

この場合はAゾーンの上限まで、例えばⅡ等級の場合は30万8400円、Ⅲ等級の場合は36万8400円、Ⅳ等級の場合は42万900円という基本給を提示できます。さらに**方法２**や**３**を組み合わせると、かなり大きな金額になりますね。

実際に提示するときは、次のように説明するとよいでしょう。「あなたにはぜひ入社してもらいたいと考えて、○等級のAゾーンの上限額○号、○円という基本給を提示します。このAゾーンの金額は、○等級の役割の中で上位25％に入るA評価以上の貢献をしてもらうことを期待して決断しました。万一あなたの成績がB以下になったときは、翌年の号俸改定でマイナス昇給となりますので、そのことも考えに入れておいてください。」

問題は、こういう説明を相手はどう受け止めるかですね。

「ずいぶん思い切ったことをいう会社だな。社長はそれほど私のことを気にいってくれたのか。自分ならA評価をとれる自信はある。よし、この会社でやってみるか。」

腕に覚えのある人なら、意気に感じて入社してくれるかもしれませんね。こういう気概のある人材には、ぜひ来てもらいたいものです。

「まてよ。これが出せるぎりぎりということは、後はあまり昇給しないってこと？　A以上でないとマイナスになるというのも嫌だな。やめとくか。」

ただし、こういう安定志向の人には断られても構いません。せっかく高待遇で採用しても、大した働きが期待できない可能性が大ですから。

なお、**方法２～４**のような特別条件で採用したときは、社内の他の人材にもその理由を説明し、必要であれば特別昇給や賞与調整などのケアを講じます。基本的には、「同じ評価であれば、多少時間がかかってもいずれは同じ待遇になる」ことを説明し、実際にそのように賃金制度を運用することが肝要でしょう。

第5章 ランク型賃金表を使った役割給の決め方

1 ランク型賃金表による役割給の導入方法

すべての等級をカバーする1本の「通し賃金表」

前章では、号俸制の賃金表を使って役割等級に基づく役割給を導入する「ゾーン型等級別賃金表」の手法を紹介してきました。

当社では、これまで数百社のクライアントにこの賃金表をお世話してきましたが、実際に運用していく中で、やや使いにくい面が浮上してきました。詳しくは後述しますが、各等級の賃金の上限・下限が明確に区切られていて実際の適用が制限されることや、昇格・降格の都度賃金の等級・号俸の読み替えが必要なこと、パートタイム労働者や契約社員、高年齢者の継続雇用などの多様な働き方に対応する賃金を決める場合、それぞれにしくみの異なる賃金表が必要になることなどがネックになっていました。

本章では、これらの問題点を抜本的に改良した「ランク型賃金表」という、当社が新たに開発したシンプルな手法を紹介します。

これは、すべての等級をカバーする１本の「通し賃金表」を用意し、役割等級ごとに対応するランクを使い分け、全社員の基本給を号俸のみで運用していくというものです。

これを用いると、正社員はもちろん、パートタイム社員や契約社員、継続雇用者、執行役員・取締役クラスまで、多様な雇用形態の賃金報酬を１本の賃金表でカバーするフレキシブルな制度設計が可能になります。

多様な雇用形態を一本の役割等級に統合する

役割等級のつくり方はこれまでに紹介してきた通りですが、ランク型賃金表を活用すると、役割給をベースに多様な雇用形態をシンプルに統合する待遇制度を構築する道が開けます。

図表５－１は、従業員全体の役割等級を７階層に分け、図の左のような対応関係の下に、パートタイム労働者はP1～P3の３区分、契約社員はK1～K3の３区分、正社員はⅠ等級～Ⅵ等級の６区分、再雇用社員（嘱託）はS1～S4までの４区分とした例です。

この例では、パートタイム社員のP2と契約社員のK1、正社員のⅠ等級、再雇用社員のS1は、雇用形態の違いはあっても、役割が同格の従業員として位置づけています。

ちなみに、**図表５－１の下表**は、パートタイム社員、契約社員、正社員、再雇用社員にそれぞれどのような就労条件を適用するかをモデル例として示したものです。

図表5－1　多様な雇用形態を統合した役割等級説明書（例）

等級					役割責任（代表職位）	雇用区分			
パート社員	契約社員	正社員	再雇用社員	階層		パート社員	契約社員	正社員	再雇用社員（正社員から）
		Ⅵ		管理階層	**部門経営管理職（部長）** ○会社の基幹事業・中枢機能の責任者として経営首脳の意思決定を補佐する。 ○全体最適の視点から担当部門の経営方針・事業計画を立案し、効率的な実行体制を整備して中長期的な業績と成長性を確保する。				
		Ⅴ		管理階層	**業務管理職（課長）** ○担当業務の責任者として上司を補佐しながら、新たな顧客価値を創造するために最適な組織目標を設定・実行する。 ○関係各署とも連携しながら、対話とチーム学習を通して組織的な対応力を高める。 ○仕事を組織化し、部下・チームに最適な役割・目標を与えて動機づけながら、必要な制度環境を整備して期間業績を確保する。				
		Ⅳ	S4	推進・指導階層	**業務推進職（係長・店長・職長）／技術指導職（専門エキスパート）** ○上司を補佐しながら、自己および課・チームの仕事の任務・目標を設定する。 ○同僚や後輩と問題意識を共有し、業績達成に向かって動機づけながら計画的に成果を実現する。 ○課レベルで扱う専門ノウハウに関する開発や意思決定を統括し、専門的側面から上司を補佐するとともに、広範な技術指導を行う。 ○新しい技術やノウハウを確立し、組織の能力・技術水準を高めていく。				
	K3	Ⅲ	S3	推進・指導階層	**実務指導職／熟練職（主任）** ○複数の定常的な業務を含む計画的・応用的な業務を担当する。 ○幅広い裁量や創意工夫、企画提案により、顧客の期待に応え、業績に貢献する独自の成果を実現する。 ○所属部門の任務を明確に理解し、上司をサポートしながら効果的な目標を設定し、同僚や後輩に対し自ら模範となって実行を指導する。 ○主体的に新しい技術やノウハウ、他部署との連携を試みながら自分や組織の能力水準を高めていく。			正社員	再雇用社員（正社員から）
P3	K2	Ⅱ	S2	実務階層	**担当職（担当）** ○応用動作を伴う比較的定常的な業務を担当する。 ○自分の担当範囲に責任を持ち、さまざまな応用動作を用いて自分の判断で主体的に処理しながら、顧客や組織の期待に応える成果を出す。 ○自分の専門領域については新しい技術やノウハウにチャレンジしながら、後輩を指導・育成する。 ○直接担当する業務以外でも積極的に改善策を提案し、他のメンバーと協力して所属部署の生産性の向上に積極的に貢献する。 ○組織の基本的なルールを理解し、仕事の目的に照らして自分で判断すべきことと上司や先輩に判断を仰ぐべきことを使い分ける。		契約社員		
P2	K1	Ⅰ	S1	実務階層	**一般職（一般）** ○比較的短い期間で習得できる定型業務を担当する。 ○業務マニュアルや経験者の指示・指導に従い、仲間と協力して与えられた任務を忠実に実行し、スピーディに正しい成果を出す。 ○顧客の要望や職場の問題点を正確に上司に報告し、判断を仰ぎながら、作業能率と品質の向上、顧客の信頼、円滑な人間関係を保つ。	パート社員			
P1				実務階層	**補助職（アシスタント）** ○短期間で習得できる反復的な定型業務を担当する。 ○監督者や所定の手順に従って正確に作業を行い、目的とする品質を確実に実現する。 ○作業中の不具合や顧客のクレーム、気づきを速やかに上司に報告して判断を仰ぎ、作業品質や円滑な人間関係を保つ。				

就労条件（例）	パート社員	契約社員	正社員	再雇用社員
雇用期間の定め　※契約社員とパート社員は５年経過で無期雇用に転換	有期	有期	無期	有期
勤務時間（フルタイム＝○、パートタイム＝×）	×	○	○	○
転居を伴う転勤の有無	×	×	○	×
職務の変更・配置異動の有無	×	×	○	×
職種の変更の有無	×	×	○	×

この例では、正社員は無期雇用のフルタイム勤務で、転勤や職務配置の異動、職種の変更があるのに対して、パートタイム社員は原則パートタイム勤務で、転勤や職務配置の異動、職種の変更はないことを示します。契約社員と再雇用社員はフルタイム勤務ですが、転勤や職務配置の異動、職種の変更はありません（いずれもモデル例であり、実際は会社ごとに違うつくり方ができます）。

範囲給によるランク型賃金表の設定

次に、等級ごとに従業員の基本給を決めるための「ランク型賃金表」を設定します。**図表５－２**は、**図表５－１**の役割等級に対応する賃金表のモデル例です。

２列にまたがっていますが、１号～136号まで、全体が１本につながった長い賃金表です。では、基本的なしくみを説明しましょう。

① **この通し賃金表１本で、「○号＝基本給○円」という段階号俸を使って基本給をダイレクトに決定します。**このほかに「職能給」や「年齢給」などを使わないことは、前出の「ゾーン型賃金表」と同じです。

この基本給のほかに、一般従業員には時間外手当、管理職には管理職手当を支給し、全員に通勤手当を支給します。また、必要に応じて家族手当や別居手当などの諸手当も支給します（**第６章**参照）。

この賃金表は、**第４章**の「ゾーン型賃金表」と同じく、**図表４－10**（**122ページ**）で紹介した2020年度の厚生労働省「賃金構造基本統計調査」（10人以上企業）の役職別集計に基づく「非役職者」「係長級」「課長級」「部長級」の世間相場にほぼフィットするように設計しました。

学卒初任給は、高卒は９号17万円、高専・短大卒は19号19万2200円、大学卒は27号21万800円、大学院修士課程修了は37号23万5600円で基本給を設定し、それぞれ青字で示しました。

> 補足 **ランクに対応する号俸の決定**
> この例では１ランクにつき８号ずつ号俸を設定していますが、１ランクを何号ずつ区切るかは任意です。号差金額を小さくして区切る号俸数を増やせば、それだけ昇給に年数がかかる長期決済型の賃金表になります。逆に号差金額を大きくして区切る号俸数を減らせば、大きく昇給して短期間に上限に届く早い賃金表になります。

② **賃金表を８号ずつ17のランクに分け、「ランク号差」を用いた段階号俸表を設定します。**例えば１ランクは15万4000円に2000円ずつ、２ランクは17万円に2200円ずつ……17ランクは57万円に5100円ずつというように、ランクごとに等差の号差金額（金額の刻み）を積み上げています。

なお、ランク上限の「～Ｔ」という記号は、各ランクのトップ金額であることを表します。ちな

図表5－2　ランク型賃金表（モデル例）

号俸	ランク	金額	ランク号差	Ⅰ	Ⅱ	Ⅲ	Ⅳ
1	1	154,000	2,000				
2	1	156,000					
3	1	158,000					
4	1	160,000					
5	1	162,000					
6	1	164,000					
7	1	166,000					
8	1T	168,000					
9	2	170,000	2,200				
10	2	172,200					
11	2	174,400					
12	2	176,600					
13	2	178,800					
14	2	181,000					
15	2	183,200					
16	2T	185,400		Ⅰ			
17	3	187,600	2,300	D			
18	3	189,900		D			
19	3	192,200		D			
20	3	194,500		D			
21	3	196,800		D			
22	3	199,100		D			
23	3	201,400		D			
24	3T	203,700		D			
25	4	206,000	2,400	C			
26	4	208,400		C			
27	4	210,800		C			
28	4	213,200		C			
29	4	215,600		C			
30	4	218,000		C			
31	4	220,400		C			
32	4T	222,800		C	Ⅱ		
33	5	225,200	2,600	B	D		
34	5	227,800		B	D		
35	5	230,400		B	D		
36	5	233,000		B	D		
37	5	235,600		B	D		
38	5	238,200		B	D		
39	5	240,800		B	D		
40	5T	243,400		B	D		
41	6	246,000	2,700	A	C		
42	6	248,700		A	C		
43	6	251,400		A	C		
44	6	254,100		A	C		
45	6	256,800		A	C		
46	6	259,500		A	C		
47	6	262,200		A	C		
48	6T	264,900		A	C	Ⅲ	
49	7	267,600	2,900	S	B	D	
50	7	270,500		S	B	D	
51	7	273,400		S	B	D	
52	7	276,300		S	B	D	
53	7	279,200		S	B	D	
54	7	282,100		S	B	D	
55	7	285,000		S	B	D	
56	7T	287,900		S	B	D	
57	8	290,800	3,100		A	C	
58	8	293,900			A	C	
59	8	297,000			A	C	
60	8	300,100			A	C	
61	8	303,200			A	C	
62	8	306,300			A	C	
63	8	309,400			A	C	
64	8T	312,500			A	C	Ⅳ
65	9	315,600	3,200		S	B	D
66	9	318,800			S	B	D
67	9	322,000			S	B	D
68	9	325,200			S	B	D
69	9	328,400			S	B	D
70	9	331,600			S	B	D
71	9	334,800			S	B	D
72	9T	338,000			S	B	D

（右上に続く）

号俸	ランク	金額	ランク号差	Ⅲ	Ⅳ	Ⅴ	Ⅵ
73	10	341,200	3,400	A	C		
74	10	344,600		A	C		
75	10	348,000		A	C		
76	10	351,400		A	C		
77	10	354,800		A	C		
78	10	358,200		A	C		
79	10	361,600		A	C		
80	10T	365,000		A	C	Ⅴ	
81	11	368,400	3,600	S	B	D	
82	11	372,000		S	B	D	
83	11	375,600		S	B	D	
84	11	379,200		S	B	D	
85	11	382,800		S	B	D	
86	11	386,400		S	B	D	
87	11	390,000		S	B	D	
88	11T	393,600		S	B	D	
89	12	397,200	3,800		A	C	
90	12	401,000			A	C	
91	12	404,800			A	C	
92	12	408,600			A	C	
93	12	412,400			A	C	
94	12	416,200			A	C	
95	12	420,000			A	C	
96	12T	423,800			A	C	Ⅵ
97	13	427,600	4,100		S	B	D
98	13	431,700			S	B	D
99	13	435,800			S	B	D
100	13	439,900			S	B	D
101	13	444,000			S	B	D
102	13	448,100			S	B	D
103	13	452,200			S	B	D
104	13T	456,300			S	B	D
105	14	460,400	4,300			A	C
106	14	464,700				A	C
107	14	469,000				A	C
108	14	473,300				A	C
109	14	477,600				A	C
110	14	481,900				A	C
111	14	486,200				A	C
112	14T	490,500				A	C
113	15	494,800	4,600			S	B
114	15	499,400				S	B
115	15	504,000				S	B
116	15	508,600				S	B
117	15	513,200				S	B
118	15	517,800				S	B
119	15	522,400				S	B
120	15T	527,000				S	B
121	16	531,600	4,800				A
122	16	536,400					A
123	16	541,200					A
124	16	546,000					A
125	16	550,800					A
126	16	555,600					A
127	16	560,400					A
128	16T	565,200					A
129	17	570,000	5,100				S
130	17	575,100					S
131	17	580,200					S
132	17	585,300					S
133	17	590,400					S
134	17	595,500					S
135	17	600,600					S
136	17T	605,700					S

（注）青字はそれぞれ18歳高卒、20歳短大・高専卒、22歳大学卒、24歳大学院修士課程修了の初任給である。

みに、この例では１ランク上がるごとにランク号差金額を1.06倍に増やし、100円単位で設定しました。この倍率は、下位等級と上位等級との間の号差金額の差をコントロールするもので、通常、1.05～1.15倍程度の範囲内で任意に設定します。

> 注 号差金額は１ランクの2000円に1.06の（n－1）乗を掛け算してnランクの号差を設定しましたが、100円単位で丸めてあるので、正確に1.06倍にはなりません。

③ **１～136号（１～17ランク）の賃金表を表の右側のようにⅠ・Ⅱ・Ⅲ・Ⅳ・Ⅴ・Ⅵの６つの等級（正社員）に適用します。**例えば17～56号（３～７ランク）はⅠ等級に、33～72号（５～９ランク）はⅡ等級に適用し、97～136号（13～17ランク）はⅥ等級に適用します。各等級の賃金範囲は、お互いに重なる「重複型」のバンド設定になっています。

④ **各等級にはそれぞれ５つのランクが適用されますが、これをSABCDの５段階評価に対応したゾーンに対応させます。**例えばⅠ等級の場合、３ランクはDゾーン、４ランクはCゾーン……７ランクはSゾーンとします。同様にⅥ等級の場合13ランクはDゾーン、14ランクはCゾーン……17ランクはSゾーンとします。

このモデル例では、各等級の間は等級が上がる都度２ランクずつ適用範囲を上にずらし、下位等級のAゾーンが上位等級のCゾーンに対応し、下位等級のSゾーンが上位等級のBゾーンに対応する「２段階一致」の対応関係になっています。これは**第３章**で紹介した簡易版のゾーン型範囲給と同じです。

> 応用的な設計では適用範囲を１ランク上にずらす「１段階一致」にしたり、３ランクずらす「３段階一致」にしたりする場合もありますが、基本形は「２段階一致」を用います。

以上のように、ランク型賃金表も、その実体は各等級の賃金の上限～下限幅を大きめに設定したブロードバンドの「範囲給」です。各等級を貢献度評価SABCDに対応した５段階のゾーンに区分し、さらに個別賃金の決定や昇給・降給を行う号俸を運用するという点も、ゾーン型賃金表と変わりません。ただ、これらを１本の号俸表のランクの上に展開し、対応ランクの範囲外であっても賃金を運用できる（後述）ように工夫していることが大きな違いです。

2 等級別評価レートと号俸改定基準

賃金ランク・評価レートのマトリクス表による号俸改定基準

では、ランク型賃金表を使った昇給や昇格の方法を説明しましょう。

第4章で紹介した**図表4－4（104ページ）**の「段階接近法」の号俸改定ルールは、等級別の範囲給を4～6つのゾーンに分け、ゾーン別に5段階評価（SABCD）に対応して昇給・昇給停止・マイナス昇給の基準をマトリクス表で決めていました。

Eゾーンから6つのゾーンに分ける等級を例にとると、標準的な成績のB評価はEゾーンでは4号昇給しますが、Dゾーンでは3号、Cゾーンでは2号、Bゾーンでは1号というように賃金のゾーンが高くなるに従い昇給号数を段階的に減らし、Bゾーンの上限である（B）の号俸に到達したらB評価は昇給停止となります。

これは他の評価でも同じで、SABCDの各評価とも、対応する各ゾーンの上限に向かって昇給し、それぞれ（S）（A）（B）（C）（D）の号俸に到達したら昇給停止になります。

ランク型賃金表も基本的な考え方は同じですが、1つ違う点があります。それは、**図表5－3**のような「賃金ランク」と「評価レート」とを組み合わせた大きなマトリクス表を使って号俸改定の基準を設けていることです。

具体的に説明すると、上の横軸には等級別に5段階評価（SABCD）に対応した「評価レート」と呼ぶ点数を設定します。例えばⅠ等級の場合はD評価3点～S評価7点となり、Ⅵ等級の場合はD評価13点～S評価17点となります。

左の縦軸は、ランク型賃金表の号俸の高さに対応した賃金ランクを示しており、「～T」という記号は、各ランクの上限号俸であることを示します。

評価レートは、ランク型賃金表の各等級に対応する賃金ランクと同じ数字を使います。例えばⅠ等級の場合、3ランクはDゾーン、4ランクはCゾーン……7ランクはSゾーンを適用しますが、評価レートもⅠ等級のD評価は3点、C評価は4点……S評価は7点とします。

毎年の号俸改定は、**図表5－3**の賃金ランク（縦軸）と評価レート（横軸）との交点に表示した号俸のプラス・マイナスの基準を使って昇給・昇給停止・マイナス昇給を行います。

例えばⅠ等級の賃金が3ランクの人が、D評価で評価レートが3点のときは1号、C評価4点のときは2号、B評価5点のときは3号……というように号俸をプラス（昇給）します。

図表5－3の矢印で示すように、Ⅰ等級で標準のB評価5点を取り続けた人は、3ランクで

図表5－3　等級別評価レートと号俸改定基準

Ⅵ												Ⅵ	D	C	B	A	S
Ⅴ										Ⅴ	D	C	B	A	S		
Ⅳ								Ⅳ	D	C	B	A	S				
Ⅲ						Ⅲ	D	C	B	A	S						
Ⅱ				Ⅱ	D	C	B	A	S								
Ⅰ		Ⅰ	D	C	B	A	S										
評価レート→ 賃金ランク↓	1	2	3	4	5	6	7	8	9	10	11	12	13	14	15	16	17
1	+1	+2	+3	+4	+5	+6	+7	+8	+9	+10	+11	+12	+13	+14	+15	+16	+17
1T	0	+1	+2	+3	+4	+5	+6	+7	+8	+9	+10	+11	+12	+13	+14	+15	+16
2	-1	+1	+2	+3	+4	+5	+6	+7	+8	+9	+10	+11	+12	+13	+14	+15	+16
2T	-1	0	+1	+2	+3	+4	+5	+6	+7	+8	+9	+10	+11	+12	+13	+14	+15
3	-2	-1	+1	+2	+3	+4	+5	+6	+7	+8	+9	+10	+11	+12	+13	+14	+15
3T	-2	-1	0	+1	+2	+3	+4	+5	+6	+7	+8	+9	+10	+11	+12	+13	+14
4	-3	-2	-1	+1	+2	+3	+4	+5	+6	+7	+8	+9	+10	+11	+12	+13	+14
4T	-3	-2	-1	0	+1	+2	+3	+4	+5	+6	+7	+8	+9	+10	+11	+12	+13
5	-4	-3	-2	-1	+1	+2	+3	+4	+5	+6	+7	+8	+9	+10	+11	+12	+13
5T	-4	-3	-2	-1	0	+1	+2	+3	+4	+5	+6	+7	+8	+9	+10	+11	+12
6	-5	-4	-3	-2	-1	+1	+2	+3	+4	+5	+6	+7	+8	+9	+10	+11	+12
6T	-5	-4	-3	-2	-1	0	+1	+2	+3	+4	+5	+6	+7	+8	+9	+10	+11
7	-6	-5	-4	-3	-2	-1	+1	+2	+3	+4	+5	+6	+7	+8	+9	+10	+11
7T	-6	-5	-4	-3	-2	-1	0	+1	+2	+3	+4	+5	+6	+7	+8	+9	+10
8	-7	-6	-5	-4	-3	-2	-1	+1	+2	+3	+4	+5	+6	+7	+8	+9	+10
8T	-7	-6	-5	-4	-3	-2	-1	0	+1	+2	+3	+4	+5	+6	+7	+8	+9
9	-8	-7	-6	-5	-4	-3	-2	-1	+1	+2	+3	+4	+5	+6	+7	+8	+9
9T	-8	-7	-6	-5	-4	-3	-2	-1	0	+1	+2	+3	+4	+5	+6	+7	+8
10	-9	-8	-7	-6	-5	-4	-3	-2	-1	+1	+2	+3	+4	+5	+6	+7	+8
10T	-9	-8	-7	-6	-5	-4	-3	-2	-1	0	+1	+2	+3	+4	+5	+6	+7
11	-10	-9	-8	-7	-6	-5	-4	-3	-2	-1	+1	+2	+3	+4	+5	+6	+7
11T	-10	-9	-8	-7	-6	-5	-4	-3	-2	-1	0	+1	+2	+3	+4	+5	+6
12	-11	-10	-9	-8	-7	-6	-5	-4	-3	-2	-1	+1	+2	+3	+4	+5	+6
12T	-11	-10	-9	-8	-7	-6	-5	-4	-3	-2	-1	0	+1	+2	+3	+4	+5
13	-12	-11	-10	-9	-8	-7	-6	-5	-4	-3	-2	-1	+1	+2	+3	+4	+5
13T	-12	-11	-10	-9	-8	-7	-6	-5	-4	-3	-2	-1	0	+1	+2	+3	+4
14	-13	-12	-11	-10	-9	-8	-7	-6	-5	-4	-3	-2	-1	+1	+2	+3	+4
14T	-13	-12	-11	-10	-9	-8	-7	-6	-5	-4	-3	-2	-1	0	+1	+2	+3
15	-14	-13	-12	-11	-10	-9	-8	-7	-6	-5	-4	-3	-2	-1	+1	+2	+3
15T	-14	-13	-12	-11	-10	-9	-8	-7	-6	-5	-4	-3	-2	-1	0	+1	+2
16	-15	-14	-13	-12	-11	-10	-9	-8	-7	-6	-5	-4	-3	-2	-1	+1	+2
16T	-15	-14	-13	-12	-11	-10	-9	-8	-7	-6	-5	-4	-3	-2	-1	0	+1
17	-16	-15	-14	-13	-12	-11	-10	-9	-8	-7	-6	-5	-4	-3	-2	-1	+1
17T	-16	-15	-14	-13	-12	-11	-10	-9	-8	-7	-6	-5	-4	-3	-2	-1	0

図表5－4　ランク型賃金表（抜粋）と号俸改定のしくみ

（注）賃金表は図表5－2のモデル例と同じ。

号俸	ランク	金額	ランク号差	Ⅰ	Ⅱ	Ⅲ	Ⅳ	Ⅴ	Ⅵ	
		（略）								
7	1	166,000								
8	1T	168,000								
9	2	170,000	2,200							
10	2	172,200								
11	2	174,400	B評価は＋4号							
12	2	176,600								
13	2	178,800								
14	2	181,000								
15	2	183,200								
16	2T	185,400		Ⅰ						
17	3	187,600	2,300	D						
18	3	189,900		D						
19	3	192,200	B評価は＋3号	D						
20	3	194,500		D						
21	3	196,800		D						
22	3	199,100		D						
23	3	201,400		D						
24	3T	203,700		D						（D評価・3点の上限）
25	4	206,000	2,400	C						
26	4	208,400		C						
27	4	210,800		C						
28	4	213,200	B評価は＋2号	C						
29	4	215,600		C						
30	4	218,000		C						
31	4	220,400		C						
32	4T	222,800		C	Ⅱ					（C評価・4点の上限）
33	5	225,200	2,600	B	D					
34	5	227,800		B	D					
35	5	230,400		B	D					
36	5	233,000	B評価は＋1号	B	D					
37	5	235,600		B	D					
38	5	238,200		B	D					
39	5	240,800		B	D					
40	5T	243,400	B評価は昇給停止	B	D					（B評価・5点の上限）
41	6	246,000	2,700	A	C					
42	6	248,700		A	C					
43	6	251,400		A	C					
44	6	254,100		A	C					
45	6	256,800		A	C					
46	6	259,500		A	C					
47	6	262,200		A	C					
48	6T	264,900		A	C	Ⅲ				（A評価・6点の上限）
49	7	267,600	2,900	S	B	D				
50	7	270,500		S	B	D				
51	7	273,400		S	B	D				
52	7	276,300		S	B	D				
53	7	279,200		S	B	D				
54	7	282,100		S	B	D				
55	7	285,000		S	B	D				
56	7T	287,900		S	B	D				（S評価・7点の上限）
57	8	290,800								
58	8	293,900								
59	8	297,000								
		（以下略）								

は３号昇給しますが、４ランクでは２号、５ランクでは１号というように、賃金のゾーンが高くなるに従い昇給を段階的に減らし、５ランクの上限である5Tの号俸に到達したらB評価５点は昇給停止となります。**図表５－４**のランク型賃金表（抜粋）の上で、賃金ランク別にⅠ等級のB評価で昇給号数に違いが出る様子を矢印のイメージで確認してください。

他の評価も同様で、評価レートと同じランクの上限号俸に到達したらそこで昇給停止になります。**図表５－４**のランク型賃金表（抜粋）のⅠ等級部分でいうと、丸い枠のように、D評価３点を取り続けた人は３Tが上限となり、C評価４点は４T、B評価５点は５T、A評価６点は６T、S評価７点は７Tがそれぞれの昇給の上限です。

さらに**図表５－３**では、例えば賃金がⅠ等級Bゾーンに相当する５ランクにいる人は、Ⅰ等級でD評価３点のときは－２号、C評価４点のときは－１号というように、賃金のランクよりも評価レートが低いときは、基本給を下げるマイナス昇給が設定されています。

ここでは、賃金のゾーンよりも評価が１段階低ければ即マイナスという厳格な方式を採用しています（第４章104ページ参照）。ただし、実際にマイナス昇給を適用するかどうかは選択でき、次に説明するように緩やかなマイナス昇給の適用方法もあります。

いずれも、ゾーン型賃金表と同様に、評価SABCDに対応した賃金ゾーンの上限に向かって、段階的に基本給が近づいていく「段階接近法®」のルールを用いていることがご理解いただけるでしょう。

号俸改定のルールとマイナス昇給の適用方法

号俸改定基準のマトリクス表を使えば機械的にプラス・マイナスする号俸数を読み取ることができますが、実はこの表がなくても、次の号俸改定のルールが理解できれば評価レートと賃金ランクの数字から計算で号俸改定が行えます。

号俸改定のルール

❶　本人の評価レートが賃金ランクよりも高いときは、評価レートとランクの差に１を加えた号俸をプラスする。ただし基本給が～Tの位置にあるときは１を加えない。

❷　本人の評価レートと賃金ランクとが等しいときは１号俸をプラスする。ただし基本給が～Tの位置にあるときは０号（据置き）とする。

❸―ア　本人の評価レートが賃金ランクよりも低いときは、ランクから評価レートを引いた号俸をマイナスする（厳格方式）。

補足すると、上記のルール❸―アは「本人の評価レートがランクより低いときは、直ちに賃金をマイナスにする」という厳格方式です。例えば賃金ランク６の人が、Ｉ等級のＣ評価（評価レートは４点）のときはマイナス２号となります。

もう少しマイナス昇給のルールを緩くしたい、あるいは当面マイナス昇給は実施しないというときは、次のような緩和ルールも検討するとよいでしょう。

マイナス昇給の緩和ルール

❸―イ　本人の評価レートが賃金ランクよりも１段階低いときは昇給しない（据置き）。ただし、２段階以上低いときは、賃金ランクから「評価レート＋１」を引いた号俸をマイナスする。上記の例では、賃金ランク６の人が、Ｉ等級のＣ評価（評価レートは４点）のときはマイナス１号となる（緩和方式）。

または、

❸―ウ　本人の評価レートが賃金ランクよりも低いときは、昇給しない（据置き）。上記の例では、賃金ランク６の人が、Ｉ等級のＣ評価（評価レートは４点）でも昇給ゼロとなる（ゼロマイナス方式）。

例えば、非管理職には緩やかなマイナス昇給❸―イを適用し、管理職には厳格なマイナス昇給❸―アを適用するという運用もあり得ます。

あるいは、このルールを導入した初年度はマイナス昇給を適用せず（❸―ウ）、翌年度から緩やかなマイナス昇給❸―イを適用し、翌々年度は厳格なマイナス昇給❸―アを適用するという経過措置も考えられるでしょう（第４章110ページも参照）。

対応ランクの枠外での運用方法

ランク型賃金表は等級別に対応する賃金範囲を定めていますが、実は対応ランクの枠外であっても号俸を運用できる（運用する）点がランク型賃金表の大きな特長の１つです。

例えば、いまＩ等級の28号・４ランク・21万3200円の人をⅡ等級に昇格させることを考えてみましょう。**図表５－５**の賃金表の抜粋をみていただくと分かりますが、この人の賃金はまだⅡ等級の対応ランクには届いていません。

このように賃金が対応ランクよりも低い人を上位等級に昇格させるときは、３通りの方法があります。

①　スライド方式……その号俸を据え置いたまま新たな等級の評価レートを適用します。昇格した時点での昇格昇給はありませんが、昇格後は有利な昇給ルールが適用されます。図表５－３の号俸改定基準の通り、Ⅰ等級の場合はＤ評価３点～Ｓ評価７点の評価レートを適用しますが、Ⅱ等級の場合はＤ評価５点～Ｓ評価９点の評価レートを適用します。評価レートの適用を２点プラスすると、Ⅰ等級の場合よりも号俸改定が２号分プラスされます。

②　昇格昇給方式……スライド方式の賃金に、昇格昇給として４ランクの１号分2400円ないし２号分4800円程度のプラス調整を任意に行います。

③　特別昇給方式……その等級の対応ランクの最低号俸まで特別昇給させます。Ⅱ等級の場合は、Ｄゾーンの最低額である33号・５ランク・22万5200円とします（この場合、４ランクの５号分＝１万2000円の特別昇給となります）。

（注）②③とも評価レートの適用は①と同じです。

ゾーン型範囲給の本来の考え方からいえば、対応ランクに入るように③特別昇給を行う方法が合理的と思われるかもしれませんが、これに縛られると、人によっては大幅な特別昇給が必要になるときがあります。

一般的には対応ランクの枠外にそのまま留める①スライド方式で十分です。翌年の昇給から上位等級の評価レートが適用され、昇給がかなり大きくなるので、いずれ対応ランクに早く入っていけることが本人も実感でき、納得するケースがほとんどです。

降格の場合も同じで、下位等級の上限ランクを超えていても特に賃金を切り下げたりせず、①スライド方式で枠外（つまり対応ランクのＳゾーンを超える号俸）に置いたままで降格させることができます。下位等級の評価レートを適用することで、それ以上昇給しないようにしたり、マイナス昇給を適用したりすることが可能だからです。

この点、上限・下限のバンドが明確に制限されている**第４章**の「ゾーン型賃金表」は、賃金の低い人が上の等級に昇格すると、特別昇給（いわゆる「飛びつき」）が起きるという問題が避けられませんでした（**図表４－20（138ページ）**参照）。

逆に、賃金の高い人が下の等級に降格になると、上限額を超えてしまい、そのままでは基本給が大幅に下がることになります。賃金が下がらないように調整給を補てんするなど、会社にとっても悩ましい問題になりがちでした。

その点、ランク型賃金表は等級による賃金表の使い分けが不要となるだけでなく、昇格に伴う想定外の特別昇給や、降格に伴う賃金減額を回避することができ、等級が変わることによる

図表５－５　対応ランク枠外で昇格するときの号俸の取扱い

（Ⅰ等級→Ⅱ等級の例）

号俸	ランク	金額	ランク号差	Ⅰ	Ⅱ
		（略）			
15	2	183,200			
16	2T	185,400		Ⅰ	
17	3	187,600	2,300	D	
18	3	189,900		D	
19	3	192,200		D	
20	3	194,500		D	
21	3	196,800		D	
22	3	199,100		D	
23	3	201,400		D	
24	3T	203,700		D	
25	4	206,000	2,400	C	
26	4	208,400		C	
27	4	210,800		C	
28	4	213,200		C	（1）そのままスライドさせる
29	4	215,600		C	
30	4	218,000		C	（2）1～2号の昇格昇給
31	4	220,400		C	
32	4T	222,800		C	Ⅱ
33	5	225,200	2,600	B	D（3）最低号俸まで特別昇給
34	5	227,800		B	D
35	5	230,400		B	D
36	5	233,000		B	D
37	5	235,600		B	D
38	5	238,200		B	D
39	5	240,800		B	D
40	5T	243,400		B	D
41	6	246,000	2,700	A	C
42	6	248,700		A	C
		（以下略）			

Ⅰ　Ⅱ　Ⅲ　Ⅳ　Ⅴ　Ⅵ

賃金変動のインパクトを最小限に抑えることができます。等級が変わっても同じ号俸・ランクを継続し、評価レートの変化を通して賃金を段階的に調整するマイルドな運用が可能になるのです。

これは中途採用を行う場合も同じで、今までのような等級ごとの賃金表の縛りを気にせずに、より柔軟な初任給の決め方が可能になります。このようなランク型賃金表の使いやすさは、ゾーン型賃金表にはない大きな特長といえるでしょう。

昇格・降格の運用方法

前記の内容とも関連しますが、この賃金表では、**図表５－１**の役割等級説明書に準拠して、**図表５－６**のような昇格の基準を用います（基本的な考え方は**第４章143～145ページ**で説明したゾーン型賃金表の昇格基準と同じですので、併せて参照してください）。

図表5－6　昇格基準

(図表5－1役割等級説明書、図表5－2ランク型賃金表に準拠した例)

等級の異動			役割責任の変化		昇格の必要条件		
旧等級		新等級	役割責任（昇格後）	対応役職	昇格基準ランク	最低基準号数	直近の昇給評価
Ⅰ	→	Ⅱ	担当職		4	25	B以上
Ⅱ	→	Ⅲ	実務指導職／熟練職	主任	6	41	BA以上
Ⅲ	→	Ⅳ	業務推進職／技術指導職	係長・店長・職長、専門エキスパート	8	57	BA以上
Ⅳ	→	Ⅴ	業務管理職	課長	10	73	AA以上
Ⅴ	→	Ⅵ	部門経営管理職	部長	12	89	AA以上

（注）直近の昇給評価「BA以上」とは、前回の昇給時の評価がB以上、直近の昇給時の評価がA以上であることを示す。

例えばⅠ等級からⅡ等級への昇格は、「担当職」に役割が上がることを意味します。

そのためには、基本給が4ランク以上で、最低基準号数が25号に到達し、また直近の昇給評価は連続してB評価以上であることが必要条件となります。なお、4ランクという昇格基準ランクは、Ⅰ等級のCゾーンに相当するランクです。Cゾーンに昇格基準ランクを設定することで、D評価しかとれない社員はⅡ等級に昇格できないことになります。

同様にⅡ等級からⅢ等級への昇格は、「実務指導職」または「熟練職」の役割に変わることを意味します。必要条件は基本給が6ランク（Ⅱ等級のCゾーン）以上、最低基準号数が41号以上、また前回の昇給評価はB評価以上、直近の昇給評価はA評価以上であることです。

第３章の図表３－８（84ページ）で紹介した年齢別モデル昇給グラフも、Ⅰ→Ⅱ等級、Ⅱ→Ⅲ等級への昇格にはDゾーンを超えてCゾーンに入ることを昇格基準としていましたが、ここでも同じ考え方を採用しています。

第３章（82ページ参照）でも触れましたが、役割等級の基本的な考え方として、現在の担当業務に習熟し、その役割が上位等級に相当すると認定されるか、あるいは新たに上位等級の役割の職位に任命されない限り昇格できません。

例えば、Ⅱ等級からⅢ等級に昇格するには、現在（Ⅱ等級）の担当業務に十分習熟し、その業務内容が次第に高度化して、役割貢献がほぼⅢ等級相当になったと認定される必要があります。あるいは、Ⅲ等級の職位とされる「主任」に任命されるかのいずれかです。

この考え方では、Ⅱ等級のベテランが数年間A評価を続けてⅢ等級に昇格するケースでは、主任にならなくてもⅢ等級になる場合もあり得ます。ただし主任への任命はイコールⅢ等級への昇格です。

同様に、Ⅲ等級からⅣ等級に昇格するには、Ⅲ等級の業務内容の中で専門性を深め、A評価を続けてⅣ等級の専門エキスパートに昇格するか、係長・店長・職長などの責任役職に登用されるかのいずれかに該当する必要があります。

ただし**図表５－６**の例では、Ⅴ等級以上は組織責任者である課長・部長以外認めていないので、実際に課長になるか部長にならない限り、Ⅴ等級、Ⅵ等級に昇格することはありません。

なお、すでに説明したように、組織責任者以外の専門スタッフ職あるいは高度専門職を置き、Ⅴ等級の課長クラスあるいはⅥ等級の部長クラスの待遇を行う方法もあります（**図表２－７**（**62ページ**）の「デュアルラダー」を参照）。

例えば、本部の経営管理部門に部長補佐（Ⅴ等級）などの経営企画スタッフを置いたり、研究開発部門に上席研究員（Ⅴ等級）や首席研究員（Ⅵ等級）を置いたり、営業部門に技術コンサルタント（Ⅴ等級）を配置したりして、管理職待遇にふさわしい高度な業務に携わらせる場合などです。

専門・スタッフ職の管理職手当（正確には専門職手当）は、正規の管理職手当の85%～90%程度の金額とするとよいでしょう。ただし、実際にこのような高度な業務を行うのでない限り、安易に管理職待遇の専門・スタッフ職を乱発するべきではありません。

役割等級は、会社都合または本人都合で対応役職を外れ、役割責任が軽減された場合は、降格も行います。典型的なやり方としては、２年連続でＤ評価となったり、３年連続でＣ評価が続いたりしたときは、課長・部長などの責任役職を外れるルールにします。ほかにも、例えば組織の統廃合により課が廃止になったり、職務適性の評価により課長を交代したり、役職定年で課長を外れたり、あるいは家庭の都合や健康上の理由などから自ら申し出て課長を外れたりした場合などは、Ⅴ等級からⅣ等級あるいはそれ以下の役割責任に降格となります。

このような場合は、その役職の管理職手当の支給対象から外し、新たな役職の手当に切り替えたり、一般的な時間外手当あるいは固定時間外手当の対象者に戻すのが原則です。

3 ランク型賃金表の特長と応用方法

ランク型賃金表を使った基本給のモデル昇給グラフ

自社に合ったランク型賃金表を設定するには、いうまでもなく、賃金の世間相場と自社の賃金実態、会社の人件費負担という３つの角度から検討していく必要があります。

ここでは、モデル例の賃金表（**159ページの図表５－２**）が賃金の世間相場と自社の賃金実態にフィットするかどうかを検討するために、**第3章**のゾーン型範囲給（**84ページ**）、**第4章**のゾーン型賃金表（**149ページ**）でもみてきた年齢別の「モデル昇給グラフ」を検証してみましょう。

図表5－7は、**図表5－2**のランク型賃金表と**図表5－3**（**162ページ**）の号俸改定基準を用いてⅠ等級～Ⅵ等級のモデル昇給グラフを作成したものです。

グラフの左側には、パートタイマーのP1～P3等級（フルタイム・賃率100％の月額）と、正社員のⅠ～Ⅵ等級の賃金バンドを示しました。それぞれSABCDの各ゾーンの上限額と下限Eが目盛で表示してあります。グラフの右側は正社員のⅠ～Ⅵ等級のモデル昇給グラフです。

これらのモデル昇給グラフは、**図表5－8**（Ⅰ等級）のような年齢別基本給のモデル昇給試算をⅥ等級まで作成し、年齢別にグラフ化したものです。

まず**図表5－8の上表**（高卒ⅠAモデル）をご覧ください。これは、高校新卒（Ⅰ等級）で採用された従業員が、9号・2ランクの高卒初任給17万円からスタートして、翌年の1回目の昇給はB評価、2回目からⅠ等級のまま昇格せずに、毎年A評価で昇給し続ける「Aモデル人材」の賃金の推移を表にしたものです。

18歳から19歳になる年の最初の昇給は、B評価で評価レート5点を取ります。**図表5－3**の号俸改定基準をみると、2ランク・評価レート5点の昇給号数は＋4号なので、19歳の号数は9号＋4号＝13号になります。

2回目以降は毎年A評価で評価レート6点を取り続けるので、2ランクでは＋5号、3ランクでは＋4号、4ランクでは＋3号、4Tランクと5ランクでは＋2号、5Tランクと6ランクでは＋1号ずつ毎年昇給します。最終的には36歳で評価レート6点に対応する6Tの48号26万4900円（Aゾーンの上限）に到達し、それ以降は昇給しなくなります。このような昇給を**図表5－2**の賃金表をみながら、各年齢の号俸と基本給額、ランクを拾っていくわけです。

ランク型賃金表は1ランクごとに号差金額が増えていくので、具体的な金額は計算で求めるのではなく、賃金表を参照する必要があります。昇給額は、昇給前と昇給後の基本給の差額を求めます。

これに対して、**図表5－8の下表**（高卒ⅠBモデル）は、最初の昇給から定年までⅠ等級のまま標準的なB評価をとり続けた「Bモデル人材」の賃金の推移を表にしたものです。この場合は、34歳で5T・24万3400円（Bゾーンの上限）に到達し、昇給停止となります。

図表5－7の右側のグラフの一番下の実線「ⅠB」は高卒のBモデル人材が、上の役割等級に移ることなく、定年までⅠ等級のままB評価を続けたときのモデル昇給グラフです。

その上の青の実線「ⅠA」は、高卒のAモデル人材が、やはり定年までⅠ等級のままA評価を続けたときのモデル昇給グラフです。

これをみると、「ⅠB」はⅠ等級のBゾーンの上限に当たる5T・24万3400円まで、「ⅠA」はⅠのAゾーンの上限に当たる6T・26万4900円まで昇給し、そこに届いたら昇給停止になって

図表５－７　ランク型賃金表に基づく基本給のバンドとモデル昇給グラフ（例）

（図表５－２（159ページ）の賃金表に対応）

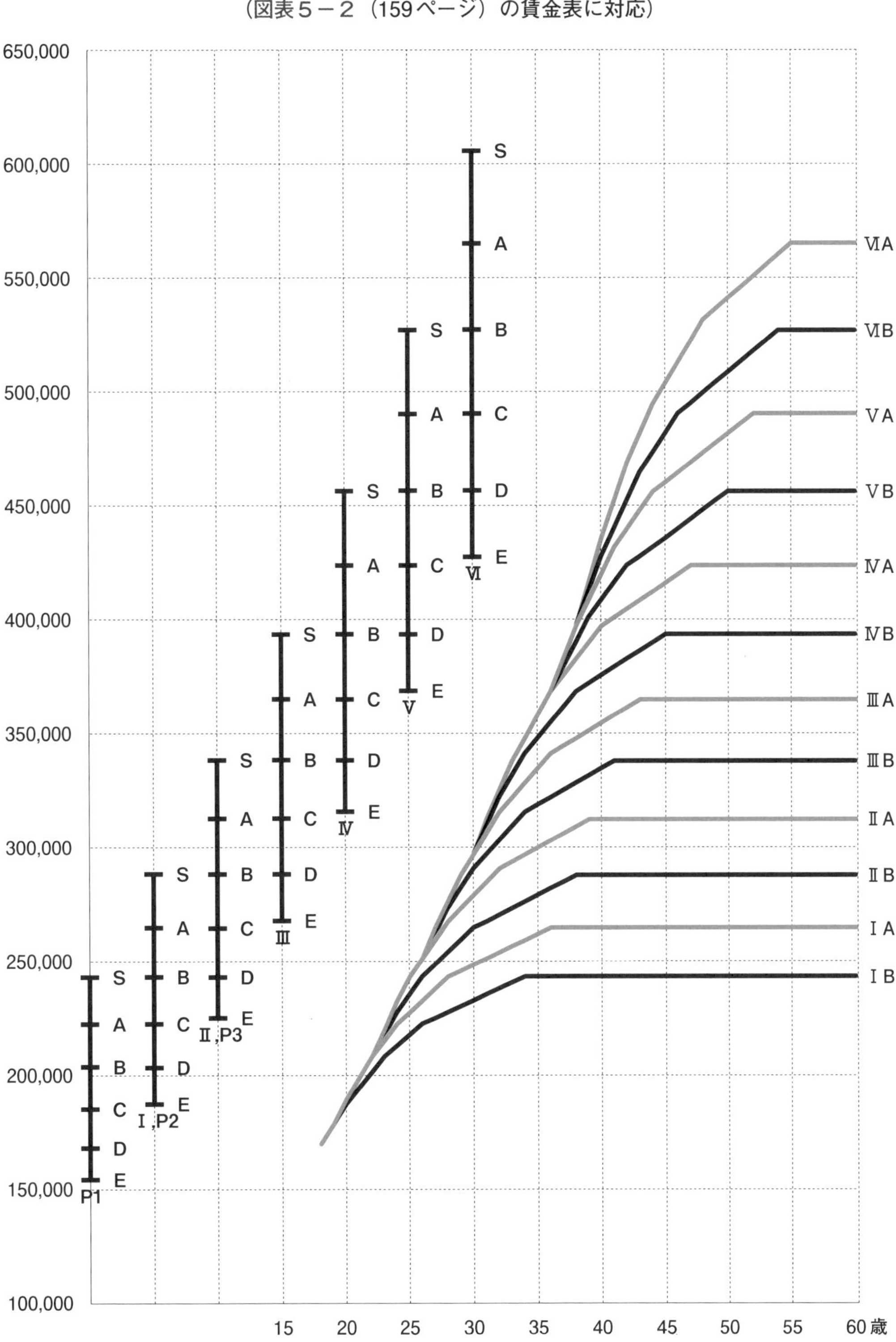

図表5－8 ランク型賃金表に基づくモデル昇給試算（Ｉ等級）

（高卒18歳入社のＡモデル人材とＢモデル人材の例）

年齢	高卒ＩＡモデル								
	等級	号数	ランク	基本給	ゾーン	評価	レート	昇給	昇給額
18	I	9	2	170,000	E	B	5	+4	8,800
19	I	13	2	178,800	E	A	6	+5	11,100
20	I	18	3	189,900	D	A	6	+4	9,200
21	I	22	3	199,100	D	A	6	+4	9,300
22	I	26	4	208,400	C	A	6	+3	7,200
23	I	29	4	215,600	C	A	6	+3	7,200
24	I	32	4T	222,800	(C)	A	6	+2	5,000
25	I	34	5	227,800	B	A	6	+2	5,200
26	I	36	5	233,000	B	A	6	+2	5,200
27	I	38	5	238,200	B	A	6	+2	5,200
28	I	40	5T	243,400	(B)	A	6	+1	2,600
29	I	41	6	246,000	A	A	6	+1	2,700
30	I	42	6	248,700	A	A	6	+1	2,700
31	I	43	6	251,400	A	A	6	+1	2,700
32	I	44	6	254,100	A	A	6	+1	2,700
33	I	45	6	256,800	A	A	6	+1	2,700
34	I	46	6	259,500	A	A	6	+1	2,700
35	I	47	6	262,200	A	A	6	+1	2,700
36	I	48	6T	264,900	(A)	A	6	+1	0

年齢	高卒ＩＢモデル								
	等級	号数	ランク	基本給	ゾーン	評価	レート	昇給	昇給額
18	I	9	2	170,000	E	B	5	+4	8,800
19	I	13	2	178,800	E	B	5	+4	8,800
20	I	17	3	187,600	D	B	5	+3	6,900
21	I	20	3	194,500	D	B	5	+3	6,900
22	I	23	3	201,400	D	B	5	+3	7,000
23	I	26	4	208,400	C	B	5	+2	4,800
24	I	28	4	213,200	C	B	5	+2	4,800
25	I	30	4	218,000	C	B	5	+2	4,800
26	I	32	4T	222,800	(C)	B	5	+1	2,400
27	I	33	5	225,200	B	B	5	+1	2,600
28	I	34	5	227,800	B	B	5	+1	2,600
29	I	35	5	230,400	B	B	5	+1	2,600
30	I	36	5	233,000	B	B	5	+1	2,600
31	I	37	5	235,600	B	B	5	+1	2,600
32	I	38	5	238,200	B	B	5	+1	2,600
33	I	39	5	240,800	B	B	5	+1	2,600
34	I	40	5T	243,400	(B)	B	5	0	0

いる様子が分かります。

その上の「ⅡB」と「ⅡA」は、高卒のAモデル人材が、22歳でⅡ等級に昇格し、以降定年までⅡ等級のままB評価あるいはA評価を続けたときのモデル昇給グラフです。ちなみにこのグラフでは、Ⅰ等級からⅡ等級への昇格基準ランクである4ランク（Ⅰ等級Cゾーン）の賃金になった22歳でⅡ等級に昇格させています。

さらに、その上の「ⅢB」は、Ⅱ等級のAモデル人材が26歳でⅢ等級に昇格し、以降定年までⅢのままB評価を続けたモデル昇給グラフです。ここではⅢ等級への昇格基準ランクである6ランクの賃金（Ⅱ等級Cゾーン）になった26歳でⅢ等級に昇格させています。

「ⅣB」と「ⅣA」は、Ⅲ等級のAモデル人材がⅢ等級のCゾーンになった30歳で係長クラスⅣ等級に昇格し、以降定年までⅣのままB評価およびA評価を続けます。同様に、その上の「ⅤB」「ⅤA」は、Ⅳ等級のAモデル人材が36歳で課長クラスⅤ等級に昇格したBモデルとAモデル、「ⅥB」「ⅥA」は、同じくⅤ等級のAモデル人材が38歳で部長クラスⅥ等級に昇格したBモデルとAモデルです。

係長クラスⅣ等級から課長クラスⅤ等級への昇格については、Cゾーンで昇格させると一般的な管理職への昇格年齢に比べて早すぎるので、ここではBゾーンになった36歳でⅤ等級へ昇格させました。

図表5－7のいずれの昇給グラフも、それぞれ対応する役割のバンドのBゾーンの上限額、Aゾーンの上限額まで昇給し、以降頭打ちになっていることが分かります。

ランク型賃金表の場合も、「段階接近法」を用いることで、役割と貢献度の評価に対応する賃金の上限額に向かって基本給をコントロールする範囲給のしくみがしっかりと働いていることがお分かりいただけるでしょう。

図表5－9は、モデルとしたランク型賃金表の各ゾーンの下限額から上限額を一覧表にまと

図表5－9　各等級のゾーン別上限額（ターゲット金額）とゾーン幅

区分	Ⅰ等級	Ⅱ等級	Ⅲ等級	Ⅳ等級	Ⅴ等級	Ⅵ等級
下限額	187,600	225,200	267,600	315,600	368,400	427,600
(D)	203,700	243,400	287,900	338,000	393,600	456,300
(C)	222,800	264,900	312,500	365,000	423,800	490,500
(B)	243,400	287,900	338,000	393,600	456,300	527,000
(A)	264,900	312,500	365,000	423,800	490,500	565,200
(S)	287,900	338,000	393,600	456,300	527,000	605,700
平均ゾーン幅	20,060	22,560	25,200	28,140	31,720	35,620
賃金レンジ	53%	50%	47%	45%	43%	42%

（注）「平均ゾーン幅」は（S）（A）（B）（C）（D）の各ターゲットの間隔の平均値。賃金レンジは（上限額－下限額）÷下限額の比率

めたものです。A評価、B評価の上限額（ターゲット金額）は、**図表４－９**（**117ページ**）の「ゾーン型等級別賃金表」と比較して、ほぼ近似の金額になっています。

Aモデル人材の基本給が同じになる新卒初任給の設定方法

ここでは高卒でスタートするモデル人材を説明しましたが、実はこのモデル昇給グラフは高専・短大卒、大学卒、大学院修士卒ともすべて共通に使うことができます。

というのは、高卒採用であっても、最初はB評価、以降はA評価を取り続けるAモデル人材であれば、上位学歴の高専・短大卒、大学卒、修士卒に基本給が追いつける設定になっているからです（**第４章**のゾーン型賃金表でも**図表４－12**（**125ページ**）で同じしくみを説明しました）。

改めて各学歴の初任給を確認すると、この賃金表は各学卒初任給を次の等級・号数で設定しています（**159ページ**の**図表５－２**参照）。

▶初任給の等級・号数

- 高卒18歳　：Ⅰ等級９号　17万円
- 短大卒20歳：Ⅰ等級19号　19万2200円
- 大学卒22歳：Ⅱ等級27号　21万800円
- 修士卒24歳：Ⅱ等級37号　23万5600円

この初任給の等級・号数は、**図表５－10**のように、新卒入社の最初の昇給は一律B評価とし、以降A評価で昇給するAモデル人材（22歳でⅡ等級に昇格）の場合、25歳で全学歴が同じ基本給（24万3400円）になるように設定しています。

これにより、学歴や入社年次の違いはあっても、同一役割・同一評価の従業員には同一年齢で同一の基本給を適用する方式を制度的に実現しています。

図表5−10 新卒初任給とAモデル人材の歩み

（いずれの学歴も、25歳で高卒Aモデル人材と同じ基本給になる）

年齢	①高卒ⅠA→ⅡAモデル								
	等級	号数	ランク	基本給	ゾーン	評価	レート	昇給	昇給額
18	Ⅰ	9	2	170,000	E	B	5	+4	8,800
19	Ⅰ	13	2	178,800	E	A	6	+5	11,100
20	Ⅰ	18	3	189,900	D	A	6	+4	9,200
21	Ⅰ	22	3	199,100	D	A	6	+4	9,300
22	Ⅱ	26	4	208,400	E	A	8	+5	12,000
23	Ⅱ	31	4	220,400	E	A	8	+5	12,600
24	Ⅱ	36	5	233,000	D	A	8	+4	10,400
25	Ⅱ	40	5T	243,400	(D)	A	8	+3	8,000
⋮	⋮	⋮	⋮	⋮	⋮	⋮	⋮	⋮	⋮

年齢	②短大卒ⅠA→ⅡAモデル								
	等級	号数	ランク	基本給	ゾーン	評価	レート	昇給	昇給額
20	Ⅰ	19	3	192,200	D	B	5	+3	6,900
21	Ⅰ	22	3	199,100	D	A	6	+4	9,300
22	Ⅱ	26	4	208,400	E	A	8	+5	12,000
23	Ⅱ	31	4	220,400	E	A	8	+5	12,600
24	Ⅱ	36	5	233,000	D	A	8	+4	10,400
25	Ⅱ	40	5T	243,400	(D)	A	8	+3	8,000
⋮	⋮	⋮	⋮	⋮	⋮	⋮	⋮	⋮	⋮

年齢	③大学卒ⅡAモデル								
	等級	号数	ランク	基本給	ゾーン	評価	レート	昇給	昇給額
22	Ⅱ	27	4	210,800	E	B	7	+4	9,600
23	Ⅱ	31	4	220,400	E	A	8	+5	12,600
24	Ⅱ	36	5	233,000	D	A	8	+4	10,400
25	Ⅱ	40	5T	243,400	(D)	A	8	+3	8,000
⋮	⋮	⋮	⋮	⋮	⋮	⋮	⋮	⋮	⋮

年齢	④大学院修士課程修了ⅡAモデル								
	等級	号数	ランク	基本給	ゾーン	評価	レート	昇給	昇給額
24	Ⅱ	37	5	235,600	D	B	7	+3	7,800
25	Ⅱ	40	5T	243,400	(D)	A	8	+3	8,000
⋮	⋮	⋮	⋮	⋮	⋮	⋮	⋮	⋮	⋮

（注）①高卒・②短大卒は22歳でⅡ等級に昇格。

職能給から役割給に軟着陸させる

これまで、「ランク型賃金表」のモデル例を紹介してきましたが、ランク型賃金表の賃金カーブの傾斜や水準を調整することにより、各社の賃金実態に合わせた柔軟な制度設計が可能になります。

特に、対応ランクの枠外でも各人の賃金を運用できるというランク型賃金表の特長は、賃金制度を年功給や職能給から役割給に移行するときに大きな威力を発揮します。

１つの例を示すと、これまで年功型の職能給体系で運用されてきた会社は、**図表５－11の左**のような職能給の分布イメージになっている例が多いと思います。

職能資格制度などの能力等級としては整然と賃金表の枠内に収まっているとしても、これを役割等級の考え方で整理すると、**図表５－11の右側**のように大きくバラついた分布になり、そのままでは役割給に移行しにくいケースが起きるのが実態です。

その原因は、年齢給や職能給を使い続けると、低い役割の人の年功昇給が続いて高賃金になったり、反対に高い役割にもかかわらず年齢や経験が浅いために賃金が低く抑えられたり、実際の役割や貢献度と賃金のズレが広がり、アンバランスな状態になるからです。

結果、等級別のゾーン型賃金表のような上限・下限が明確な範囲給では、図の右側の白丸のイメージのように、範囲外の人の存在が役割給を導入するうえで重大な障害になります。

図表５－11　職能給と役割給のギャップを吸収するランク型賃金表

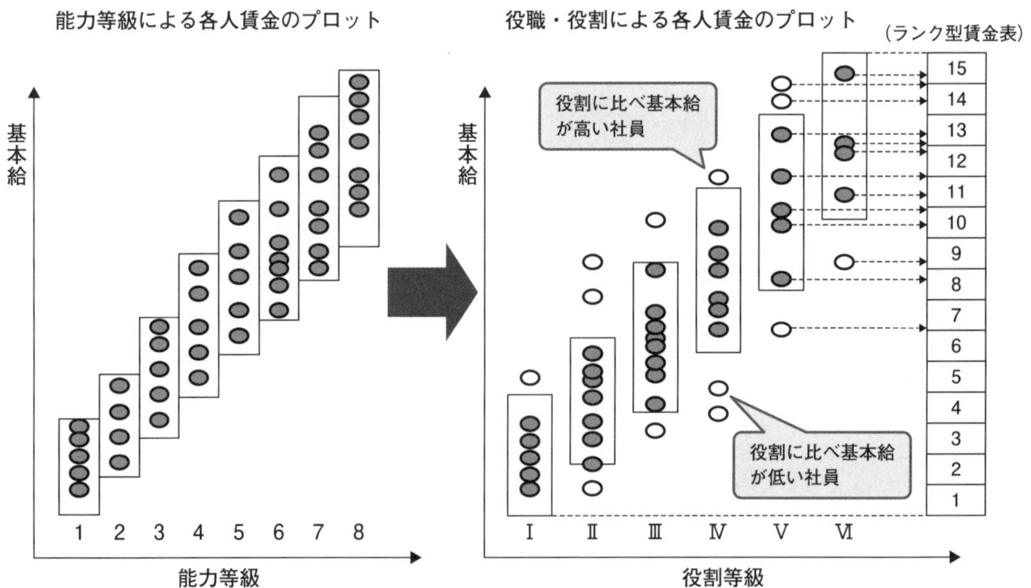

賃金表を上にはみ出す人や下にはみ出す人をなるべく多く出さないように賃金表を設定すると、現状追認型の賃金制度になって、改善効果が半減してしまいます。

そうかといって、あるべき賃金表の上限・下限を設定すれば、上限をはみ出す人の賃金をどうカットするのか、逆に下限に届かない人を特別昇給させるための賃金移行原資をどこまで認めるのかなど、実務的に頭を悩ませることが多発していました。

ランク型賃金表を使えば、対応ランクの枠外であっても賃金表にそのままスライド方式で移行でき、その後多少の年数をかけて、段階的に適用ランクの中に収めていくソフトな移行措置が可能になります。

ランク型賃金表は、従来の問題を含んだ賃金分布を、本来あるべき賃金分布に段階的に調整し、望ましい役割給に軟着陸させるうえで大きな効果を発揮するのです。

さまざまな賃金の調整・改善に応用する

このようなランク型賃金表の特長は、次のようにさまざまな賃金の調整・改善に大いに役立ちます。

ランク型賃金表のメリット

- 賃金水準を引き上げる際、一律のベースアップなどで全員を引き上げるのではなく、役割・貢献度に合った段階的な賃金調整を行うことにより、人件費の効果的な配分につなげることができる。
- 賃金水準を抑制する場合にも、一律のベースダウンや賃金カットを行うのではなく、役割・貢献度に比べて賃金が低い社員の賃金を保障しつつ、役割・貢献度に比べて賃金が高い社員の賃金を抑制するよう、賃金バランスの修正と軟着陸を図ることができる。
- 過去の年功賃金や年功昇格、その後の昇給抑制などの運用の歪みで生じた、世代間や役職間の賃金のアンバランスを、従業員に説明可能な分かりやすい方法で是正できる。
- 個別のジョブ・グレードに基づくブロードバンドの職務給を導入し、ジョブ型人事制度に軟着陸することも可能となる。
- 新卒採用と中途採用の賃金のアンバランスを段階的に解消できる。
- 新卒初任給の引き上げに伴い、若年層の賃金水準の引き上げを図りつつ、中堅層以上の社員の賃金上昇に波及しないようにできる。

■　営業社員の歩合給や管理職の年俸制等を、役割給の基本給ロジックに基づくシンプルな賃金体系に統合し再構成することができる。

■　無意味な手当を廃止し基本給に吸収し（逆に、必要な手当額を基本給から切り出し）、基本給のバランスを段階的に調整することができる。

■　M＆Aや事業部の統合など、これまで別々の人事・賃金制度を運用してきた複数の組織や異なる職種の賃金制度を、スムーズに統合することができる。

■　全国社員と地域限定社員の適正な賃金待遇差を、複数の賃金表を用意しなくても容易に実現することができる。

■　定年延長に伴い賃金カーブを計画的に抑制する手法を用いることで、人件費のむやみな膨張を防止することができる。

■　パートタイム労働者の時給や契約社員の賃金、定年再雇用者の賃金など、非正規従業員の多様な賃金制度をシンプルに再構成し、正社員の賃金制度とスムーズに統合することができる（次項）。

■　中途採用初任給の設定の自由度が広がり、ハイキャリア人材を高賃金でスカウトしやすくなる。

■　さらに、執行役員や取締役の役員報酬などを決めるときにも幅広い応用が可能になる。

ランク型賃金表のランクを17ランク、19ランク、21ランク……と上に伸ばしていけば、執行役員や取締役、さらには社長クラスまでの役員報酬（基本報酬部分）も適宜設定できるようになります。これに管理職手当分や賞与月割り分を適宜加算し、役員報酬の総額を調整します。

4　ランク型賃金表を活用したパート時給の決め方

ランク型賃金表のパート時給への活用方法

ここからは、同一労働同一賃金に対応するため、同一のランク型賃金表を正社員以外のパートタイム社員、契約社員、高年齢者の定年再雇用などの多様な雇用形態に活用する方法を紹介します。

はじめに、小売業や飲食店、物流業、配達業、食品加工などの分野では欠かせない存在になっているパートタイム社員の時給の決め方を検討していきましょう。

パート時給を決めるにあたっては、パートタイム・有期雇用労働法の均等待遇・均衡待遇の規定や、近年大きな引き上げが続いている最低賃金への対応が欠かせません。特に前者については、同一労働同一賃金ガイドライン（指針）の内容に配慮し、正社員の基本給とパート時給それぞれの支給基準が明確であり、双方の関係を客観的に対比・説明できるしくみが求められます（44ページ参照）。

図表５－12は、**図表５－２**（159ページ）で紹介したランク型賃金表のモデル例の中に、パート等級P1・P2・P3を組み込み、基本給月額に対応したⒶ正社員時給とⒷパート時給の２種類を算出したものです。

Ⓐ正社員時給は、正社員の基本給をもとに、所定労働時間を162時間として１円単位で切り上げ計算しました（基本給月額÷162）。

正社員時給は、正社員との完全な同一賃金をパートタイム社員に適用する必要がある場合に用います。例えばパートタイム社員の中から店長を登用し、正社員の店長と同じ職務内容と責任を与え、同じ人事異動等の範囲で同じ評価基準を適用し、同一の習熟あるいは貢献を求める場合には、パートタイム社員であっても、均等待遇の原則に基づいてⒶ正社員基準の時給による同一賃金を支給しなければなりません。

もし正社員の店長とパートタイム社員の店長の評価が同一であれば、月給と時給との違いおよび実際の労働時間の違いに比例した賃金差はあっても、両者の賃金は同一としなければならないわけです。

労働時間に応じた賃金の時間割計算を行うことは、均等待遇違反にはなりません。

これに対して、**Ⓑパート時給**は、正社員との均等待遇までは義務づけられないパートタイム社員に対して、均衡待遇を配慮してやや低い時給を設定したものです。ここでは一例として、正社員の基本給月額の90％（**補足**）を同じく162時間で割り算して１円単位で切り上げ計算しました（基本給月額×90％÷162）。

もう少し具体的にいうと、「同一労働同一賃金ガイドライン（指針）」の中で、次のような場合（181ページ）はその違いの程度に応じて、正社員の時給とパートの時給にある程度の格差を設けることが均衡待遇の観点からも許容されています。その違いを何％の差と

補足　正社員の基本給の90％

均衡待遇の法律に照らすと、正社員と業務内容が同じであり、その業務の習熟度や貢献度の評価が同じであっても、業務の範囲や人材活用の範囲に制約があるパートタイム社員には、正社員より若干低い時給を支給することが許容されます。この例では、その待遇差を90％に設定しました（パーセントは多少調整できる余地があります）。

図表５－12 ランク型賃金表を用いたパート時給の設定方法

①賃金表　②標準適用ランク

(注)Ⓐ正社員の時給は月額÷162時間で計算した。
Ⓑパート時給は正社員時給×90％で計算した。
基本給月額表は、図表５－２（159ページ）と同じである。

（単位：円）

号俸	賃金ランク	ランク号差	基本給月額	162時間 正社員時給	90% パート時給	パート P1	パート P2	パート P3	正社員 I	正社員 II
1	1	2,000	154,000	951	856	D				
2	1		156,000	963	867	D				
3	1		158,000	976	878	D				
4	1		160,000	988	889	D				
5	1		162,000	1,000	900	D				
6	1		164,000	1,013	912	D				
7	1		166,000	1,025	923	D				
8	1T		168,000	1,038	934	D				
9	2	2,200	170,000	1,050	945	C				
10	2		172,200	1,063	957	C				
11	2		174,400	1,077	969	C				
12	2		176,600	1,091	982	C				
13	2		178,800	1,104	994	C				
14	2		181,000	1,118	1,006	C				
15	2		183,200	1,131	1,018	C				
16	2T		185,400	1,145	1,030	C	P2		I	
17	3	2,300	187,600	1,159	1,043	B	D		D	
18	3		189,900	1,173	1,055	B	D		D	
19	3		192,200	1,187	1,068	B	D		D	
20	3		194,500	1,201	1,081	B	D		D	
21	3		196,800	1,215	1,094	B	D		D	
22	3		199,100	1,230	1,107	B	D		D	
23	3		201,400	1,244	1,119	B	D		D	
24	3T		203,700	1,258	1,132	B	D		D	
25	4	2,400	206,000	1,272	1,145	A	C		C	
26	4		208,400	1,287	1,158	A	C		C	
27	4		210,800	1,302	1,172	A	C		C	
28	4		213,200	1,317	1,185	A	C		C	
29	4		215,600	1,331	1,198	A	C		C	
30	4		218,000	1,346	1,212	A	C		C	
31	4		220,400	1,361	1,225	A	C		C	
32	4T		222,800	1,376	1,238	A	C	P3	C	II
33	5	2,600	225,200	1,391	1,252	S	B	D	B	D
34	5		227,800	1,407	1,266	S	B	D	B	D
35	5		230,400	1,423	1,280	S	B	D	B	D
36	5		233,000	1,439	1,295	S	B	D	B	D
37	5		235,600	1,455	1,309	S	B	D	B	D
38	5		238,200	1,471	1,324	S	B	D	B	D
39	5		240,800	1,487	1,338	S	B	D	B	D
40	5T		243,400	1,503	1,353	S	B	D	B	D
41	6	2,700	246,000	1,519	1,367		A	C	A	C
42	6		248,700	1,536	1,382		A	C	A	C
43	6		251,400	1,552	1,397		A	C	A	C
44	6		254,100	1,569	1,412		A	C	A	C
45	6		256,800	1,586	1,427		A	C	A	C
46	6		259,500	1,602	1,442		A	C	A	C
47	6		262,200	1,619	1,457		A	C	A	C
48	6T		264,900	1,636	1,472		A	C	A	C
49	7	2,900	267,600	1,652	1,487		S	B	S	B
50	7		270,500	1,670	1,503		S	B	S	B
51	7		273,400	1,688	1,519		S	B	S	B
52	7		276,300	1,706	1,535		S	B	S	B
53	7		279,200	1,724	1,552		S	B	S	B
54	7		282,100	1,742	1,568		S	B	S	B
55	7		285,000	1,760	1,584		S	B	S	B
56	7T		287,900	1,778	1,600		S	B	S	B
57	8	3,100	290,800	1,796	1,616			A		A
58	8		283,900	1,815	1,633			A		A
59	8		297,000	1,834	1,650			A		A
60	8		300,100	1,853	1,668			A		A
61	8		303,200	1,872	1,685			A		A
62	8		306,300	1,891	1,702			A		A
63	8		309,400	1,910	1,719			A		A
64	8T		312,500	1,930	1,737			A		A
65	9	3,200	315,600	1,949	1,754			S		S
66	9		318,800	1,968	1,772			S		S
67	9		322,000	1,988	1,789			S		S
68	9		325,200	2,008	1,807			S		S
69	9		328,400	2,028	1,825			S		S
70	9		331,600	2,047	1,843			S		S
71	9		334,800	2,067	1,860			S		S
72	9T		338,000	2,087	1,878			S		S

（以下略）

③等級別評価レートと号俸改定基準

	1	2	3	4	5	6	7	8	9
II					D	C	B	A	S
I			D	C	B	A	S		
P3					D	C	B	A	S
P2			D	C	B	A	S		
P1	D	C	B	A	S				

評価レート→ 賃金ランク↓	1	2	3	4	5	6	7	8	9
1 (×7)	+1	+2	+3	+4	+5	+6	+7	+8	+9
1T	0	+1	+2	+3	+4	+5	+6	+7	+8
2 (×7)	-1	+1	+2	+3	+4	+5	+6	+7	+8
2T	-1	0	+1	+2	+3	+4	+5	+6	+7
3 (×7)	-2	-1	+1	+2	+3	+4	+5	+6	+7
3T	-2	-1	0	+1	+2	+3	+4	+5	+6
4 (×7)	-3	-2	-1	+1	+2	+3	+4	+5	+6
4T	-3	-2	-1	0	+1	+2	+3	+4	+5
5 (×7)	-4	-3	-2	-1	+1	+2	+3	+4	+5
5T	-4	-3	-2	-1	0	+1	+2	+3	+4
6 (×7)	-5	-4	-3	-2	-1	+1	+2	+3	+4
6T	-5	-4	-3	-2	-1	0	+1	+2	+3
7 (×7)	-6	-5	-4	-3	-2	-1	+1	+2	+3
7T	-6	-5	-4	-3	-2	-1	0	+1	+2
8 (×7)	-7	-6	-5	-4	-3	-2	-1	+1	+2
8T	-7	-6	-5	-4	-3	-2	-1	0	+1
9 (×7)	-8	-7	-6	-5	-4	-3	-2	-1	+1
9T	-8	-7	-6	-5	-4	-3	-2	-1	0

するかは、バランスを考慮した企業の裁量あるいは労使または個別の話し合いに委ねられます。

- 正社員のような幅広い職務能力の蓄積がない。
- 正社員に比べてパートタイム社員は時間外・休日勤務への対応が軽減される。
- クレーム対応などのトラブル発生時の緊急対応の義務が軽減される。
- 業績目標が低く設定される。
- 転勤がないか、あっても転勤の範囲が狭い範囲に限定される。
- 職務内容・配置の変更の範囲が限定される。

ランク型賃金表に基づくパート時給のしくみと使い方

では**図表５－12**を順番にみていきましょう。

ここでは、号俸改定基準を賃金表の金額と一対一対応で参照できる見やすい形式で右に記載しました（**図表５－３（162ページ）**で、別表形式で記載したものを横に展開しました）。

ランク型時給表の基本的なしくみは、所定労働時間（この例では162時間）で割り算しただけですから当然ですが、正社員の基本給表と同じです。

基本給月額の号差金額は１ランクでは2000円、２ランクでは2200円というように等差で設定していますが、パート時給については時間割計算で１円単位に切り上げているため、１ランクは１号761円～８号830円まで９円または10円刻み、２ランクは９号840円～16号916円まで10円または11円刻みの号差……というように完全な等差にはなりません。

役割等級と賃金表の対応は、②標準適用ランクの通りです。

パートタイム社員の役割等級の定義は、**157ページの図表５－１**と同じですが、パート労働の実態に近い表現をすると次のように要約できます。

▶パートタイム社員の役割等級

P1等級……軽作業または定型作業などの単純労働

P2等級……自主的な判断を要する技能労働や体力を要する単純労働

P3等級……専門知識・スキルを要する技能労働や体力を要する熟練労働

図表５－12のP1は１～５ランク、P2は３～７ランク、P3は５～９ランクを適用し、それぞれ５段階の評価に対応したゾーンDCBASに分けています。各等級の関係は、下位等級のAは上位等級のCに対応する「２段階一致」となっています。

P1は正社員のⅠ等級（３～７ランク）より２ランク低い位置にありますが、P2は正社員Ⅰ等級と、P3は同Ⅱ等級と完全な並行関係にあります。この点も**図表５－１**の役割等級説明書に符合しています。

実際には、パートタイム社員の時給相場は地域や業種によってかなりの格差があり、地域別・業種別の最低賃金を下回らないようにしなければなりません。

各社でパート時給表を設定する場合は、**図表５−12**で用いた「90％」という係数（賃率）を適宜調整してトライしてください。

地域別最低賃金の最低額は2020年10月改定で792円でしたが、2021年10月改定で820円になっていますので、賃金表設定にあたっては注意してください。

P1等級の評価別のモデル昇給号数と時給額の推移

時給の改定は、**図表５−12の右側**の③等級別評価レートと号俸改定基準を用いて、縦軸の時給のランク１〜9Tと横軸の評価レート１〜９点との交点から、毎回の改定号数を読み取ります。

例えば、一番上のP1の最低時給856円・１ランクの場合、横軸からP1の評価レートはD：

図表５−13　P1・P2・P3等級のモデル昇給グラフ（時給）

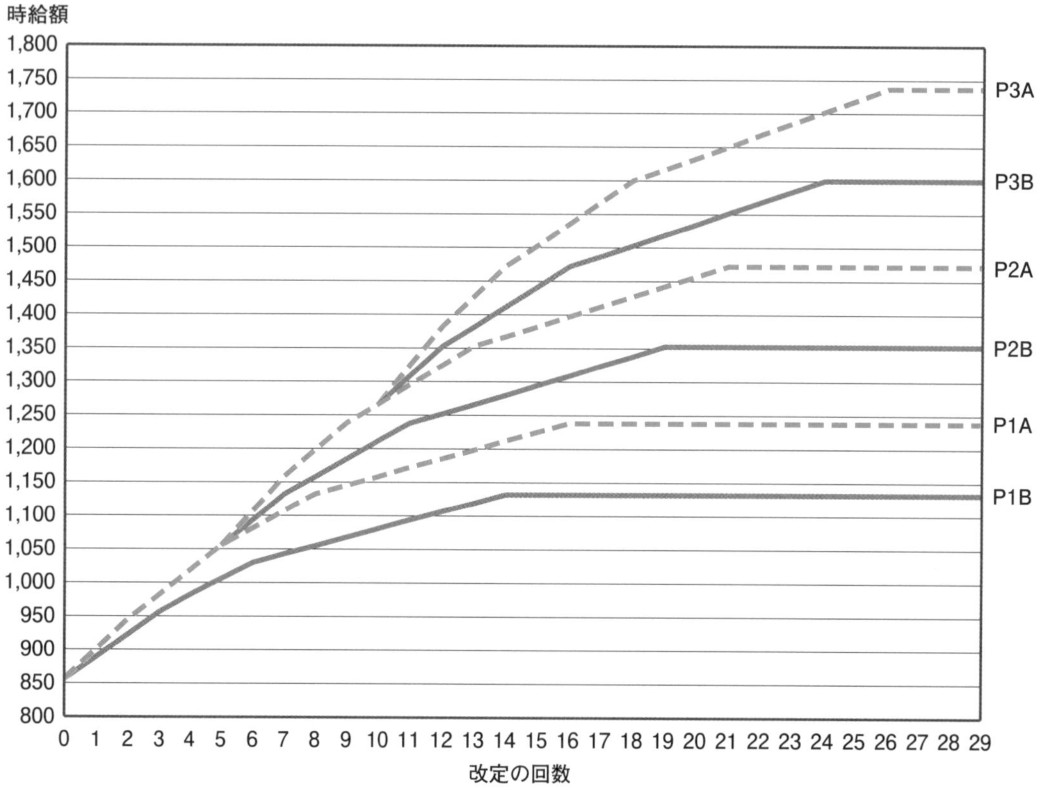

時給額

1,800 / 1,750 / 1,700 / 1,650 / 1,600 / 1,550 / 1,500 / 1,450 / 1,400 / 1,350 / 1,300 / 1,250 / 1,200 / 1,150 / 1,100 / 1,050 / 1,000 / 950 / 900 / 850 / 800

P3A　P3B　P2A　P2B　P1A　P1B

0 1 2 3 4 5 6 7 8 9 10 11 12 13 14 15 16 17 18 19 20 21 22 23 24 25 26 27 28 29

改定の回数

1点、C：２点、B：３点、A：４点、S：５点となり、それぞれプラス１号、２号、３号、４号、５号という号俸改定を行います。

図表５−13は、この号俸改定基準を使い、P1等級の最低時給１号俸856円（１ランク）からスタートして、P1からP2、さらにP3に昇格し、A評価（破線）またはB評価（実線）で昇給し続けた場合の時給額の推移を計算し、モデル昇給グラフにまとめたものです。パートタイマーの場合、昇給は年１回とは限らないので、横軸は改定回数としました。

試算表は省略しますが、P2のスタートは、P1のA評価が改定５回目でP2のDゾーン（３ランク）に入る18号1055円とし、以降A評価とB評価で昇給するモデルを設定しました。P3のスタートは、P2のA評価が改定10回目でP3のDゾーン（５ランク）に入る34号1266円としました。

グラフをみると、P2のA評価は改定21回目で48号1472円（162時間換算で月額23万8464円）、P3のA評価は改定26回目で64号1737円（同月額28万1394円）にそれぞれ到達します。

ここでは現行等級のBゾーンになったら昇格する「遅い昇格モデル」を想定しましたが、実際には有望な人材を等級のCゾーンから昇格させて上位等級の仕事を任せる「早い昇格」も可能です。

どこで昇格させても、現在の時給から段階的に昇給させることができ、急激に時給を上げなくてすむのがランク型時給表と段階接近法の大きなメリットといえるでしょう。

役割等級と評価により同一号俸を適用

図表５−14の上表は、パート等級P1・P2・P3の職務レベルと正社員等級Ⅰ・Ⅱの役割定義を対比し、小売業、飲食店、物流業、食品加工の代表的なパートタイマーの職種を各等級に区分した例です。

図表５−14の下表は、これらの役割等級における習熟度または貢献度を、SABCDの５段階で評価した場合の典型的な評価尺度および対応する評価レートを示しました。

習熟度基準の評価尺度（左）は、事務職や作業職のような、仕事の技能・スキルを順次高めていくことが必要な職種に使うと分かりやすいと思います。これに対して貢献度基準の評価尺度（右）は、サービス職や営業職などのような、業績の変動に対する貢献度の評価が必要な職種に用います。等級の間では２段階一致の時給を設定していますから、P1の仕事の「A　一人前（＝十分満足できる）」は、P2の仕事でいえば「C　教えれば一人でできる（＝不十分な点がある）」という対応関係になります。

なお、ここでいう「C　教えれば一人でできる」「B　ほぼ問題なくできる」「A　一人前」等の評価基準は、上の例のようなそれぞれの仕事についての評価基準であり、人物評価の基準ではないことに注意してください。

図表5－14　パートタイマーの等級区分と評価基準（例）

職種と等級の区分例

役割等級	職務レベル	正社員の役割等級（参考）	小売店	飲食店	物流業	食品加工
P1等級	軽作業または定型作業などの単純労働	なし	清掃	食洗	ピッキング	袋詰め
P2等級	自主的な判断を要する技能労働や体力を要する単純労働	Ⅰ（一般職）比較的短い期間で習得できる定型業務を担当する	販売・品出し	ウェイター	梱包・仕分	カット
P3等級	専門知識・スキルを要する技能労働や体力を要する熟練労働	Ⅱ（担当職）応用動作を伴う比較的定常的な業務を担当する	仕入・陳列	調理	配車・出荷	調理

評価基準の例

5段階評価	評価尺度		役割等級の評価レート		
	習熟度基準	貢献度基準	P1等級	P2等級	P3等級
D	具体的に指示すればできる（初任）	明らかに不十分	1	3	5
C	教えれば一人でできる（育成中）	不十分な点がある	2	4	6
B	ほぼ問題なくできる（一応任せられる）	標準・期待通り	3	5	7
A	一人前（完全に任せられる、人に教えられる）	十分満足できる	4	6	8
S	熟練段階（体系的に指導できる）	抜群	5	7	9

このような評価基準を用いて各人の習熟度・貢献度をSABCDで判定していけば、右側の評価レートが適用され、役割と評価に応じた合理的な時給の昇給管理が可能となります。

何度もくりかえしますが、ランク型賃金表は、段階接近法を用いた昇給ルールにより、同一の評価レートが続くと、一定の経験年数のうちに同一ランクの賃金の上限額（図表5－12の～Tの号俸）に到達します。

パートタイム社員、正社員それぞれにこのしくみを適用し、各人の時給・基本給の改定を進めることにより、最終的には同じ評価であれば同じ号俸が、評価に違いがあればその違いに応じた号俸が適用されます。

このように、統合的な役割等級と役割給のしくみを適用することにより、職務内容や働き方の制約等を反映した「賃率」（この例では正社員100％に対して、パートタイマーは90％）の違いはあっても、パートタイム社員と正社員との違いを超えた「同一労働同一賃金」の原則が適用されるわけです。

「就労可能賃率」を用いた多様な雇用・就労形態の賃金の設定方法

賃率を用いたパート時給の決め方は以上の通りですが、ここでは限定正社員や契約社員、5

年を超えた有期契約社員の無期転換、高年齢者継続雇用などの多様な働き方に対応して、シンプルかつ柔軟に基本給を調整する「就労可能賃率」の手法を紹介しましょう。

賃率とは、簡単にいえば労働契約に基づく基準賃金の単価のことです。所定の単価に投入した労働時間や仕事の出来高（歩合）を掛け算して、実際の賃金支給額を計算します。

一般的な「時間賃率」の基本を確認すると、正社員については、就業規則で定められた1カ月の所定労働時間に対応した基準賃金として基本給の月額が決まっています。

就業規則通りに労務が提供され、無遅刻・無欠勤のときはその満額を支給し、欠勤したときは「ノーワーク・ノーペイの原則」に基づいて欠勤控除を行うのが一般的な支給方法です。

例

社員Xさんの例
１カ月の所定労働時間　１日８時間×平均20.5日＝164時間
基本給：16万4000円の月給制

◆ 欠勤の場合

１時間欠勤→１時間分の基本給（16万4000円÷164時間＝1000円）が時間割計算により控除

１日欠勤→１日（８時間）分の基本給（16万4000円÷20.5日＝8000円）を日割計算により控除

◆ 育児・介護などの必要に基づいて短時間勤務制度（１日６時間）を利用した場合

→その期間の基本給を６時間分（16万4000円÷８×６＝12万3000円）とすることが認められる。

◆ 時間外・法定休日労働を行ったとき

１時間の時間外勤務→１時間分の割増賃金（1000円×1.25＝1250円）を追加支給

１日の法定休日勤務→１日分の割増賃金（8000円×1.35＝1万800円）を追加支給

注　正社員は欠勤控除を適用しない「完全月給制」の会社も少なくありませんが、育児・介護などで短時間勤務制度を利用する場合は、上記のような賃金の減額を行わないと、フルタイムで勤務する他の社員との不公平が問題になる可能性があります。

ここまではごく一般的な時間賃金の支払形態（時間賃率）の説明です。

「就労可能賃率」は、この考え方を拡張して、従業員の働き方の自由度、いいかえれば就労条件の制約に応じた基準賃率を個々の従業員に適用しようというものです。

就労可能賃率の基準値は、フルタイムで就労上の制限がない一般の正社員の100%です。

通常、日本企業のメンバーシップ型の雇用制度においては、正社員には次のような幅広く無限定な就労条件が就業規則で義務づけられていることが多く、その前提のもとに基本給の月額が支給されています。

> ① **フルタイム勤務が可能であること。**
> ② **出勤時間・曜日の制限がないこと。**
> ③ **会社の超過勤務の指示に対応できること。**
> ④ **勤務地・職種の変更を伴う事業所間の異動・出向に従えること。**
> ⑤ **役職の任免や担当業務の変更に従えること。**
> ⑥ **それぞれの職務に全力で取り組み、組織に貢献すること。**

逆にいえば、これらの就労条件に何らかの制約がある社員については、労使の合意に基づいて、その見合いの範囲内で基本給月額を減額調整することができるのです。

例えば、次のような場合は、他の正社員とのバランス上、それぞれ基本給月額を一定程度に減額する賃率を提示することは不合理とはいえません。

> **時間限定**……フルタイム勤務の社員が、子供の養育等の制約から土日・祝日勤務には対応できないこと、特別な場合を除いて平日の超過勤務に対応できないことを申し出た場合など
>
> **勤務地限定**……夫婦共働きや子供の教育、両親の介護などの制約を抱えている社員が、住居移転を伴う転勤には応じられないことを申し出た場合など
>
> **職務限定**……心理的負担の軽減等を理由に、ある職務内容に限定して就労し続ける（あるいは新たな職務を引き受けない）ことを希望し、他の職務内容への変更や他部門への異動を希望しない場合など
>
> **負荷限定**……業務負荷やリスクを軽減させるために重筋労働や緻密労働をさせなかったり、業績目標を低く設定したり、クレーム・事故対応、機密情報や金銭の取扱い、パソコンや精密機器の使用、車両運転、防犯・防災チェックなどのリスク業務を任せなかったり等の配慮を行う場合など

このような限定的な働き方を希望する社員に対して、一般的な就業規則を盾に無限定の働き方を要求しても、そもそも本人の能力・意欲がなければ無意味です。まして会社を辞められたりしては、元も子もありません。家族介護や育児、兼業・副業、ADHD（注意欠如多動性障害）やうつ病、糖尿病やがん治療など、さまざまな事情を抱えた従業員のニーズには、会社側にも柔軟な対応が求められるわけです。

ただし、社員の希望に応じたにもかかわらず、通常の正社員と何ら変わらない賃金を100％保障し続けるのは、人件費的にも公正処遇の面でも問題です。幅広い就労条件に応え、会社の求める職務に精励するために努力している他の正社員からすれば、行きすぎた「甘やかし」と

か「えこひいき」に映ってしまうでしょう。そのままにしておくと、感情的な不平・不満が生じ、職場内の人間関係の悪化などの原因にもなります。

就労可能賃率は、このような個別具体的な制約を抱え、多少待遇が下がっても現在の職場での就労を希望する社員と上手に折り合いをつけていくための現実的な手法なのです。

人材活用の自由度に見合う就労可能賃率の基準例

実務的には、上記のような個々のケースに対して、その都度賃率を査定するのはなかなか難しいと思います。そこで**図表５－15**の例のような就労可能賃率の基準をあらかじめ設けておき、実務対応を判断するとよいでしょう。

これは、「人材活用の自由度」を、Ⓐ時間の自由度とⒷ配置の自由度の観点から整理し、両者の掛け算で具体的な就労可能賃率を決めようというものです。

Ⓐ時間の自由度は、時間外勤務に対応できるフルタイムを100%とし、時間外勤務に対応できないフルタイムは95%（マイナス５%）としました。短時間勤務は時間賃率での比例計算とし（例：６時間÷８時間＝75%）、時間外勤務に対応しても超過勤務手当を支給するだけにとどめます。

Ⓑ配置の自由度は、職務の変更・異動が限定なしの社員について、国内転勤に応じる場合は

図表５－15　人材活用の自由度に見合う就労可能賃率の設定例

Ⓐ時間の自由度		②超過勤務の対応	
		対応可能	対応できない
①所定労働時間内での就労	フルタイム勤務	100%	95%
	短時間勤務	就労可能日数・時間数に応じた率 （例）１日６時間の場合 6÷8＝75%	

Ⓑ配置の自由度		④職務の変更・異動の対応	
		限定なし	同職種内の変更・部門内のみ異動
③転勤・長期出張の対応	国内転勤	100%	95%
	エリア内転勤	95%	90%
	長期出張で対応	90%	85%
	転勤・長期出張とも不可	85%	80%

（注）就労可能賃率＝Ⓐ時間の自由度×Ⓑ配置の自由度
例：①フルタイム勤務で②超過勤務に対応できない（95%）社員が、③転勤・長期出張とも不可で④職種変更・異動には無限定（85%）で対応できる場合は、就労可能賃率は95%×85%＝80.75%となる。

補足 **配置の自由度にかかる待遇差のつけ方**

転勤に応じる社員と地域限定社員との待遇差については、このように賃率を変える方法のほか、転勤社員には評価レートを１点加点する方法で昇給を優遇する方法もあります。なお、地域限定社員については、前掲の**図表５－12（180ページ）**の基本給月額表（100％）を地域・エリア別に設定することもできます。また、海外転勤や他社への出向に応じる者には逆に定率のプレミアム（手当）をプラスする方法もあります。

100％、一部エリア内の転勤に応じる場合は95％、転勤はできないが長期出張できる地域限定社員は90％、転勤・長期出張ともに対応できない地域限定社員は85％としました。さらに職務の変更・異動の範囲が同職種内の変更・部門内の異動に限定される社員については、それぞれマイナス５％としました。

就労条件の制約を抱えていたり、職務の変更・異動の範囲について本人の希望を受け入れざるを得ない社員については、このような目安に基づいて、賃金減額に合意したうえで本人の申出を受け入れるようにすれば、本人も会社も、他の社員も納得しやすく、不公平感に起因する無用なトラブルも回避できるようになるでしょう。

5 ランク型賃金表を活用した高年齢者の継続雇用賃金の決め方

高年齢者雇用安定法の改正

70歳までの雇用を努力義務とする改正高年齢者雇用安定法が2021年４月からスタートしました。

旧高年齢者雇用安定法は、すべての企業に対して、①定年の引上げ、②定年後の勤務延長や再雇用などの継続雇用制度、③定年制の廃止のいずれかの「**高年齢者雇用確保措置**」により、65歳までの雇用を義務づけていました（第９条）。

2021年４月の改正高年齢者雇用安定法（改正高年法）では、旧法の65歳までの雇用確保措置義務（上記①②③）に加えて、①70歳までの定年引上げ、②定年制の廃止、③70歳までの継続雇用制度の導入、④70歳まで継続的に業務委託契約を締結する制度の導入、⑤70歳まで継続的に社会貢献事業に従事できる制度の導入―のいずれかを実施する70歳までの「**高年齢者就業確保措置**」が企業の努力義務になりました。

法改正の背景には、団塊の世代のリタイアや急速な少子高齢化による社会保険財政や医療費のひっ迫を食い止め、制度維持のために、より長く高年齢者に働いてもらいたいという社会的要請があります。

働く側も、デフレや労働時間の減少で年収が減り、社会保険料の負担増もあって貯えに余裕がなくなっています。よほどの貯えがある人でない限り、定年後も働いて補うしかありません。

では、現実の高年齢者雇用はどのようになっているでしょうか。

厚労省の調査では、2020年６月時点で65歳までの雇用確保措置を実施ずみの企業は全体の99.9％に達し、その内訳は、①定年の引上げが2.7％、②定年後の継続雇用制度が76.4％、③定年制の廃止が20.9％となっています（「高年齢者の雇用状況」調査）。

これまでは、①定年延長や③定年制の廃止で65歳まで勤務できる企業が約２割強あり、残り８割近い企業が②継続雇用を活用して65歳までの雇用を保障してきたわけです。

ただし、大多数を占める②継続雇用制度の場合、働きながら受給する**在職老齢年金**や、定年後の賃金ダウンを雇用保険が補てんする**高年齢雇用継続給付金**などの公的給付を受給することを前提に、勤務延長や再雇用の賃金水準を低めに決めてきた会社が大半です。

ご承知のように、厚生年金は支給開始年齢の繰り延べが進み、すでに基礎年金部分は65歳以降でないと支給されません。報酬比例部分も2022年度以降は64歳、25年度以降は65歳と段階的に繰り延べられ、25年４月以降は65歳まで一切の年金が受給できなくなります。

高年齢雇用継続給付金も25年４月以降、段階的に給付水準が抑制されることが決まっており、これまでのように公的給付の受給を前提に、勤務延長や再雇用の賃金を低めに支給する方法では、働く人の生活給を支えきれなくなる可能性が大です。

これまでは65歳まで５年間の継続雇用の待遇だけを考えればよかったのですが、これが70歳までとなると、10年間もこのような低い待遇を続けて、果たして高年齢者の労働意欲を保つことができるのかという問題に直面せざるを得ません。

改正高年法は70歳までの就労確保を努力義務としていますが、今後少子高齢化が猛スピードで進み、企業サイドでも高年齢者の安定的な人材確保が人事課題として重要視される中で、70歳までの就労確保措置を真剣に取り組む必要があるでしょう。

高年齢者の継続雇用時の賃金処遇の考え方

継続雇用時の賃金処遇については、次の**４つの観点**から考える必要があります。

継続雇用時の賃金処遇を考える際の視点

❶ **定年までの正社員の賃金……貢献度合いや会社の支払能力とのバランス**

❷ **同一労働同一賃金ガイドラインへの対応……定年前と定年後の均等・均衡待遇**

❸ 継続雇用に対する従業員の志向の違い

❹ 積極的な「人材活用」としての高年齢者の継続雇用

1つめは50歳前後から定年までの正社員の賃金が、実際の貢献度合いや会社の支払能力とバランスがとれているかどうかです。行きすぎた年功処遇などのため定年前の賃金が高くなりすぎて、人件費に余裕がない場合などは、定年後の継続雇用賃金をある程度抑制することはやむを得ないでしょう。

現実に、定年時に退職金・年金が支給されること、一定年齢以降は制限つきとはいえ在職老齢年金や高年齢雇用継続給付が受給できること、定年前に比べて軽易な職務に転換させる場合があることなどを理由に、最大5割程度まで継続雇用賃金を切り下げる会社が少なくありません。

しかし、定年前の中高年齢層の賃金が、その貢献度合いや会社の支払能力とある程度バランスがとれていれば、明らかに軽易な業務に転換させる場合などを除き、継続雇用者の賃金を必要以上に減額する必要はなくなります。その場合は、定年前の処遇を継続する勤務延長や、さらには定年延長も視野に入ってくるでしょう。

定年制のない、あるいは定年を65歳またはそれ以上に定めている中小企業は、大企業に比べると中高年齢層の賃金水準がかなり抑制され、すでにこのような状態に近いと考えられます。

2つ目は、同一労働同一賃金ガイドライン（指針）に対応し、定年前の正社員との均等待遇・均衡待遇を配慮した賃金にしなければならないことです。ガイドラインでは、定年前の正社員の賃金と定年後の継続雇用の賃金差について、「均衡待遇」の原則が適用されることを注記しています。すなわち、両者の間に実際に①職務の内容、②職務の内容および配置の変更の範囲、③その他の事情の違いがある場合は、その違いに応じた（バランスのとれた）賃金差は許容されます。そして、定年に達した後に継続雇用された者であること、定年後に退職一時金および企業年金・公的年金の支給を受けていること、定年後の継続雇用における給与の減額に対応した公的給付がなされていることなどは、③のその他の事情として考慮されると明記しました。ただし①②③の違いに照らしても、行きすぎた（アンバランスな）賃金差を設けることまでは認められません。

もう少し具体的にいうと、定年後に与える業務内容の違いによって再雇用後の賃金を使い分け、定年前と同じか類似の職種の場合は、賃金をあまり下げられないことに注意すべきでしょう。賃金があまり高くない中小企業の場合は、定年前より業務負荷を相当小さくしたとしても、定年前の6～7割以上とする必要があると思います。

3つめは、高年齢者に特有のさまざまな「制約」のため、個々の高年齢者の継続雇用に対する「志向性」、いいかえれば働く側の定年後の就労動機や労働意欲には大きな個人差があり、刻々と変化する可能性が高いことです。

大きく分けると、定年後も自分の力を発揮して仕事や組織に貢献したいと考える「貢献志向」、生活収入のために働きたいと考える「収入志向」、仕事の内容が軽減され多少収入が下がっても仕事や職場の仲間にかかわり続けたいと考える「関係志向」などの違いがあり、状況に応じて会社が求める職務内容や責任、本人の働き方も変わる可能性があります。従業員が抱える制約を直視し、志向性の違いを受け止めて、**与える仕事の内容や働き方に応じて弾力的に賃金処遇を変えられるようにする必要があります。**

4つめは、高年齢者を継続雇用する目的を「人材活用」に積極的に結びつけ、貢献意欲のある高年齢者が積極的に仕事に取り組める投資効果のある賃金処遇の基準を用意することです。すなわち、高年齢者の経験・専門能力・人脈等を貴重な経営リソースとして積極的に活用し、それぞれの志向性や能力・意欲、就労の自由度（逆にいえば制約）を配慮した仕事の機会を与え、その役割と貢献度を評価するフェアなしくみにしておくことです。

最近は、人手不足や積極的な高年齢者の活用を考え、定年延長や定年廃止に踏み切る会社も次第に増えてきました。企業が65歳までの雇用確保義務や70歳までの就業確保義務を受け身にとらえ、人件費コストの切り下げばかり追求したのでは、高年齢者も**自分たちの働きが期待されていないと敏感に察知し、他社とも比較してモラールを下げるのは仕方がありません。**これでは会社も従業員も損失は計り知れないものがあります。

このような悪循環に陥らないようにするには、定年後の継続雇用者を画一的に取り扱うのではなく、**一人ひとりに与える役割と実際の貢献度に応じて、弾力的に賃金処遇を行うしくみを**用意する必要があります。

勤務延長制度と再雇用制度とは、どう違うのですか？

勤務延長制度とは、定年年齢が設定されたまま、その定年年齢に到達した者を退職させることなく引き続き雇用する制度をいいます。定年に達した後も、従前の雇用契約を終了させることなく、雇用を継続するのが本来の勤務延長制度です。

これに対して**再雇用制度**とは、現に雇用している高年齢者が希望するときは、定年年齢に到達した時点でいったん退職させた後、再び雇用する制度をいいます。定年に達したことにより雇用契約を終了させた後に、新たな雇用条件のもとで有期雇用契約を締結します。

 高年齢雇用継続給付とはどのようなしくみですか？

 高年齢雇用継続給付は60歳到達時点の賃金（60歳直前の半年間の平均賃金で賞与は無関係。2021（令和３）年８月１日現在の60歳到達時点の賃金月額の上限は47万100円とされる）に比較して、60歳以上65歳未満の賃金が75％未満にダウンした場合に、そのダウン率に応じて雇用保険から賃金額の最大15％※に相当する給付金を支給する制度です。ただし、60歳以降の新賃金が2021（令和３）年８月１日現在で36万584円以上の場合、給付金は支給されません。

※改正高年法に関連して、2025（令和７）年４月から給付率が10％に縮小され、支給率が低減する低下率もこれまでの61％から64％に引き上げられる。

ランク型賃金表に準拠した短期決済型の「継続雇用賃金表」

図表５−16は、高年齢者のフレキシブルな賃金処遇が可能になる短期決済型の「継続雇用賃

図表５−16　継続雇用賃金表

（元の賃金表は図表５−２参照）

号俸	ランク	賃率					Ⅰ	Ⅱ	Ⅲ	Ⅳ	Ⅴ	Ⅵ
		100%	95%	90%	85%	80%						
8	1T	168,000	159,600	151,200	142,800	134,400						
16	2T	185,400	176,130	166,860	157,590	148,320						
24	3T	203,700	193,515	183,330	173,145	162,960	D					
32	4T	222,800	211,660	200,520	189,380	178,240	C					
40	5T	243,400	231,230	219,060	206,890	194,720	B	D				
48	6T	264,900	251,655	238,410	225,165	211,920	A	C				
56	7T	287,900	273,505	259,110	244,715	230,320	S	B	D			
64	8T	312,500	296,875	281,250	265,625	250,000		A	C			
72	9T	338,000	321,100	304,200	287,300	270,400		S	B	D		
80	10T	365,000	346,750	328,500	310,250	292,000			A	C		
88	11T	393,600	373,920	354,240	334,560	314,880			S	B	D	
96	12T	423,800	402,610	381,420	360,230	339,040				A	C	
104	13T	456,300	433,485	410,670	387,855	365,040				S	B	D
112	14T	490,500	465,975	441,450	416,925	392,400					A	C
120	15T	527,000	500,650	474,300	447,950	421,600					S	B
128	16T	565,200	536,940	508,680	480,420	452,160						A
136	17T	605,700	575,415	545,130	514,845	484,560						S

（注）右側のSABCDは役割等級ごとの標準的な貢献度評価との対応関係を示す。

金表」を設定したモデル例です。勤務延長も定年再雇用もこの賃金表1枚で対応できます。

つくり方はごくシンプルで、159ページの図表５－２で紹介したランク型賃金表に基づいて1ランク～17ランクの上限額（～Tの金額）を賃率別に書き出したものです。

継続雇用者には、原則として1年ごとの有期雇用でこのランク別金額を「基本給」として適用し、役割と貢献度の評価に応じて毎年ランクの見直しを行います（手当等は後述）。

パート勤務の継続雇用者には時給に換算して支給します。

図表５－17は、継続雇用賃金表のランクと賃率の運用基準をまとめたものです。

基本的な使い方は、定年時（退職前）の賃金のランク（X）に基づき、職務内容の変化に応

図表５－17　継続雇用賃金表のランクと賃率の運用基準（元の賃金表は図表５－２参照）

仕事の内容の変化				人材活用のしくみと運用（人事異動等の有無や範囲）		
職種転換	職務内容（業務の内容および業務に伴う責任の程度）	役割等級	賃金ランク	i 変わらない	ii 人材活用が若干限定される	iii 人材活用が大きく制約される
				賃率の適用		
①同じ仕事を継続	ア　まったく変わらない	等級変更なし	±0	100%	95%	—
	イ　職務内容の範囲が若干限定		-1	100%	95%	85%
②類似業務に職種転換	ウ　これまでの経験・知識・能力を活用できるやや軽易な業務を担当する場合	1等級下位を適用	-2	100%	90%	80%
③異質な職種に転換	エ　これまでのキャリアとは無関係で職務内容も異質な軽易業務に転換する場合	当該等級を適用	1等級につき2ランク下げる	—	90%	80%

◆継続雇用賃金表のランクと賃率の運用基準（図表５－17）の使い方

1　賃金ランクの調整基準を判定する

「仕事の内容の変化」（図表の左側）をみる基準ア～エを使って、定年到達時の各人の基本給○円（Xランク）に対し、定年後に与える職務内容（業務の内容および業務に伴う責任の程度）によって、賃金ランクYの調整基準（0～－4等）を判定する。

2　賃率を判定し基本給額を把握する

「人材活用のしくみ（人事異動等の有無や範囲）」（図表の右側）をみる基準ⅰ～ⅲを使って、定年後の基本給に適用する賃率Zを判定し、図表５－16から定年後に支給する基本給額（Yの100％の金額×Zの％）を把握する。

じて継続雇用後の**基準賃金ランク（Y）**を調整し、さらに人材活用のしくみ（＝本人の働き方）の変化に応じて**賃率（Z）**を判定します。

一例として、定年到達時の役割がⅣ等級で、基本給が77号・10ランク35万4800円（159ページ参照）の社員の継続雇用賃金の基準ランクYは、次の要領で設定します。

❶ 図表の**「①同じ仕事を継続」する場合**は、職務内容（業務の内容および業務に伴う責任の程度）がア・イのどちらに該当するかを評価し、基準ランクの「±０」～「－１」を判定します。

⑴ まず、「ア　職務内容がまったく変わらない場合」は、役割等級は当然そのままで、賃金も定年前とほぼ変わらない「±０」ランク、つまり基準ランクＹ＝10Ｔとすることをお勧めします。

次に、人材活用のしくみと運用（人事異動等の有無や範囲）がⅰ・ⅱのどちらに該当するかを判定し、賃率100％または95％を適用します。

人材活用のしくみと運用が「ⅰ　変わらない」場合は100％ですが、10Ｔ（100％）の36万5000円は元の賃金よりも高くなるので、35万4800円のままとします。

「ⅱ　人材活用が若干限定される」場合は95％で、10Ｔの賃金36万5000円×95％＝34万6750円を支給します。職務内容は変わらなくても、定年後は転勤の範囲が狭くなったり、職種変更や配置変更の範囲が多少限定されたり、原則超過勤務をしないようにするなど、勤務条件を若干軽減する場合などが考えられます。

⑵ 次の「イ　職務内容の範囲が若干限定される」場合は、賃金ランクが１つ下がり基準ランクＹ＝9Ｔとします。これまで通りの仕事を続けつつ、仕事の一部を後任者に移管したり、後任者の教育に軸足を移すなど、職務内容を若干軽減するケースなどが考えられます。

これに人材活用は「ⅰ　変わらない」場合は100％（33万8000円）、「ⅱ　人材活用が若干限定される」場合は95％（32万1100円）、「ⅲ　人材活用が大きく制約される」場合は85％（28万7300円）の賃率を適用します。「人材活用が大きく制約される」とは、定年後は特定の事業場・職場の特定の職務に限定され、異動・配置が強く制約されるようなケースが該当します。

このように、賃金を切り下げる以上は、定年後の職務内容に基づいて賃金ランクを調整し、働き方の軽減に伴い賃率を調整することを本人に説明・確認することが大事な手続きとなります。「賃金は下がるが、職務内容や働き方はいままで通り」と会社が申し出ても、本人のモラールダウンやサボタージュはまず避けられないので、十分注意してください。

❷ 次に**「②類似業務に職種転換」**は、「ウ　これまでの経験・知識・能力を活用できる」１

等級下位の（役割・難易度の低い）業務に変わるケースを想定しています。この例の場合、役割等級はⅢ等級とし、ランクは「－２」のＹ＝8T（100％は31万2500円）とします。

3 最後の「**③異質な職種に転換**」は、「エ　これまでのキャリアとは無関係で職務内容も異質な軽易業務に転換」することを想定しています。役割は実際に与える仕事の等級（例えばⅡ等級）を適用し、ランクはⅡ等級の場合「－４」のＹ＝6T（100％は26万4900円）を適用します。賃金表は「２段階一致」で作成しているので、原則として役割等級が１等級下がる都度２ランクずつ下げることを目安とするとよいでしょう。「ⅱ人材活用が若干限定される場合」は90％、「ⅲ人材活用が大きく制約される場合」は80％の賃率を適用します。6ランクで賃率80％の場合、6Tの金額×80％＝21万1920円（元の賃金35万4800円の59.7％）となります。

このような方法で定年再雇用時の適用ランクと賃率を決めていくと、定年前の基本給に対する賃金の支給率は最高100％から最低でおよそ60％程度となります。

これまでの継続雇用賃金の支給率は、勤務延長制度で定年時の82％程度、定年再雇用で70％程度という調査があります※。上記の最低60％程度に下がるケースは、「エ　これまでのキャリアとは無関係で職務内容も異質な軽易業務に転換」し、かつ「ⅲ人材活用が大きく制約される場合」であり、役割等級が２段階下がることを考えると、過度に低い水準とはいえないでしょう。

※拙著『同一労働同一賃金ガイドラインに沿った待遇と賃金制度の作り方』（2019年６月、第一法規刊）282ページ参照。

継続雇用賃金のランク調整方法（契約更新あるいは給与改定）

毎年の契約更新（給与改定）のときは、**各人の適用ランクに対する実績評価sabcd**（小文字を用いることに注意）を行い、継続雇用賃金の適用ランクに対しランク調整を行います。

いまある人が、継続雇用初年度に9Tランク（100％は33万8000円）（**図表５－16**）という賃金でスタートしたとしましょう。実績評価は、継続雇用賃金の最初の適用ランクをｂ評価基準とし、**図表５－18**のような簡易な尺度法でランクを調整します。

例

a評価……翌年は１ランクをプラスした10Tランク（100％は36万5000円）を適用する（２万7000円、8.0％増額）。

b評価……翌年も元の9Tランク（100％は33万8000円）をキープする。

c評価……8Tランク31万2500円を適用する（２万5500円、7.5％減額）。

s評価（5万5600円、16.4%増）とd評価（5万100円、14.8%減）は、さらに大きな増減となる。

図表5－18 実績評価による継続雇用賃金の改定基準

評価	ランク調整	適用ランクに対する実績評価
s評価	+2	期待水準を大きく超え、上位等級並みにランクを上げる必要がある
a評価	+1	期待水準を上回り、ランクを上げる必要がある
b評価	±0	標準・期待通りであり、現行ランクを維持する
c評価	-1	期待水準を下回り、ランクを下げる必要がある
d評価	-2	期待水準を大きく下回り、下位等級並みにランクを下げる必要がある

念のため付け加えると、適用ランクYに対する実績評価sabcdは、図表5－16の役割等級ごとの標準的な貢献度評価基準SABCDを示したものではなく、最初の適用ランク＝b評価とした場合の基本給の改定方法を示したものです。上に説明した事例は、元の継続雇用賃金は9Tランクでスタートしているので、9Tランク＝b評価基準となります。結果、Ⅳ等級の貢献度評価に対応するランクは、本来のS13、A12、B11、C10、D9ランクよりも2ランク低いs11、a10、b9、c8、d7ランクとなります。

結局、スタート時の適用ランクの金額に対して、b評価（100%）を中心に最高のs評価（プラス16～18%前後）から最低のd評価（マイナス15～16%前後）まで、かなりドラスチックな賃金改定が行われます。

ランクのアップ・ダウンによる増減幅が大きすぎると思われるかもしれませんが、高年齢者の場合、継続雇用期間（60歳～70歳の10年間）の間に、働く人の志向性や体調、家庭事情などにより、能力・意欲はもとより、就労の自由度も大きく変化します。業務の内容や責任の程度が大きく変わる可能性や、契約そのものを終了させる可能性も想定して、このような弾力的な短期決済型の賃金処遇が行えるしくみをお勧めします。

ただし65歳までの雇用確保期間については、このようなドラスチックな賃金改定ではなく、定年前と同じ段階接近法®に基づく通常の号俸改定基準を用いるという選択もあり得ます（図表5－3（162ページ）参照）。

この場合は、あらかじめ正社員のランク型賃金表をもとに賃率80%～100%を乗じた賃

補足 **ランクの調整**

ランクの調整は、前年のランクに対してランクのプラス・マイナスが毎年累積するのではなく、60歳到達後の最初に設定した基準ランクYに対する「洗い替え方式」で運用します。ただし、契約更改や賃金改定に伴い、与える仕事の内容そのものが変わる場合は、再度、図表5－17左側のランク運用基準に基づいて、基準ランクYを改めて判定しなおします。その後の評価によるランク調整は、変更後の基準ランクYに対して行います。

率別の号俸表を複数作成します（**図表５－２**（**159ページ**）参照）。

その上に、**図表５－16**、**図表５－17**の基準を個々の継続雇用者に適用して、各人の継続雇用賃金の号俸・賃金ランク（〇号・〇Tランク）を位置づけます。毎年の賃金改定は、個々の継続雇用者の賃金ランクと号俸改定評価SABCDとの組み合わせから、**図表５－３**の号俸改定基準を適用して運用することになります。

短時間勤務の場合

以上はフルタイム勤務を前提に解説しましたが、週４日・３日勤務や１日６時間勤務などの短時間勤務に切り替える場合は、その労働日数や労働時間に応じて減額し、あるいは**図表５－16**の金額を時給制で支給します。

諸手当は、役割Ⅰ～Ⅳ等級は非管理職なので、超過勤務を行った場合は時間外・休日勤務手当等を別途支給する必要があります。

役割Ⅴ等級（課長クラス）とⅥ等級（部長クラス）については、従前通り労働時間を限定しない勤務を求めるのであれば、適当額の管理職手当・専門職手当を支給する必要があります。

もっとも、継続雇用者の管理職は、定時勤務ないし短時間勤務を基本とする勤務形態もあり得ます。その場合は、手当額を２分の１～３分の１程度に減額するとよいでしょう。

家族手当等の生活補助的な手当をどうするかは同一労働同一賃金ガイドライン（指針）には直接触れられていませんが、不合理な待遇差を禁止する趣旨でいえば定年前の正社員と同一の支給基準を適用する必要があると思います。

ランク型賃金表と連動した継続雇用賃金表を使うと、個々の継続雇用者の職務内容や人材活用の状況、そして実際の貢献度に応じた弾力的な賃金処遇が行えるようになり、正社員の賃金制度との関連も含めて、賃金決定のしくみや個々の決定理由を具体的に説明できるようになります。定年前社員の賃金との関係や、継続雇用者どうしの賃金バランスが見えるようになり、各人別の賃金実態も把握しやすくなります。

働く人の役割が明確になり、昇給・降給の基準もはっきりするので、継続雇用者の高い就労意欲を引き出し、勤務の規律を保つことが期待できるでしょう。

6 加給を使った基本給・時給のベース改定の進め方

これまでの説明は、**図表５－２**（159ページ）の賃金表（設例は2020年度水準）をまったく変えずに、毎年の号俸改定のルールだけを運用するという前提でした。

実際には、経営環境の変化を受けて賃金表のベース改定を適正に行い、会社の賃金競争力を維持することも必要です。

日本では、毎年４月になると、労働組合のある会社ではいわゆる**春闘**と呼ばれる春季賃金交渉が労使の間で行われています。これらの会社では、通常４月に**定期昇給**と**ベースアップ**を同時に行う慣習が定着しています。

両者をひとくくりに**賃上げ**ということが多いのですが、賃金管理上、昇給とベースアップとは意味の違うものです。

昇給は、会社の賃金表の上で昇給制度を運用して、各人の賃金の位置を動かし昇給させる措置をいいます。これを毎年、給与規程や労働協約に基づいて定期的に行うことから定期昇給という言葉が使われるようになりました。

号俸制の賃金表を使った昇給のやり方は、現在の「○号」の賃金に各人の号俸改定の評語（SABCD）に応じた所定の「○号」をプラス・マイナスするだけの操作です（**図表５－19**）。

図表５－19　号俸改定とベース改定

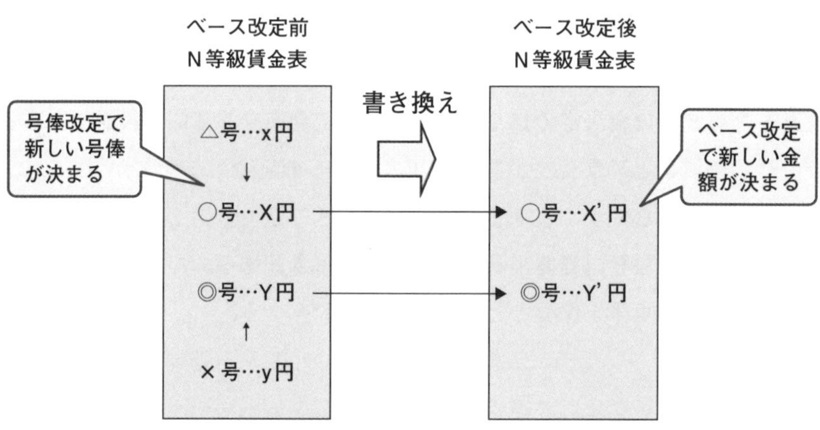

・号俸改定＝賃金制度のしくみとして、賃金表に基づいて新年度の各人の号俸の位置づけを変更する。昇給・昇給停止・マイナス昇給がある。

・ベース改定＝会社の政策決定として、各人の号俸を変えずに賃金表そのものを改定して新しい金額に乗り移る。ベースアップとベースダウンがある。

例

（昇給の例）

旧賃金	……	Ⅱ等級27号	……	21万800円
号俸改定	……	＋4号	……	＋9600円
新賃金	……	Ⅱ等級31号	……	22万400円

評価が悪いと昇給ゼロやマイナス昇給もありますから、必ずしも全員に昇給を約束したものではありません。本書では**号俸改定**と呼びます。

これに対し**ベース改定**は賃金表の金額そのものを増額改定（ベースアップ）したり減額改定（ベースダウン）したりするもので、これを行うことで初任給や全員の基本給水準を直接アップ・ダウンさせることができます。

賃金表の増額改定（ベースアップ）を行う理由は主に次の３つです。

なぜベースアップを行うか？

❶ **物価上昇による実質賃金の目減りをカバーする**
❷ **賃金の世間水準の上昇に対応して、会社の雇用競争力を維持する**
❸ **生産性向上の成果を従業員に配分する**

高度成長期から安定成長期、そしてバブル崩壊までの期間は、物価上昇や人手不足に対応するため毎年のベースアップがいわば定例行事となっていました。定期昇給分よりもベア分の方が金額のインパクトが大きかったため、経営者も従業員も実際の賃金の配分を決める賃金制度のしくみには無関心となる一因ともなりました。

バブル崩壊後、**デフレ経済**が長期化し物価や賃金水準が少しずつ下落し始めると、一転してベアはほとんど行われなくなり、「定昇のみ、ベア・ゼロ」の流れが定着しました。2008年のリーマンショックに続く世界同時不況の後は、雇用確保を優先し、社会的合意に基づいて雇用調整を行いつつ賃金水準の切り下げ（ベースダウン）を実施するワークシェアリングの考え方さえも登場しました。

なぜベースダウンを行うか？

❶ **物価・販売価格の下落（デフレ）による実質賃金の上昇を防ぐ**
❷ **世間の賃金水準の下落に対応して、会社のコスト競争力を維持する**
❸ **雇用確保を優先し、人件費を圧縮する**

2014年度以降は再びベースアップが復活していますが、かつての安定成長期に比べると、ごく小幅にとどまります。その配分は若年層の引き上げや、パートタイマー、定年後再雇用者など非正規従業員の引き上げに回り、中高年層の賃金はほとんど上がっていません。むしろ下がってさえいます。

いずれにしても会社の賃金水準を適正に調整するベース改定は、経済をうまく回すためには避けることのできないものです。

一般的にベース改定は、賃金表そのものを書き換え、改定することと同じです。

図表５−20はＰ社のＭ年度ランク型賃金表を、Ｎ年度の新しい賃金表に書き換えた例です。賃金表のしくみや初任給の号数は一切変えないで、金額を一律1000円増やしてあります。

まずＮ年４月１日に、前のＭ年度賃金表の上でルールどおり号俸改定を行います。昇格も行って、全員の新しい号俸が確定します。

その確定した号俸で新しいＮ年度の賃金表に乗り換えると、さらに全員1000円ずつ金額が増

図表５−20　賃金表の書き換えによるベース改定事例

(注)Ⓐ正社員の時給は基本給月額÷162時間で計算した。
Ⓑパート時給は正社員時給×90％で計算した。
Ｍ年度の基本給月額表は、図表５−２と同じである。

※Ｍ年度の基本給に一律1000円をプラス

			Ｍ年度		(単位：円)	Ｎ年度(ベース改定後)		(単位：円)
号俸	賃金ランク	ランク号差	基本給月額	162時間 Ⓐ正社員時給	90% Ⓑパート時給	基本給月額	162時間 Ⓐ正社員時給	90% Ⓑパート時給
1	1	2,000	**154,000**	**951**	**856**	**155,000**	**957**	**862**
2	1		156,000	963	867	157,000	970	873
3	1		158,000	976	878	159,000	982	884
4	1		160,000	988	889	161,000	994	895
5	1		162,000	1,000	900	163,000	1,007	906
6	1		164,000	1,013	912	165,000	1,019	917
7	1		166,000	1,025	923	167,000	1,031	928
8	1T		168,000	1,038	934	169,000	1,044	939
9	2	2,200	170,000	1,050	945	171,000	1,056	950
10	2		172,200	1,063	957	173,200	1,070	963
⋮	⋮	⋮	⋮	⋮	⋮	⋮	⋮	⋮
127	16		560,400	3,460	3,114	561,400	3,466	3,119
128	16T		565,200	3,489	3,140	566,200	3,496	3,146
129	17	5,100	570,000	3,519	3,167	571,000	3,525	3,173
130	17		575,100	3,550	3,195	576,100	3,557	3,201
131	17		580,200	3,582	3,224	581,200	3,588	3,229
132	17		585,300	3,613	3,252	586,300	3,620	3,258
133	17		590,400	3,645	3,280	591,400	3,651	3,286
134	17		595,500	3,676	3,309	596,500	3,683	3,314
135	17		600,600	3,708	3,337	601,600	3,714	3,343
136	17T		605,700	3,739	3,365	606,700	3,746	3,371

えます。同時に初任給も1000円増額改定されます。基本給月額に連動して、パート時給も、の継続雇用賃金（**図表５−16参照**）も自動的に改定されます。これがベースアップです。

反対に、例えば1000円ずつ賃金表を減額改定するとベースダウンになります。この場合は、一人ひとりの評価に基づいて号俸改定を行った後、全員の賃金水準を1000円下げる操作となります。初任給も連動して1000円下がります。

いずれにしろ、号俸改定とベース改定を同時に行うときは、必ず**号俸改定を先に**やって、それからベース改定を行うことに注意してください。

> **注** 第３章で紹介したような賃金表を使わない範囲給の場合は、範囲給の上限・下限額だけを書き変えても、各人の基本給は何も変わりません。この場合は、ベースアップ分を各人の基本給に直接プラスする必要があるので注意してください（88ページ参照）。

本給・加給方式とは

全員に一定額をプラス・マイナスするような単純なベース改定なら、このように賃金表をじかに書き換える方法でも構わないのですが、実際には定率でベース改定を行ったり、定率と定額とを組み合わせたりするようなベース改定も必要になります。そのような場合、賃金表を再設計して書き換えるのは大変面倒なだけでなく、誤って賃金表を壊してしまうことにもなりかねません。

これから説明する「本給・加給方式」は、**一度設計した賃金表は書き換えず**、**定率・定額の加給をプラス・マイナスしてベース改定を行う**実務的で便利な方法です。

これは、基本給体系を下のように号俸改定を行う**本給**と、ベース改定を行う**加給**とに分けて構成します。

ベース改定をスムーズに行うための基本給体系

基本給 ─┬─ **本給……個別賃金の位置づけと号俸改定**
　　　　　└─ **加給……一律のベース改定分（本給×X%＋Y円）**

この方式では、賃金表＝**本給表**は毎年固定しておき、原則として書き換えません。そのかわり毎年のベース改定により定率・定額の加給を少しずつ調整していくのです。

加給には次の２通りのつけ方があります。

◆加給のつけ方

1 定率（号俸改定後の新本給×X%）……本給の金額に比例した加給がつくので、賃金の上下格差を維持する働きがあります。例：本給×2%、本給×－1%

2 定額（一律Y円）……本給の低い人ほどベース改定の影響が大きく、賃金の上下格差を変える働きがあります。例：本給＋1000円、本給－500円

3 通常はこの両者を併用し本給×X%＋Y円というつけ方をします。

図表5－21は、P社のM年度の本給表に対して、N年度のベース改定を「0.2%＋2690円」として加給を計算し、「本給＋加給＝基本給」で各等級・号数の基本給を計算したものです（定率加給の端数は、普通10円単位に切り上げて計算します）。

これが**基本給表**です。加給のついた基本給表を使えば、実質的に元の基本給表を書き換えたのと同じベース改定が行われることになるのです。

基本給表の「本給」の額は、本給表を改定しない限り制度的に固定しておきます。しかし表中の隣の加給で定率・定額の基準を毎年変更していくので「基本給表としては毎年書き換わる」わけです（毎年のベース改定分は累積されます）。

本給・加給方式を採用すると、ベース改定分の金額は簡単に計算できるようになります。一般にベース改定分の定率X%と定額Y円は、次の**配分方程式**から求めることができます。

●（配分方程式）

式1 ベース改定額＝本給×X%＋Y円

例えば**図表5－21**の（**式1**）・（**式2**）のようにⅥ等級「17T」のベア幅を3900円と決め、1号のベア幅を3000円と決めたとき、次のような式が2つできます。

式1.1 17Tの本給×X%＋Y円＝3900円
式1.2 1号の本給×X%＋Y円＝3000円

この2式を解けば、「定率0.2%＋定額2690円」という答えが求められます。

式1.1 のかわりに、「号俸改定後の平均新本給×X%＋Y円＝○円」というように平均ベースアップ額を用いて式を作ることもできます。

逆に、例えば加給を「0.2%＋2690円」と決めた場合の全員・各人のベース改定額や初任給の増減額は次のように計算します。

図表5－21 加給によるベース改定事例（基本給表）

※左の「本給」に一律0.2%+2690円の「加給」をプラスし合計を「基本給」とする
(注)Ⓐ正社員の時給は基本給月額÷162時間で計算した。
　Ⓑパート時給は正社員時給×90%で計算した。
　本給月額表は、図表5－2と同じである。

（ベース改定前）（単位：円）　　（ベース改定後）（単位：円）

号俸	賃金ランク	ランク号差	本給	162時間 Ⓐ正社員時給	90% Ⓑパート時給	本給	加給 0.2%	加給 2,690	基本給	162時間 Ⓐ正社員時給	90% Ⓑパート時給
1	1	2,000	**154,000**	**951**	**856**	**154,000**	**310**	**2,690**	157,000	970	873
2	1		156,000	963	867	156,000	320	2,690	159,010	982	884
3	1		158,000	976	878	158,000	320	2,690	161,010	994	895
4	1		160,000	988	889	160,000	320	2,690	163,010	1,007	906
5	1		162,000	1,000	900	162,000	330	2,690	165,020	1,019	917
6	1		164,000	1,013	912	164,000	330	2,690	167,020	1,031	928
7	1		166,000	1,025	923	166,000	340	2,690	169,030	1,044	940
8	1T		168,000	1,038	934	168,000	340	2,690	171,030	1,056	951
9	2	2,200	170,000	1,050	945	170,000	340	2,690	173,030	1,069	962
10	2		172,200	1,063	957	172,200	350	2,690	175,240	1,082	974
⋮	⋮	⋮	⋮	⋮	⋮	⋮	⋮	⋮	⋮	⋮	⋮
127	16		560,400	3,460	3,114	560,400	1,130	2,690	564,220	3,483	3,135
128	16T		565,200	3,489	3,140	565,200	1,140	2,690	569,030	3,513	3,162
129	17	5,100	570,000	3,519	3,167	570,000	1,140	2,690	573,830	3,543	3,188
130	17		575,100	3,550	3,195	575,100	1,160	2,690	578,950	3,574	3,217
131	17		580,200	3,582	3,224	580,200	1,170	2,690	584,060	3,606	3,245
132	17		585,300	3,613	3,252	585,300	1,180	2,690	589,170	3,637	3,274
133	17		590,400	3,645	3,280	590,400	1,190	2,690	594,280	3,669	3,302
134	17		595,500	3,676	3,309	595,500	1,200	2,690	599,390	3,700	3,330
135	17		600,600	3,708	3,337	600,600	1,210	2,690	604,500	3,732	3,359
136	17T		605,700	3,739	3,365	605,700	1,220	2,690	609,610	3,764	3,387

定率・定額の加給による賃金水準のコントロール手法

1．M年度の本給表に一定の加給をプラスすれば、N年度の水準に基本給表を書き替えたのとほぼ同じ効果が得られる。

2．定率加給は10円単位で切り上げ。

3．加給「X%＋Y円」は任意の等級・号数を２つ選んで計算で求められる。

（式１）「17T」のベア　605,700×X+Y＝3,900（609,600）
（式２）「1号」のベア　154,000×X+Y＝3,000（157,000）

式１－式２から、451,700×X　＝900
これを解くと、X≒0.2%
Y≒2,690円

式1.3 平均ベース改定額＝号俸改定後の平均新本給×0.2%＋2690円
式1.4 各人のベース改定額＝号俸改定後の新本給×0.2%＋2690円
式1.5 初任給増減額＝基準号数の本給×0.2%＋2690円

なお、本給表を固定している間は、ベース改定分を加給に累積します。もしその後も2年続けて同じベース改定を行ったとすると、加給の率・額は右のように累積されます。

▶ベース改定による加給の率・額

N年度　0.2%＋2690円
O年度　0.4%＋5380円
P年度　0.6%＋8070円
⋮　⋮

加給を増やす毎年のベース改定のスピードによって、3年後、5年後の基本給水準は大きな差が開きます。他社に負けない賃金を実現するには、労使で不断に生産性を向上させ、地道に加給を増やす努力が不可欠です。

これまでの説明では、加給の率・額はプラス（ベースアップ）だけを想定してきましたが、加給の率・額にはマイナス（ベースダウン）もあります。

実際にリーマンショックの翌年には、売上の急激な落ち込みに対抗するため、一部の企業では労使合意に基づいてマイナス加給によるベースダウンも実際に行われました。

合理的な「本給・加給方式」を使うメリット

本給・加給方式を用いると、次のような利点があります。

本給・加給方式のメリット

❶ ベースアップの都度「本給表」を書き換える必要がなく、賃金制度が安定します。会社・従業員ともに賃金制度に対する理解が進み、労使関係も安定します。

❷ 全体の賃上げ予算や個別賃金の引き上げ幅をきちんと押さえて合理的にベース改定が計算できます。ベース改定のために全体の賃金バランスが狂うこともなくなります。

❸ 号俸改定とベース改定が明確に分離され、経営者・従業員ともに賃金引き上げに対する考え方がすっきり整理できます。

❹ 加給の枠内であれば、経営危機に陥ったときにベースダウンを行って人件費負担を軽減することに対して、従業員の理解が得られやすくなります。

労使間のベース改定交渉はどのように行うのでしょうか？

前年の基本給表に基づいて号俸改定作業を終えてから、

・加給の水準調整（ベース改定）を行うのか、行う場合は1人平均いくらにするか
・その原資を定額・定率でどう配分するか、ポイント賃金の引き上げ幅をどうするか

を交渉します。

例えば号俸改定（1人平均約6000円）を行った後、

・1人平均のベース改定原資を別途1000円（合計の賃上げ原資は約7000円）
・高卒初任給の引き上げ幅を2000円

というように労使交渉で決めた場合は、前記**202**ページの「配分方程式」から次の式①、②を作れば、定率X％と定額Y円は計算で自動的に決まるわけです。

昇給後の平均本給×X％＋Y円＝1000円 …①

170,000×X％＋Y円＝2000円 ……………②

計算方法は①−②からX％を求め、次に②にX％を代入してY円を求めます。

本給・加給方式では、従業員にどのように情報を開示しますか？

本給表を開示するほか、当年度はどれだけの「定率○％、定額○円」の加給を適用しているかを公表します。または前の**図表5−21**の**右側**のような基本給表を毎年作成し、従業員に公表します。給与明細票には本給・加給・基本給合計をそれぞれ表示します。

第6章 合理的な諸手当の整理方法

1．等級別賃金表を支える諸手当の役割
2．労働時間関連手当（仕事の量と賃金）
3．職種関連手当（仕事の種類と賃金）
4．地域・異動関連手当（仕事の場所と賃金）
5．生活関連手当（生活条件と賃金）

1 等級別賃金表を支える諸手当の役割

前章まで、役割給による基本給の決め方について、ゾーン型範囲給、ゾーン型賃金表、ランク型賃金表という３種類の手法を通して解説してきました。

基本給は、仕事の役割と貢献度という正規従業員に共通の評価基準を適用して、所定労働時間に対応する月額を決定します。フルタイムの正社員はこれを全額支給し、それ以外の従業員については、これに人材活用の自由度や就労上の制約に応じた「賃率」を掛け算して実際の支給額を決定します。

基本給は月例給与（**第２章**参照）の主役ですが、といっても、すべての問題を基本給だけでカバーできるわけではありません。

役割給の機能を十分発揮させるには、**適切な支給基準の諸手当を整備して、役割と貢献度、賃率以外の賃金要素は基本給とは切りはなして個別に処理するのが**定石です。

例えば、超過勤務の大小や扶養家族の有無、あるいは賃金の地域格差などを、等級・号数で個別に調整していては、役割と貢献度に応じて基本給を決定するという原則が崩れ、最後には収拾がつかなくなります。

「Ｋさんはいつも夜おそくまで残業してがんばっているから、基本給を高くしよう」

「東京駐在のＭさんは、他の人と同じ給料では大変だから、基本給を高くしよう」

社長さんが自分の裁量で鉛筆をなめながら給料を決めている会社をみると、このような事例が少なくないのですが、これでは役割と貢献度に応じて基本給を決めることは難しいでしょう。基本給をゾーンに分けて、一人ひとりの基本給の高さと貢献度の評価とを比較して役割給をアップ・ダウンさせようとしても、

「Ｋさんは残業分をみて、基本給を高くしたからＳゾーンになった」

「東京駐在のＭさんは、基本給を高くしたのでＡゾーンになった」

という話が次々出てきたら、運用は混乱してしまいます。ゾーン型の賃金改定基準を適用しようとしても、理解は得られません。

諸手当には、これらの周辺の問題をクッションのように受け止め、基本給がその本来の働きができるように補完する大事な働きがあるのです。賃金の変動的な問題や、一部の従業員だけの問題は、諸手当や賞与その他でカバーするのが、限られた人件費を効率的に使ううえでも賢明なやり方です。

「諸手当を全廃して基本給に一本化」「年俸制の導入に伴い諸手当を廃止」などというニュースをみると、もう諸手当なんて古いのかなぁとつい考えるのですが、賃金水準の高い大企業や、

図表6－1　標準的な賃金体系

賃金体系の代表例

- 1　賃金
  - 基本給
    - ・正規従業員全員に適用する共通の賃金
    - ・所定労働時間に対する基本的報酬
    - ・役割と貢献度に基づく運用と賃率の適用
    - ・月給制と賃金の欠勤控除、時給制
    - 本給　号俸改定（昇給・降給および昇格・降格）
    - 加給　水準改定（ベースアップ）
  - 諸手当
    - ・特定の条件でのみ適用する補助的賃金
    - ・基本給の補完
    - （労働時間関連手当）
      - 時間外・休日・深夜勤務手当
      - 管理職手当
      - 外勤手当
    - （職種関連手当）
      - 特技（職種・資格免許）手当
      - 特殊作業手当、奨励手当
    - （地域・異動関連手当）
      - 地域手当
      - 別居（単身赴任）手当
      - （転勤者住宅補助）
    - （生活関連手当）
      - 家族手当
      - 通勤手当
- 2　賞与
  - ・期間利益の分配（業績連動）
  - ・貢献度の評価に基づく配分
  - ・賞与の欠勤控除
- 3　退職金
  - ・勤続功労褒賞と退職後の生活援助
  - ・過去の会社貢献度の累積
  - ・退職事由別支給率
  - ・支払形態（一時金・年金・前払い）
  - ・退職給付債務
- 4　諸給付
  - 報奨金、永年勤続表彰
  - 出張旅費、慶弔見舞金、食事補助、レク補助その他

大雑把な年俸制を導入した会社に無理に合わせる必要はありません。

経営に余裕のある優良企業ならばともかく、限られた人件費はできるだけ無駄なく、効果的に配分しなければなりません。そういう意味でも、諸手当を上手に活用することは大事なポイントです。

諸手当は大きく次の４つに分類できます（図表６－１）。

(1) 仕事の量……労働時間関連手当
(2) 仕事の種類……職種関連手当
(3) 仕事の場所……地域・異動関連手当
(4) 人の要素……生活関連手当

2 労働時間関連手当（仕事の量と賃金）

(1) 賃金の支払形態

仕事の量と賃金の関係は、いいかえれば賃金の支払形態の問題です。

これには労働のアウトプットでとらえる出来高給の流れと、労働に費やしたインプットでとらえる時間給の流れがあります。組織力で事業を展開するのが当たり前になった現在、ごく一部の業態・職種を除いて出来高給はほとんど消滅し、一般の会社では時間賃金が主流となっています。

出来高給を採用すると、従業員は目先の出来高（歩合）に心を奪われ、職場の協力や仕事の改善に無関心になりやすいうえ、生活給としても不安定で、モラールが長続きしません。

量的な業績や成果の評価は、年２回の**貢献賞与**に反映させることにより、十分な報奨・刺激効果を持たせることができます。

正規従業員の基本給は、時間賃金といっても安定的な雇用関係を維持することを重視し、１カ月の所定労働時間に対応する固定給を月額で表示・決定する**月給制**がほとんどです。

この場合、約束した労働時間に対して欠勤や遅刻があったときは「ノーワーク・ノーペイ」の原則に従って**欠勤控除**を行い、反対に超過勤務をさせたときは法定の時間外・休日・深夜労働等の割増賃金による**超過勤務手当**を支給すれば、労働時間と賃金の問題はほとんどが合理的に解決できます。そして特定の部門や従業員に超過勤務が偏らないよう、仕事量を適正に配分するとともに、業務を改善し生産性を上げて過重な長時間労働を防止することが大事です。

欠勤しても賃金を引かない「完全月給制」は、無届け欠勤や自己都合欠勤に対して歯止めがききません。よほど自律的な人事管理が行き届いている組織ならばともかく、普通の会社では職場の就労秩序が乱れる原因になります。

この点、実際に勤務した時間分だけ賃金を支給する時給制や日給制をとるほうが手堅い方法のように見えますが、働く側が「時間を切り売りする」感覚から抜けられないため、月給制に比べ欠勤や遅刻・早退が増えます。現業部門の時給制や日給制の従業員の出勤率に頭を痛めている会社は、精皆勤手当などに頼るよりも、まず控除方式の月給制に切り替えることを検討すべきです。

(2) 超過勤務手当とみなし労働時間制

時間賃金の考え方は労働基準法の大原則でもあり、時間外・休日・深夜等の労働に対する割増賃金の支給方法については、労働基準法が詳しく規定していますので、他の解説書に譲ります。

ところで、次のような仕事では、いわゆるみなし労働時間制をとることにより、個別の労働時間管理によらず一律の時間外勤務手当（みなし残業手当）を固定支給する方法が法的にも認められています。

みなし労働時間制の適用が認められている職種

事業場外労働……使用者の具体的な指揮監督が及ばず労働時間の算定が困難な営業職や集金員、在宅勤務などの事業場外業務（ただし運転手は対象外）について、労使協定により法定労働時間（1日8時間）を超えるみなし労働時間制を導入することができる※。

専門業務型裁量労働……研究開発、SE、編集者など19業務について、事業場の過半数労働組合または過半数代表者との労使協定を締結することにより導入することができる。

企画業務型裁量労働……本社・本店等で企画、立案、調査および分析を行う労働者について、労使委員会の決議・届出と労働者本人の同意により導入することができる（一般の事務職や技能・販売・サービス職には認められない）。

※労働時間の一部を事業場内で労働した場合には、別途把握した事業場内における時間とみなし労働時間制により算定される事業場外で業務に従事した時間を合計した時間となります。近年は、携帯電話やモバイルPCなどを通じて実態上労働時間管理が可能であるとして、「みなし労働時間制」が否認される例が出始めていますので、注意してください。

固定時間外手当の適正な実施方法

みなし労働時間制とは別に、時間外手当を毎月計算する煩雑さを避けるため、一定時間分の時間外労働、休日労働および深夜労働に対して定額の割増賃金を支給し、その範囲内で労働時間の自己管理を奨励する、いわゆる「固定残業代」を支給する会社も少なくありません。ただし、それで労働時間の管理義務がなくなるわけではありませんし、実際の時間外労働、休日労働および深夜労働の割増賃金が固定残業代の金額を超えたときは、不足分を別途支払う義務があります。

厚生労働省は、固定残業代制を採用する場合は、募集要項や求人票などに、次の①～③の内容すべてを明示するよう指導しているので、注意してください。

① 固定残業代を除いた基本給の額

② 固定残業代に関する労働時間数と金額等の計算方法

③ 固定残業時間を超える時間外労働、休日労働および深夜労働に対して割増賃金を追加で支払う旨

(3) 管理職の取扱い

超過勤務手当と表裏一体の関係で理解すべき重要な手当として**管理職手当**があります。

労働基準法の労働時間や休憩、休日、時間外・休日労働の割増賃金などに関する規定は、時間外勤務を指示する立場にある**監督もしくは管理の地位にある者**には適用されません（41条2号）。この中には、職務上の地位が管理職制と同等に評価できる本社企画、調査部門や研究開発部門の**上級スタッフ、高度専門職**も含めることができます。

ただしその場合、基本給や手当などで「その地位にふさわしい待遇がなされているか」（厚生労働省通達）どうかが問題になります。

例えば、一般職の残業手当を含めた賃金月額がいつも管理職の給料を上回る**逆転現象**が起こるようでは、とても「その地位にふさわしい待遇」とはいえません。管理職に昇進させても手取りダウンになり、「残業手当を節約するために管理職にしたのだろう」と勘ぐられて志気も低下します。場合によっては、監督署から管理職扱いが否定されて時間外手当の支給が求められる事案に発展することもあり得ます。

このような逆転現象が起きないよう、管理職にも一定の超過勤務を見込み、その代償措置として管理職手当を支給するのです。**図表６－２**をみてください。

左の一般社員には超過勤務手当を残業時間のカウントに応じて支払います。

「みなし労働時間制」をとる営業職などには、みなし残業手当を固定で支払います。

図表6－2　時間外手当、みなし残業手当、管理職手当の関係

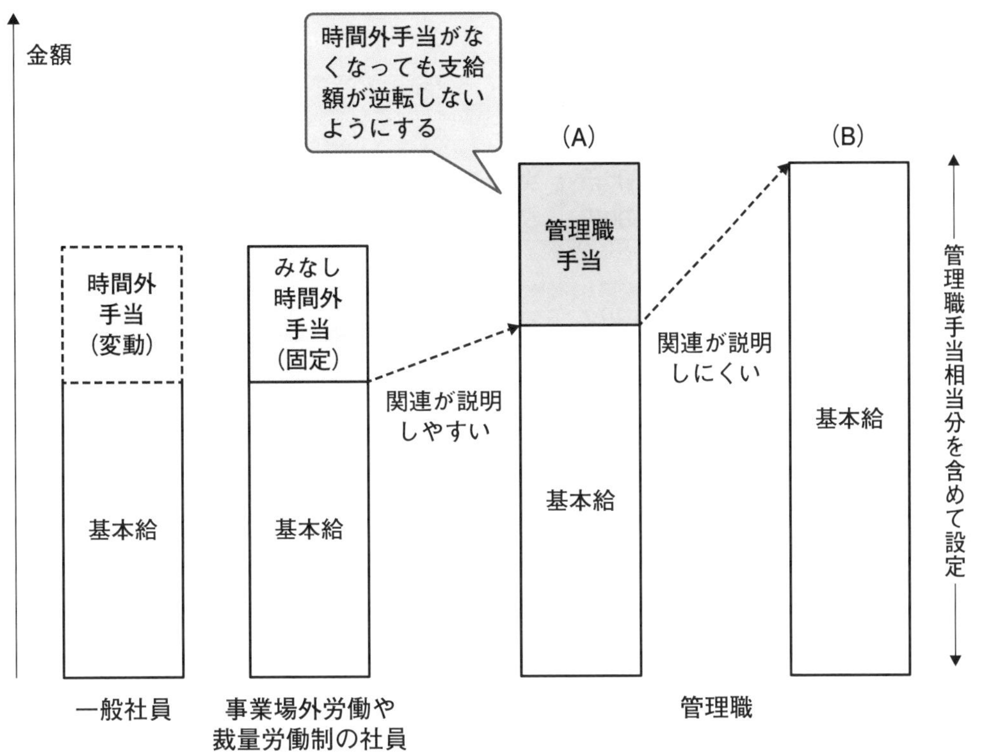

さて管理職ですが、同図の右のように、

・管理職には管理職手当を別建てで支給する方法（A）

・基本給そのものにその金額を折り込んでしまう方法（B）

のいずれかを選択する必要があります。一般には、管理職手当を別建てで支給するほうがはるかに分かりやすいので、こちらを選択する会社が大多数です。

管理職手当の金額は、**図表6－3の上表**のように等級別に定額で決定するのが一般的ですが、**図表6－3の下表**のように定率制で設定する方法も可能です。

なお、部下がいないスタッフ管理職や管理職待遇の専門職は通常の管理職手当の85～90%程度の手当額とするのが妥当でしょう。

いずれにしても、管理職に昇進直前の一般職の時間外・休日勤務手当をまず把握し、管理職の勤務実態とのバランスを考慮して適正な時間数を見込んでおくことがポイントです。

図表6－3　管理職手当の設定方法（例）

（部下がいないスタッフ管理職や管理職待遇の専門職については、通常の管理職手当の85～90%程度とする）

定額制の例

（月間所定労働時間を162時間とした場合）

等級	代表職位	算定基礎給	月間の見込み時間数			
			15時間	20時間	25時間	30時間
Ⅴ	課長	393,600円	46,000円	61,000円	76,000円	91,000円
Ⅵ	部長	490,500円	57,000円	76,000円	95,000円	114,000円

（注）１．計算方法は次の通り。
（部長）490500円÷162時間×20時間×125％≒76000円
２．算定基礎給は、Ⅴ等級は等級別賃金のＤターゲット、Ⅵ等級はＣターゲットの金額を用いた。
（159ページの図表５－２のランク型賃金表参照）

定率制の例

（月間所定労働時間を162時間とした場合）

基本給162時間	月間の見込み時間数			
	15時間	20時間	25時間	30時間
100%	11.6%	15.4%	19.3%	23.1%

（注）計算方法は次の通り。　20時間×125％÷162＝15.4％

(4) 不要な役付手当は廃止して基本給に吸収する

従来型の役付手当

管理職手当は、責任料とか部下とのつき合い料などの名目で支給する役付手当とは違います。皆さんの会社では、次のように役職に細かな差をつけた手当を支給していませんか？

▶**従来型の役付手当の例**

班長	1000円	課長	4万円
主任	3000円	次長	5万円
係長	1万円	部長	6万円
課長代理	2万円		
（以上は時間外・休日手当を別途支給）		（以上は時間外・休日手当を支給しない）	

これは古い年功賃金の時代に、役職の重みを考慮した処遇を行うために手当を支給してきたなごりといえます。

このような細かな手当を支給して職場の中に役職の序列をつくるのは、役職を役割とかけ離れた「処遇」の道具にしてしまう危険性があり、年功序列人事や組織硬直化の原因になります。

役付手当は職能等級による職能給の世界でも長く引き継がれてきました。

前に触れたように、職能等級には「資格と役職の分離」という独特のロジックがありますから、基本給は属人的な職能資格で決定し、役職の責任は基本給の対象外と考えられてきました。

しかしさすがに、実際に「課長職」についている者と、資格だけ「課長格」の従業員とがまったく同じ扱いでは不公平だというので、役職者の責任料とか部下とのつき合い料などの名目で細かな差をつけた役付手当が支給されてきたわけです

これは能力で人を処遇しようとするあまり、仕事の責任の重さを基本給に反映できなかったために起こった現象です。

これらの問題は、次のように**役割等級の中に役職の重みをきちんと位置づけ、役割に見合う基本給を支給**すれば、すっきりと解決します。

班長（廃止し基本給に吸収）	→ Ⅱ等級（担当職）
主任（同上）	→ Ⅲ等級（指導職）
係長・課長代理（同上）	→ Ⅳ等級（業務推進職）
課長（管理職手当に移行）	→ Ⅴ等級（業務管理職）
次長（同上、課長との差額は基本給に吸収）	→ Ⅴ等級（業務管理職）
部長（管理職手当に移行）	→ Ⅵ等級（経営管理職）

このようにすれば、役職等の責任は役割給の中にしっかり位置づけられますから、屋上屋を重ねて役付手当を支給する必要はありません。この方法で正規の管理職は管理職手当に切り替え、それ以外はこの機会に思い切って廃止し、基本給に吸収してください。

なお課長代理については、上司に課長がいる職場ではⅣ等級（業務推進職）とします。

課長が不在で実質的に課のマネジメントが任されている課長代理は、この際、正規の課長（Ⅴ等級）に登用することを検討してください。役割責任で等級を決めるという基本を考えてもらえば、このことは理解してもらえると思います。

部次長も同じです。部の中での位置づけや、部下との関係を見直して、課長相当（Ⅴ等級）か部長相当（Ⅵ等級）かを整理してください。このように基本給改革を進めていくと、副次的な効果として**マネジャー・クラスの役割責任と組織権限を整理し、組織フラット化を進めることができる点**も重要なポイントの１つです。

管理職手当を基本給に含める方法では、どんな問題がありますか？

まず、時間外・休日手当が支給されない部分を補うという点があいまいになり、逆転現象（212ページ参照）が起きがちです。基本給が賞与や退職金に連動する方式をとっている場合には、管理職になったとたんに賞与や退職金がはね上がるという現象が起こります。合理化や操業短縮などで一般従業員の超過勤務手当が減ったときに管理職手当を減額するような調整もできません。

試験的に若手を登用する場合にも、必ず正規の管理職手当を支給すべきでしょうか？

若手の育成を兼ねた任用（トレーニング・アサインメント）や中途採用などで正課長（Ⅴ等級）にするまで「もう少し様子をみたい」という場合は、暫定的に「課長心得」（Ⅳ等級）にする方法があります。

これは管理職手当を正規の課長手当の85％程度支給します。評価は課長（Ⅴ等級）のグループと比較して行い、賞与や賃金改定はⅣ等級に読み替えて不利にならないように処遇します（第４章152ページ参照）。

(5) その他の労働時間関連手当

営業手当

営業手当には、事業場外労働に対してみなし労働時間制（みなし残業手当）を適用する側面と、営業外勤職の仕事の負荷を考慮した側面とがあります。ただし後者の部分については、営業外勤職の仕事だけを特別視する理由は本来ないはずです。実働時間に応じた超過勤務手当か「みなし残業手当」を支給し、出張等の負担は出張日当で処理すればよく、営業職としての貢献部分については賞与・一時金に貢献度の評価を反映させるほうが分かりやすいと思います。

適正額の出張日当は給与所得の対象外として経費処理できます。

交替勤務手当

交替勤務手当は、法定の深夜勤務手当に相当する部分と、心身や生活リズムへの負担に対する代償の部分とがあります。いずれも月額で定額支給すると欠勤や超過勤務のときに複雑な問題が発生するので、面倒でも都度、回数に応じて支給するほうが無難でしょう。

精皆勤手当

労働時間関連の手当の１つに古くから精皆勤手当があります。これは時給制や日給制の従業員の勤務奨励には多少効果がありますが、月給制の従業員についてはほとんど意味がありません。手当を廃止（基本給に繰り入れ）し、賃金・賞与の欠勤控除を行うほうがモラールも安定します。

3 職種関連手当（仕事の種類と賃金）

(1) 特殊な技能の取扱い

最近ではハイキャリアのＩＴスペシャリストや商品プランナーなどにジョブ型雇用や職種別採用を行う動きも始まりましたが、まだまだ日本では、欧米のような職種別賃金が定着するには至っていません。現業職などに職種別の賃金格差を意識的に持ち込もうとしない限り、ほとんどの正規従業員は共通の賃金表でカバーしようという会社が大半です。そのほうが人事異動や配置転換がスムーズに行え、組織の一体感も高まるからです。

ただし、高度の専門知識・技能や国家資格が必要となる医師や、弁護士、不動産鑑定士、AIなどの高度技能を持つIT技術者、研究開発職、金融スペシャリスト、マーケッターのような高賃金の職種では、基本給だけでは賃金が不足することもあります。そのような場合は、ランク型賃金表の中で管理職待遇またはそれも超える高ランク・高賃金のゾーンを設定し、高額の基本給を支給する方法があります。

そこまでする必要がないときは、次のような特技手当（職種手当、公的資格手当）で補う方法もあります。

▶特技手当の例

・ドラッグストアの薬剤師	10万円
・ゼネコン、設計事務所の一級建築士	5万円
・介護サービスの理学療法士	3万円
・病院の看護師	2万円

ただし手当の対象はできるだけ限定し、それ以外の職種はなるべく等級別の役割給のバンドに金額を折り込むようにします。

なお、従業員の能力開発のために資格取得を奨励する場合や、特に賃金を高くする必要のない、法律で義務づけられている管理者や取扱主任者などの資格免許までいちいち少額の手当を支給するのは煩雑すぎます。このような資格は、むしろ自己啓発援助制度や資格取得奨励制度の規定をつくって、補助金や報奨金を渡し切りにする方法がよいでしょう。

(2) 特に負担の大きな作業の取扱い

粉じん、高温など作業環境の悪い職場や、有害物質や危険物を扱う作業、著しく心身に負担のかかる作業など、特別のきつい仕事、つらい仕事、従業員の嫌がる仕事には、代償として特殊作業手当をその都度臨時に支給することも必要になってきます。

仕事のきつさや危険度等のランクを社内で判定し、そのランクに応じて手当額を決めるとよいでしょう。ただし、あまり手当の対象を増やすと際限がなくなりますので、必要最小限にとどめるべきです。

(3) 奨励手当は報奨金に切り替える

自動車販売や住宅販売、宝石販売など一部の業界では、営業・販売職に販売促進のため奨励手当を支給する例がしばしばみられます。

本来は、成果貢献部分を正しくとらえることのできる評価のしくみを確立して、短期決済型の基本給や半期ごとのボーナスで処遇できるようにするのが正解です。

どうしても報奨金のように弾力的に運用したいというニーズがある場合には、マイレージのようにポイントを与え、賞与支給時に別枠でまとめて1点単価をかけ算して支給する方式がお奨めです。

奨励手当にはどんな問題があるのですか？

奨励手当、歩合給、コミッションなど呼び名はさまざまですが、いわゆる出来高に連動して直接賃金や手当を支払う方法は、いざ実施しようとすると、次のようなさまざまな問題点にぶつかります。

①個別業態ごとの付加価値構造のツボをしっかり押さえて支給基準をつくる必要がある。

②評価尺度を決めるだけでなく、「金額」の設定とシミュレーションも必要。

③多様な支払方法があり、賃金制度や賞与制度の人件費配分機能と合わせた全体最適の解を見つけることが難しい。

④コミッションの対象となる仕事の種類が増えれば増えるほど、管理変数の数

が累乗的に増え、最後は管理不能になるおそれがある。

⑤時間外・休日・深夜勤務等の超過勤務に対しては、毎月の支給額をその都度割増賃金の算定基礎にカウントしなければならず、賃金管理が煩雑になる。

結局、管理コストに見合う支給効果が得られにくい、というのが結論です。出来高に対する報奨のニーズがある場合は、できるだけ業績評価の中に集約し、賞与配分に連動させる方式に切り替えることをお勧めします。

4 地域・異動関連手当（仕事の場所と賃金）

(1) 地域手当の合理化

周知のように、大都市（特に首都圏）と地方とでは賃金水準に大きな地域差があります。労働需給や、生活・物価事情の違いがその背景にあり、容易に解消しません。

事業所が各地に分散していると、本社基準の賃金だけでは低すぎたり、反対に高すぎたりするケースが出てきます。従来は、勢いのある会社は全国共通に大都市並みの基本給を支給してすませていましたが、全体の人件費コストがかさむわりには、大都市の従業員から「不公平だ」という不満が出やすく、頭の痛いところです。

人件費に余裕がなくなってくると、このような鷹揚なやり方を続けるのは経営的に苦しいと思います。対策としては、次の4つがあります。

（A）**地域ごとに賃金表を設定する**（異動の都度賃金表の適用を変える）。

（B）**全国共通の賃金表を低めに設定し、特定地域には地域手当を支給する**（異動の都度手当を変える。公務員の「地域手当」もこの方式）。

（C）**全国社員の賃金表と、地域限定社員の賃金表とを使い分ける**（全国社員は転勤しても賃金が変わらないが、転勤できなくなった者には地域限定の低い賃金表を適用する）。

（D）**一般の従業員には通常のランク型賃金表を運用しつつ、転勤に応じた社員には評価レートを１点プラスする**（これにより、B評価はA評価に、A評価はS評価に読み替えたのと同じ効果になり、１ランク高い基本給が適用される）。

実は職務給の本場のアメリカでもこれらの方式は普通に行われています。後から出てくる寒冷地手当もこの概念の中に含めてしまえば廃止できます。ただし地域別賃金表や地域手当を導入すると、人事異動が多少やりにくくなる面は否めません。とくに異動によって支給額が減る場合は、多少の調整期間をおく必要があります。

(2) 転勤者や単身赴任者への配慮

勤務地に関連して、転勤者や単身赴任者への配慮も避けて通れません。

まず会社命令で転勤させる者については、**転勤者住宅補助**を別途整備し、転勤による不利益を軽減する必要があります。

転勤者に対する住宅補助の中で代表的なものは次の３つです。

▶転勤者に対する住宅補助の例

①会社保有の独身寮・社宅を（他の入居者よりも優先的に）利用させる

②民間の賃貸住宅を会社が借りて社宅として提供する（いわゆる借上社宅）

③本人が賃貸住宅を借り、家賃の一部を会社で補助する（住宅手当）

②と③は混同されることが少なくありませんが、③が給与であるのに対して②は福利厚生の費目に当たる社宅の貸与であり、明確に区別しておく必要があります。

借上社宅

中小企業では、大手のように寮や社宅を直接保有するより、賃貸住宅を会社が借り上げて従業員に利用させる借上社宅方式が使いやすいでしょう。適正な「家賃限度額」を設定し、これを目安に借上物件を選定して本人負担分（社宅料）を決めます。家賃は、福利厚生費として会社が家主に全額支払い、その一部を社宅料として本人から徴収します。

会社が賃貸住宅を探すのは手間がかかり、本人が必ずしも満足しない物件を押しつけることにもなりやすいので、**家賃限度額（ただし本人が差額を負担すれば、家賃限度額を超えてもよい）の範囲内で本人に物件を選定させる**方法がお勧めです。

別居手当

別居手当（単身赴任手当）は、本人と家族の二重出費や精神的苦痛を和らげるために支給するものです。転勤を命ぜられても、子供の教育とか配偶者の仕事、家族の医療介護その他やむを得ない理由で家族を帯同できないときは、別居あるいは単身赴任を認めざるを得ません。

手当の支給に加えて、事情によっては寮（本人）と社宅（家族）の二重入居を認めたり、帰省・家族訪問時の旅費を月１回程度認めるなどの配慮もします。

出向手当

他社に出向させたときに、賃金待遇・業務内容・通勤・労働時間・福利厚生などの勤務条件がダウンすることがあります。その穴埋めのために出向手当を必要とすることがあります。このような人事権の行使によるマイナス面は、前もってきちんと処理しておかないと突然の退職やトラブルの原因になります。

地域手当を合理的に設定する方法は？

賃金水準の一番低い地域に合わせて会社の基本給表を用意し、それ以外の地域に「基本給×定率X％＋定額Y円」の地域手当をプラスする方法が一番運用しやすいと思います。「定率X％＋定額Y円」の設定方法は前に説明した「加給」と同じです（203ページの図表５－21参照）。たとえば北海道で40歳40万円、20歳17万円という基本給水準の会社が、東京で40歳44万円、20歳19万円を支給することを考えるとき、次の要領で式を２組作り「定率ｘ％・定額ｙ円の地域手当」を求めます。

a　40歳：北海道400,000×ｘ％＋ｙ円＝地域手当40,000円
　　　　　→東京440,000円

b　20歳：北海道170,000×ｘ％＋ｙ円＝地域手当20,000円
　　　　　→東京190,000円

これを解くとｘ≒8.7％、ｙ≒5,200円ですから、北海道基準の賃金表に対する東京の地域手当は「8.7％＋5,200円」となります。

地域手当の金額や地域限定社員の賃金表は何を参考に設定すればよいのですか？

プライムコンサルタントが毎年発表している『都道府県版・等級別賃金表』を参考にしてください。厚生労働省「賃金構造基本統計調査」の都道府県別集計に基づいて等級別賃金表の全国水準、エリア水準またはローカル水準のモデルが掲載されています。

5 生活関連手当（生活条件と賃金）

家族手当

生活関連手当の代表格は家族手当です。

半人前の新規学卒初任給から徐々に昇給していく中期決済型の賃金システムでは、結婚したり、子供ができたりしても基本給がまだ十分高くないため、生活が苦しくなります。そこをテコ入れするのが家族手当です。

普通の賃金水準で、一般従業員に昇給のスピードが遅い中期決済型の賃金表を使う場合は、当面、家族手当を支給したほうが従業員の理解を得られやすいと思います。

賃金水準の低い地方では、特にそうです。逆にそうしなければ、基本給を一律に引き上げる必要に迫られて、かえって人件費が膨らむかもしれません。

また、近年は夫婦共働きのダブル・インカムが当たり前になっているので、配偶者手当を廃止して子供手当を増額させる会社が増える傾向にあります。あるいは、母子家庭等も配慮して、扶養１人目２万円、扶養２人目１万円……というように、単なる扶養手当に切り替えた例も少なくありません。

また家族手当は時間外手当の算定基礎給に含める必要がありません。「家族は仕事に関係ない」「家族手当なんてもう古い」という議論をするのはたやすいのですが、家族手当を上手に支給することで、人件費の投資効率（従業員の賃金満足度やモラール維持）を高めている会社もあることは知っておいてよいと思います。

もっとも有期雇用労働者やパートタイマーの人数が多い会社は、同一労働同一賃金の法律も考慮する必要があります。正社員に家族手当を支給するのであれば、均衡待遇の観点から、同じような生活事情にある有期雇用労働者やパートタイマーにも均衡のとれた手当の支給が求められます（224ページのQ&A参照）。

住宅手当

住宅手当は生計費を補助する手当の象徴的存在ともいえるものですが、数多い生活費目の中で、特に住宅コストだけ特別に手当を支給しなければならないという理屈はありません。それぞれの生活条件の中で、賃金全体で家計をやりくりするのが実態だからです。

会社命令で転勤させる場合はすでに触れたような転勤者住宅補助や別居手当を出せば十分です。もし住宅手当を支給するとしても、地方出身の独身者に一定年限の家賃補助を支給する程度にとどめるとよいでしょう。

既存の住宅手当は、家族手当（特に子供手当）や地域手当に移行するか、基本給に吸収・

廃止して初任給の表示額を引き上げるのが得策です。基本給を引き上げた分は、社宅・独身寮の使用料を引き上げればバランスがとれます。

近距離手当

最近、大都市圏のIT企業などで、オフィスの周辺に居住することを奨励する近距離（住宅・通勤）手当を支給する例が散見されます。某社では、通勤時間20分以内の圏内に居住することを条件に月額で一律２万円を支給しています。

近距離に住むと会社の通勤手当の負担が減るし、遠距離通勤による心身の疲労がなくなり、家族と過ごすプライベートの時間が充実するなどのメリットがあります。

在宅勤務手当

さらにITの活用で在宅勤務やリモートワークで仕事をさせれば、通勤コストだけでなくオフィス空間や事務用家具なども節約できると考える企業も出始めました。

コロナ禍をきっかけに在宅勤務によるテレワークが一気に拡がりましたが、在宅勤務者が自宅で仕事をする時間の光熱費や通信代、プリンターやファックス、ネット環境等の維持に必要なコストを補填するために、在宅勤務手当を支給する企業が増えています。

金額は月額で3000円～5000円程度が一般的です。なお月のうち在宅勤務の日数がまちまちの場合は150円～250円程度の日額を支給する例もみられます。

在宅勤務手当を支給しても通勤費が不要になるので、人件費的にはむしろ節約となります。

寒冷地手当

寒冷地手当を支給する場合は、通常一時金で支給します。ただ近年は住宅のエネルギー効率が改善されつつあり、金額の見直しや廃止も検討すべきです。夏季の冷房費にもコストはかかるのですから、その分の公平も考えると、よほど極寒の地方以外は思い切って廃止したいところです。

通勤手当

通勤手当は、本来は基本給水準を上げて近距離通勤者が採用できれば支給しなくてすむものです。実際、首都圏のIT企業などでは、近距離住宅手当を支給して通勤手当の支給制限を厳しくする会社も見かけるようになりました。

ただ、通勤費用の補助には高額の非課税措置（2016年１月１日から最高15万円限度）がとられているので、全廃は難しいと思います。支給する場合は、各社の採用事情にあった上限枠を設けるべきでしょう。

マイカー通勤についてはやはり限度額を設け、通勤距離に応じてガソリン代を支給するか、または距離別に定額を支給します。一部の会社ではマイカー通勤者にも公共交通機関の通勤定期代相当額を支給しているところもありますが、実際の通勤経路とは違う迂回経路で高額の手当を支給するような不合理も生じるので、好ましくありません。

住宅手当にも家族手当と同じような人件費の配分機能があると思いますが、それでも導入しないほうがよいのでしょうか？

住宅手当には次のように欠点が多く、問題がこじれやすいので勧められません。

・地域差やさまざまな住宅事情の違いがあり、公平な支給基準を設けることが難しい
・どんな支給方法に変えても、その都度新たな従業員の不満が生まれる
・家賃に比例した支給基準をとらない住宅手当は、時間外手当の基礎給に算入される

住宅手当を合理的に廃止するにはどういう方法がありますか？

住宅手当の一律支給分は基本給に、扶養家族の有無で金額差を設けている部分は家族手当に、地域差の部分は地域手当にそれぞれ移します。一律支給分は基本給にプラスして初任給表示額を高め、寮・社宅入居者等の社宅料をその分引き上げます。

当社では家族手当、住宅手当を正社員にのみ支給し、有期雇用の契約社員やパートタイマーには支給していません。同一労働同一賃金の点で問題になるでしょうか？

A

生活補助的な性質を持つ家族手当は、正社員であっても有期雇用労働者やパートタイマーであっても配偶者や扶養家族がいれば生活費が増加するという事情に変わりはありません。したがって有期雇用労働者やパートタイマーであることを理由に一律に家族手当を不支給とすることは同一労働同一賃金に違反する可能性があります。最高裁は日本郵便大阪事件判決（最一小判2020年10月15日）の中で、長期にわたり継続して勤務することが見込まれる正社員に扶養手当を支給することは、使用者の経営判断として尊重できると判断するとともに、契約社員についても扶養親族があり、かつ、相応に継続的な勤務が見込まれるのであれば、有期雇用であることを理由に扶養手当を不支給とすることは不合理な待遇差にあたると判断しました。

住宅手当に関しても、正社員には転居を伴う配転が予定されているが、有期雇用労働者やパートタイマーにはそのような配転は予定されていないという事情の違いがなければ、少なくとも正社員には一律に支給し、有期雇用労働者やパートタイマーには一律に支給しないという扱いは不合理な待遇差と判断される可能性が高いといえます。

第7章 企業業績と役割貢献に連動した賞与の決め方

1．賞与のあるべき姿と現状とのギャップを理解する
2．賞与総額の決め方にはどんなものがあるか
3．損益計算書の構造と業績連動賞与のしくみ
4．業績好調の時は労働分配率を低減させ「賞与準備金積立」を行う
5．役割・貢献度の評価に連動した個人別賞与の配分方法
6．安定賞与（賃金比例分）を廃止・縮小し、貢献賞与に一本化する
7．経営にとっての配分点数表と1点単価の意味
8．パートタイマー等の賞与の支給方法

1 賞与のあるべき姿と現状とのギャップを理解する

日本の賞与の特質

毎年、夏季・年末あるいは年度末に支給される賞与（一時金）は、毎月の給与に次ぐ重要な報酬です。厚生労働省の毎月勤労統計をみると、コロナ禍で支給水準が下がったとはいえ、100人未満の小企業でも年間で65万～75万円、所定内賃金の2.4カ月前後、1000人以上の大企業では年間140万～150万円、3.6カ月前後もの賞与が支給されています。

欧米やアジアの企業でももちろん企業業績が好調なときはボーナスを支給する会社はありますが、これほど大きな金額を大半の企業が継続的に、しかも現業部門の作業職や販売員、事務職にまで支給しているのは日本だけです。従業員の年収に占める割合も２割前後を占め、ローンの支払プランや将来への貯蓄など従業員の生活にもしっかりと組み込まれています。

これまでの日本の賃金制度は、人材の内部育成・長期定着を重視し、安定的な「生活給」を基礎に性別・学歴・年功・資格などの「人の処遇」を意識した横並び志向の強いものでした。毎月の給料は人の処遇を重視し安定的に支給する一方で、半年ごとに経営業績と個人の成績を反映できる刺激性の強い賞与を支給することで、バランスのとれた総人件費の配分を実現しようとしたのです。

賞与の比率を高めると、経営が業績不振に陥ったときは、まず賞与が人件費を圧縮する安全弁となり、固定費を抱え込むリスクを多少回避できます。また超過勤務手当の基礎となる毎月の賃金を抑制できるメリットもあります。

はじめに、賞与の本来あるべき姿と、現状との間にどのようなギャップがあるかを**図表７－１**で整理してみましょう。

賞与本来のあるべき姿からいえば、賞与の基本機能は半期ごとの利益（賞与を払う前の広義の利益）の一部を分配することにあります。その目的は半期の利益に貢献した従業員を褒賞し、来半期の利益創出に向けた従業員の意欲に投資することです。そのためには、できるだけ分かりやすい方法を使って、会社全体や事業部門の業績に応じて総額を決定し、個人の貢献度に応じて配分のメリハリを効かせて、従業員のモチベーション・アップにつながるようにしなければなりません。

一方、現状はどうかというと、業績の比較的よい企業では、経営者も従業員も賞与を定例的に支給してきたため、毎回の賞与をなかば既得権のようにみなす傾向が広がっています。他方では業績がよくない企業や、資本蓄積を優先せざるを得ないスタートアップ企業、賞与の支給

図表7－1　なぜ賞与の見直し・改革が必要か

◎ 賞与のあるべき姿

機　能
▶賞与の基本は利益の分配である

目　的
▶賞与は半期の貢献褒賞＋次の半期への投資・インセンティブ

総額決定
▶賞与は会社・部門業績に連動して総額を決定すべきもの

個人配分
▶賞与は個人の貢献度に応じて配分すべきもの

× 賞与の現状

●賞与が定例化し既得権のようになっているか、原則支給しない慣行になっている

●企業業績や評価との連動が不十分、「賃金の後払い」の性格が強い

●「前年・前回支給実績±α」で賞与の総原資を決定

●目的が不明確なため、賞与の配分方法もあいまい、または複雑化し意味不明

賞与配分方法の見直し・改革

（1）分かりやすい総額決定のしくみを明示する
（2）分かりやすい個人配分のしくみを明示する

（1）企業業績連動賞与の導入
（2）役割・貢献に応じた賞与配分

に慎重な企業などでは、賞与を原則支給せず、支給しても少額の「決算手当」程度で済ませるところも少なくありません。

賞与の支給目的もあいまいで、一律・惰性的に賞与を支給していたり、従業員の生活給を補てんしたり、役付手当や残業手当の不足を補ったりする「賃金の後払い」が目的になっている会社も多く見受けられます。企業業績の好調・不調が賞与のアップ・ダウンにつながったとしても、多くは「前年支給実績±α」をどう決定するかを重視し、賞与総原資の決定方法は大半の従業員には不明のままです。

賞与の個人配分の方法についても、多くの企業では一律支給分や賃金の後払い分、部門業績の格差や個人の評価部分が入り混じった、あいまいあるいは複雑怪奇な方式が多くみられます。これでは半期の貢献褒賞という意味でも、将来への投資効果という意味でも効果は期待できません。

賞与本来のあるべき姿に近づけるためには、次の２つの問題を解決する必要があります。

(1) 分かりやすい総額決定のしくみを明示する

(2) 分かりやすい個人配分のしくみを明示する

本章では、前半で「企業業績連動賞与」に基づく総額決定のあり方を解説し、後半で役割・貢献に応じた個人配分を実現する「貢献賞与」について解説します。

2 賞与総額の決め方にはどんなものがあるか

会社の賞与総額を決める考え方には、大きく分けると５通りの流れがあります。

賞与総額決定の考え方

❶ 過去の支給慣行・約束

❷ 支給実績±α

❸ 世間相場準拠

❹ 企業業績に基づく経営判断

❺ 業績連動方式

慣行・約束により支給する

❶は例えば賞与の支給月数を「年間○カ月分」と決めてしまうやり方です。過去に深刻な労使紛争を経験した会社とか、安定的な固定収入が確保できる会社などにみられるパターンです。ただ、このようなやり方をしたのでは人件費全体が固定化し、減収減益にも対処できません。極端な場合、赤字になっても「年間○カ月分」の賞与を支給しなければならないという、とんでもない事態になるおそれがあります。加えて、どんなに業績好調でも賞与が増えないとなれば、従業員の気持ちはますます経営から離れていってしまいます。

支給実績により支給する

❷は例えば、「夏は２カ月、冬は２カ月±α」あるいは「昨年夏は従業員１人あたり70万円、

今夏はマイナス２万円」というように、過去の支給実績をよりどころに経営判断や世間相場を加味して決定するやり方です。

労働組合と一時金交渉を行う場合も、組合サイドは過去の支給実績を守り、これを既得権に少しでも積み上げる立場で会社と交渉しようとしますから、考え方は同じです。❶に比べれば多少の調整はききますが、過去の支給実績を大きく逸脱することはなく、賞与本来の意味からすればまだまだ硬直的です。

すでに触れたように、本来の賞与は、ある期間に実現した利益（賞与を払う前の広義の利益）の一部を従業員に配分し、従業員の利益貢献に報い、次の半期へのインセンティブとして支給するもので、そのルーツはあくまで臨時給与です。長年、収益が低迷しているにもかかわらず年間何カ月もの賞与が既得権のように１人歩きしている会社は、どこかでボタンのかけ違いが起きているといわざるを得ません。

世間相場により支給する

❸の世間相場準拠にも問題があります。同業他社や同規模企業などの支給額を調べて横並びで賞与を決めていけば、結果的には世間の景気に合わせることになり、一見説得力があるように見えます。しかし、よく考えれば世間・他社の業績と自社の業績とは何の関係もありません。たとえ世間が好景気でも、ひとつ経営判断を間違えればたちまち経営不振に陥るのが常です。反対に世の中が不景気でも、経営者の才覚と従業員のがんばりでびっくりする高収益を上げることもあり得ます。そんなとき世間相場で賞与を決めることにこだわっていては、従業員の気持ちをつかむことなどできません。

業績がよいのに、「わが社は中小企業だから、年間３カ月も出せば十分だ」などと社長がひとり合点していたのでは、従業員の気持ちは冷えてしまいます。いまよりもっと高い業績を上げ、会社を成長させようという志の高い従業員は出てこないでしょう。

賞与の格差が生まれるのは、企業規模よりも収益力の差が大きな要因です。

図表７－２は、2020年度の財務省「法人企業統計」から、１年間の従業員１人当たり付加価値額（横軸）と従業員給与・賞与額（縦軸）の関係を資本金規模別にグラフにプロットしたものです。コロナ前の2019年度よりコロナ禍に見舞われた2020年度の水準がやや落ち込んでいますが、両年度とも**１人当たり付加価値額（労働生産性＝収益力）と従業員給与・賞与額との間には強い相関関係**があることがはっきりと読み取れます。

このような収益力の差は、毎月の給与よりも利益の配分である賞与のほうにより多く反映されることはいうまでもありません。

つまり収益力さえあれば賞与は高くてもよいのです。中小企業だからという理由で少額の賞

図表7－2　給与・賞与の支給水準は企業の生産性で決まる

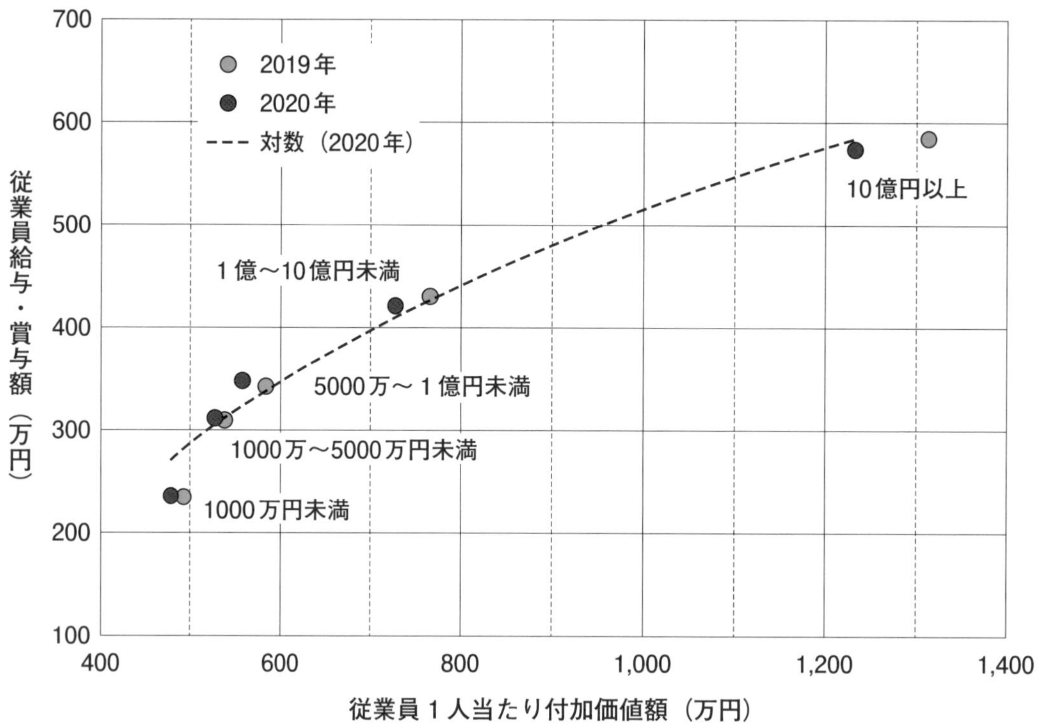

（注）破線は対数関数による近似曲線である。
資料：財務省「法人企業統計」（2020年）

与でよいということにはなりません。逆に、大手企業だからという理由で、収益力が年々低下しているのに年間４カ月以上もの賞与を惰性的に支給し続けるようでは、経営の規律が疑われます。

企業業績に基づく経営判断により支給する

このように❷や❸の方法による問題点を考えると、❹は過去の支給実績や世間相場にとらわれず、その都度の経営判断で柔軟に決定する正しいやり方といえます。

ただ、実際には「何を根拠にいくらで決めるか」については経営者も労働組合も大いに頭を悩ませるはずです。年間３カ月～５カ月という高額の賞与を、経営者がその都度恣意的に決めるやり方をしたのでは、従業員も疑心暗鬼に駆られ、モラールが低下するおそれがあります。経営者もそのことを予想するので、経営業績が多少大きく変動しても、なるべく従業員の賞与額は一定水準を維持しようという考えが働き、支給実績をみると案外保守的な結果になることが少なくありません。

業績連動方式により支給する

❺の業績連動賞与は、このような悩みを解決するために利益に対する賞与の客観的な算定基準をあらかじめ公開し、毎期の業績と実際の支給額を従業員に関連づけて説明することによって、従業員の納得性を保ちながら弾力的に賞与を支給しようとする手法です。

主要企業の動向をみると、日本経団連の2020年調査では、賞与総額の決定方法に「業績連動方式」を取り入れている企業は過去最高の60.1％に達しました。

算定方式別にその内容をみると、「営業利益を基準とする」「経常利益を基準とする」が大半を占め、「生産高、売上高を基準とする」や「付加価値を基準とする」はそれに比べると少なくなっています。

3 損益計算書の構造と業績連動賞与のしくみ

営業利益に連動した「業績連動賞与」のやり方

業績連動賞与にはいろいろな方式が考案されていますが、ここでは中小企業でも運用しやすい「営業利益連動型の業績連動賞与」のやり方を説明します。

図表７－３は、企業の損益計算書（PL）の売上に対するコスト・利益の構造をモデル化したものです（数字は純売上高＝100とした各コスト・利益の比率で任意に設定しました）。

売上高から仕入・外注費などの原価（ここではサービス業を想定し、製造原価中の労務費は原価とせず人件費として扱い、原価率は低く設定しました）を差し引いたものが「粗利益（粗付加価値）」です。

そこから従業員の給与・賞与をはじめとする人件費や役員報酬、減価償却費などを含む販売費と一般管理費を引いて「営業利益」が出てきます。これは本業の営業活動で得た利益です。

さらに受取利息・割引料や支払利息・割引料などの営業外の金融収支などを調整したものが、企業活動で出てくる「経常利益」です。

ここからさらに株式の評価損益や固定資産の売却損益などの特別損益を調整して「税前利

図表７－３　会社の売上・コスト・利益の構成比率（例）

（粗付加価値モデル）

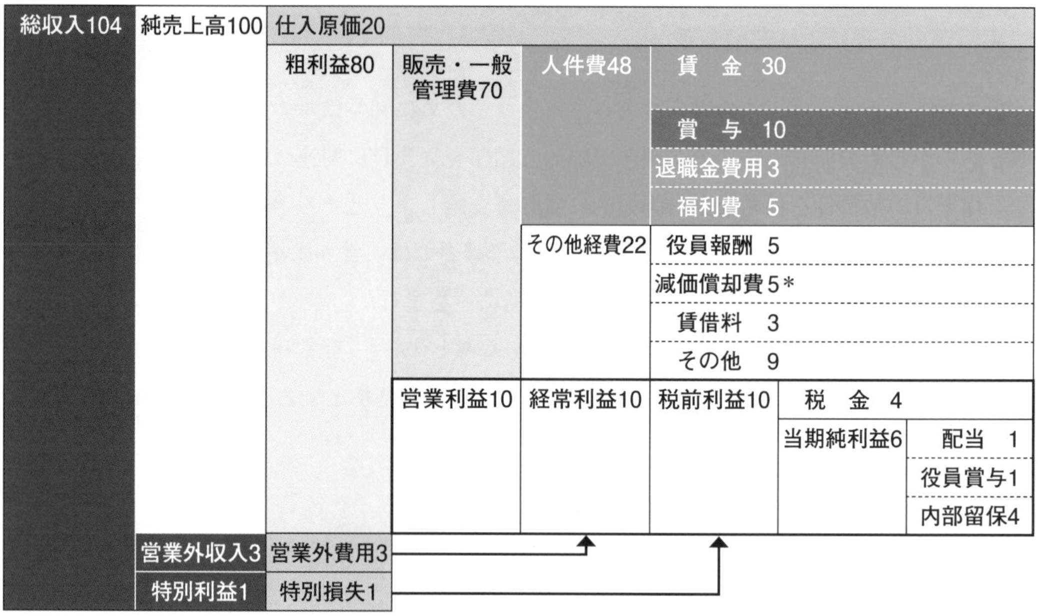

総収入104	純売上高100	仕入原価20					
		粗利益80	販売・一般管理費70	人件費48	賃　金　30		
					賞　与　10		
					退職金費用3		
					福利費　5		
				その他経費22	役員報酬　5		
					減価償却費5＊		
					賃借料　3		
					その他　9		
			営業利益10	経常利益10	税前利益10	税　金　4	
						当期純利益6	配当　1
							役員賞与1
							内部留保4
	営業外収入3	営業外費用3					
	特別利益1	特別損失1					

（注）数字は売上高＝100に対する比率（任意）。
＊純付加価値方式の場合、減価償却費は付加価値から除く。

益」が出てきます（図のモデルでは営業外収支、特別損益がいずれも±０なので営業利益＝経常利益＝税前利益となります）。

税前利益に対して法人税・事業税が課税されます。その残りが企業にとっての可処分利益である「当期純利益」です。これを原資として株主配当や役員賞与などの利益処分を行い、残った当期未処分利益が「留保利益」として会社の自己資本に蓄積されていきます。

営業利益準拠の業績連動賞与は、「変動賞与配分前の営業利益」という概念からスタートして、「利益の創出→賞与配分（インセンティブ）→利益の蓄積」のしくみを従業員に公表し、毎期の会社の営業利益に連動した賞与を支給しようとする考え方です（図表７－４）。

● **（営業利益に基づく業績連動賞与の算定式）**

式１　賞与総額＝固定賞与＋変動賞与配分前の営業利益×利益配分率（X%）

固定賞与は、通常、算定基礎給に対する支給月数で決めることが多く、ゼロから４カ月程度の間で任意に設定します。

図表7－4　営業利益準拠の業績連動賞与のモデル手法

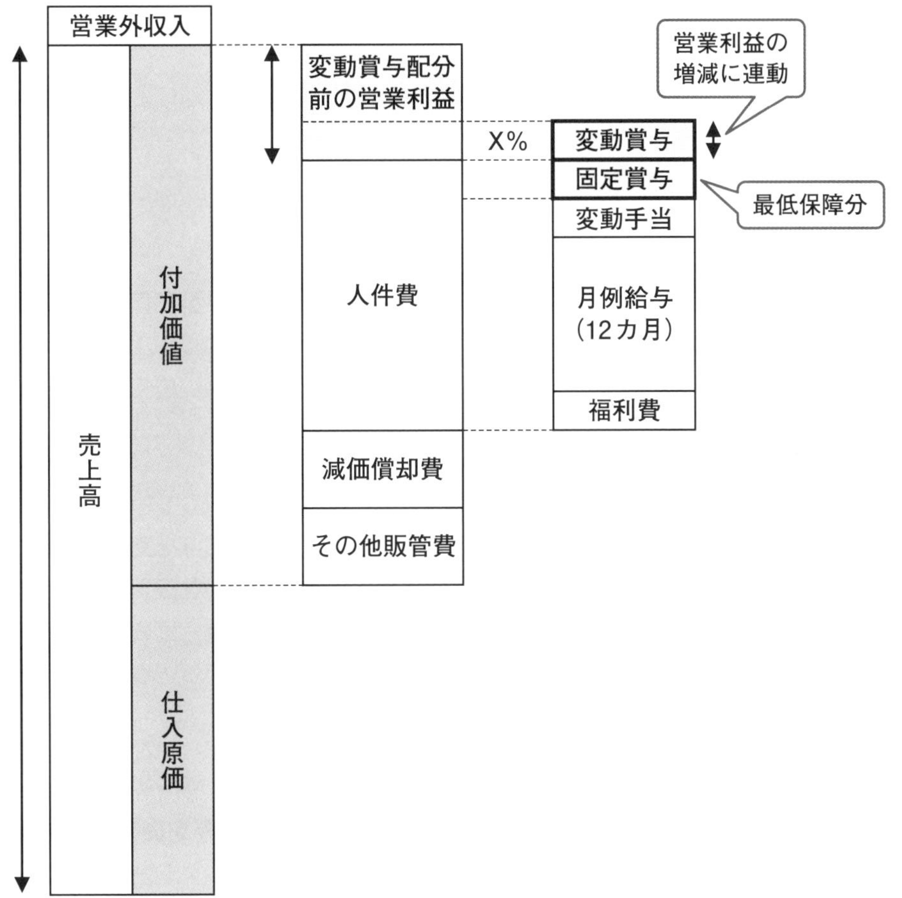

筆者の経験では次のように企業規模や収益力によって差があります。

> ▶固定賞与の支給月数の傾向
> ・大手企業または高収益企業……年間３～４カ程度
> ・中堅企業または中収益企業……年間２～３カ月程度
> ・中小企業または低収益企業……年間１カ月～２カ月程度

いうまでもなく、固定賞与は大きければ大きいほど企業にとって財務面のリスクが大きくなりますが、従業員にとっては高額賞与が約束された「待遇のよい会社」ということになります。ただしあまり大きくすると業績連動の幅が小さくなるので注意する必要があります。

反対に固定賞与が小さいほど経営的にはリスクが小さくなりますが、従業員にとっては利益の出方によって賞与の振れ幅が大きい不安定な会社ということになります。

次に、変動賞与の「利益配分率」が決まれば、賞与支給前の営業利益に連動して弾力的に賞与が算出されます。

いわゆる「利益三分法」というのもこの方式の一種ですが、これは賞与支給前の利益から出発して従業員賞与と株主配当（オーナー企業の場合は役員報酬を含む)、留保利益の３つをバランスよく確保する考え方ととらえればよいでしょう。利益三分法だから利益配分率＝33%というわけではありませんのでご注意ください。

営業利益は減価償却費を引いたものだと思いますが、大型設備投資を行った後などは営業利益を圧迫して、従業員の賞与にしわ寄せされるのではありませんか？　減価償却費はキャッシュフロー上の資金流出ではないので、減価償却費は引かないで賞与を計算してもよいと思いますが。

減価償却は設備投資の繰り延べ費用ですから、これを引かない営業利益をもとに賞与を支給すると、結果的に本来意図した基準以上の賞与を支給することになってしまいます。会社が健全な成長を持続するには、適切な設備投資は不可欠のものですから、その趣旨を従業員にしっかりと説明し、例えば３年度平均等で平準化した減価償却費を引くなどの工夫をして支給すべきでしょう。

〈ケーススタディ１〉経営目標数値を決め、業績連動賞与のしくみを従業員にアナウンス

ここでは、東京都内の架空のサービス業・従業員100人のＫ社を例にこの方式を適用してみましょう。**図表７－５の左**の数字はＫ社のＭ年度経営実績と人件費の内訳です。

Ｋ社のＭ年度（４～３月）の売上は11億5000万円、売上原価率は20％で、付加価値額は９億2000万円です。営業利益は5000万円、利益率は4.3％となっています。

Ｍ年度は年間賞与１人平均90万円・３カ月を支給し、人件費の合計は５億4600万円となりました。厚生労働省の毎勤統計（2020年の年間で約83万9727円・100～499人）などに比べるとまあまあの賞与ですが、それほど高い水準とはいえません。

Ｋ社の労働分配率は59％でした。労働分配率は次のように計算します。

労働分配率＝総額人件費（賃金＋賞与＋退職金費用＋福利費）÷付加価値額
＝５億4600万円÷９億2000万円＝59％

さてＫ社では来期は新製品の販売効果による増収増益を狙えることから、来期の営業利益6000万円を目標において、売上目標を12億円とする年度の経営計画を作りました（**図表７－**

図表7－5　K社のM年度経営実績とN年度経営計画（ケーススタディ1）

（単位：円）

	M年度経営実績	N年度経営目標
従業員数	100人	100人
1人平均売上高	11,500,000	12,000,000
売上	1,150,000,000	1,200,000,000
仕入原価	230,000,000	240,000,000
原価率	20%	20%
付加価値	920,000,000	960,000,000
付加価値率	80%	80%
変動賞与配分前営業利益		120,000,000
利益配分率		**50%**
人件費　実績	546,000,000	576,000,000
実績労働分配率	59%	60%
変動賞与	**0**	**60,000,000**
うち固定人件費	*546,000,000	*516,000,000
賃金	360,000,000	360,000,000
固定賞与	90,000,000	60,000,000
（固定月数）	2.0カ月	2.0カ月
退職金費用	36,000,000	36,000,000
福利費	60,000,000	60,000,000
他の固定費	*324,000,000	*324,000,000
役員報酬	60,000,000	60,000,000
減価償却費	60,000,000	60,000,000
賃借料	36,000,000	36,000,000
その他経費	168,000,000	168,000,000
（固定費計）	*870,000,000	*840,000,000
（販管費計）	*870,000,000	*900,000,000
営業利益	**50,000,000**	**60,000,000**
営業利益率	4.3%	5.0%
税金（40%）	20,000,000	24,000,000
配当（10%）	5,000,000	6,000,000
役員賞与（10%）	5,000,000	6,000,000
内部留保（40%）	20,000,000	24,000,000
人件費　1人年間支給額　**賞与**	900,000	1,200,000
（月数）	3.0カ月	4.0カ月
（うち固定）	3.0カ月	2.0カ月
賃金	3,600,000	3,600,000
退職金費用	360,000	360,000
福利費	600,000	600,000
計	5,460,000	5,760,000
月当たり　**賞与**	75,000	100,000
賃金	300,000	300,000
退職金費用	30,000	30,000
福利費	50,000	50,000
計	455,000	480,000
比率　**賞与**	25.0%	33.3%
賃金	100.0%	100.0%
退職金費用	10.0%	10.0%
福利費	16.7%	16.7%
計	151.7%	160.0%

（注）実際には法定福利費が賞与の金額に連動するが、簡略化のためここでは福利費を固定とした。

5右）。この売上目標は目標営業利益6000万円を確保するために逆算で求めたものです。

新年度の経営計画を発表するにあたり、K社の社長は「営業利益準拠の企業業績連動賞与」を導入することを決め、次のような方針を従業員にアナウンスしました。

◆N年度経営計画と営業利益準拠の業績連動賞与の支給方法

1 N年度は売上12億円、原価率を20%として、付加価値9億6000万円を目標とする。

2 また固定人件費5億1600万円（固定賞与2カ月分・6000万円を含む）、他の固定費3億2400万円（役員報酬を含む）として、変動賞与配分前の営業利益（以下、配分前営業利益とする）1億2000万円を目標とする。

3 ROA（総資産利益率）を5%確保するため、営業利益6000万円、営業利益率5%を目標とする。　（注）K社の総資産は12億円である。

4 配分前営業利益に対する賞与の利益配分率を50%と決め（変動賞与）、これに固定賞与2カ月分・6000万円をプラスした合計を年間賞与総額とする。

5 配分前営業利益目標1億2000万円を達成すれば、その50%・6000万円が変動賞与となる。年間賞与総額は固定賞与6000万円＋変動賞与6000万円＝1億2000万円、1人平均120万円・4カ月分となる。そのため、毎月1000万円の賞与引当金を積み立てる。

6 配分前営業利益が目標を超えた場合も超過分の50%を賞与にプラスする。

7 年末賞与は目標賞与額の半額6000万円を支給し、年度末3月決算で確定した年間賞与額から年末賞与を引いた金額を来年度の夏季賞与とする。

8 年間賞与が5カ月を超えた場合には、賞与の支給割合を基準により低減し、その分は内部留保に回す。

くりかえすと、業績連動賞与は次の式を用いて年間賞与を算定します。

式1 **賞与総額＝固定賞与＋<u>変動賞与配分前の営業利益</u>×利益配分率（50%）**

この式の<u>下線部</u>は、次のように置き換えられます。

式2 **変動賞与配分前の営業利益＝付加価値額－固定人件費－他の固定費**
＝<u>売上－仕入原価－固定費</u>

つまり売上を増やし、仕入と固定費というコストを減らすことができれば、それだけ変動賞与支給前の営業利益が増え、それに50%比例して賞与も増えるわけです。

売上が増えれば仕入原価も当然増えますが、K社では原価の高い調達ルートを避け、原価率は現状の20%をキープして付加価値額を確保することを見込みました。

問題は固定費ですが、固定人件費は賃金・退職金費用・福利費等を前年と同額と見込み、これに固定賞与6000万円を加えた5億1600万円としました。実際は、賃金改定による賃金の増加や退職金費用、法定福利費の増加なども見込まねばなりません。ただしK社では、賃金改定による人件費の増加分は高齢者の退職と新入社員への入れ替えによって吸収できると見込みました。

売上増加に伴い仕事量も増えれば、超過勤務手当が増加する可能性も十分ありますが、K社では業務効率の改善を進め、超過勤務手当を前年並みに抑えることにしました。他の固定費も同様に3億2400万円と据え置きました。

社長の計画通りいけば、賞与総額は次のようになります。

式1 **賞与総額＝固定賞与＋変動賞与配分前の営業利益×利益配分率（50%）**
＝6000万円＋1億2000万円×50%＝6000万円＋6000万円＝1億2000万円

これは、従業員1人平均120万円、平均月例賃金30万円に対して年間4カ月分の賞与になります。M年度の年間90万円、3カ月分に比べ、33%も増加します。

念のため、変動賞与6000万円（年間賞与1億2000万円）を支給して、本当に目標営業利益が確保できるのか、チェックしてみましょう。

式3 **営業利益＝付加価値−固定人件費−変動賞与額−他の固定費**
＝9億6000万円−5億1600万円−6000万円−3億2400万円＝6000万円

確かに営業利益は6000万円となり、目標売上12億円に対して5%の利益率となります。

年間賞与の支払方法は、まず経営計画に従って新年度（4月〜3月）の賞与引当金を毎月積み立てておきます（必要な月当たりの積立額は1億2000万円÷12カ月＝1000万円）。

12月の年末賞与は、社長の説明にあるように、目標額の半額である6000万円をあらかじめ支給します。年度末に決算を行って業績連動賞与の年間賞与額を確定したら、そこから年末分6000万円を引き、残りを来年6月の夏季賞与として清算支給します。

K社の社長は、以上のしくみと試算を従業員に具体的に説明したうえで、賞与を増やすためには、

・売上を伸ばし、原価を抑え、ロス率を減らして付加価

補足 会計の処理

年末賞与分の賞与引当金は全額損金処理できますが、夏季賞与分の賞与引当金（10月〜3月分の6000万円）は決算時には賞与が未払いなので損金処理できません。それでも必要経費として認識するために、会計上このように引き当てておくことをお勧めします。

値額を増やす

・業務を効率化して残業を減らし、経費の無駄遣いをなくして固定費を減らす

という行動が必要であることを分かりやすく従業員に強調しました。

このように、従業員にはあらかじめ業績連動賞与のしくみを説明しておき、営業利益が多ければ多いほど賞与が増えること、反対に営業利益が少なければ賞与が減ること、極端な場合賞与ゼロもあり得ることを理解させて、従業員の経営参画意識を高めることが大事なポイントです。

〈ケーススタディ2〉実際の営業利益に年間賞与が連動する

さて、実際のK社のN年度経営実績は図表7－6左のような結果になりました。

売上は予想を上回る12億5000万円となり、原価率も20％をキープし、付加価値額は12億5000万円×（100％－20％）＝10億円を実現しました。仕事は忙しくなったのですが、全員の努力で固定人件費（5億1600万円）も他の固定費（3億2400万円）も目標通りとなりました。

この結果に従って、業績連動賞与の金額を再計算します。

式1 賞与総額＝固定賞与＋変動賞与配分前の営業利益×利益配分率（50％）

式2 を代入

賞与総額＝固定賞与＋（付加価値額－固定人件費－他の固定費）×50％

＝6000万円＋（10億円－5億1600万円－3億2400万円）×50％

＝6000万円＋1億6000万円×50％＝6000万円＋8000万円＝1億4000万円

付加価値は4000万円の増加となり、配分前営業利益も4000万円増えて1億6000万円となります。変動賞与額はその50％の8000万円ですから、固定賞与6000万円をプラスした1億4000万円が年間賞与となります（4.67カ月、1人当たり140万円、目標対比20万円の増加）。すでに計画の（236ページ）で支給済みの年末賞与6000万円を引くと、残りの8000万円、1人平均80万円・2.7カ月分の夏季賞与となります。

注 この場合、夏季賞与分の賞与引当金は6000万円分しか積み立てていないはずですから、差額の2000万円も年度末に引き当てるようにします。ただしこれも未払い賞与分なのでN年度での損金処理はできません。

N年度の会計上の営業利益は、次のようになります。

式3 営業利益＝付加価値－固定人件費－変動賞与額－他の固定費

＝10億円－5億1600万円－8000万円－3億2400万円＝8000万円

営業利益は売上12億5000万円に対して6.4％という高い利益率となりました。

 実際は、税務上未払い賞与8000万円は損金処理できないので、税務上のＮ年度の営業利益は１億6000万円となります。

売上が損益分岐点売上高の場合はどうなるか

もっとも、現実はよい結果だけとは限りません。念のため、悪い結果もシミュレーションしておきましょう。

図表７－６中央の参考１（損益分岐点）をみてください。もし社長の予想がまったく外れてしまい、Ｋ社が極端な販売不振に陥って10億5000万円の売上しかなかったとしましょう。原価率も20％で変わらなければ、付加価値額は10億5000万円×80％＝８億4000万円しかありません。ただしＫ社では８億4000万円の固定費（固定人件費５億1600万円＋他の固定費３億2400万円）がかかっています。

これが、固定費と同額の８億4000万円しか付加価値を稼げないという「損益分岐点」の試算です。この場合、配分前営業利益はゼロですから、変動賞与額もゼロ、営業利益もゼロです。このとき年間賞与は固定賞与6000万円だけとなります（２カ月、１人当たり60万円、目標対比60万円の減少）。

「10億5000万円」という売上は、Ｋ社の原価率20％（＝付加価値率80％）を維持した場合の損益分岐点売上高（利益ゼロ、つまり売上高＝原価＋経費となる限界売上高）です。

もし社長が経営判断を誤って、年末賞与時に6000万円を支給してしまったとすると、年間賞与原資は6000万円しかないので、夏季賞与はゼロとなります。

もっとも、このような極端な販売不振が起きる場合は、上半期の経営状況もよいはずがないので、年末賞与を支給する前に経営計画を見直し、年末賞与はシビアに減額すべきです。

社長が年末に「これはまずいぞ」と気づいて、年末賞与は固定賞与原資の半額の3000万円だけ支給する判断をしていれば、残り3000万円が夏季賞与の原資として残ります。

いかがですか？　以上が業績連動賞与の支給ロジックです。

図表7－6　実際の営業利益に年間賞与が連動する（ケーススタディ2）

（単位：円）

	N年度経営実績	参考1（損益分岐点）	参考2（業績好調）
従業員数	100人	100人	100人
1人平均売上高	12,500,000	10,500,000	14,000,000
売上	1,250,000,000	1,050,000,000	1,400,000,000
仕入原価	250,000,000	210,000,000	280,000,000
原価率	20%	20%	20%
付加価値	1,000,000,000	840,000,000	1,120,000,000
付加価値率	80%	80%	80%
変動賞与配分前営業利益	160,000,000	0	280,000,000
利益配分率	**50%**	**50%**	**50%**
人件費　実績	596,000,000	516,000,000	638,500,000
実績労働分配率	60%	61%	57%
変動賞与	**80,000,000**	**0**	**122,500,000**
うち固定人件費	*516,000,000	*516,000,000	*516,000,000
賃金	360,000,000	360,000,000	360,000,000
固定賞与	60,000,000	60,000,000	60,000,000
（固定月数）	2.0カ月	2.0カ月	2.0カ月
退職金費用	36,000,000	36,000,000	36,000,000
福利費	60,000,000	60,000,000	60,000,000
他の固定費	*324,000,000	*324,000,000	*324,000,000
役員報酬	60,000,000	60,000,000	60,000,000
減価償却費	60,000,000	60,000,000	60,000,000
賃借料	36,000,000	36,000,000	36,000,000
その他経費	168,000,000	168,000,000	168,000,000
（固定費計）	*840,000,000	*840,000,000	*840,000,000
（販管費計）	*920,000,000	*840,000,000	*962,500,000
営業利益	**80,000,000**	**0**	**157,500,000**
営業利益率	6.4%	0.0%	11.3%
税金（40%）	32,000,000	0	63,000,000
配当（10%）	8,000,000	0	15,750,000
役員賞与（10%）	8,000,000	0	15,750,000
内部留保（40%）	32,000,000	0	63,000,000
人件費　1人年間支給額　**賞与**	1,400,000	600,000	1,825,000
（月数）	4.7カ月	2.0カ月	6.1カ月
賃金	3,600,000	3,600,000	3,600,000
退職金費用	360,000	360,000	360,000
福利費	600,000	600,000	600,000
計	5,960,000	5,160,000	6,385,000

 業績好調の時は労働分配率を低減させ「賞与準備金積立」を行う

これまでの説明では、業績連動賞与の根拠となる利益分配率は50%で固定していました。

ただし、単純な定率法では営業利益の変動によって賞与額の変動幅が大きくなりすぎるおそれがあります。

例えば、K社の売上高がこのまま順調に伸びて、図表７－６右の参考2（業績好調）のように、P年度には従業員100人のまま14億円にもなったとしましょう。

原価率は20%のままとすると、付加価値額は14億円×0.8＝11億円2000万円です。業務繁忙にもかかわらず、コストダウンにも成功して固定費８億4000万円（固定人件費５億1600万円＋他の固定費３億2400万円）も変わらないとすれば、賞与総額は大幅に増えます。

式１ 賞与総額＝固定賞与＋変動賞与配分前の営業利益×利益配分率（50%）

式２ を代入

賞与総額＝固定賞与＋（付加価値額－固定人件費－他の固定費）×50%

＝6000万円＋（11億円2000万円－５億1600万円－３億2400万円）×50%

＝6000万円＋２億8000万円×50%＝6000万円＋１億4000万円＝２億円

従業員１人当たりの年間賞与は200万円・6.7カ月分にもなります。一方、営業利益は、

式３ 営業利益＝付加価値－固定人件費－変動賞与額－他の固定費

＝11億円2000万円－５億1600万円－１億4000万円－３億2400万円＝１億4000万円

売上高経常利益率は10%になります。　（注）図表７－６との違いについては以下の解説の通り。

N年度の経営実績と比較してみましょう。

	N年度経営実績	P年度	
売上	12億5000円	14億円	（112%）
付加価値	10億円	11億2000万円	（112%）
年間賞与	１億4000万円	２億円	（143%）
（月数）	（4.7カ月分）	（6.7月分）	（143%）
営業利益	8000万円	１億4000万円	（175%）
営業利益率	6.4%	10%	（156%）

確かに利益も1.75倍に増えているのですが、年間賞与も４割以上増えているので、思ったほど劇的な増益にはなっていません。

このように、世間相場を大きく上回る賞与レベルになってもあくまで利益配分率を一定に維持して賞与を増やし続けるのは、硬直的すぎます。このようなときは、意識的に賞与の支給割合を抑制し、その分を将来に向けた投資や内部留保に回すべきでしょう。

具体的には、**図表７－７**のような賞与支給割合のルールを設け、成果配分賞与が一定の支給月数を超えたら段階的に支給額を抑制することをお勧めします。

このルールは **式1** の賞与原資が給与の年間５カ月分になるまでは100％支給しますが、年間５カ月分を超えたら超過分は75％支給します。年間６カ月分を超えたらその超過分は50％を支給します。年間７カ月分を超えたら、その超過分は25％だけ支給します。

図表７－７　賞与原資が一定基準を超えたら賞与支給割合を抑制する

支給月数	元の賞与原資 （１カ月分3000万円の場合）	支給割合
５カ月分まで	１億5000万円まで	100％
６カ月分まで	１億5000万円を超え１億8000万円まで	75％
７カ月分まで	１億8000万円を超え２億1000万円まで	50％
７カ月分超	２億1000万円超	25％

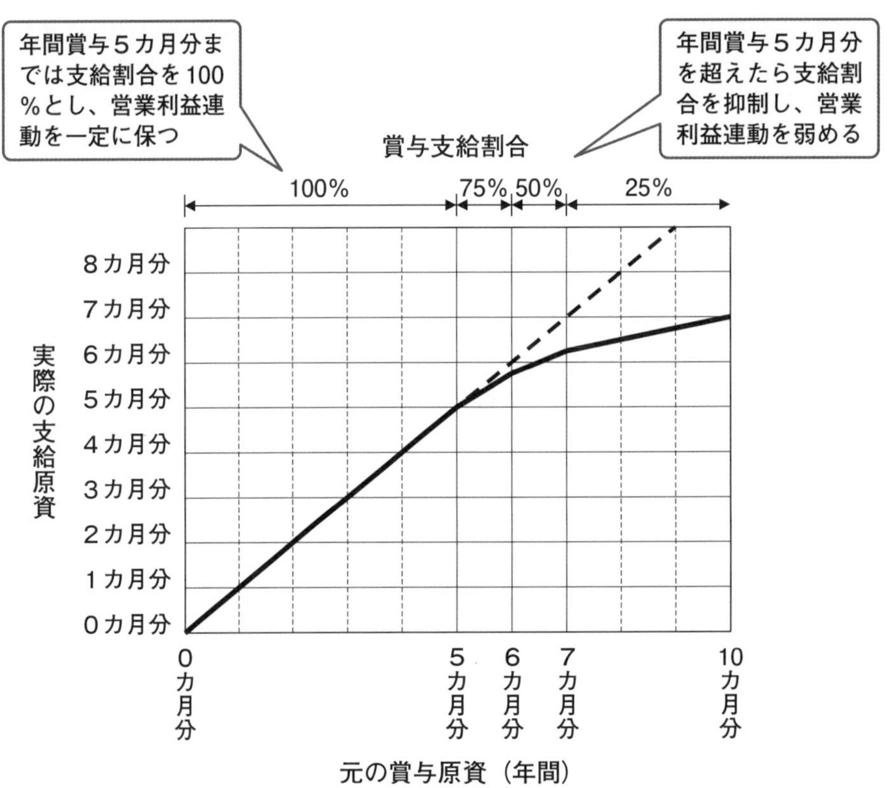

先ほどの例で、賞与原資が２億円分（給与の6.7カ月分）の場合、この方法だと支給額がいくらになるか試算してみましょう。**図表７－７**の基準を適用して、

・給与の５カ月分（１億5000万円）まで　→１億5000万円×100％＝１億5000万円
・５カ月分を超え６カ分月（１億8000万円）まで→超過分3000万円×75％＝2250万円
・６カ月分を超え７カ分月（２億1000万円）まで→超過分2000万円×50％＝1000万円
・７カ分月を超えた分　→超過分なし×25％＝ゼロ

これらの合計は１億8250万円、6.1カ月分となります。結果、元の賞与原資２億円分よりも1750万円（0.6カ月分）、実際の支給額を抑制できます。

図表７－６の右（参考２）は、この方法を適用してＰ年度分を試算したものです。

営業利益は１億4000万円よりも1750万円増え、１億5750万円となります。売上高対比で11.3％という高い利益率になります。

この賞与からの控除分1750万円は、利益を犠牲にしてでも企業成長の原資として**①設備投資**や**②人的投資**に回すか、**③賞与準備金**として有税で内部留保します。

上の例で、控除額1750万円をすべて設備投資に回し、それが４年続いたとすると、その総額は7000万円にもなります。中小企業としては、かなり大きなシステム投資が可能な額です。

1750万円をすべて人的投資に回したとすると、固定人件費（５億1600万円）の約3.4％の引き上げか、約３人の増員が可能になります。ベースアップ等を行って待遇を改善すれば、より優秀な人材が採用できるでしょう。

最後の賞与準備金というのは、税引き後利益を内部留保するにあたって、**賞与の補填に使途を限定した準備金を積み立てておく**ものです。この控除額をすべて内部留保（賞与準備金）したとすると、実効税率を37％として４年間の留保積立額は約4410万円になります。このような備えをしておけば、将来、経営赤字などで賞与額が不足したときでも、**賞与準備金を取り崩して最低限の賞与を支給**できるようになります。

以上のうちどれを選択するかは会社の経営判断ですが、いずれにしても、単純に賞与を増額するよりは優れた経営効果が期待できるのではないでしょうか。

年間賞与の支払方法

営業利益準拠の業績連動賞与の場合、年間賞与の支払方法は２通りあります。

１つは、Ｋ社が計画の**7**でアナウンス（**236ページ**）したように、12月の年末賞与で目標額の半額の6000万円、１人平均60万円・２カ月分を支給する方法です。３月決算に基づいて実際の年間賞与額を確定し、そこから年末賞与分を引いた残りを夏季賞与として清算支給しま

す。もし年度末３月に確定する年間賞与額が５カ月を超えたときは、計画の**8**の調整（242ページの図表７－７参照）を行います。

ただし年末に最低保障分の２カ月を支給してしまうと、業績が悪化した場合、夏季賞与が激減して最悪ゼロになる可能性もあります。

もう１つの方法は、半期決算あるいは月次決算に基づいて12月の年末賞与および来年６月の夏季賞与にそれぞれ「固定賞与１カ月＋半期の配分前営業利益×50％」を支給する方法です。この場合は半期ごとに固定賞与（１カ月分）が最低保障分となります。**8**の調整も半期ごとに行い、図表７－７（242ページ）の基準も半分ずつ適用して、半期の賞与が2.5カ月を超えたら調整する方式とします。

前者は半期決算を行わなくてもよいので簡便ですが、最近は大半の会社が半期決算または月次決算を行っていますし、経営業績に対するリアルタイム性を実感させるには、後者のほうが分かりやすいでしょう。特に月次決算を行えば、営業利益の増減に応じて半期末にはいくらの賞与原資になるのかも同時進行ではっきりと可視化でき、賞与引当金も正確に積み立てていけるので、最も洗練された業績連動賞与のしくみができあがります。

営業利益準拠の業績連動賞与の特徴は、利益とは無関係に支給する固定賞与をあらかじめ織り込んでおくことができること、売上高はもちろん、他の内部経費にも従業員の目を向けさせ、売上増とコストダウン両面の動機づけができることです。

固定賞与を設定すれば、それだけ会社の損益分岐点が高くなることは覚悟しなければなりません。ただ、従業員からすれば業績不振のときでも一定の生活給が保障されるという安心感があるので、業績連動賞与のしくみを受け容れやすくなります。経営サイドからみても、業績不振のときでも一定の賞与ファンドを確保して、貢献度の評価に基づく配分を維持できることも無視できません。

234ページのケーススタディ１の事例は固定賞与を除いた利益に対する配分率をX％＝50％としていますが、固定賞与を含めた実際の利益配分率は何パーセントでしょうか？

N年度の計画が達成された場合、固定賞与を含めた賞与配分前の営業利益は営業利益6000万円＋固定賞与6000万円＋変動賞与6000万円＝１億8000万円なので、固定賞与を含めた実際の利益配分率は（固定賞与6000万円＋変動賞与6000万円）÷１億8000万円＝66.7％となります。

240ページの図表7－6の「損益分岐点売上高」はどのようにして求めるのですか？

次の式から出発します。

式③　営業利益＝売上－原価－販売管理費

＝付加価値－人件費－他の固定費

＝付加価値－固定人件費－変動賞与額－他の固定費（237ページと同じ）

これをさらに次のように変形していきます。

営業利益＝付加価値－変動賞与－（固定人件費＋他の固定費）

＝付加価値－変動賞与配分前の営業利益×利益配分率－固定費

ここで、

式②より、変動賞与配分前の営業利益＝付加価値－固定費

なので、これを代入すると、

営業利益＝付加価値－（付加価値－固定費）×利益配分率－固定費

営業利益＝（付加価値－固定費）×（１－利益配分率）

したがって、

式④　付加価値＝営業利益÷（１－利益配分率）＋固定費

ここで営業利益＝ゼロとすると、付加価値＝固定費となります。

∴　損益分岐点付加価値額＝固定費＝８億4000万円

損益分岐点売上高＝固定費÷付加価値率＝８億4000万円÷0.8＝10億5000万円

業績不振のため、固定賞与を支給しないと決めたとき、賞与ゼロの損益分岐点売上高はどうやって求めるのですか？

営業利益＝付加価値－変動賞与－固定人件費－他の固定費

で変動賞与と利益をゼロとすると、

付加価値＝固定人件費＋他の固定費

固定賞与もゼロにするので、

売上高×付加価値率＝固定賞与ゼロの固定人件費＋他の固定費

∴　損益分岐点売上高＝固定賞与ゼロの固定費合計÷付加価値率＝（４億5600万円＋３億2400万円）÷0.8＝９億7500万円

従業員１人当たり売上高と営業利益準拠の業績連動賞与のシミュレーション

図表７－８は、これまで説明してきた営業利益準拠の業績連動賞与をＫ社で運用したとき、

図表7－8　営業利益準拠の業績連動賞与では1人当たり売上高が増えると賞与総額、営業利益率はどうなるか（K社の事例）

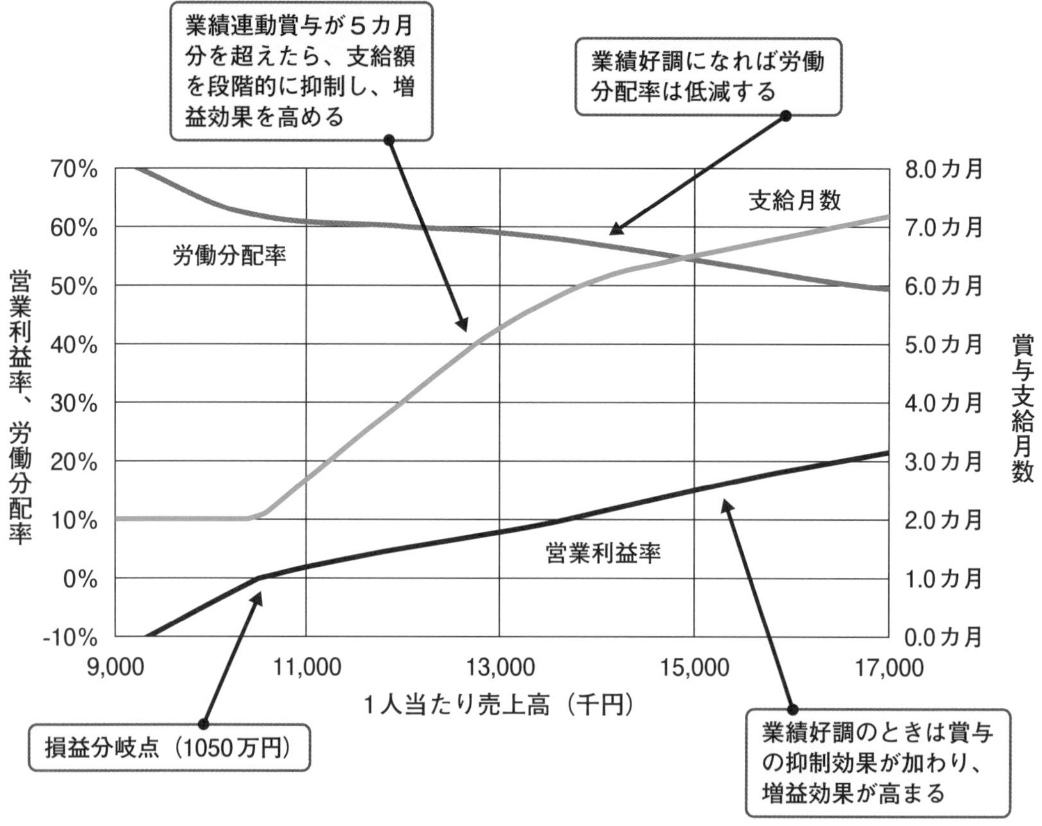

従業員1人当たり売上高によって営業利益率、労働分配率、賞与の支給月数がどのように変化するかをシミュレーションしたグラフです。

このシミュレーションでは、年間2カ月の固定賞与を保証しているため、損益分岐点売上高（10億5000万円、1人当たり1050万円）を下回ったときは赤字になります。

その場合、固定賞与を調整して赤字をキャンセルする経営判断もあり得るでしょうが、はじめからそう決めたのではわざわざ固定賞与を設定する意味がありません。いよいよ経営に余裕がなくなったときの選択肢として残しておくべきでしょう。

すでに説明したように、業績連動賞与の原資が一定基準（この例では年間5カ月分）を超えたら、**図表7－7**の基準を適用して賞与の支給割合を抑制するので、年間5カ月分を超えるところから賞与の支給月数が抑制される傾向が読み取れます。結果、**高業績のときは労働分配率が低減し、営業利益率でみた増益効果も高まっている**ことが分かります。

最後に、業績連動賞与を導入することによるメリットを整理しておきます。

業績連動賞与の導入メリット

■売上と原価、人件費や設備投資、借入利息などの固定費に連動して営業利益と賞与が増減することを従業員に理解させやすい。

■賞与総原資を決定する客観的に説明可能な基準が確立し、社内の風通しがよくなる。

■従業員が経営業績に関心を持つようになり、経営参画意識が高まる。

■経営業績に応じて賞与総原資が弾力的に決定されるので、経営の安全度が高まる。

■固定人件費と変動人件費に基づく総額人件費管理が可能になり、雇用と賃金・賞与・退職金・福利費を含めた人件費政策を客観的に決定できるようになる。

Q 業績連動賞与を導入すると、利益を圧迫する設備投資や人材採用に従業員が抵抗するようになるのではないでしょうか？

A 設備投資や人材採用を行えば、当面の営業利益が減って賞与も減るのは事実です。ただし短期的な利益（賞与）を追求して設備投資や人材採用をストップしてしまっては、会社の成長はいずれ頭打ちになります。将来の利益（賞与）どころか、企業の存続さえも危うくなってしまいます。将来にわたって企業が成長・存続し、利益を実現していく方策・ビジョンを従業員の皆さんとよく話し合い、未来への投資として設備投資や人材採用は欠かせないものであることを十分説明してください。そのように考えると、業績連動賞与のしくみは、従業員の長期的な経営参画意識を引き出すビジョン共有のツールととらえることもできるのです。

Q 当社では節税のために保険商品を購入したり、リース料を払ったりして利益を圧縮してきました。業績連動賞与を導入すると、このような節税対策に従業員が反発するようになりませんか？

A 節税のための保険商品の購入費用やリース料は管理会計上の営業外費用に計上し、賞与配分前営業利益には影響させないようにすれば問題ありません。ただし、通常の業務に必要な火災保険やリース料まで営業外費用にしないように注意してください。例えば工場の火災保険料や従業員福祉のための共済保険料、コピー機やOA機器等のリース料などは、節税目的でかけるものではありません。また従業員の退職金や役員の退職慰労金を支給するために計画的に積立目的でかけている保険料なども同様です。

役員報酬は人件費に含めないのですか？

一般的な統計では広い意味での人件費に含めることもありますが、ここでは「従業員の業績連動賞与」の基準を設定することが論点ですので、使用人兼務役員の従業員分は別として、役員報酬は人件費に含めていません。特にオーナー会社の場合、節税対策のために役員賞与分や株主配当分も役員報酬に含めて支給していることが多いので、その意味でも人件費に含めないほうが分かりやすいと思います。

5 役割・貢献度の評価に連動した個人別賞与の配分方法

なぜ賃金比例の賞与ではダメなのか

ここまでは、賞与の支給総額を合理的に決めていく営業利益に準拠した業績連動賞与のやり方を紹介しました。

次に、経営者も従業員も納得しやすい、分かりやすい賞与個人配分の方法を解説します。

会社で支給する賞与の本質は、ある期間にみんなで苦労して稼ぎ出した利益（賞与を払う前の広義の利益）の一部を、毎月の給料や福利厚生費などの人件費を支払った後で従業員に分配し、仕事に対する励みを与え、経営参画意識を持たせることにあります。

賞与の配分はさまざまな方式が考案されてきましたが、生活給が重視された時代の主流は、「毎月の賃金の○カ月分」を賞与額とする「賃金比例方式」でした。

いまでも、公務員給与準拠で賃金制度を運用している学校や病院、JA、社会福祉法人などでは、給料に全員同じ月数を掛け算し、評価査定もなしで賞与を支給するところが残っているようです。

一般の民間企業では、各人の算定基礎給（基本給、基本給＋役付手当など）に支給月数を掛け、これに例えば次のような査定率を掛ける方式が一般的でしょう。

●賞与＝算定基礎給×支給月数×査定率

（査定率の例）S＝1.2、A＝1.1、B＝1.0、C＝0.9、D＝0.8

この方法で、例えば今季賞与は基本給の平均２カ月分を支給すると決めたとします。

基本給が20万円の従業員Ｘさん、同じく30万円の従業員Ｙさん、40万円の従業員Ｚさんの賞与額は**図表７−９**のようになります。

この方式の利点は、各人の支給額が簡単に計算できることと、「わが社の今季賞与は２カ月です」というように賞与の支給水準を一見説明しやすい印象があることです（正確にいうとそうではないのですが……）。

反面、各人の算定基礎給の高さが賞与額にそのまま連動してしまうのが大きな欠点です。

Ｘさんのように基本給の低い従業員は、いくら評価がよくても期待するほど賞与は高くなりません。反対にＺさんのように基本給の高い従業員は評価が悪くても、ずいぶん大きな賞与が支給されます。

Ｘさんの A評価（52万8000円）＜ Ｙさんの C評価（54万円）

Ｙさんの A評価（66万円）＜ Ｚさんの C評価（68万4000円）

もしＸさんとＹさん、Ｚさんが同じ役割等級（例えばⅢ等級）で貢献度を競い合った結果このような配分になったとすると、ＸさんはＹさんに対して、ＹさんはＺさんに対して割り切れない思いをするはずです。貢献度は自分のほうが高いのに、賞与額は逆転しているのですから。

賃金比例方式の賞与は、このように評価と実際に支給される賞与とがミスマッチを起こしやすいので、貢献度の評価に連動した短期決済の賞与配分を実現する方法としては不適切です。

対象６カ月間の会社業績と各人の貢献度の評価に基づいて、その都度支給する**短期決済の報酬**が賞与の本質であるとすれば、本来、各人の給料が高いか低いかは賞与に関係ないはずです。上期にＡ評価をとれば思い切ってＡ評価にふさわしい賞与を支給すべきですし、下期にＣ評価をとれば上期の評価はリセットしてＣ評価の金額に落とさねばなりません。来年の上期はまた白紙に戻って評価をしなおすわけです。

図表７−９ 賃金比例方式の賞与配分（事例）

	基本給	×２カ月分	S評価 ×1.2	A評価 ×1.1	B評価 ×1.0	C評価 ×0.9	D評価 ×0.8
Xさん	240,000	480,000	576,000	528,000	480,000	432,000	384,000
Yさん	300,000	600,000	720,000	660,000	600,000	540,000	480,000
Zさん	380,000	760,000	912,000	836,000	760,000	684,000	608,000

貢献度に応じた分かりやすい賞与の配分方法

賞与の原資が決まり、これを個人に配分するときには、各人の貢献度の違いが明確に金額に反映され、会社業績のよしあしだけでなく、6カ月間の評価も本人に明確なメッセージとして伝わるようにしなければなりません。

貢献度の違いは、次の2つの面から把握することができます。

(1) どれだけ困難な難しい仕事を担当し、重い役割を担ったか（等級）

(2) その役割の中で実際にどれだけの貢献をしたか（評価）

前者は、各人の担当する役割等級の高さです。

これは**第2章**で説明した通り、職能資格制度のように年功や能力の高さとして属人的に付与するものではなく、実際に各人が担当し、遂行している組織上の役割段階を等級に格付けるものです。

後者は各人の半年の仕事を振り返り、等級別の貢献度の個人差をSABCDで評価します。

責任が重く困難な役割（等級）の業務を担当し、しかも6カ月間の仕事の出来ばえ（評価）が最高であれば、その人は社内で最大級の貢献を果たしたといえるでしょう。

反対に簡単な役割でしかも出来ばえが最低ならば、その人の貢献度はミニマムになります。

この貢献度の違いをズバリその期の賞与額としてその都度表現し、支給すべきです。

具体的には、**図表7－10**のように等級と成績の2つの要素をクロスさせた賞与の配分基準を用意して、半年ごとに評価をリセットするようにすれば、メリハリの効いた貢献賞与が簡単

図表7－10　貢献度の大きさとは

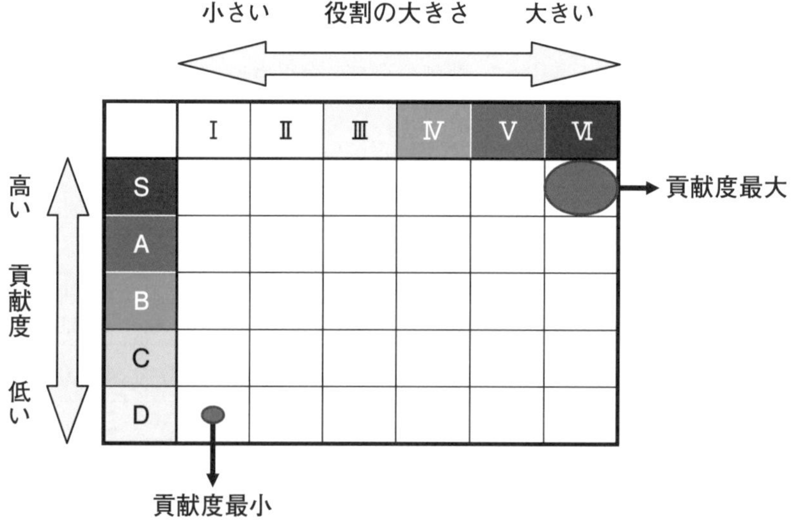

に実現できます。

この表のマス目1つひとつに直接金額を書き込んでもよいのですが、それだと会社業績に対応して柔軟に金額を調整することがやりづらくなります。そこで、これから紹介する「ポイント制の貢献賞与」が考案されました。

貢献賞与の個人配分式

貢献賞与の具体的な個人配分式は次の通りです。

式5　貢献賞与＝貢献賞与ポイント×１点単価×出勤係数

貢献賞与ポイント

貢献賞与ポイントは、図表７－11の上の事例（標準型）のような配分点数表をあらかじめ用意しておき、半期ごとに従業員の等級と成績から各人のポイント・持点を決定します。

全員のポイント合計は次のように計算します（後述）。

式6　ポイント合計＝Σ（等級別・成績別ポイント×等級別・成績別人数）

この配分点数表には次のような３つの特徴があります。

①等級が高いほど点数が高くなります……Ⅰ等級のＢ評価が100点、Ⅵ等級のＢ評価が450点ですから、ここではⅠ等級Ｂ評価に対しⅥ等級Ｂ評価は4.5倍の貢献度をみていることになります。

②貢献度が高いほど点数が高くなります……例えばⅡ等級のＤ評価100点に対してＳ評価は170点ですから、同じⅡ等級でも1.7倍という大きな貢献度の差をみていることになります。

③２段階一致で同じ点数になっています……例えばⅠ等級のＳはⅡ等級のＢ、Ⅰ等級のＡはⅡ等級のＣ、Ⅰ等級のＢはⅡ等級のＤと同点です。Ｓ評価をとれば上の等級の普通のＢ評価に、Ａ評価をとれば上位等級の評価下位者のＣ評価に追いつけるようにつくってあります。

③は等級が違っていても、それを絶対視しないで従業員どうしが常に緊張感を持ち、等級を超え切磋琢磨し続けるように工夫しています。

等級が下でも高い成績をとれば上の等級に実際の金額が追いつき、追い越せるしくみにしておけば、やる気のある従業員は「ようし、がんばってみよう！」という励みが持てるようにな

図表7－11　貢献賞与の配分基準と1点単価による貢献賞与額の違い

配分点数表（標準型・2段階一致）

成績	Ⅰ	Ⅱ	Ⅲ	Ⅳ	Ⅴ	Ⅵ
S	130	170	230	320	450	630
A	115	150	200	275	385	540
B	100	130	170	230	320	450
C	80	115	150	200	275	385
D	70	100	130	170	230	320

1点単価　3,000円

評価	Ⅰ	Ⅱ	Ⅲ	Ⅳ	Ⅴ	Ⅵ
S	390,000	510,000	690,000	960,000	1,350,000	1,890,000
A	345,000	450,000	600,000	825,000	1,155,000	1,620,000
B	300,000	390,000	510,000	690,000	960,000	1,350,000
C	240,000	345,000	450,000	600,000	825,000	1,155,000
D	210,000	300,000	390,000	510,000	690,000	960,000

1点単価　2,500円

評価	Ⅰ	Ⅱ	Ⅲ	Ⅳ	Ⅴ	Ⅵ
S	325,000	425,000	575,000	800,000	1,125,000	1,575,000
A	287,500	375,000	500,000	687,500	962,500	1,350,000
B	250,000	325,000	425,000	575,000	800,000	1,125,000
C	200,000	287,500	375,000	500,000	687,500	962,500
D	175,000	250,000	325,000	425,000	575,000	800,000

1点単価　2,000円

評価	Ⅰ	Ⅱ	Ⅲ	Ⅳ	Ⅴ	Ⅵ
S	260,000	340,000	460,000	640,000	900,000	1,260,000
A	230,000	300,000	400,000	550,000	770,000	1,080,000
B	200,000	260,000	340,000	460,000	640,000	900,000
C	160,000	230,000	300,000	400,000	550,000	770,000
D	140,000	200,000	260,000	340,000	460,000	640,000

1点単価による最低支給額（D評価）の違い

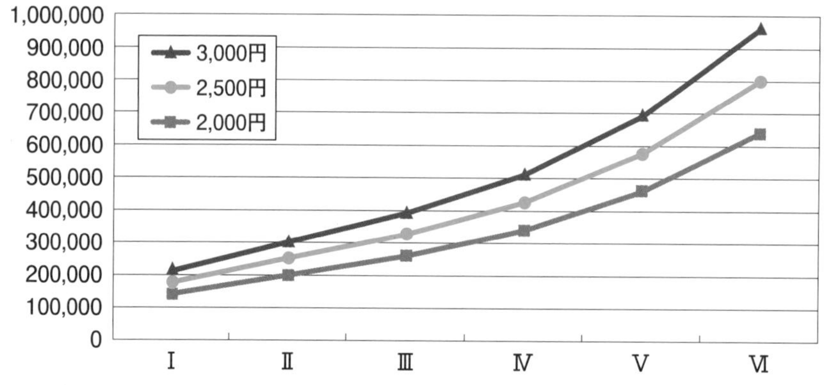

るはずです。

これを課長の賞与は必ず係長より高く、部長の賞与は必ず課長より高く、というように決めてしまうと、課長は課長の、部長は部長のポストにあぐらをかいて仕事の向上意欲をしだいに失うことになりがちです。等級が高いというだけで優遇され、極端にいえば仕事の成果は二の次という雰囲気が生まれてきます。反対に等級の低い人たちは逆立ちしてもかなわない感じがして、チャレンジしてやろうという気持ちもくじけてしまいます。

このような配分点数表の設計思想は、本書で紹介した役割給のゾーン型範囲給やランク型賃金表の２段階一致のしくみに似ています。**第３章**で触れたように、ゾーン型範囲給は、Ａ評価やＳ評価をとり続ける優秀な従業員がもし昇格できなくても、上の等級の賃金範囲まである程度食い込んで昇給できるしくみにしてあります（72ページ参照）。

ただ、役割給の場合はＡ評価やＳ評価に対応する金額まで昇給するには、年数がかかる（中期決済型）のに対して、貢献賞与の場合は６カ月ごとに、その評価にふさわしい金額の賞与を一挙に支給する（短期決済型）ところが根本的な違いです。

なお各等級とも、最低のＤ評価でも最低ポイントが設定されていることにも注意してください。

Ｓ評価やＡ評価にはドカンと賞与を支給し、Ｃ評価やＤ評価は限りなくゼロにする、という過激な配分比率では、評価の運用がキナ臭くなってしまいます。貢献度の評価といっても、企業は弱肉強食の論理で成り立っているわけではありません。

SABCDの評価は**それぞれの役割の中で相対的な貢献度のポジション**をあらわすだけで、人間的な能力や人格にレッテルを貼るものではないのです。評価が高い人を優遇するだけでなく、**評価が低い人も低いなりに企業活動を支えている**ことにも配慮が必要です。賞与は、各人の生活プランに組み込まれた生活資金にもなるのですから、最低でもこのラインまでは支給するという部分が必要です。

以前のテキストでは、下位等級のＡが上位等級のＢと同点になる「１段階一致」の表が紹介されていましたが、変わったのでしょうか？

近年はこのような「２段階一致」の配分点数表が多くなっています。以前は賃金比例の「安定賞与」と貢献賞与を併用する会社が大多数だったため、貢献賞与のメリハリを大きくする必要があったのですが、100％貢献賞与で支給する会社が増えるに従い、「１段階一致だとSABCDの金額の変化が大きすぎて使いにくい」「２段階一致の配分点数表のほうが使いやすい」という声が増えています。

1点単価

式５ のように、各人の貢献賞与ポイントに「１点単価」を掛け算して、貢献賞与の支給額が決まります。この１点単価をいくらに設定するかで、会社全体の貢献賞与の支給水準も決まります（説明を簡単にするため、出勤係数は度外視）。

式５ ・各人の貢献賞与ポイント×１点単価＝各人の貢献賞与
式７ ・全員の貢献賞与ポイントの合計×１点単価＝全員の貢献賞与総額

252ページの図表７－11下は、１点単価を3000円、2500円、2000円と３通りに設定し、標準型の配分点数表に基づいてそれぞれいくらの貢献賞与になるかを等級別・評価別にシミュレーションしたものです。１点単価が増えると等級別・評価別の金額が大きくなることはもちろんですが、各等級の最低支給額（Ｄ評価）も下のグラフのように１点単価に比例して大きく変化することが分かります。

また、１点単価が増えれば等級別・評価別の差も大きくなりますが、はじめに配分点数表で設定した等級別・評価別の比率のバランスは変わらず維持されます。

従業員の立場でいうと、賞与の金額を増やすにはただ自分の評価さえよければいいのではなく、経営者と従業員が一致協力して会社業績を上げ、１点単価を大きくする必要があります。なぜなら、 **式７** を逆算すると分かるように、１点単価は賞与総原資を従業員全員の総ポイント数で割り算したものであり、１点単価は会社業績の反映だからです。

式８ １点単価＝全員の貢献賞与総額÷全員の貢献賞与ポイントの合計

会社業績が変わらないとすれば、確かに個人として貢献度が高い人の方が賞与額の取り分は大きくなります。

ただしいくら個人の評価が高くても、全体として会社の業績が落ち込み１点単価が下がってしまっては何にもなりません。どの従業員も自分の賞与額を守り、増やすには、全員で１点単価を維持し高めるように会社業績を維持し向上させねばなりません。

この従業員全員の共通利益を理解させることができれば、従業員は自然に会社業績や経営に関心を寄せるようになります。

各人の貢献度をあらわす貢献賞与ポイントと会社業績の反映である１点単価の関係は、「賃金表」の号俸と金額の関係になぞらえることができます。従業員個々の賃金バランスを示す号俸は実力評価に連動した賃金改定（昇給、昇給停止、マイナス昇給）で決まりますが、具体的な金額は会社が設定する賃金表の水準で決まります。

賃金表の水準は、会社業績（支払能力）の中長期的な実績と見通しに基づいて、世間水準も考慮して政策的に決めるものであり、経営者と従業員とが長年の努力を積み上げて実現した経営力の反映といえます。

賞与の場合は、会社の短期的な業績によって１点単価を決定します（変動賞与）。これに対して賃金表の水準は短期的には固定されますが、中長期的にはベースアップやベースダウンによって変動するという点に大きな違いがあります。

出勤係数

「出勤係数」は支給対象期間６カ月間の勤怠実績に基づいていわゆる欠勤控除を行うための係数で、欠勤がゼロで支給対象期間をフルに出勤したとき100％となります。

式９　出勤係数＝（６カ月間の所定労働日数－欠勤日数）÷６カ月間の所定労働日数

まず支給対象期間のとり方ですが、部門・個人の目標を設定して業績評価を行う場合は、次のように決算期に合わせて賞与の支給・評価期間を設定します。

（３月決算の例）　上半期４月１日～９月30日　→年末賞与
　　　　　　　　　下半期10月１日～３月31日　→夏季賞与
（12月決算の例）　上半期１月１日～６月30日　→年末賞与
　　　　　　　　　下半期７月１日～12月31日　→夏季賞与

例えば夏季賞与の所定労働日数が120日あって、欠勤が１日だったとすると、（120－１）÷120＝0.9917がその人の出勤係数になります。

本来の支給額が70万円だったとすると70万円×0.9917＝69万4190円が実際の支給額ですから、１日につき約5800円のマイナスです。

6　安定賞与（賃金比例分）を廃止・縮小し、貢献賞与に一本化する

貢献賞与の配分ロジックは以上の通りですが、すでに説明したように、これまでは賞与といえども生活給的な要素を完全には排除できず、従業員に安心感を与えるために安定賞与（賃金比例分）と抱き合わせで支給する会社が多いのが実情です。

ただ近年、基本給が年功序列的な職能給から役割給に移行する企業が増えるに伴い、貢献賞

与の比重も徐々に高まっています。

今後は、短期決済型の報酬という賞与の性格をより鮮明にするために、**安定賞与は積極的に廃止し、貢献賞与に一本化する**ことをお勧めしたいと思います。

図表7－12の①は、Ⅰ等級、Ⅲ等級、Ⅳ等級の6人の小集団について、安定賞与を1カ月分、貢献賞与を1点単価2000円で支給した例です。賞与原資は安定賞与が200万円、貢献賞与が200万円、合計400万円になりました。これをみると、基本給で決まる安定賞与と等級と評価で決まる貢献賞与とが別々にあるため、評価と合計額の順位は微妙に異なることが分かります。

結局、各人の基本給の高さと貢献度がミックスされて賞与額が決まる併用方式は、当季の貢献度をその都度評価し賞与に直結させるという賞与の性格があいまいになりがちです。

また賞与総原資と各人別の支給額をコントロールするときには安定賞与と貢献賞与を二重に調整する必要があり、それだけ配分実務は複雑になります。

図表7－12の②は、400万円の総原資をすべて貢献賞与で配分した例です。400万円を6人の総ポイント数1000点で割り算すると1点単価4000円になります。これを各人の配分点（貢献賞与ポイント）に再び掛け算すると、確かに合計額は400万円になりました。

併用方式と貢献賞与のみの方式との大きな違いは、当然ですが基本給の違いが賞与には関係なくなること、等級と評価が同じであれば支給額は同じになることです。下のグラフで比較すると、1点単価が2000円（**左図**）から4000円（**右図**）に2倍に増えたため、評価によるメリハリも大きくなっていることが分かります。

このように安定賞与を廃止して貢献賞与だけに一本化すると、配分点数表と1点単価だけで個別の支給水準を管理できますし、賞与総原資は1点単価だけを連動させればいいわけですから、賞与制度の設計や運用が極めて単純明快になります。

図表7－13に安定賞与・貢献賞与の併用方式と貢献賞与のみの方式との違いを整理しておきました。

図表7－14に代表的な3種類の配分点数表のモデルを示します。

「抑制型」は、等級・成績間の点数の格差をやや小さく抑えたもので、Ⅰ等級Bに対しⅥ等級Bの点数は3.4倍になります。また各等級のBに対してAはプラス10～19％、Cはマイナス10～15％の格差がつきます。

「標準型」は、いままで最もよく使われてきた一般的な点数格差の表で、Ⅰ等級Bに対しⅥ等級Bの点数は4.5倍です。AはBのプラス15～20％、Cはマイナス12～20％です。

「拡大型」は、点数格差を大きくとった表で、Ⅰ等級Bに対しⅥ等級Bの点数は5.6倍になります。Aはプラス20～21％、Cはマイナス15～30％で、Ⅱ～Ⅵ等級のSはDの2倍という刺激性の強い点数表です。

図表７－12　安定賞与＋貢献賞与から貢献賞与の一本化へ

①安定賞与＋貢献賞与方式

氏名		等級	安定賞与		貢献賞与			合計	順位
			基本給	1.0カ月	評価	配分点	1点2000円		
L	一般	Ⅰ	230,000	230,000	B	100	200,000	430,000	6
M	一般	Ⅰ	290,000	290,000	B	100	200,000	490,000	5
O	主任	Ⅲ	310,000	310,000	A	200	400,000	710,000	3
P	主任	Ⅲ	370,000	370,000	B	170	340,000	710,000	3
Q	課長	Ⅳ	400,000	400,000	C	200	400,000	800,000	2
R	課長	Ⅳ	400,000	400,000	B	230	460,000	860,000	1
合計				2,000,000		1,000	2,000,000	4,000,000	6人

②貢献賞与のみ

氏名		等級	安定賞与		貢献賞与			合計	順位
			基本給	0.0カ月	評価	配分点	1点4000円		
L	一般	Ⅰ	230,000	—	B	100	400,000	400,000	5
M	一般	Ⅰ	290,000	—	B	100	400,000	400,000	5
O	主任	Ⅲ	310,000	—	A	200	800,000	800,000	2
P	主任	Ⅲ	370,000	—	B	170	680,000	680,000	4
Q	課長	Ⅳ	400,000	—	C	200	800,000	800,000	2
R	課長	Ⅳ	400,000	—	B	230	920,000	920,000	1
合計				—		1,000	4,000,000	4,000,000	6人

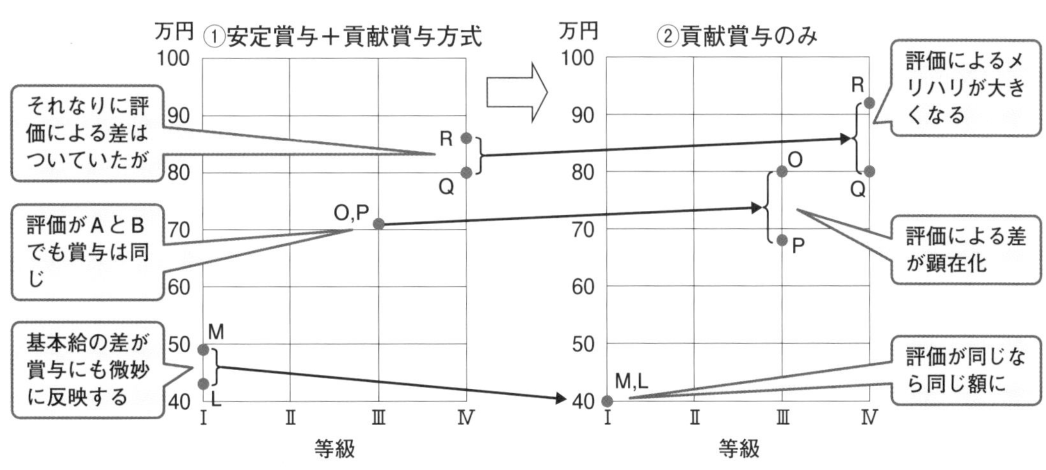

図表７－13 安定賞与＋貢献賞与の併用方式と貢献賞与のみの方式との比較

	安定賞与・貢献賞与の併用	貢献賞与のみ
個人配分	各人の基本給（中期決済）と当季の貢献度（短期決済）のミックス	当季の貢献度（短期決済）のみ
原資管理	基本給の支給月数と１点単価の２点管理	１点単価だけの管理
水準管理	基本給の支給月数と配分点数表、１点単価の３点管理	配分点数表と１点単価の２点管理
メリット	社員にとって貢献度の評価はどうなるか分からないが、安定賞与は毎月生活している賃金に連動するので安心感がある	純粋な貢献度の評価だけで賞与額が決定されるので分かりやすく、仕事のやりがいにつながる
デメリット	賃金の高い社員は貢献度が低くても支給額が大きく、賃金の低い社員は貢献度が高くても支給額が小さい	貢献度による変動幅が大きいので、賞与が減額されるリスクが伴う。評価の運用が不適切だと社員の不信を招きやすい

図表７－14　３種類の賞与の配分点数表（２段階一致モデル）

①抑制型

評価	Ⅰ	Ⅱ	Ⅲ	Ⅳ	Ⅴ	Ⅵ
S	120	150	190	250	340	470
A	110	135	170	220	295	405
B	100	120	150	190	250	340
C	85	110	135	170	220	295
D	75	100	120	150	190	250

②標準型

評価	Ⅰ	Ⅱ	Ⅲ	Ⅳ	Ⅴ	Ⅵ
S	130	170	230	320	450	630
A	115	150	200	275	385	540
B	100	130	170	230	320	450
C	80	115	150	200	275	385
D	70	100	130	170	230	320

③拡大型

評価	Ⅰ	Ⅱ	Ⅲ	Ⅳ	Ⅴ	Ⅵ
S	140	200	280	400	560	800
A	120	170	240	340	480	680
B	100	140	200	280	400	560
C	70	120	170	240	340	480
D	50	100	140	200	280	400

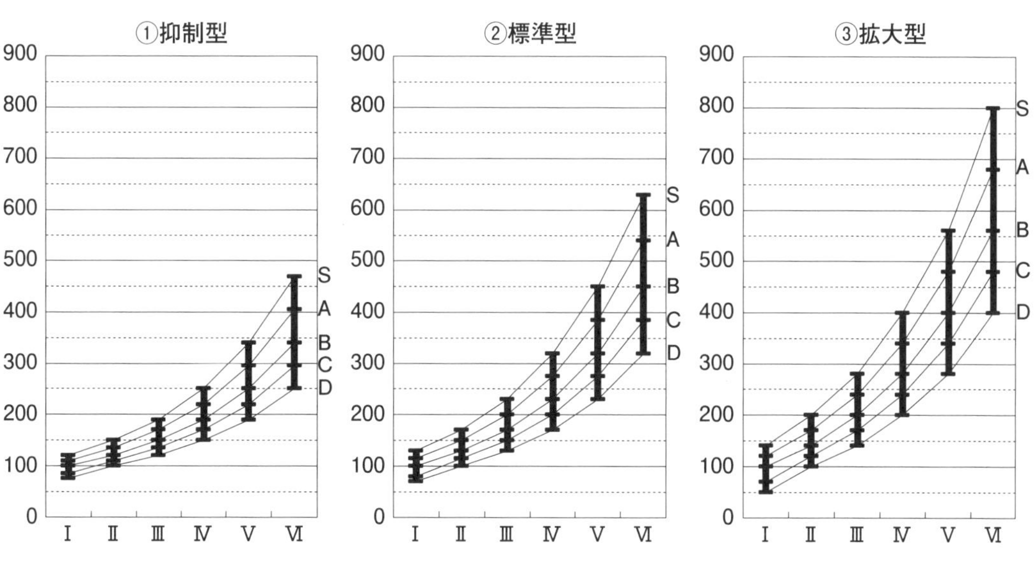

7 経営にとっての配分点数表と1点単価の意味

図表７－15は、従業員数100人のＫ社について、①配分点数表（標準型）の各点数に対する②等級別・評価別の人数をカウントし、両者を掛け算して③総ポイント数を試算したものです。これに１点単価3000円と仮定して④等級別・評価別の貢献賞与と⑤必要原資を試算しました。

結果、Ｋ社では従業員数100人に対して③総ポイント数は２万点、⑤必要原資は6000万円、１人平均60万円という支給額になりました。

実際には、はじめに１点単価ありきではなく、当季の会社業績に基づいて貢献賞与の配分原資が先に決まり、これを従業員の総ポイント数で割り算して１点単価が決まります。

式８　１点単価＝全員の貢献賞与総額÷全員の貢献賞与ポイントの合計

Ｋ社で従業員数100人に対して合計6000万円、１人平均60万円という貢献賞与の原資を決めたとします。従業員の等級別・評価別の人数が②の通りだとすれば、総ポイント数は２万点ですから、上の式から１点単価は次の通り計算されます。

式８　１点単価＝6000万円÷２万点＝3000円（端数切り上げ）

この１点単価を③の総ポイント数２万点に再び掛け算すると、会社全体の⑤必要原資は6000万円となり、確かに予算と同じになります。

すでに述べたように、１点単価は従業員一人ひとりの賞与支給額に直結し、従業員に会社の経営業績に関心を持たせる重要な動機づけの要素となるものです。

上の **式８** から、１点単価を増やすには、

分子＝賞与総額を増やす

分母＝総ポイント数を減らす

という２つの方法がありますが、従業員にとって分かりやすいのは、やはり分子＝賞与総額のほうでしょう。会社業績に連動して賞与総額が決まることを従業員に理解させ、合意することで、経営的にみれば**人件費を弾力化する有力な手法**が確立できるわけです。

これに対して、総ポイント数は図表７－15の③の試算からも分かるように、

1 どのような「配分点数表」を設定するか

2 どのような等級別の人員構成にするか

3 等級別の人員に対してどのようにSABCDの評価を適用するか

によって構造的に決まる数値です。

図表7－15 貢献賞与の個人配分の実際（K社・半期の例）

①配分点数表（標準型・2段階一致） 単位：点

評価	Ⅰ	Ⅱ	Ⅲ	Ⅳ	Ⅴ	Ⅵ
S	130	170	230	320	450	630
A	115	150	200	275	385	540
B	100	130	170	230	320	450
C	80	115	150	200	275	385
D	70	100	130	170	230	320

②等級別・評価別人数（サンプル） 単位：人

評価	Ⅰ	Ⅱ	Ⅲ	Ⅳ	Ⅴ	Ⅵ	総計
S	—	1	1	1	—	—	3
A	1	6	10	5	2	1	25
B	1	14	20	7	6	3	51
C	—	6	8	3	1	1	19
D	—	1	1	—	—	—	2
合計	2	28	40	16	9	5	**100**

③等級別・評価別の総ポイント数（①×②） 単位：点

評価	Ⅰ	Ⅱ	Ⅲ	Ⅳ	Ⅴ	Ⅵ	総計
S	—	170	230	320	—	—	
A	115	900	2,000	1,375	770	540	
B	100	1,820	3,400	1,610	1,920	1,350	
C	—	690	1,200	600	275	385	
D	—	100	130	—	—	—	
合計	215	3,680	6,960	3,905	2,965	2,275	**20,000**

④等級別・評価別の貢献賞与（①×１点単価） １点単価 3,000円 単位：円

評価	Ⅰ	Ⅱ	Ⅲ	Ⅳ	Ⅴ	Ⅵ
S	390,000	510,000	690,000	960,000	1,350,000	1,890,000
A	345,000	450,000	600,000	825,000	1,155,000	1,620,000
B	300,000	390,000	510,000	690,000	960,000	1,350,000
C	240,000	345,000	450,000	600,000	825,000	1,155,000
D	210,000	300,000	390,000	510,000	690,000	960,000

⑤等級別・評価別必要原資（②×④） 単位：円

評価	Ⅰ	Ⅱ	Ⅲ	Ⅳ	Ⅴ	Ⅵ	総計
S	—	510,000	690,000	960,000	—	—	
A	345,000	2,700,000	6,000,000	4,125,000	2,310,000	1,620,000	
B	300,000	5,460,000	10,200,000	4,830,000	5,760,000	4,050,000	
C	—	2,070,000	3,600,000	1,800,000	825,000	1,155,000	
D	—	300,000	390,000	—	—	—	
合計	645,000	11,040,000	20,880,000	11,715,000	8,895,000	6,825,000	**60,000,000**
１人平均	322,500	394,286	522,000	732,188	988,333	1,365,000	**600,000**

まず[1]は、**図表7－14**の中で、どのような配分点数表がわが社に一番フィットするのかをよく検討してください。

[2]については、役職者を増やして上位等級の人数を増やせば、総ポイント数が増え、全員の1点単価は減ります。スリムな組織構造にして上位等級の人数を最小限に抑えれば、総ポイント数が減り、全員の1点単価は増えることになります。

最後の[3]は、役割貢献の評価制度では、絶対評価と相対評価の2通りのやり方があることは、すでに説明しました（90ページ参照）。

絶対評価では従業員の貢献度が高まるに伴い、[3]の評価の上振れが起きて総ポイント数も増え、1点単価はその分下がります。ただし従業員の貢献度の上昇はイコール会社業績の向上につながるのが本来の絶対評価の基本趣旨ですから、評価の上振れ以上に業績を伸ばして賞与原資を増やすことができれば、問題は起きません。

相対評価の場合は、基本的にB評価を標準とする評価の配分比率を目安（128ページ）にSABCDを判定しますから、評価の上振れは起きません。この場合、すでに説明した**式6**（251ページ）で仮に全員をB評価と置くと総ポイント数の近似値が出ます。

式6（仮） **総ポイント数≒Σ（各等級のB評価ポイント×等級別人数）**

実際には相対評価でもC評価よりA評価を多めにつける傾向があり、配分点数表の配点も評価C：評価B：評価Aの点数差が次第に大きくなるので、総ポイント数は上記よりも数パーセント増えます。

8 パートタイマー等の賞与の支給方法

賞与に対する同一労働同一賃金ガイドライン（指針）の規定

厚生労働省の「パートタイム労働者総合実態調査」（2016年）によると、正社員に賞与を支給する会社は全体の84.6％あるのに対し、パートタイム労働者に賞与を支給する企業は33.7％と半分以下しかありません。同じ仕事でもパートタイム労働者には賞与を支給しない会社が多いのです。

2020年4月施行のパートタイム・有期雇用労働法および同一労働同一賃金ガイドライン（指

針）は、パートタイマーなど非正社員の賞与についても、正社員との均等待遇・均衡待遇を求めています。すなわち、会社業績等への貢献に応じて正社員に支給する賞与は、正社員と同一の貢献である短時間・有期雇用労働者にも同一の賞与を支給しなければなりません。貢献に一定の違いがある場合であっても、その相違に応じた賞与を支給しなければならないとしています。

Q 当社では、会社業績等とは無関係に、正社員にのみ慣行的に一律の賞与を支給しています。貢献度等の評価査定もありません。パートタイマーは、賞与は対象外です。当社の場合は、同一労働同一賃金ガイドラインには抵触しないと考えてよいですか？

A 「会社の業績等への貢献に応じて支給する賞与」だけが同一労働同一賃金の対象になると誤解されているようですが、そうではなく、職務内容や貢献等にかかわらず正社員全員に支給するような賞与であれば、なおさら非正社員にも均衡のとれた支給をしなければならず、そうでなければ均衡待遇違反として問題になるというのがガイドライン（指針）の趣旨です。貴社のように正社員には一律に支給し、パートタイマーには雇用形態を理由に一律に対象外とするのは、法律が禁止する不合理な待遇差に当たると思われます。

パートタイマーや契約社員の「賞与賃率」を用いた貢献賞与の計算方法

図表７－16は先に取り上げたＫ社で、同一労働同一賃金に対応するために、パートタイマー40人に新たに貢献賞与を支給した場合の試算です。

（注）Ｋ社はこれまで、非正規社員には賞与を支給していませんでした。

①は、**図表７－15**の配分点数表をパートタイマーの役割等級P1・P2・P3にも拡張したものです。（P2・P3の点数は正社員のⅠ・Ⅱと同じ）。

図表７－15の正社員と同様に、①配分点数表の各点数に対する、パートタイマーの②等級別・評価別の人数をカウントしています。Ｋ社では、パートタイマーは基本的にABCの３段階評価を適用しているため、Ｓ評価やＤ評価は該当がありません。

①②を掛け算し、③総点数を試算したところ、パートタイマー40人で4000点となりました。正社員の１点単価3000円に対して、**パートタイマーの賞与の１点単価を時給と同一の賃率90%**※**で設定**したとすると、3000円×90％＝2700円となります。

※「賃率90％」は労使の合意や企業の裁量によって多少任意に設定できます（179ページ参照）。

この１点単価に①の配分点数を乗じると、④等級別・評価別の基準支給額が計算できます。この支給額に②の人数を乗じて、⑤等級別・評価別の必要原資を計算すると、1080万円となり

図表７－16　パートタイマーの貢献賞与の試算例（K社・半期の例）

①配分点数表（標準型）　単位：点

評価	P1	P2	P3
S	100	130	170
A	80	115	150
B	70	100	130
C	60	80	115
D	50	70	100

②等級別・評価別人数（サンプル）　単位：人

評価	P1	P2	P3	総計
S	—	—	—	—
A	3	6	3	12
B	7	10	4	21
C	1	4	2	7
D	—	—	—	—
合計	11	20	9	40

③等級別・評価別の総ポイント数（①×②）　単位：点

評価	P1	P2	P3	総計
S	—	—	—	
A	240	690	450	
B	490	1,000	520	
C	60	320	230	
D	—	—	—	
合計	790	2,010	1,200	**4,000**

④等級別・評価別の貢献賞与

正社員の１点単価　3,000円
非正社員の賞与賃率　90%
非正社員の１点単価　2,700円

①×非正社員の１点単価　単位：円

評価	P1	P2	P3
S	270,000	351,000	459,000
A	216,000	310,500	405,000
B	189,000	270,000	351,000
C	162,000	216,000	310,500
D	135,000	189,000	270,000

⑤等級別・評価別必要原資（②×④）　単位：円

評価	P1	P2	P3	総計
S	—	—	—	
A	648,000	1,863,000	1,215,000	
B	1,323,000	2,700,000	1,404,000	
C	162,000	864,000	621,000	
D	—	—	—	
合計	2,133,000	5,427,000	3,240,000	**10,800,000**
１人平均	193,909	271,350	360,000	**270,000**

ました。これは正社員の賞与原資6000万円に対して、18％程度の賞与原資となります。

1人平均の支給額27万円ですが、等級別にみるとP1等級19万3909円、P2等級27万1350円、P3等級36万円となっています。P2等級、P3等級は、**図表7－15**の正社員の平均支給額（Ⅰ等級32万2500円、Ⅱ等級39万4286円）に比べ、約8～9割前後に減額されています。

「賞与賃率」と短時間勤務者の「労働時間割合」を用いた1点単価の計算方法

ここでは説明を分かりやすくするため、非正社員の賞与賃率を一律90％としましたが、実際は一人ひとりの働き方の違いにより、各人の賃率は異なります（187ページ参照）。

また、同様に全員をフルタイマーの従業員として説明してきましたが、労働時間が短いパートタイマーや契約社員の場合、賃率に加えて、フルタイムの所定労働時間に対する各人の所定労働時間の割合を別途乗じて賞与を減額する必要があります。正社員の育児・介護の短時間勤務、病気治療等の私的理由による短時間勤務の場合も同様に減額する必要があります。

例えば1日の所定労働時間が6時間のパートタイマーは6／8＝0.75、1週間の所定労働日数が4日のフルタイム契約社員は4／5＝0.8等の「労働時間割合」を各人のポイントに乗じて賞与額を減額します。その基準支給額に対して、正社員と同様の出勤係数を用いて実際の支給額を精算することになります。

一人ひとりの賃率の違いや労働時間割合の違いを織り込んで賞与を計算する場合、1点単価はどうやって求めればよいのですか？

一人ずつ等級別・成績別ポイントに「賃率」と「労働時間割合」を掛け算し、その全員の合計がポイント合計になります。

・正社員のポイント合計A＝Σ（等級別・成績別ポイント×労働時間割合）
・非正社員のポイント合計B＝Σ（等級別・成績別ポイント×賃率×労働時間割合）
・正社員の1点単価＝正社員の賞与原資÷正社員のポイント合計A
・非正社員の1点単価＝非正社員の賞与原資÷非正社員のポイント合計B

正社員・非正社員を区別せず、全体の賞与原資から共通の1点単価を求める場合は、

・全員のポイント合計＝正社員のポイント合計A＋非正社員のポイント合計B
・共通の1点単価＝全体の賞与原資÷全員のポイント合計

このようにして求めた1点単価を、正社員の場合は各人の「等級別・成績別ポイント×労働時間割合」に、非正社員の場合は各人の「等級別・成績別ポイント×賃率×労働時間割合」にそれぞれ掛け算すれば、一人ひとりの賞与基準支給額が計算できます。

第8章 人を育て、組織力で顧客価値を創出する評価の進め方

1. 評価の目的と人事管理、経営に及ぼす効果
2. 評価の制度設計、運用の基本フレームを確認する
3. 効果的な評価制度のフレームをデザインする
4. 企業の外部に評価基準を求める
5. 組織の制約＝戦略課題に集中できる戦略ストーリーを描く
6. 目標による管理（MBO）の導入と全社目標の設定
7. 組織の課題認識を共有し、個人目標を設定する方法
8. 従業員の組織行動レベルを高める行動基準の設定方法
9. 進捗確認と振り返り面談
10. 業績評価（またはスキル評価）と行動評価の進め方
11. 評価の調整方法と等級別の評価SABCDの決め方
12. これからの評価制度の運用のあり方（まとめ）

1 評価の目的と人事管理、経営に及ぼす効果

役割と貢献度に基づく賃金・賞与の決め方は、これまで詳しく説明してきた通りですが、ここでは、貢献度や習熟度の具体的な評価方法について取り上げます。

これまで、役割貢献人事制度の基本的なしくみとして、期待する役割に対して従業員の実際の貢献・成長がどうであったかを振り返り、等級別にSABCD等の評価を行って、賞与・賃金の運用に連動させることをくりかえし説明してきました（127ページ参照）。

これだけだと、評価の主目的は賃金査定だけのように思えますが、そうではありません。

評価を行うことによる人事管理・経営的なインパクトは非常に大きく、その目的や効果性を整理すると、**図表８－１**のように多岐にわたります。

評価制度を継続的に実施することが人材の育成と動機づけにつながることは、今日ではマネジメントの常識となっており、これが評価を行う第１の目的です。

目的の２番目は、組織的な目標管理（MBO）を実行し、業績評価を行うことです。仕事の目標を設定し、その達成度合いを振り返る業績評価のしくみは、大企業はいうに及ばず、顧客価値創出に集中しようとする中小企業にとっても、マネジメントに不可欠なツールといえます。

３番目は、組織が重視する行動基準を働く人たちに体系的に浸透させることです。これは顧客価値創出やそのための協力・連携を重んじる組織風土や企業文化をつくり上げるうえで、最右翼のツールといえます（**図表３－９**（90ページ）参照）。

４番目は、これまで何度も取り上げてきた賞与や賃金の決定です。評価は、賃金待遇の基準に連動してこそ、従業員の生活感覚、いいかえればお腹に響くものとなり、組織の目的に従業員の思考・行動を統合させるインセンティブ（誘因）としての働きをします。その意味で、恣意的な評価運用や、評価と矛盾する賃金制度の運用ほど従業員を困惑させ、やる気を阻害するものはありません。逆に、周到に準備された評価基準とそのていねいな運用は、報酬の納得感を高め、組織の集中力を維持するうえで多大な効果を発揮します。

５番目は、責任役職への登用に代表される昇格や人事配置・異動、降格を判定する重要な人事資料として用いることです。適正人事配置を通して精鋭組織の最適なフォーメーションを維持していくことは、マネジメントの重要な責務であり、そのためには評価の裏づけが不可欠です。

評価制度の運用は、従業員の動機づけや日常の行動に大きな影響を及ぼします。評価制度を適切に運用すれば、**図表８－１**の1のような人事管理のメリットが期待できます。

そしてこのような評価制度の機能を経営戦略として活用すれば、**図**の2のようにより大きな経営的効果が期待できます。

図表8－1　評価制度の目的と人事管理、経営に及ぼす効果

評価制度の目的

1　人材の育成・動機づけ
2　組織的なMBOと業績評価
3　行動基準の浸透
4　賞与・賃金の決定
5　昇格・降格の判定

1 期待される人事管理のメリット

✔能力開発……評価を通じて従業員の強みを伸ばし、弱点をカバーするよう自覚を促す
✔業績向上……顧客価値創出と組織の課題解決に役立つ優先度の高い目標にチャレンジさせ、業績の向上と人材の活躍を促す
✔思考・行動のガイドライン……従業員に望ましい思考・行動スタイルを浸透させ、組織行動をレベルアップさせる
✔納得感向上……報酬の納得感や人事運用に対する信頼感を高める
✔精鋭組織の実現……人材のボトムアップを図り、適材適所の人事配置を実現する

2 期待される経営的効果

✔顧客価値創出……ビジョンを共有し、戦略ストーリーに基づく事業活動を組織的に実行して経営品質と業績を向上させる
✔組織開発……組織の目標・ボトルネック・課題に真摯に取り組む支援的な人間関係と対話を促進し、困難に立ち向かう組織風土を確立する
✔従業員満足……心理的報酬を含めて、成長・貢献が報われる組織風土を確立し、働きがいを高める

有力な経営ツールとして、評価制度を戦略的に活用

近年、多くの企業では、顧客に対するサービス品質の向上やイノベーション、マーケティングなどの高度な経営課題と従業員の評価基準を積極的に連動させる動きが強まっています。従業員の仕事への使命感や組織への参加意欲を高め、実力のある人材を獲得し、定着させる有力な経営ツールとして、評価制度を戦略的に活用する企業はこれからも増え続けるでしょう。

最近、アメリカでは評価を行わない「ノーレイティング」というマネジメントを行う会社が出てきていると聞きましたが、どういうことでしょうか？

ノーレイティングとは、まったく評価をしないということではなく、むしろ現場の必要に応じて、個人の目標設定やフィードバックを機敏に実施して、組織のパフォーマンスをいままで以上に上げようという考え方です。報酬や昇進の評価はこれまで通りマネジャーが行います。その背景として、評価制度がマンネリ化し、目標の設定や結果の評価それ自体が目的と化してしまい、評価をフィードバックしたらそれでマネジメントが一巡したかのように錯覚するマネジャーがいたり、部下も評価を気にして思考や行動が委縮しがちという指摘がありました。また大半の従業員の評価が中央に偏り、モチベーションが上がらないとか、半年単位の目標設定では環境変化に追いつかないという批判もありました。

報酬や昇進の評価があるのに、なぜ「ノーレイティング」という言葉を使うのですか？

期初の目標設定や、年度末のSABCDなどの評価（レイティング）とそのフィードバックを行うという定例行事を思い切って廃止し、そのかわり上司と部下とがリアルタイムに目標の進捗状況を話し合い、その都度課題を1on1ミーティング（個別面談）でていねいに対話する時間を積極的に増やしていこうという考え方です。評価をやめることが目的ではなく、これによって現場の信頼関係を高め、組織の課題に機敏に対応しようという趣旨です。むしろこれまで以上に評価制度をバージョンアップして、現場の上司・部下が自律的に目標設定・達成状況の振り返り・次の課題設定を進めるよう、1on1の対話の機会を増やしていくことを考えるわけです。

当社では、これまでも経営者の裁量で賞与や昇給、昇進・昇格を決めてきましたが、「ノーレイティング」はそれを肯定していると解釈してよいのですか？

貴社では組織的な課題を全員で探求し、各部門で上司と部下がお互いの目標をリアルタイムで確認し合ったり、その進捗過程や達成状況を一緒に振り返り、新たな課題を探求したりする対話が日常的に行われていますか？　もしそうなら、貴社でも「ノーレイティング」の考え方を実践されていると思います。そうでないなら、ワンマン経営や成り行き経営にありがちな、単なる経営者の自己裁量的な評価運用にすぎない可能性が高いですね。

2 評価の制度設計、運用の基本フレームを確認する

評価制度を設計・導入実施する手順は次の通りです。

◆制度設計の手順

1 評価期間と事業年度、賞与・昇給・昇格等の運用との関連づけを決める

2 評価を決める組織の範囲と、誰が誰を評価するかという評価組織を決める

3 業態と付加価値構造を分析して、顧客価値創出の戦略を把握する

4 戦略に基づく業績目標とその評価方法、評価期間を決める

5 組織が求める役割行動・価値行動・職務行動を洗い出し、行動評価の基準を決める

6 評価の具体的なフォーム、評価基準、マニュアルを用意する

7 評価制度の運用をテストし、評価フォームや評価基準の内容を改善する

8 管理職・従業員に対する研修プログラムを開発し、教育計画を立てる

9 研修プログラムを実施し、運用する従業員の疑問や不安を解消する

次に、評価を運用する基本的な手順は次の通りです。

（注）KGI、KPI、KSF等の用語は283、285、286ページを参照。

◆事業計画

1 事業の目的＝提供する顧客価値を定義する

2 事業のコンセプト（本当のところ誰に何を売っているのか）を明確にする

3 事業コンセプトの成果指標とその目標（KGI）を具体化する

4 成果目標（KGI）を阻害する事業活動の制約（ボトルネック）を見つけ、制約をフル活用するための重要戦略課題＝成功要因（KSF）を明らかにする

5 戦略課題の達成指標（KPI）とその目標（ターゲット）を設定し、効果的な打ち手となる活動指標（KPI）とその目標（トリガー）を決める

6 以上の取組みを戦略ストーリーにまとめ、売上・仕入・経費・利益の事業計画を立てる

◆目標管理と評価基準の準備

1 共有ビジョン：顧客価値創出のための戦略ストーリー（KGI、KSF、ターゲット、トリガー）のつながりと事業計画を全従業員に分かりやすく説明する

2 行動基準：共有ビジョンに沿って行動基準の見直しを行う

3 事前説明：来期の目標管理と評価制度の実施方法を従業員に説明する

4 組織目標：戦略ストーリーと経営計画に基づいて、各部門の責任者が自部門の組織目標を設定する

5 課題分析：各部門の責任者が組織目標を達成するための課題分析を行い、各人が取り組む課題を共有する

6 課業一覧：各部署の業務を洗い出し、一般従業員の課業一覧を作成する

◆評価の運用手順

（1）目標設定

1 目標面談：課題分析、課業一覧を活用し、部下の配置・育成を配慮した目標のガイダンスを上司が個別に行う

2 目標設定：各人が目標を設定し、上司と目標の内容、ウェイト、難易度等を話し合う

（2）進捗確認

1 自己管理：各人が目標達成のためのToDoリストや業務計画を自主的に作成し、業務を自己管理する

2 進捗確認：上司と部下が目標の進捗状況を1on1（個別面談）で確認し、目標達成のための課題や必要な支援を話し合う

（3）振り返りと評価

1 成果申告：評価期間の活動実績に基づき、具体的な成果や行動を本人に申告させる

2 振り返り面談：上司と一緒に具体的な成果や行動を振り返り、気づきをまとめる

3 評価：評価基準に基づいて上司が業績・行動を評価し、フィードバック内容をまとめる

4 調整：評価を決める組織範囲の中で等級別に評価の部門間調整を行う（相対評価の場合は、等級別の成績順位と配分比率を目安にSABCDを決定する）

5 上司から本人に評価内容・意見をフィードバックする

6 SABCDに基づいて貢献賞与の配分を決定し本人に通知する

最後に、評価制度をメンテナンスする項目は次の通りです。

◆メンテナンス項目

1 評価のしくみや運用方法に対する質問や相談に答える

2 定期的に従業員の評価制度に対する満足度や問題点をモニターする

3 従業員の苦情や要望を分析し、評価シートや評価基準、ルール、集計方法を改善する

4 定期的に評価者研修を行う（目標設定、振り返り面談、評価、フィードバック等）

5 目標設定や達成方法について問題を抱えている従業員にコーチングを行う

6 目標設定や部下指導、評価に問題のある上司に適切な指導教育を行う

7 評価に異議や不満を抱く従業員に必要な対策をとる

8 評価の上位者・標準者・下位者それぞれの賞与・賃金の運用が適正かどうかを点検し、問題点を解決する

評価期間と賞与・昇給との関連づけ

貢献度の評価は、通常次のように6カ月ごとに上半期・下半期の2回に分けて行い、まず貢献賞与の配分に、さらに賃金改定に連動させます。評価の期間のとり方は、できるだけ会社の決算期に一致させます（図表4－13（128ページ）参照。89ページのQ&Aも参照）。

（3月決算の例）　上半期 4月1日～ 9月30日　→年末賞与
　　　　　　　　下半期10月1日～ 3月31日　→夏季賞与
（12月決算の例）上半期 1月1日～ 6月30日　→年末賞与
　　　　　　　　下半期 7月1日～12月31日　→夏季賞与

誰が誰を評価するのか

評価のSABCDを決定する組織の範囲は、中小企業の場合は会社全体で横断的に決めること

がほとんどです。中堅企業以上になると、上位等級の管理職クラスについては全社で、下位等級の一般従業員については部門ごと、事業所ごとに決めるというパターンもあります。

ただ、あまり評価組織の範囲を小さくすると、評価者との狭い関係の中で主観的な人物評価に陥りやすく、結果的に評価者による評価のばらつきが大きくなりやすいので注意してください。

組織範囲とともに、組織の階層構造を見極めたうえで、誰が誰を評価し、その結果を誰が調整するか、誰が評語（SABCD）を決定するかを決めていきます。

図表8－2のように、**被評価者**（本人）、**参考意見者**、**評価者**（通常は直属上司）、**調整者**（通常は間接上司）、**運営事務局**（経営企画または人事スタッフ）の関係を組織的に決定します。

図表8－2　評価組織の整備

●被評価者、評価者、調整者、評語決定者の関係を整理する

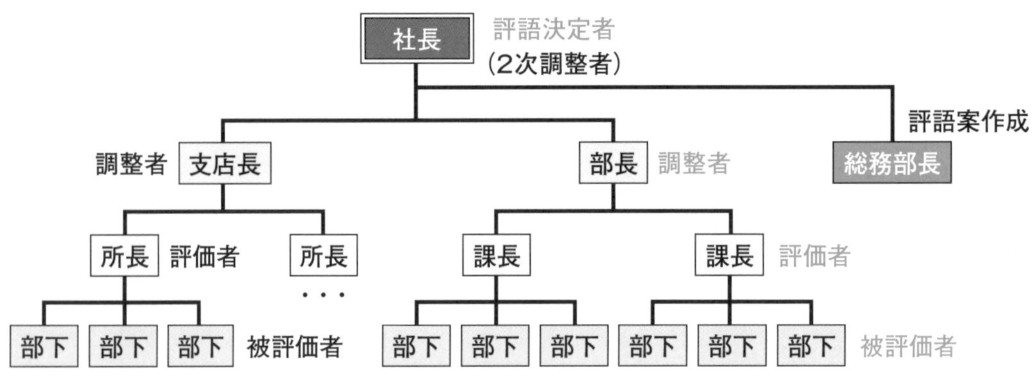

（注）評語は「SABCD」「ABCDE」などの評価記号を指す。本書では「SABCD」に統一した。

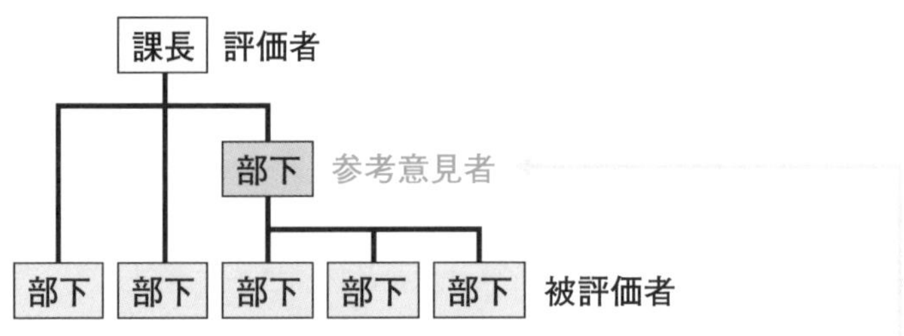

評価者が多数の部下を抱え、その仕事の実態を十分把握していない場合は、特定の部下に評価の参考意見を出させ、それに基づいて評価を行う場合があります。これが参考意見者です。例えば、部下をいくつかのチームに分けて仕事をさせている場合や、離れたところで仕事をさせている場合などに、係長クラスや主任クラスを参考意見者として活用します。

図表８－３は、組織階層による間接上司、直属上司、部下それぞれの義務・責任・権限の上下関係を単純化したモデルです。この階層構造は、通常は役割等級の区分とイコールになるはずです。もしそうでない場合は、役割等級の区分方法に問題があるか、格付けそのものを見直さなければなりません。

図表８－３の下に「義務・責任・権限を明確にするための重要な質問」を列挙しておきましたので、参考にしてください。

図表８－３　組織階層による義務・責任・権限の上下関係

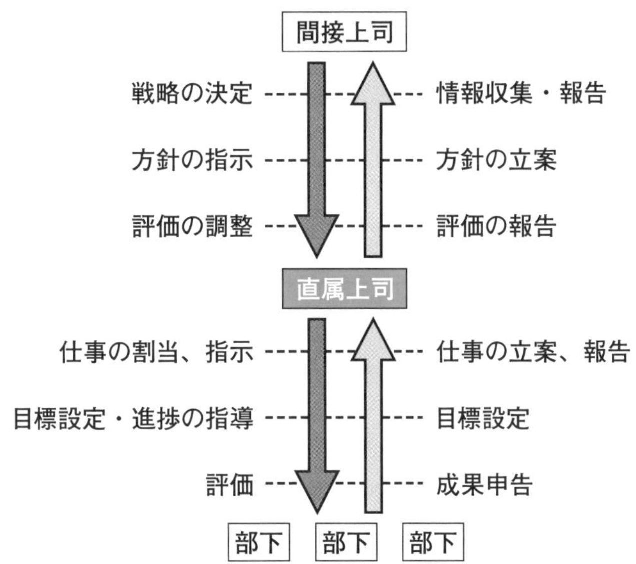

義務・責任・権限を明確にするための重要な質問※

- 部門の戦略・方針を決めるのは誰か
- 経営資源の配分を決めるのは誰か
- 人材を登用し、配属を決めるのは誰か
- 評価を調整し、報酬を決めるのは誰か
- 組織の目標をかかげ、組織の課題を分析するのは誰か
- 目標を設定させ、承認し、支援するのは誰か
- 組織目標達成のために、部下の力を引き出すのは誰か
- 目標を設定し、達成方法を考え、遂行するのは誰か
- 結果を報告し、振り返り、次の課題を探求するのは誰か

※上のような適切な問いを適宜投げかけることで、それぞれの役割を明確にし、当事者意識を引き出すようにしてください。

3 効果的な評価制度のフレームをデザインする

評価制度の設計で最も注意を払う必要があるのは、事業戦略と業態、事業のバリューチェーン（後述）の中で、組織の成果（顧客価値創出）の中心はどこかを見極め、そして会社のマネジメント・レベルに合った、できるだけシンプルな評価手法を決定することです。

補足 成果の中心

成果の中心とは、病院なら医師の診察や治療行為、学校なら授業や個別指導、飲食なら調理、金属加工なら加工作業というような、顧客価値に直結する仕事の成果が創出される部分をいいます。成果の中心を起点に前工程と後工程の活動を整理し、さらにそれらの主活動を支える支援活動を整理します（後出の**図表８－10**（297ページ）参照）。

後ほど個別に説明しますが、**図表８－４**のように、大きく分けると次の３つの評価手法があり、これらの長所・短所をよく理解したうえで、評価制度を構成する必要があります。

３つの評価手法

業績評価……所属部門の方針・目標に連動して、組織として取り組む課題を構成員でシェアし、従業員ごとに複数のバランスのとれた業績テーマと目標を設定し、その難易度と達成度を評価します。

行動評価……等級別に組織の期待する役割行動や価値行動、高業績社員の職務行動などを反映した行動基準と具体的な評価尺度を明示し、その遂行度を評価します。

スキル評価……スキルとは、ある仕事をうまく処理し、顧客の期待に応える成果を実現するために必要な専門知識や技能の一連の体系です。必要に応じて下位等級の従業員に適用します。習得すべき仕事のスキル項目と具体的な評価尺度を明示し、その習熟度を評価します。

スキル評価は、主に具体的な仕事に関するテクニカルスキルを取り上げます。対人関係のソフトスキルや、リーダー・管理職クラスのマネジメントスキルは行動評価で取り上げるようにします。

図表8－4　業績評価、スキル評価、行動評価とは

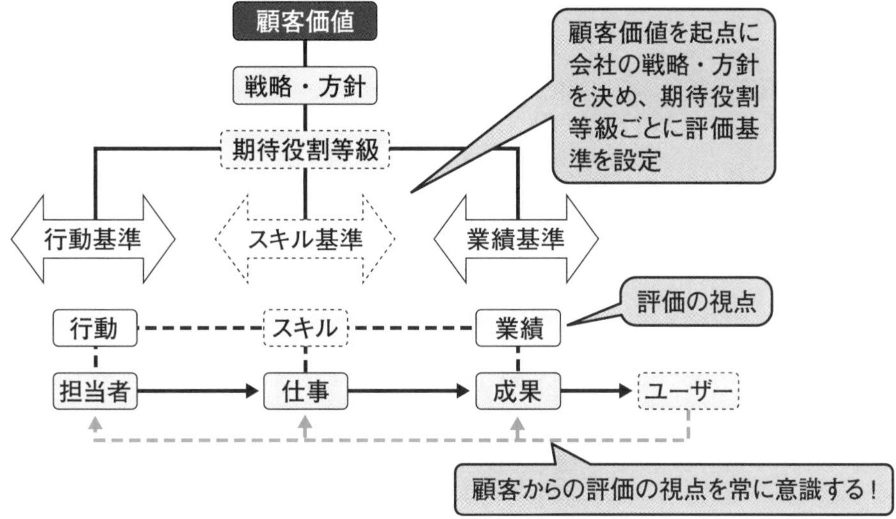

図表8－5は、これらの評価手法をどのようなウェイトで適用するかを等級別に決めた例です。

上図は、全従業員を対象に業績評価と行動評価だけで評価する方法です。上位等級は業績評価に、下位等級は行動評価にそれぞれウェイトを置いて評価します。

下図は、行動評価は全員に適用しますが、業績評価は管理職クラスだけに適用し、下位等級にはスキル評価を適用する方法です。

なぜ単純に両者の点数を合計せず、このようなウェイトを使うかというと、一般に責任の重い従業員は業績評価を重視し、責任の軽い従業員は行動評価を重視するからです。

経営者や管理職、高度専門職などは、行動も大事ですが、それ以上に仕事の結果を重視するので、業績評価のウェイトが高くなります。このクラスでは意思決定やとった行動が組織や業績に大きな影響を与えることはもちろんですが、だからといってとった行動さえ正しければ、結果が悪くてもよいことにはなりません。行動は正しくて当然、期待された結果を実現してはじめて評価されるのが幹部社員の責任の重さなのです。

反対に、仕事の責任や裁量幅が限られている一般職や育成途上の従業員、個人業績よりもチーム業績を重視すべき従業員については、行動評価を重視し、業績評価の比重を抑えたり、能力開発に主眼をおいたスキル評価に置き換えたりするのが一般的です。また所属する部門・チームの業績（≒上司の業績評価）を10～30％程度のウェイトで加味する方法もあります。

もっとも、近年は、例えば技術系や開発系、営業系の高いスキルや達成力を持った新人を評価する場合、業績面が軽視されるとモチベーションが下がることも少なくありません。会社のおかれている経営環境や人材の採用・育成・定着のあり方をよく考えて、会社に合ったウェイトづけを考えてください。

図表8－5　等級別評価ウェイト（例）

◆上位等級は部門の課題に連動した「目標による管理」と業績評価を実施
◆下位等級は課業一覧に連動した目標管理と業績評価を実施
◆全社員対象に望ましい行動規範を浸透させるため行動評価を実施

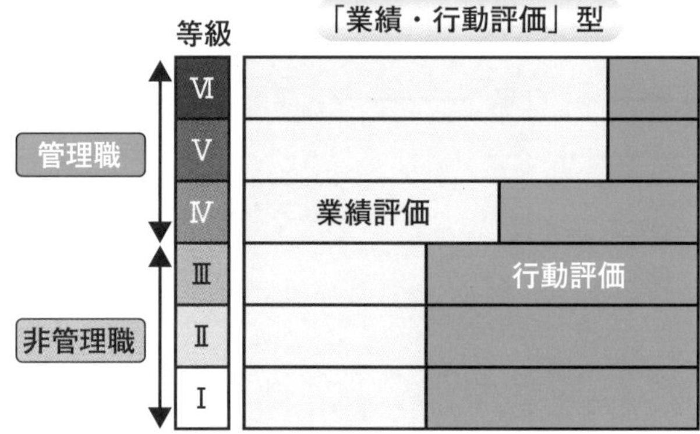

◆下位等級は業務知識・技能の育成を重視、重点業務のスキル評価を実施

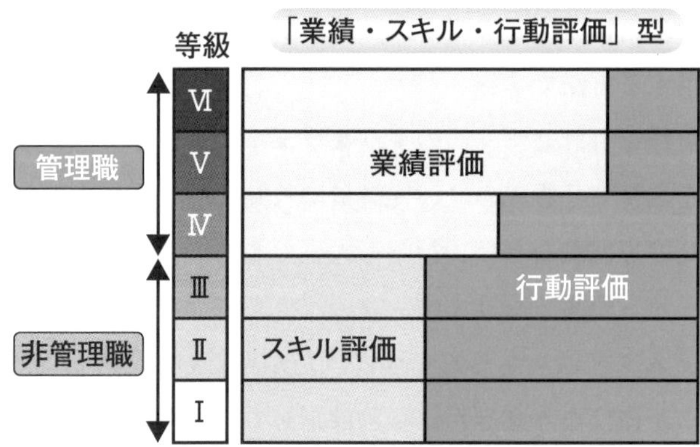

※図表3−9（90ページ）も参照

企業の外部に評価基準を求める

では、これらの業績評価や行動評価、スキル評価は、どのように使えばよいのでしょうか。

顧客価値創出を成果の中心に考える組織では、従業員の評価基準は、企業のマーケティング活動を通じて組織の外からやってくるのです。実際に評価をするのは経営者であり、その部下である管理職ですが、**第1章**の「個人事業主」の例でもみたように、大きな意味での評価はまず市場（顧客）によって始まり、それが経営者、従業員へと波及してきます。

ケーススタディ：「営繕型」と「提案型」2つのタイプの住宅リフォーム業態

住宅リフォーム市場を例にとると、顧客の多様な要望・注文を受けて他社よりもスピーディ・ていねいに対応する「営繕型リフォーム」の業態と、積極的な新しい住まいのかたちをデザインし、ゼロ・ベースから顧客のニーズを掘り起こすリノベーションや店舗デザインなどの「提案型リフォーム」の業態とでは、顧客価値創出の焦点もマーケティング手法も、従業員に対する評価の視点も大きく異なります。

営繕型リフォームの場合には、地域に密着した良心的な施工業者としての評判（のれん）が会社のブランド価値となり、顧客価値創出の焦点は、どれだけの数の依頼主の多様なオーダーにていねいに向き合い、実際のリフォームを効率的にこなせるかという勝負になります。従業員の業績指標としては、受注・施工件数や粗利金額、リードタイム、顧客の満足度、リピート率、顧客データベースの件数などが挙げられます。業績が比較的とらえやすく、数値目標も立てやすいので、目標管理によるシンプルな業績評価を実施できると思います。

従業員の行動特性には、顧客ニーズに対する感受性や、施工業者との円滑な信頼関係を構築すること、相手の状況・ニーズを見極めて細やかなサービスを提供すること、納期や価格・品質を守り顧客に安心感を与えること、クレームに対しては徹底的にフォローし信頼を獲得することなどが要求されます。正社員だけでなく、評価制度を工夫すれば、高齢者の契約社員や主婦層のパートタイマーを情報収集やアフターケアの戦力として活用することも可能です。

一方、提案型リフォームの場合は、生活スタイルや店舗開発のプランナーあるいは革新的デザイナーとしての強みを訴求する情報発信型のマーケティングになります。従業員の業績指標としては、新規顧客の開拓件数、デザイン提案の成約率、契約1件当たりの粗利金額、リードタイム、アフター満足度などを取り上げ、仕事のボリュームだけでなく、施主の満足度や、店舗開発の場合は集客力や機能性などに対する質的な貢献を評価することが重要です。必ずしも数値として表現できない「作品」としての完成度や住まいとしての「品格」、店舗としての「デザイン性」などもあえて評価する工夫が欲しいところです。

従業員に求められる行動特性には、ニーズの背後にある顧客（施主。店舗の場合はその顧客も含む）の根源的なウォンツを見極め、大胆に提案すること、デザインの優位性を強くアピールし、他社との違いを際立たせること、予算の枠内で顧客満足を最大限実現しようとする徹底性、説得力のあるポリシー、先進的な調達力や技術力を背景に、顧客のよき相談相手（コンサルタント）となることなどが浮かび上がってきます。これは、顧客に独自の価値を提供しようという強いこだわりがないと成り立たない業態なので、その部分の実力をきちんと評価しないと、従業員のやる気につながってきません。

顧客の期待に応え、従業員に目標を持たせる具体性のある「戦略」を明確にする

いずれの場合も、市場の評価は、その会社の商品やサービスに対する顧客の支持あるいは選別の結果として、売上動向にストレートに表れます。

先のリフォーム会社の例でいえば、「営繕型リフォーム」と「提案型リフォーム」のどちらの業態をとるかは、経営の選択です。会社が培ってきた顧客、商品、ノウハウ、のれんなどの経営資産と、市場の見通しに基づいて、経営者が基本的な方向性・戦略を決めるべきです。

戦略が決まれば、**何が仕事の成果（顧客価値創出）であり、組織にとって何が優れた業績か、どのようなスキルや行動を従業員に求めるのかという評価の焦点も浮かび上がってきます**。これを手がかりに、具体的な評価基準を設定していくのです。

戦略が不在のまま、従業員の「一般的」な業績や能力・意欲を問題にしても始まりません。評価の焦点が定まらなければ、従業員に求める成果や行動もあいまいなままです。

リフォーム会社の例でいえば、小まめに受注をとってくる営繕型営業スタイルの社員と、斬新な提案型営業スタイルにこだわる社員とが混在したまま、会社の方向性が決まらず、いつまでも経営資源を集中できないという事態になりかねません。

会社が成長し、年功賃金を維持できた古き良き時代であれば、異質な仕事のスタイルが共存して、二兎を追う鷹揚な組織風土もあり得たかもしれません。しかしゼロサム・ゲームの成熟市場やグローバル市場の中で、顧客価値創出を競い合う時代にあっては、このようなあいまいな経営で活路を切り開くことはまず不可能になりました。

人口減少社会やグローバル市場の中でビジネスを成功させるには、**限られた経営資源を思い切って顧客価値創出に集中し、従業員に目標を持たせる必要があり、そのためには実行可能な具体性のある戦略が絶対必要です**。

いいかえると、役割貢献による報酬のメリハリをつけることができるかどうかは、会社が明

確な戦略を持っているかどうかを示すバロメーターともいえます。戦略を抜きにして、やみくもに評価の公平や正確性ばかり求めても意味がないことは、すでに説明しました。

誤解を恐れずにいえば、ビジネスの意図を不問にした目標や評価など、意味がないばかりか、むしろ本来の仕事への集中を妨げる雑音になりかねません。

逆に顧客価値創出の戦略が明確であればあるほど、ビジネスは鋭い目的意識を持つことができ、説得力のある目標設定や評価が可能になります。

このように、いかなる組織目的、戦略のもとにどのような仕事の成果が求められるのか、それゆえどのような目標を設定し、どのようなスキルや行動が求められるのかが評価の出発点になります。

5 組織の制約＝戦略課題に集中できる戦略ストーリーを描く

では、どのようにして中小企業のオーナー・経営者は自らの戦略を持てばよいのでしょうか？

組織の目的を明確にし、有効な戦略・戦術を描くには、271ページで触れた「事業計画」のステップに沿って、自分たちは本当のところ誰にどのような顧客価値を実現しようとするのか、何を成果とし、どんな目標になぜ取り組むのか、その結果どうなりたいのかという基本的な「戦略ストーリー」を描く必要があります。

ここではその方法を、簡単なモデル事例を通して解説していきましょう。

経営ビジョンを共有する

最初の手がかりとして、図表８－６のような思考の枠組みを使って、組織目的としての経営ビジョンを描くところから始めてみましょう。

ここでは、会社の進むべき方向性を分かりやすい言葉に表わしてみます。会社が提供しようとする顧客価値を最上位の目的に掲げ、その下に事業の８つの必要条件を整理していきます。

経営の現状や自社の可能性や強み、限界や弱みを分析した上で、将来の環境変化を予測します。その上で、経営者として５年後、10年後にどのような会社になりたいのか、どのような会社にしていくのかという将来ビジョンを、いいかえれば経営層のストレートな夢、青写真、決意表明を描きます。

図表８－６　経営ビジョンを考える８つの領域

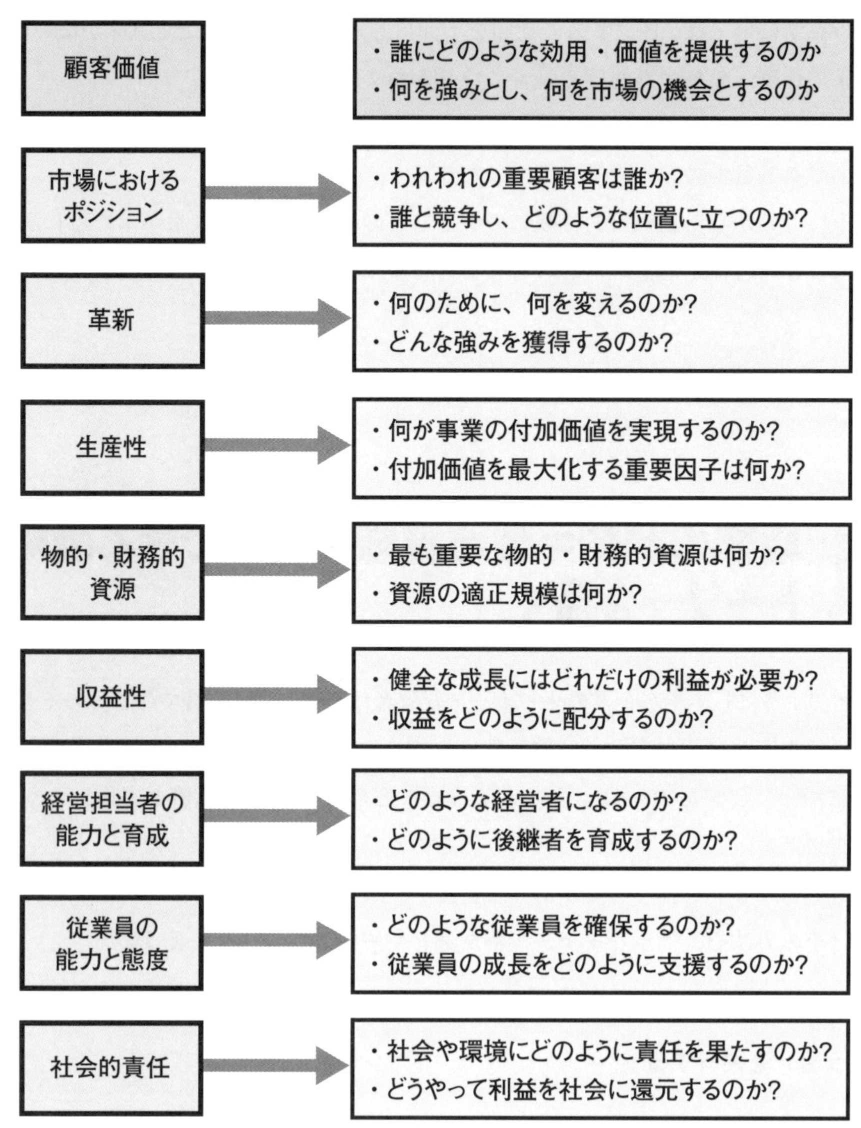

P.ドラッカー「現代の経営」を参考に作製

経営者はこのような自問自答を通じて、事業の目的を常に意識し、方向感覚を鍛え、その内容に確信を持つとともに、あらゆる機会を通じてそのイメージを社員に伝えていかねばなりません。

戦略ストーリーを具体化する

次に、上で考えた経営ビジョンを実現し、ビジネスを成功させるための、図表８－７のような組織の成果基準のロジックを考えます。

これは、企業が最上位に置く事業目的・顧客価値の定義からスタートして、具体的な成果を

図表８－７ 事業コンセプトに対する成果指標（KGI）と戦略課題（KSF）を明確にし、ターゲットとトリガーとなる目標（KPI）に取り組む

- 実現しようとする顧客価値を明確にした事業のコンセプトと成果の達成指標（KGI）を具体化する
- 成果を達成するうえでの事業活動の制約（ボトルネック）を見つけ、制約をフル活用するための重要戦略課題＝成功要因（KSF）を明らかにする
- 戦略課題の目標をターゲット（KPI）とし、その効果的な打ち手となる重点活動の目標をトリガー（KPI）と決める
- 経営的には、KGIを時系列でトレースすることで、事業活動が有効にフル回転し成長できているかどうかを測定する
- 現場ではトリガーの目標にチャレンジすることで、事業の戦略課題（KSF）に組織的に集中する体制をつくる

事例	ヤマト運輸	スターバックス	アスクル
業種	宅配便サービス	コーヒーショップチェーン	オフィス用品・消耗品の通販
事業の目的	顧客の創造（ドラッカー）		
究極のゴール	現在そして将来にわたってより多くのお金を儲け続ける（ゴールドラット）		
①顧客価値	サプライチェーン全体を支援	人々が安心して集える場所の提供	オフィスの消耗品のすべてを翌日配送
②事業コンセプト	次の運び方をつくる	サードプレイス	明日来る
③成果指標（KGI）	総配達個数	全世界出店数	リピート購買の事業所数
④活動の制約（ボトルネック）	宅急便：個別配送時の受け渡し	スタバらしい経験価値の提供	分散した小規模オフィスとの取引
重要戦略課題（KSF）	不在配達ロスの防止	直営方式	既存のローカル文具店の組織化
⑤ターゲット（結果・メインKPI）	配達生産性	顧客満足度	代理店契約
トリガー（原因・サブKPI）	クロネコメンバーズ会員数の増加	コーヒーバリスタの育成とESの向上	代理店向けの販促・受発注サポート

上げるための戦略・戦術目標（ターゲットとトリガー）までの、目標の因果関係を階層的に示したものです。

最上位には、企業の究極の目的と目標を示した有名な言葉を置いています。

「マネジメント」の概念の発明者であるピーター・ドラッカーは、『現代の経営』（1954年）という本の中で、企業は社会の機関であり、企業の目的は「顧客を創造」することだと明言しました。企業にとっての成果は、社会に効用・価値を提供し、企業存続の条件としての十分な収益を上げることです。社会のニーズや環境の変化を機会（チャンス）ととらえ、魅力的な商品やサービスの開発・販売を通して顧客に効用・価値を提供し、自ら社会に需要を作り出し、社会への貢献の対価として利益を実現するというのです。

一方、『ザ・ゴール』（1992年）の著者で、「制約条件理論（TOC）」の創始者であるエリヤフ・ゴールドラットは、企業の究極のゴールは「現在そして将来にわたってより多くのお金を儲け続ける」ことだと端的に言っています。二人は別々のことを言っているように見えますが、事業活動の普遍的な成果指標として利益の概念を認める点では共通しており、ドラッカーも利益は事業活動の唯一の評価基準であると言っています。

ただし後で触れるように、利益そのものは結果であり、むしろ利益の源泉となる顧客価値の本質を徹底的に問い続け、限られた経営資源の制約の中で、利益の最大化につながるスループットの生産＝付加価値活動が実現するように革新・改善を継続していく必要があります。

①　事業（自社商品）の目的＝提供する顧客価値を定義する

はじめに、自社が具体的な商品・サービスを通して実現しようとする顧客価値を言語化します。このとき、供給サイドが思い描く商品・サービスの機能や仕様・品質ではなく、会社の外にいる顧客に対して、誰にどのような効用・価値を提供するのか、顧客にとっての意味が伝わるよう言語化します。

②　事業のコンセプト（本当のところ誰に何を売っているのか）を明確にする

次にその顧客の利便性や効用をシンプルな比喩等で要約し、わが社はどの市場で「本当のところ、誰に何を売っているのか」（楠木建）という事業コンセプトにまとめます。

身近なところでは、例えば宅配便市場のパイオニアであるヤマト運輸の小倉昌男氏が個別配送サービスをスタートしたときは、「電話一本で翌日お届け」というコンセプトでした（『小倉昌男経営学』（1999年））。やがて「宅急便」の名称で全国配送網を作り上げると、「日本全国どこでも翌日配達」を標榜して他社との差別化戦略に成功し、一挙にシェアトップを実現しました。現在では、佐川急便や日本郵便との競合や、当日配達をうたうアマゾンとのサービス競争を意識してか、サプライチェーン全体の支援に軸足を移し、「次の運び方をつくる」というコンセプトを打ち出すようになっています。

スターバックスの有名な「サードプレイス」というコンセプトについてはすでに説明した通りです（16ページ参照）。

アスクルの場合は「明日来る」というシンプルなコンセプトがそのまま社名になっています。ファックスやネットで注文すればオフィス用品のほとんどすべてが明日には届くという、小規模事業所オフィスにとっての圧倒的な利便性こそ、同社が大切にしてきた顧客価値の中心でした。

③　事業コンセプトの成果指標とその目標（KGI）を具体化する

その事業コンセプトの物量的な成果や成長を示すカギとなる成果指標（KGI）を特定します。

宅配便では年間配達個数という指標が代表的ですが、ヤマト運輸の宅急便の発売初日の取り扱いはわずか11個といいます。ちなみに令和元年度の宅配便取扱個数は業界全体で43億2349万個でした。

スターバックスが何を真の成果指標としているかは明らかではありませんが、サードプレイスという場所概念について出店数という成果指標を置くのも悪くはないと思います。

日本における出店数は2021年３月末現在で 1,637店舗、全世界では2020年現在において約90か国、店舗数は32,660店とされています。

KGIとKPI：一般的にKGI（Key Goal Indicator）は事業活動が自らの「最終目標（ゴール）」の達成度を評価する最も重要な「カギとなる成果指標」を表します。これに対しKPI（Key Performance Indicator）は、KGIを達成する手段・プロセスに着目し、「進捗のカギとなる指標」を表します。KGIは「ゴール」そのもの、KPIは最終目標を達成する方策としての重要な「中間目標」となります。

④　成果目標を阻害する事業活動の制約（ボトルネック）を見つけ、制約をフル活用するための重要戦略課題＝成功要因（KSF）を明らかにする

当たり前のことですが、すべての事業活動は市場、顧客、商品在庫、リソース（人員・設備・資金・時間）などの潜在的な不足状態を抱えています。もしこのような不足状態がなければ、事業活動はどこまでも無限に伸ばしていけることでしょう。現実には事業活動を伸ばそうとすると、必ずその不足のために会社全体のパフォーマンスが頭打ちになる限界に行き着きます。

古くから、このような不足状態をボトルネックと呼び、リソース配分の優先順位や、活動とパフォーマンスの相反などが、経営者の頭を悩ませてきました。

TOC（制約条件理論）の創始者であるエリヤフ・ゴールドラットは、この不足状態にあるもののことを制約条件（Constraints）と呼び、制約条件が組織全体のパフォーマンスを決定すること、制約条件を見つけ、そこに管理を集中することで、シンプルで非常に有効な事業戦略が描けること、いいかえれば制約条件への適切な対処こそ**事業の重要戦略課題＝成功要因（KSF）**となることを理論的に明らかにしました。

図表８－７の例でみていくと、ヤマト運輸では、配達スタッフの人手不足が深刻になる中、共働き家庭や単身家庭の増加に伴って宅急便の個別配送時の受け渡しがボトルネックになり、総配達個数が伸び悩む時期がありました。同社では、そこで不在配達ロスを減らすことを重要な戦略課題＝成功要因（KSF）と位置づけ、後述する「クロネコメンバーズ」会員を増やして配達生産性を高める活動に集中したのです。

スターバックスの場合は、むやみに出店ペースを早めるだけではスタバらしいゆったりした店づくりができないというボトルネックの認識に基づき、フランチャイズに頼らない直営店方式にこだわってきました。

アスクルの場合は、全国に無数にある小さなオフィスの購買担当者にいかにアスクルの存在やサービスの利便性を知ってもらうかが事業成長期のボトルネックになりました。同社がとった戦略は、一般的なＥコマースとは反対に、地域の業者を組織化して販売ネットワークに組み込むという地道な方法でした。

KSF：重要成功要因（Key Success Factor）などと訳し、組織が目指す最終目標（KGI）を達成するうえで、事業戦略上の「成功のカギ」となる要因を指し示す用語です。似た用語にKFS（Key Factor for Success）、CSF（Critical Success Factor）などがありますが、大きな違いはありません。事業戦略を有効なものにするにはエッジの利いたKSFを見つけ、具体的な目標（KPI）に結びつけることが不可欠です。

⑤ 戦略課題の達成指標（KPI）とその目標（ターゲット）を設定し、効果的な打ち手となる活動指標（KPI）の目標（トリガー）を決める

事業活動のボトルネックを見つけ、抜本的な戦略課題KSFを定めたら、その課題の抜本的解決に的を絞った目標（ターゲット）を設定し、そのための有効な打ち手となる活動の目標（トリガー）を決めて組織的に取り組んでいきます。前者は事業活動の成果目標（KGI）に対するメインのKPI、後者はそのKPIに対するサブKPIという関係になります。

ヤマト運輸の場合は、KSFである不在配達ロス防止の指標として、何回の訪問で届け先に配達できたかをカウントする「配達生産性」をメインKPI＝ターゲットとし、トリガーとして「クロネコメンバーズ」会員数を増やす活動を大々的に展開しました。会員になった受け取り客には宅急便の到着をメールで知らせ、事前に配達時間や場所を指定してもらうことで不在配達ロスを減らす作戦に出たのです。

スターバックスの場合は、直営店の強みを生かし、全店舗完全禁煙、豊富なプレミアムコーヒーのメニュー、接客時の打ち解けた会話、大きめのソファー、隣席との空間、静かなBGMなど、スタバらしい居心地のよいサービスに対する顧客満足度をKPIの中心に据えています。そのため、サービスの主役であり、ゆったりした店づくりに愛着を持って働けるバリスタの育成とES（従業員満足度）の向上に、全世界共通で取り組みました。こうして、様々な国の文化や気候風土の違いを吸収しつつ、リラックスできる第三の場所づくりに成功し、世界中でゆったりした雰囲気に惹かれてスタバを選ぶファン顧客を増やしたのです。

アスクルの場合は、地域のオフィス事情を熟知している既存のローカル文具店や事務用品の問屋との代理店契約をターゲットに、その先にある膨大なオフィスの末端顧客にアクセスする戦略でした。代理店には、得意先である小規模オフィスへの販促や売上回収という簡単な仕事を任せ、販売カタログやチラシの制作と供給、商品の豊富な在庫、受注と配送、問い合わせ対応やクレーム処理などの面倒なオペレーション業務はすべてアスクルが引き受けます。代理店には負担がかからず、それなりのマージンが入るので、代理店契約は順調に伸びていきました。文具大手のコクヨやアメリカから上陸したオフィス・デポなどの競合を抑えて、アスクルの事業が大きく伸びた背景には、このような周到な戦略があったのです。

⑥　以上の取組みを戦略ストーリーにまとめ、売上・仕入・経費・利益の事業計画を立てる

毎年の事業方針や売上・経費・利益目標を「経営計画書」にまとめ、経営方針発表会などで共有している中小企業は少なくありません。ただ残念ながらその内容は、既存事業の延長線上に売上・利益等の抽象的な数値計画を描くだけのものが多いように思います。

企業は、顧客を自ら作り出し、顧客に具体的な効用・価値をもたらす商品・サービスを効率的に提供することで売上・利益をあげ、事業を継続していきます（図表１－２（28ページ）参照）。

売上・利益は、顧客が自社の商品・サービスの効用・価値を認め、事業存続のコストを含め、そのために進んでお金を払ってくれた（Willing to Pay）ことの証です。

さらに利益は、顧客への販売だけでなく、商品の仕入れや賃金の支払い、資金調達などのコスト、生産や物流、アフターサービスのコスト等を含め、事業全体がうまくいっているかどうかを示す最終指標です。経営者が、毎期の損益計算書の先頭に示される売上高と、ボトムラインに示される利益、すなわち会社の収益状況に一喜一憂するのは当然でしょう。

売上や利益は事業活動の規模やバイタル値を示す最重要指標であることは否定しようがありませんが、別な見方をすれば、それ自体は一定期間の事業の結果にすぎません。売上や利益だけ目標に据え、いくら数字とにらめっこしても、事業活動そのものの具体的な戦略や戦術を描く手がかりは得られないのです。

売上・利益の源泉は何かといえば、上の文章の下線部であることは明らかです。

①～⑤で説明した手順を踏んで、事業の制約を成功の機会ととらえ、戦略課題に集中できる戦略ストーリーを描いてみましょう。そのうえで、事業のコンセプト、KGI、KSF、ター

ゲットとトリガーのKPIについて、具体的な定義や目標を設定してください。それに付随する売上高や仕入、設備投資、人件費、資金調達、商品開発、利益などの方針や見込みを言語化・数値化することこそ、経営計画書の本質であろうと思います。

戦略ストーリーは経営そのもの

戦略ストーリーは、一橋ICSの楠木建教授が提唱した概念で、面白いストーリー（物語）のように人に語れ、直感的に理解できるような事業の競争戦略こそ優れた戦略だと定義します。戦略ストーリーは、事業の本質的な顧客価値を分かりやすく表現したコンセプトをもとに、競合他社との違いや、事業の独自性・一貫性を支えるコアとなる要素を一連の因果関係のもとに視覚化し、事業の競争優位を実現するストーリーに仕立てあげたものです。

優れた戦略ストーリーは、社会のよりよい変革に役立ち、ビジネスとしての成功（競争優位）を予感させ、株主や従業員、取引先を共感させる強い説得力を持つので、組織の活動に明確な方向性を持たせるインパクトがあります。

参考までに、楠木教授の作成したスターバックスの「サードプレイス」を事業のコンセプトとした戦略ストーリーのチャートを引用させてもらいました（**図表8－8**）。

戦略ストーリーを軸に、組織が目的とする顧客価値の内容（コンセプト）を分かりやすい言

図表8－8　スターバックスの戦略ストーリー

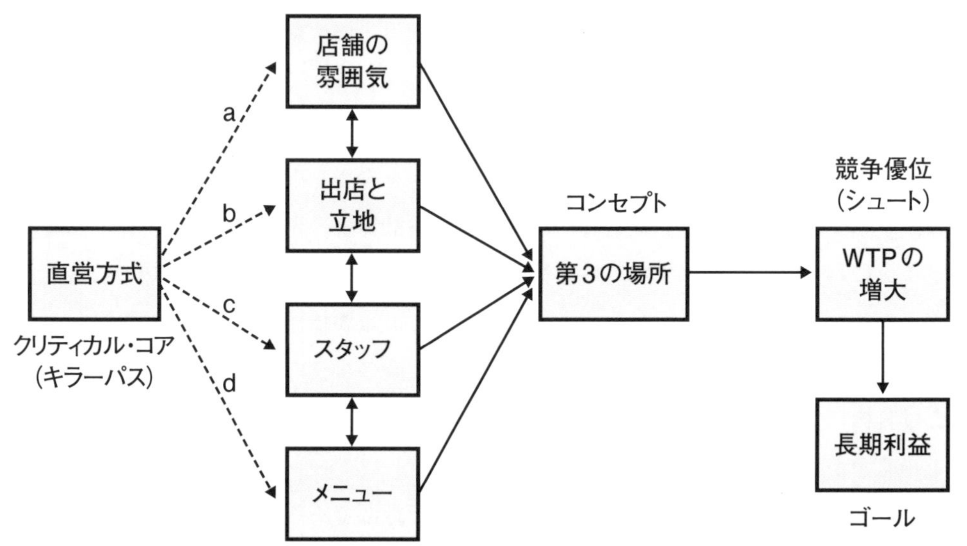

（出典）楠木建『ストーリーとしての競争戦略 優れた戦略の条件』（東洋経済新報社、2010年5月）より引用
（注）WTP……Willing To Pay：顧客が支払いたいと思う水準

葉で定義し、その実現を社会に約束すれば、求心力のある組織の使命（ミッション）を掲げることになります。

さらに戦略ストーリーに具体的な行動計画を入れ、３年、５年スパンの時間軸でチャレンジする顧客価値創出のプロセスに具体的なマイルストーンを置き、数字で肉付けしていけば、強力な「中期経営計画」が手中にできるでしょう。

マイルストーンは、小さな商品開発、小さな業態設計からスタートし、時間軸とともにステップ・バイ・ステップで顧客価値創出のプロセスを前進させ、事業化し、レベルアップしていく段階を描く方法として有効です。

スターバックスの例でいえば、「第３の場所」という事業のコンセプトに共感し、お店を訪れる人をほっとさせる接客ができる店員（コーヒー・バリスタ）の養成を重要な戦略構成要素に位置づけています。異なる国情や地域に根差した文化のもとで、やる気のあるバリスタ店員をどうやって採用し、育成・処遇するのかを決め、実行していかねばなりません。マイルストーンとはそのようなことです。

すでに起業がスタートし、あるいは会社経営が現実に成り立っているという事実は、経営者がこれまで発揮してきた力量を示しています。そこには、すでに何らかの戦略思考があったはずです。環境変化に対応して再度それを新しい現実とつき合わせ、戦略ストーリーを見直すことは、組織が抱えるリスクを防止し、会社の可能性をさらに広げ、新たな経営者としての力量を獲得することにつながります。

有能な経営者は、事業が目的とする顧客価値創出の制約と機会（ターゲット）を常に意識し、その有効な打ち手（トリガー）を考え続けるものであり、それを言葉や数字、チャートに視覚化した戦略ストーリーが経営意思の本質であることを理解しています。分かりやすい戦略ストーリーを通して経営ビジョンを共有し、人を育て、計画を立て、有効な手を打ち続けることこそ経営者の存在価値であることを知っているのです。

参考：ゴールドラットの制約条件理論とは

ゴールドラットは、世界的なベストセラーとなった著書『ザ・ゴール』の中で、制約条件を適切に管理する５つのステップを解き明かしています。

(1) システムの制約条件を見つける

まず事業活動のどの部分が全体の足を引っ張っているのか原因を調べ、強度の弱いプロセスや工程の何が制約条件かを特定します。例えば混んでいる病院の医師が１日に診ることのできる患者数や、行列のできるラーメン屋さんで１時間当たりに提供できる食数などを考えると分かりやすいでしょう。その制約がある限り、それ以外のところでどれだけ営業努力を積んでも、組織全体のパフォーマンスは改善しません。

(2) 制約条件を徹底活用する

事業活動の能力不足の原因となっている制約条件は、それ自身が組織全体のパフォーマンスに直結するのですから、常にフル回転させねばなりません。段取り替えによる作業の遅延や、機械の故障、材料の欠品、不良品などによる作業の手戻り、従業員の欠勤や体調不良などによる稼働率の低下など、少しでも無駄な動きを防止します。そのうえで段取り替えの回数を減らしたり、休憩時間も作業できるように時差勤務を導入したり、ともかく大事なリソースの活動の最大化を最優先します。

(3) 制約条件以外のすべてを制約条件に従属させる

ボトルネック以外の前後のプロセス・工程では、制約条件が常にフル回転できるように、また仕事の結果が確実な販売（全体業績）につながるように資材の供給や後処理を確実に行い、ボトルネックの行動に従属しなければなりません。例えば行列のできるラーメン屋さんは、材料の麺や具、スープなどに欠品が生じないよう、また作りすぎて廃棄ロスにならないよう、適量の在庫（バッファー）を持つ必要があります。せっかく食べてもらっても、「接客が不愉快だ」「お店が汚い」などとネットに書き込まれるようでは、評判が落ちてしまいますから、接客サービスやクレンリネスの教育も欠かせません。

また制約条件でフル回転している人員が本来の仕事以外のことに時間を割いたり、余計な気苦労で疲弊したりしないよう、周りの従業員がボトルネックの担当者をカバーし、彼らの省力化につながるよう計画的に業務改善を進めることが大事です。

(4) 制約条件の能力を高める

上記(2)(3)の進捗を見届けて制約条件を徹底活用し、全体の効率が限界に達したら、いよいよ最後の一手として制約条件そのものの能力アップに手をつける投資判断を行います。

販売の増加によってコストが十分カバーできるのであれば、固定費の増加を覚悟してでも、生産設備を更新したり、人員を補充したりする抜本的な方法が考えられます。

例えば行列のできるラーメン屋さんの場合は、人員を補充して営業時間を伸ばしたり、店舗の改装や移転で席数を増やしたり、必要なコストと販売増加によって見込める収益、や事業の将来性などを秤にかけて、最も合理的な選択肢を選びます。

上の(2)(3)を飛ばして初めから制約条件の能力を高めれば、すべての問題がスピーディに解決するように見えますが、ゴールドラットはまず(2)(3)のステップをしっかり実行して組織の無駄をなくし、(4)はその結果を確認してから最後に手をつけるように説いています。(2)(3)だけで組織全体の能力が十分高まることも多く、いきなり(4)に頼る発想ではコスト無視の水ぶくれ的な経営体質になるからでしょう。（『ゴールドラット博士のコストに縛られるな！』）

(5) **制約条件が解消されたら、最初のステップに戻る。ただし、惰性が次の制約条件にならないように注意する**

(4)でボトルネックの能力が改善されると、そのプロセスはもはや制約ではなくなり、今度は新たに別のプロセスに制約が起きることになります。

例えば行列のできるラーメン屋さんで、人員を増やして営業時間を延ばしたり、席数を増やしたりして思い切った売上拡大策を取ったとします。すると、例えば大量に仕込む麺やスープの品質が落ちたり、従業員の採用や定着が間に合わなくなったり、新たな制約条件に直面することになるでしょう。その制約を無視して今までどおりの惰性的な方針で頑張り続けても、売上は伸び悩み、かえって人件費や運転資金のコストが増えて収益が悪化するかもしれません。

ここでは、もう一度(1)のステップに戻って新たな制約をとらえ直し、その制約に対して(2)(3)のステップを繰り返す必要があるわけです。

6 目標による管理（MBO）の導入と全社目標の設定

戦略ストーリーがほぼ固まったら、いよいよその具体的な実行過程に入ります。

ただし、いきなり組織をあげて膨大な実務と格闘するわけではありません。そんなことをしても、いったい何から先に、どうやって手をつけたらいいのか、誰にも分からなくなるでしょう。

ここからは経営者と従業員が改めて戦略ストーリーと目標を組織的に共有し、お互いの目標達成過程を確認しながら、計画的に実務をこなしていく必要があります。

目標による管理

いわゆる目標による管理（MBO）は、組織として達成すべきマイルストーンや数字を目標に掲げて、優先順位の高い事業課題に経営資源を集中させる、すぐれたマネジメントの方法です。

図表８－９は、目標管理の仕組みを使って仕事の成果を上げる基本的な仕組みを図式化したものです。

はじめに、組織のビジョン・目的を描きながら、その目標（KGI）を設定します。会社の事

図表８－９　目標管理のしくみ

■目標設定と問題解決が仕事の基本

- ビジョン・目的に向かって「ありたい姿」を描き、ビジョン・目的に近づくための成果指標とその目標（KGI）を設定する
- ありたい姿（理想）と現実とのギャップを生みだしている根本問題を探る
- 問題解決のカギとなる成功要因（KSF）を見つけ、中間目標（KPI）を設定する（プロセス化）
- KSFの課題解決＝KPIの達成に活動を集中し、それらの結果を統合して成果目標を達成する

■「組織的な目標への取組み」と「成り行きまかせ」とでは「決定的な差」が生まれる

- 願望に基づく改善、局所的な問題解決を重ねるだけでは限界があり、ジリ貧に陥る

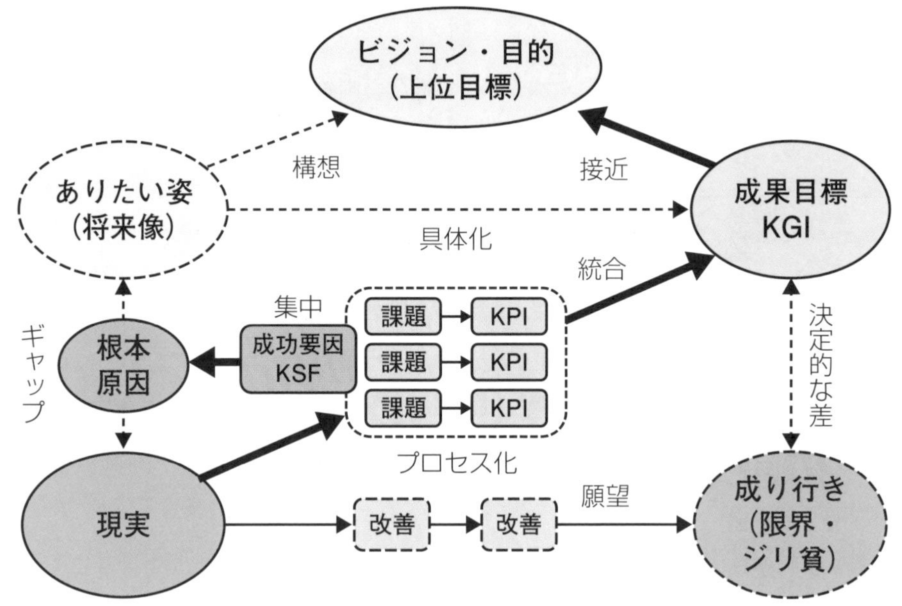

OKRの場合

■ありたい姿	→ムーンショット	……いままでの発想を変えなければ達成できない野心的な目標
■集中	→フォーカス	……最上位の会社のOKRは一つに絞る
■プロセス化	→アラインメント	……階層・部門を超えてObjectivesとKey Resultsを見える化する（OKRツリー）
■統合	→トラッキング	……Key Resultsに定量表現をセットし進捗状況をトレース、リアルタイムの軌道修正
■決定的な差	→ストレッチ	……野心的な目標により創造性を高め、飛躍的な成果を生み出す

業活動に当てはめると、ビジョン・目的とは顧客価値創出による競争優位を目指す事業のコンセプトそのものであり、事業活動が達成しようとする成果指標とその目標がKGIということになります。

次に、組織の成果目標（KGI）に向かって生産的に事業活動を展開している状態を組織の「ありたい姿」ととらえたときに、現実とのギャップ—現場を悩ませているさまざまな障害や問題点を直視し、なぜこのような問題が生じるのか、その背後にある根本原因を探ります。すでに触れたように、事業活動には顧客価値創出のプロセスを阻む制約条件が必ず存在し、多くの場合それが根本原因となってさまざまな問題が起きるのです。

その制約条件を探り当て、制約条件をフル回転・フル活用するためには、何をどう変えればいいのかを徹底的に考えてください。問題解決のカギとなる成功要因（KSF）を探り当てることができれば、そこに活動を集中することこそが事業を大きく前進させる喫緊の戦略課題ということになります。

これを組織が全力で達成すべき戦略目標の「ターゲット」（標的）ととらえ、経営者・従業員全員でその意義を共有し、その成果指標と目標（メインのKPI）を設定します。

次に、その戦略目標＝ターゲットを達成するためにはどのような重点活動が「トリガー」（引き金）として有効な打ち手になるかを考え、分かりやすい活動の指標と目標（サブKPI）を設定します。

このようにして、最終的な成果目標（KGI）の達成に向けた効果的な重点活動をプロセス化し、それぞれに目標を設定するとともに、最も大事な部分に管理を集中します。その重点活動を各部門の目標に取り上げ、具体的な活動指標をモニター・視覚化して、参加者が自律的に行動できる判断基準を与え、日常的な動機づけを行います。

このような全社的な取組みの結果を統合して、着実に組織の成果目標（KGI）を達成していくのです。

このような「組織的な目標への取組み」と「成り行きまかせ」とでは「決定的な差」が生まれることは自明の理でしょう。願望に基づく改善、局所的な問題解決を重ねるだけでは限界があり、いずれ組織はジリ貧に陥ります。

目標による管理の最大の長所は、あらゆる組織活動、社会活動に普遍的に用いることができ、一度考え方を理解すれば、さまざまな仕事の局面で応用できることです。参加者のモチベーションを高め、行動を組織的に統合し、成果を高め共有するという点に関して、目標による管理を超える方法は見当たりません。

目標管理は、個人の私生活を意識的に充実したものにしようとするときにも役立ちます。例えばXさん（20歳）とYさん（60歳）の親子が心身の健康と家族の絆を深める（共有ビジョン）ことを考え、一緒に「日本百名山」にチャレンジするという目標（KGI）を決めたとします。

1年間に何日休日をとり、どれくらい費用をかけて、いくつの山に登るか、何歳までにいくつ登るかなどの作戦計画（KPI）を立て、KPIがうまく進まないときはその原因を探って対策を考え、KPIを修正します。まだ若いXさんにとっては、いかに仕事や家庭生活と両立させながら、登山の時間や費用を確保できるかが成功要因かもしれません。しかし年配のYさんの加齢を考えると、いかにYさんの体力や運動神経を温存し、元気なうちに百名山を達成できるかが最大の制約となります。すると、二人にとっての成功要因（KSF）は、Yさんの体力や健康管理を念頭においた無理のない登山計画を立て（ターゲット）、実際の行動面でもYさんの安全確保が最優先となります。二人が最後まで気持ちを一つにして百名山を達成できるかは、体力のあるXさんが年々歳をとるYさんへの思いやり一つということになるでしょう（トリガー）。

「MBOはもう古い。これからはOKRだ」という記事をネットでみたことがありますが、どういうものでしょうか？

OKR（Objective and Key Result）も目標管理のフレームの一つですが、インテルのアンディ・グローブが始め、その後グーグルでも導入され成果をあげているというので、成長を重視するスタートアップ企業や、イノベーションやマーケティングで成長を加速させようというアグレッシブな企業の間で有名になりました。

MBOは組織・個人として達成可能な目標を設定して、計画的に目標を達成し、その出来ばえを評価することを重視しますが、OKRの目標（Objective）に対する考え方は少し違います（図表8－9（292ページ））。

OKRは「ムーンショット」と呼ばれる、従来の発想では達成不可能と思われる野心的な組織目標にフォーカスし、その60％でも70％でも達成できればよいと考えます。その手段として、目標達成のカギになる成果指標（Key Result）の最適な組み合わせ（OKRツリー）を考えます。これに全員でチャレンジすることで技術的なブレイクスルーを果たし、組織・個人の能力をストレッチさせて、全体のパフォーマンスを高めることに主眼を置きます。

設定するKey Resultは4つから6つに数を絞り、具体的な数値として測定可能であり、納期が明確な仕事を設定します。この点はKPIの考え方と同じです。

MBOのように定例的なPDCAで目標管理を回すという発想ではなく、OKRツリーを全員で可視化して進捗状況を共有し、成果を追跡（トラッキング）しながら、リアルタイムで仕事のやり方を軌道修正し、四半期ごとにOKRツリーのアラインメントを見直します。

MBOよりもOKRのほうが、スピード感があるようですが、本書では推奨しないのですか？

図表8－9で紹介したMBOも本質的な仕組みは同じです。MBOでも遠大なビジョン・目的のもとに、野心的な成果目標（KGI）を掲げればOKRのムーンショットと同じことです。図表8－7の事例で解説したように、会社としてぶれない事業コンセプトを明確にし、KSFから導いた全社目標や部署目標のKPIに全員でチャレンジする達成プロセスの考え方も、OKRツリーのアライメントと本質は同じです。

確かにOKRには、従来の計画方法に比べて高い頻度で会社・チーム・個人の目標を設定、追跡、再評価するので、目標どうしを連動させやすく、柔軟に運用しやすいというメリットがあります。この点は、惰性的なPDCAサイクルに陥りがちな従来型のMBOよりも優れた特徴といえるでしょう。ただし、その前提となるのが高い思考・行動力のやる気満々の従業員が大勢いて、お互いに協力・連携しながら自律的に組織を支え、全体で大きな成果を達成する高度なフレームだという点を忘れるわけにはいきません。

これまで経営計画やMBOをきちんと実行したことがなく、戦略思考に基づく課題分析やKPIの設定、組織的な課題解決をやりとげた経験のない組織には、まずその基本から力をつけていくことをお勧めします。

全社目標を設定する

目標による管理を行うためには、何よりも会社、部門・部署、個人それぞれの段階で互いに整合する、正しい目標を設定しなければなりません（**図表8－9**）。

出発点はトップマネジメントによる戦略の策定と成果目標、そのための成功要因として全社で取り組む戦略目標（ターゲット）と、そのための打ち手となる活動目標（トリガー）の設定です。社長および執行役員または部門長で構成する経営チームが、経営を取り巻く環境と、いま顧客価値創出の焦点となる取組み課題を把握し、会社の事業基盤と持てる経営資源を正しく見据え、優先的に取り組むべき年度の目標を設定します。

一般的にこの段階では、複数の取組み課題が浮かび上がってくると思いますが、何を優先し、次に何に取り組むべきなのか、何と何を同時に取り組む必要があるのかなど、課題どうしの因果関係や組織にかかる負荷を分析します。最も優先的に取り組むもの、その次に取り組むもの、後回しでよいものを２年～３年程度の時間軸の上に並べ、中期計画を描いていきます。

中期計画には、事業課題の進捗とともにどのような収支のフローと損益が見込まれるのか、また財務、顧客基盤、商品、人材などの経営資源がどのようにストックされていくのかを、具体的な数値を書き込みながら計画・予測するとよいでしょう。

このような戦略思考を進めるさまざまなフレームが提唱されていますが、代表的な一例として、次のようなバランス・スコアカードがあります。

これは次の4領域から会社の事業活動を構造的にとらえ、人材の育成を起点に最終的には財務の高いパフォーマンスにつながる効果的なアクション・プランを考え、具体的なマイルストーンと業績指標・目標を整理するやり方です。

バランス・スコアカードの４つの領域

①財務……………………事業の最終業績を増大させる領域

②顧客……………………顧客価値創出と顧客資産を高める領域

③内部プロセス……顧客価値創出のために仕事のしくみを革新する領域

④人材……………………マネジメントを強化し人材価値を高める領域

全社目標のターゲットやトリガーは、誰でもその意味が理解でき、「よし、今年もがんばらねば！」と奮い立つような指標を設定する必要があります。

▶望ましい全社目標

- 会社の現状や経営環境の変化に照らして、取り組むべき必然性が実感できる目標
- それを実現することで、より大きな顧客価値創出につながるような目標
- 純利益と投資利益率が向上する目標
- 仕事のやり方が進歩し、会社の競争力が高まると予感させる目標
- 従業員が自分の仕事とのつながりを実感できるような目標
- 経営トップの深い洞察や強い決意を感じ取ることのできる目標

組織の課題認識を共有し、個人目標を設定する方法

部門目標を設定する

全社目標を受けて、事業部、工場、部などの部門目標を設定します。ここでは部門長および主要な配下の部署長で作業チームをつくります。

図表8－10の例のような会社のバリューチェーンの中で、自部門の機能・分掌として取り組むべき課題が何なのかを検討します。それに基づいて、自部門のヒト・モノ・カネ・ノウハウ・情報・時間などの資源を考慮しながら、全社目標に対してどのような重点活動を展開すべきなのかを整理し、部門目標と実施方針を設定していきます。

各部門のレベルでは、部門固有の成果責任に関する目標に加えて、すでに述べた戦略目標・ターゲットに対する活動目標・トリガーを重点活動指標として、自部門で取り組むべき課題を絞り込み、具体的な目標を設定するというやり方になります。

図表8－10 バリューチェーンによる活動指標の整理

（注）製造業の例

（注）バリューチェーンは、競争戦略の第一人者であるマイケル・E・ポーターが提唱した企業活動の概念。原材料の調達から顧客に製品・サービスが届くまでの営業・仕入物流・加工・出荷物流・販売などの業務プロセスを、段階的に付加価値をプラスしていく「主活動」の連鎖ととらえた。また主活動を組織横断的に支える調達や人事労務管理、経理、技術開発などの間接業務を主活動と区別して「支援活動」と呼んだ。

例えば、ヤマト運輸の営業部門では、すでに触れたように配達生産性の向上というターゲットに対してクロネコメンバーズ会員の増加を取り上げました。またドライバー部門では、ドライバーの離職防止と定着率向上という戦略目標・ターゲットに対して、ドライバーの超過時間削減という重点活動指標をトリガーに取り上げ、時間帯指定の廃止や最終配達時間の切り上げ、引き受け数量の規制など、思い切ったサービス内容の見直しを進めました。

部署目標を設定する

次に課、営業所、店舗などの部署目標を、部署の責任者および主要メンバーで設定します。すでに部門目標を検討する中で、それぞれの部署として達成すべき成果目標と、部の中で割り当てられた具体的な重点業務活動がおおむね出てきています。

それをそれぞれの部署に持ち帰って、部署として達成すべき成果目標と部署として取り組む重点業務活動を自分たちの部署目標として確認します。

ここで設定した部署としての目標がその部署に対する期待成果となり、その結果がその部署のチーム業績（＝責任者の業績の一部）として評価されることになります。

個人目標を設定する

いよいよ個人目標の設定です。目標管理による業績評価を行うには、通常は１年間に達成すべき目標を半期ごとに１人につき４～６項目設定します。

あらかじめ難易度の判定とウェイトづけをしておいて、半期末にそれがどれだけ達成できたかを評価して業績スコアを採点します。

上半期・下半期に分けて目標を設定する場合、２通りの方法があります。大半の会社では、②の半期ごとに目標を設定しています。

目標の設定方法

❶ 原則として１年間の目標を設定し、上半期の目標は年間目標の進捗を途中で押さえる内容とし、下半期の目標を最終的なゴールとする（ロングタームの取組みが求められる業態や職種）

❷ 上半期、下半期それぞれゼロ・ベースで半期目標を設定する（PDCAサイクルの短い業態や職種）

個人目標を設定するときは挑戦的かつ実現可能な目標であること、目標の到達点を具体的な数値や状態として客観的に記述し、本人が納得し上司と合意されていることなどが要件となります。

そのためには、できるだけ**具体的な施策や成果などの「事物」**を目標とし、本人の態度や情意などは目標としないよう注意しなければなりません。このような主観的な目標では、評価もできないからです。

なお、下位等級では例えば「現場の安全確保を最優先し、危険予知訓練には必ず参加する」というような行動面での重点活動を目標に取り上げることもありますが、その場合はその仕事の目的を意識して「何のために、どのように行動する」というように、なるべく具体的に目標を記述します。

ただし、いきなり個人の目標を書かせるのではなく、**図表８－11**のように（A）課題分析によるアクションラーニングと（B）部署業務に基づく目標のコーチングという２つの流れから、各人の貢献・成長につながる目標を一人ひとりに考えさせ、上司が「目標設定面談」を行います。

（A）課題分析によるアクションラーニング

これは、優先順位の高い部署の取組み課題を書き出し、全員で共有して、各自の課題を考えさせるという、「アクションラーニング」による目標設定方法です。

当社では、上記の部署目標を設定する際、**図表８－12**の要領で、組織責任者を中心に部署の主要メンバーによる「課題分析」を行う方法をお勧めしています。

> 補足
> **アクションラーニング**
> アクションラーニングは、グループで現実の問題に対処し、その解決策を立案・実施していく過程で生じる実際の行動と、その振り返りを通じて、個人、そしてグループ・組織の学習する力を養成するチーム学習法や場の設定方法をいいます（日本アクションラーニング協会のホームページを参考に記述）。

ここでは、部門方針・目標を達成するうえで、また課、営業所、店舗など部署の基本機能を遂行するうえで、自部署では何が問題なのか、その解決にはどんな取組みが必要なのかを検討し、**部署として優先的に取り組むべき課題**を複数列挙します。

この場合、表層的な問題意識から対症療法的な課題を設定するのではなく、**問題の背後に隠れているより根本的な原因・理由を探求し、より本質的な課題を設定することが大事です。**

課題をある程度整理したら、部署のメンバー全員にその「課題分析」の結果をレビューし、部署としていまどのような組織目標に取り組まねばならないのか、部署としてどのような問題・課題を抱えているのか、その解決のためにはどのような取組みが必要なのかを全員で共有します。このとき、責任者の立場から一方通行的にメンバーに伝えるのではなく、メンバー一人ひとりの意見も吸い上げながら、問題・課題認識をていねいにすり合わせ、部署と

図表８－11　部署の取組み課題に個人を参画・コミットさせる（チームビルディング）

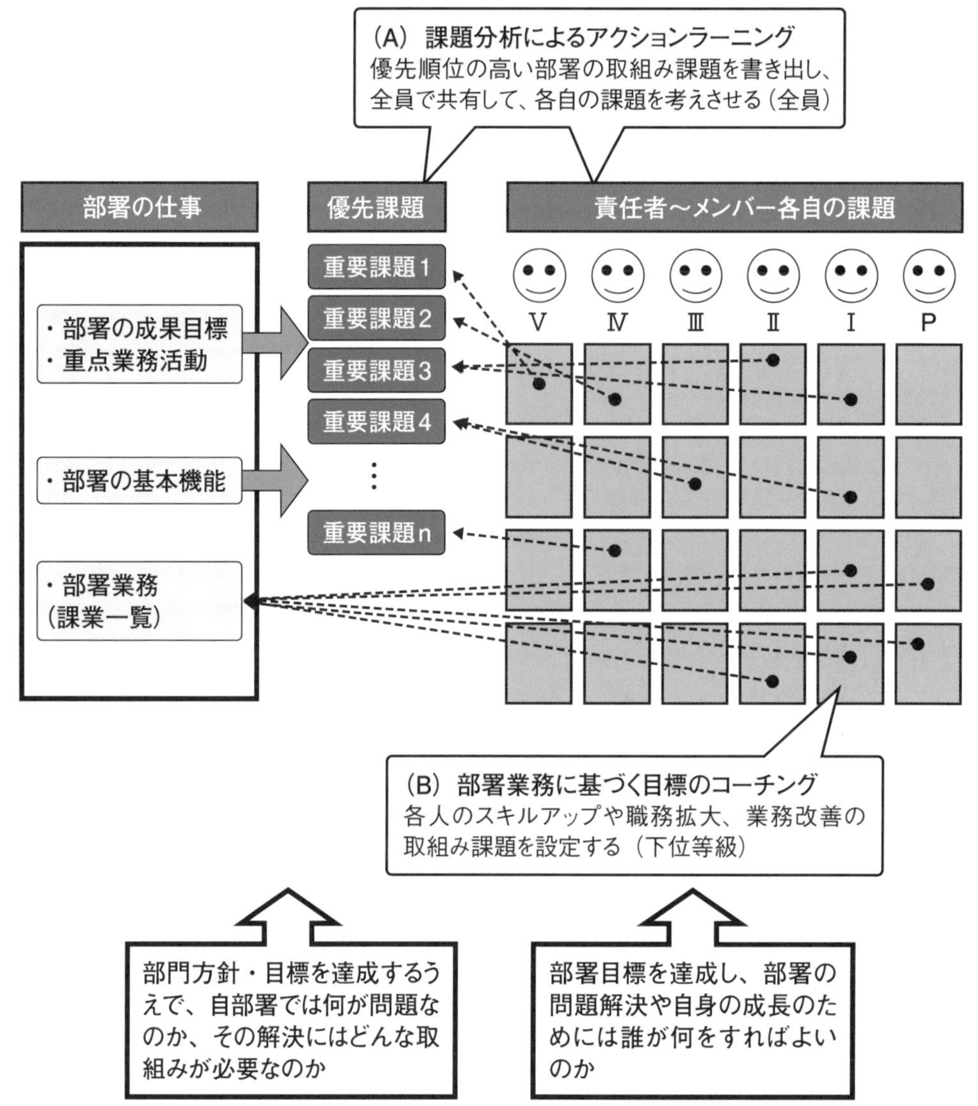

してのビジョンを共有していくチームビルディングがポイントです。

そのうえで、部署の問題解決や自身の成長のためには誰が何をすればよいのか、目標を一人ひとりに考えさせて、各人が目標設定シートを自発的に作成するようにリードします。

(B) 部署業務に基づく目標のコーチング

これは、主に下位等級の実務担当者が通常行っている業務活動（誰でもやっている仕事）に目を向け、各人のスキルアップや職務拡大、業務改善等に役立つ取組み課題を考えさせ、上司が目標設定をコーチングしていく方法です。組織に対する貢献度だけでなく、個人の技

図表8－12 組織課題の分析と個人の取組み課題の検討（課題発見のためのワークシート）

（C社○商品事業部の作成例）

① 部署の方針や目標、役割・機能・成果等	② 関連する業務・仕事	③ 部署の方針や目標を達成するうえでの問題や障害	④ 部署として、今年度優先的に取り組むべき課題	⑤ 各自の課題※ （貢献できること、貢献したいこと）
全社方針・事業計画等に基づいて自部署としてこれからの1年間で達成したい方針や目標、または定常的に担う機能・成果等	①の達成や実現に関連する、自分の組織の業務（仕事）を書き出す	①を達成・実現するうえでの問題点、困っていること／停滞していること（できればその奥に隠れた原因や理由なども考える）	③の問題や障害を踏まえ、部署としてこの1年に取り組むべき課題を、優先順位を意識して具体的に書き出す	④を踏まえて部署の責任者および主要メンバーの課題を考える※
・部門利益の確保 ・○市場における確固たる地位の確立 ・新製品開発と人材の育成・活用	・○製品の新たな用途開発による既存得意先の深耕と新販路の開拓プロセスの策定 ・○部と連携した○社への技術営業と受注ニーズの掘り下げ	・クライアントの最終用途に関する機密情報収集のカベ ・市況の変動による、計画と実績の乖離 ・現場の繁忙による技術営業の人手不足	・機密情報ポリシーと機密保護体制、保証制度の確立 ・顧客との共同用途開発による新製品の販路開拓 ・人事異動による技術営業担当者の配置	（営業部長） 共同用途開発PJTの推進 （営業課長） ・○社への機密情報保証制度の提案 ・△社への用途開発サービスの提案 （設計課長） ・現場のワークシェアと若手人材の技術営業スキルの育成 ・労務の適正化

※部長が作成する場合は部長または部の主要メンバー、課長が作成する場合は課長または課の主要メンバーの課題を書き出す。

量の高さ・習熟度等も評価の対象になります。

あらかじめ部署の業務内容を、**図表8－13**の役割責任マップ®の課業一覧のような方法で洗い出しておきます。

「課業一覧」は、各部門の主に下位等級の仕事の種類と内容を、その仕事の成果責任とともに記述、一覧化したものです。この仕事一覧を各自読み込み、今年度、自身が注力すべきテーマを抽出し、これに基づいて目標を設定します。

その際、自身が該当する役割等級に期待される仕事の水準を考慮しながら、目標化します。

図表8－13　部署別の「役割責任マップ®」の課業一覧

（A社情報制作部の作成例）

○は所定の担当範囲、●は育成・改善のための当面の重点業務を示す

何のために（目的）	視聴者に魅力ある番組を届ける		2次評価者	OT	OT	OT	OT	OT	OT	OT	OT
何をどのようにして（方法）	質の高い番組編成により視聴習慣を定着させる		1次評価者	TT	TT	TT	TT	TT	TT	TT	TT
何を実現するか（成果）	各番組の視聴率を向上させる		被評価者	OK	SM	SH	MM	TS	KS	（契）IS	（契）OC
主な仕事	**課業（具体的な仕事）**	**成果責任（仕事の期待水準）**	**等級**	Ⅳ	Ⅳ	Ⅲ	Ⅲ	Ⅲ	Ⅱ	Ⅱ	Ⅱ
番組制作業務	情報の収集、選定	時代に即した価値のあるさまざまな情報を収集し、選定する	Ⅱ	○	○	○	○	○	○	○	○
	取材対象者の選定	番組企画に沿った取材対象者を選定し、ていねいにアポ取りをする	Ⅱ	○	○	○	○	○	○	○	○
	スケジューリング（タイム）	取材、編集から、素材搬入までのスケジューリングを確実にする	Ⅳ	○	○	○	○	○	○		
	制作スタッフィング（人員配置）	収録（撮影）の際のスタッフィングをきちんと調整する	Ⅱ	○	○	○	○	○	○	●	●
	取材（原稿作成）	誠実な取材をする。取材源の重要度を的確に文章にまとめる	Ⅱ	○	○	○	○	○	○	○	●
	取材（撮影）	撮影機材の操作ができ、技術を持って的確な映像を撮影する	Ⅱ	●	●	○	○	○	○	●	●
	編集作業（映像）	編集機器操作ができ、効率的に編集作業をする	Ⅱ	○	○	○	○	○	○	●	○
	素材制作（CG）	番組に必要で、的確な美術素材（CG字幕等）を発注する	Ⅱ	○	○	○	○	○	○	○	○
	番組を構成する	優先順位を判断し、構成台本をきちんと作成、番組を構成する	Ⅱ	○	○	○	○	○	○	○	●
	搬入	上司や他部署の担当者にプレビューし、責任ある搬入方法で搬入する	Ⅱ	○	○	○	○	○	○	○	●
	送出	サブにおけるD卓の操作ができ、生放送において正確に送出する	Ⅲ	○	○	○	●	○	○		
管理業務	他部署との調整	他部署からの提案に対し、適切に判断しながら前向きな調整をする	Ⅳ	○	○	○	○	○	○		
	企画業務	半年あるいは1年後を見据え、日常から企画の用意をする	Ⅳ	○	○	○	○	○	○		
	制作費管理	担当する番組の予算と制作費の照合がきちんとでき、制作費の捻出の縮小化に努める	Ⅳ	○	○	○	○	○	○		
	機材管理	編集機器やカメラなどの機材管理をする	Ⅱ	●	●	○	○	○	●	●	●
	知識向上	放送に関する著作権などの制作ルールを把握するために必要な知識向上に努める	Ⅱ	○	○	○	○	○	○	○	●
	視聴率への意識	担当番組の視聴率に敏感に反応し、その分析や対策に取り組む	Ⅳ	○	●	●	○	●	●		
デスク業務	各種伝票の作成	番組制作に係る伝票類を速やかに、正確に処理する	Ⅱ	○	○	●	○	○	○	○	○
	業務連絡	他部署からの総務的連絡を、部員に速やかに伝える	M								

「役割責任マップ®」は株式会社プライムコンサルタントの登録商標です。

図表8－14　部下一人ひとりの状況に応じてリーダーシップを発揮する

■相手（フォロワー）の能力と意欲・関心の成熟度に応じ、リーダーシップのスタイルを使い分ける

（注）S1～S4の矢印は、具体的な仕事に対するフォロワーのレディネス（成熟度）に合わせて、リーダーシップのスタイルをどのように変えていけばよいかを一般的に示したものである。

縦軸：支援・関与の度合い（高い／低い）

S3 能力は高いが意欲・関心が低い⇒参加・支援する

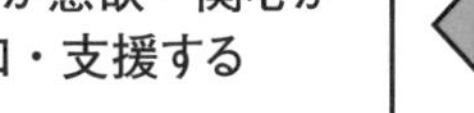

- 課題・目標や情報・判断を共有する
- 参加・決定させ、自主性を引き出す
- 指示的行動を控え、奨励、援助する

S2 能力は不十分だが意欲は高い⇒指導・援助する

- 目的にかなった方法を指導する
- 考えを説明し、疑問に答える
- 必要に応じて一緒に行動し模範を示す

S4 能力・意欲とも十分⇒委任する

- 仕事の方向・目的・達成条件を示す
- 責任・権限を大きく委譲する
- 誤らない限り部下の思い通りに任せる

S1 本人の能力・意欲・関心がともに未成熟⇒教示する

- 仕事の意義を教え、行動を促す
- やるべきことを具体的に細かく指示する
- 経過を報告させ、監督する

横軸：包括的（高い）　仕事の指示の度合い（部下の発達の度合い）　具体的（低い）

（状況対応リーダーシップCLS編著1995年）

コーチングの方法は、**図表8－14**のように、具体的な仕事に対する部下（フォロワー）の能力と意欲・関心の成熟度（レディネス）を見極め、そのレベルに応じたリーダーシップのスタイル（S1～S4）を使い分けながら、どの業務についてどのような目標を設定すればよいかを指導あるいは助言・ガイダンスしていきます。ここでは、部下の仕事全体についての能力や意欲・関心を判断するのではなく、あくまで一人ひとりの具体的な仕事の内容や課題ごとにその成熟度（レディネス）を判断し、最も適切なリーダーシップのスタイルでかかわっていく必要があることに注意してください。

この手法を「状況対応リーダーシップ®」といい、目標設定だけでなく、目標達成のための支援や後述する振り返り面談、フィードバックなど、すべての1on1ミーティングに役立ちます。

状況対応リーダーシップ®はシーエルエス社の登録商標です。

部署業務を洗い出す方法（役割責任マップ®）

図表８－13の役割責任マップ®の課業一覧は、各組織部門の職種あるいはチームや工程の中にどのような「課業」があるかを、縦軸に部署別の業務内容、横軸に担当者を体系的に整理・把握したものです。

役割責任マップ®を作成するには、はじめに会社の業態に必要な正社員やパートタイム社員の営業、開発、生産、管理などの基本的な機能部門ごとに職種系統（職群）を整理します。それぞれの人材が、会社のバリューチェーン（図表８－10（297ページ）参照）のどの部門・どの業務範囲で専門的な知識やスキル、経験を深め、キャリアを伸ばしていくかを考えて、正社員・パートタイム社員の職種を分類していきます。

そのうえで、業務に熟知しているメンバーを集め、次の要領で具体的な仕事の洗い出し作業を行ってもらいます。

①　業務名・職種名の書き出し

フォームの左に部門名（例：情報制作部）や、必要に応じて社内の仕事の職種名やチーム／工程の名称を書き出します。

②　担当者の書き出し

横軸には、その部門に配属されている従業員（被評価者）の氏名を書き出し、各人の雇用形態と役割等級を記入します。１次評価者（通常は直属上司）と２次評価者（間接上司。通常は１次評価者の上司）の氏名も記入します。

③　課業名の書き出し

次に各担当者の担当課業（具体的な仕事の名前）を記入します。

課業とは、１人の担当者が行っているひとまとまりの仕事の単位で、１つの課業でその難易度が評価でき、第三者に引き継ぎ可能な仕事のくくりをいいます。

課業はある目的を持った複数の一連の作業からなり、それらの作業を担当者が行うことにより、目的の仕事の成果を実現します。その成果は顧客や仕事の相手、後工程の利用者などに提供され、仕事の良否が評価されます。課業の粒の大きさは、下位等級では「手段的」な小さな課業で、上位等級では「目的的」な大きな課業でとらえます。

課業の中の作業は、独力で行うものと、他の担当者と連携するものとがありますが、いずれにせよ、作業を途中で止めてしまうと、その課業は無意味・中途半端な結果に終わります。このように、課業とは分割できない仕事のひとかたまりです。

課業は、通常業務として行っているものは網羅的に書き出す必要がありますが、まれにしか行わないものや、例外的なものは当面省いても構いません。

日単位だけでなく、週単位、月単位、半期単位、年単位等で行う業務もあるので、重要度や頻度の高いものから順に作成していくとよいでしょう。

④　成果責任（仕事の期待水準）の記述

成果責任の欄は、どんな点に注意・努力を払い、どのようなレベルでその仕事が行われる必要があるのかを、簡潔な言葉にまとめます。その仕事ぶりが期待水準に達しているかどうかは、仕事の良否そのものを左右するので、洗い出した期待水準は、そのまま仕事のガイドラインとなり、各人のスキルアップや職務拡大、業務改善等の具体的な目標を考えるもとになります。

⑤　基準等級を決める

一覧表の中央の列には「等級」を表示していますが、これは各課業の成果責任の難易度の違いを標準的な役割等級（通常は自律的にその仕事ができるようになる最初の等級）として決めたものです。役割等級の異なる従業員が、どの課業を目標に取り上げればよいかを考える際の目安になるとともに、後述する目標レベルを判定する際の参考にします。

Q　この例では、等級の異なる課業もすべて担当範囲に含めていますが、例えばⅡ等級の社員はⅡの課業が担当範囲になるのではないですか？

A　理屈はそうですが、実際は役割等級の異なる仕事もお互いにカバーしているというのが多くの職場の実態だと思います。ただし、各人の貢献度合いや習熟度合いには違いがあるので、その違いを目標設定のレベルや業績評価でみていこうとしているわけです。

Q　例えばⅡ等級の社員がⅢの課業を目標に取り上げるのはチャレンジングだと思いますが、Ⅲ等級の社員がⅡの課業を目標に取り上げたりするのは、好ましいことではないように思います。

A　実際に目標を設定する場合は、課業そのものを目標にするのではなく、これをもとにして各人のスキルアップや職務拡大、業務改善、同僚のサポート等の目標を個々につくっていきます。課業は例えばⅡ等級と表示してあっても、Ⅲ等級の人が取り組む場合は、Ⅲ等級にふさわしい難易度の高い目標を設定するのが正しい考え方です。

図表８－15　職種別スキル評価基準一覧（B社営業部の作成例）

○印はある年度における各人の評価項目（５つ）

営業職

主な仕事	評価項目	評価基準（スキルの期待水準）	等級	RK	WS	YI	YK	NI	HO	OS	OK
			2次評価者	ST	ST	ST	ST	ST	ST	ST	ST
			1次評価者	TK	TK	TK	TK	TK	TK	TK	TK
			被評価者	RK	WS	YI	YK	NI	HO	OS	OK
			等級	Ⅰ	Ⅰ	Ⅱ	Ⅱ	Ⅱ	Ⅱ	Ⅲ	Ⅲ
営業活動	集金作業	得意先へ回収予定に基づいた集金ができる	Ⅰ	○	○						
営業活動	見積作成	上司の指示した先から見積を取り、当社の書式で見積書を作成できる	Ⅰ	○	○						
営業活動	クロージング営業	得意先から情報収集ができ，受注ができる	Ⅱ	○	○	○	○				
営業活動	問題解決・提案	得意先の要望をヒヤリングし，その要望に対して的確な提案ができる	Ⅱ			○	○				
営業活動	取引先アプローチ	当社のシェアの低い取引先に対して積極的な営業活動ができる	Ⅱ			○	○	○	○		
営業活動	見積作成	当社の主力商材（メーカー）の物に置き換えて見積を作成することができる	Ⅱ					○	○		
営業活動	得意先の問題解決	得意先の問題・課題を明確にし、積極的に受注活動に活かせる	Ⅲ							○	○
営業活動	新規商材のＰＲと売込	新商材や通常取引されていない商材に挑戦し、受注できる	Ⅲ					○	○	○	○
営業活動	受注活動の促進１	同業他社の営業担当のスキルや価格等を把握し、スキルUPの行動ができる	Ⅳ							○	○
営業活動	受注活動の促進２	狙った物件の売上・粗利確保のために、メーカーや同業他社への施策が打てる	Ⅳ								
顧客管理	クレーム対応・処理	迅速に得意先への初期対応と現場対応、クレーム処理ができる	Ⅱ			○	○				
顧客管理	回収管理	契約条件の変更時は即上司と相談し、得意先の回収条件の変更ができる	Ⅱ								
顧客管理	顧客との関係構築	日常業務において顧客と良好な人間関係を構築することができる	Ⅱ	○	○			○	○		
顧客管理	受注管理	得意先の与信や債権を踏まえた受注・売上ができる	Ⅲ							○	○
顧客管理	得意先ごとの業務内容理解	得意先の特徴と商材を把握し，適切な情報提供と拡販ができる	Ⅲ							○	○
営業管理	売上管理	売上確定・出荷違算・発注依頼等の受注データに処理残がないようにできる	Ⅰ	○	○						
営業管理	受注管理	受注物件等を仕入課へ情報提供し、在庫量や仕入交渉に協力できる	Ⅱ			○	○				
営業管理	利益管理	市場状況を把握し，適正な利益管理ができる	Ⅱ					○	○		
営業管理	適切な仕入先交渉	適切に見積依頼、発注・価格交渉ができる	Ⅱ								

スキル評価基準への応用

ちなみに、課業の成果責任は「〜する」という動詞形で表現しますが、これを「〜できる」というように仕事の知識・技能に焦点を当てる表現に変えれば、そのままスキル評価の基準に用いることができます。

図表8－15はある会社で営業職のスキル評価基準を作成した例です。営業職の育成に必要な知識・技能を一覧化し、やはり基準となる等級を決めておきます。

課題分析や課業一覧に基づいて目標を設定する方式に比べると、スキル評価は、主要な仕事が「〜できる」ように人材を育成することにマネジメントの力点を置くという違いがあります。

例えば次のような会社は、一般従業員クラスには目標管理による業績評価よりも、スキル評価のほうが合っているかもしれません。

・スタートアップの後ようやく業態が固まり、急いで仕事を標準化せねばならない
・組織の成長や人材の入れ替わりが多く、採用・育成を急がねばならない
・マネジャー層が育っておらず、目標管理のマネジメントを行うのは少し敷居が高い
・職能資格制度を長年続けており、特に一般従業員層はスキル評価のほうがなじみやすい
・既存の職能要件書を作り変えてスキル評価基準として活用したい

目標管理による業績評価よりも、まずスキル評価基準を明確にして仕事の標準化やスキルアップ、体系的な能力開発に力を入れたいという会社は、スキル評価を検討されるとよいでしょう。

目標設定面談

ここでは図表8－16①の「キャリアアップシート」のイメージ例①のような目標設定フォームを使って、部下本人が組織課題にどのような目標で応えていくのか、どのような業務に習熟したいのか、取組み項目と目標を自分で書かせ、上司が面談します。

目標は本人につくらせるといっても、必ず上司のガイダンスや承認が必要です。面談では、目標の内容を上司の立場から確認するとともに、何のために何をどうしたいのか、そのためには何をする必要があるのかを本人に説明させ、達成方法をよく話し合います。

> 補足 **目標設定**
> 目標は（A）課題分析とアクションラーニングから作成した目標と、（B）部署業務に基づくコーチングから作成した目標とを含みます。ただし役割等級の上位者は（B）の対象とせず、（A）のみ設定させるようにします。

特に（A）の課題分析による目標では組織目標や課題分析について、（B）の部署業務に基づく目標では本人のキャリア成長の方向性などの認識をすり合わせ、上司としての支援内容についても話し合います（図表8－11（300ページ）参照）。

図表８－16① キャリアアップシート（目標設定）のイメージ（例）

（注）グレーの評価とフィードバック欄は、上司の控え用で、振り返り面談の段階では本人に開示しません。面談後に上司が正式に評定します。

××年度	管理部門	役割等級	氏名	上司氏名
上期	サポート職群	上級担当者Ⅲ	S I	I K

	目標設定と行動基準	結果の申告と振り返り	評価とフィードバック
業績評価（各人別）	①目標設定	③目標の振り返り	⑤業績評価
行動評価（等級別）	②行動基準	④行動の振り返り	⑥行動評価

①目標設定フォームの具体例

	取組み項目	目標	達成方法	難易度		ウェイト
業績評価	部門粗利益	3000万円	…	b	±0	30
	受注件数	新規受注４件 追加受注２件	…	a	+1	30
	開発業務	開発プロセス 工程の改善	…	b	±0	20
	提案営業	見積提案書テンプレート化	…	c	-1	10
	能力開発	PM資格取得	…	a	+1	10
						100

ただし、決して一方的なノルマのように部署長が個人に目標を強制するやり方はしないようにしてください。部下一人ひとりの期待役割を確認しながら、組織目標への貢献意欲や、個々の目標に対する能力・意欲のレベルに合った当事者意識を引き出しつつ、参加者が主体的に目標をプランニングするようにリードすることが大事です。

また、目標の難易度を表すsabcd（327ページ参照）と目標の重要度を表すウェイト（合計＝100になるように配分）を、本人と上司が話し合って設定します。最終的には上司が決定します。

Point!

目標設定のポイント

1）会社や組織の成果に結びつくというプランニング（仮説）に基づく目標であること

▶目的や取り組む意義（組織と本人の両方にとって）が明確であることが、目標達成への動機づけになります

2）任せている仕事や役割にふさわしい目標であること

▶目標は、原則、任せている役割等級に応じたものとします
▶その人の能力や意欲が十分発揮できる適切な難易度の「ストレッチ目標」を設定するようにします

3）期限・到達点・期待水準が明確な目標であること、また、達成方法がイメージできる目標であること

▶「何を、いつまでに、どこまで、どうする（数値や言葉で表現）」
「何を、いつまでに、どのように、どうする（言葉で表現）」
というように、どういう状態なら目標達成なのかを具体的にイメージできる到達点・期待水準を設定します
▶現状と目標とのギャップを埋めるための達成方法を仮説として組み立て、達成に向けた道筋を考えます

最後に、部署の責任者として、組織のニーズや本人に期待すること、上司として支援できることをきちんと伝え、最終的な目標の内容を期限までに提出させます。

このように、所属部署の一員として自分が決めた目標を達成することで部署の業績に貢献でき、自身のキャリア成長にもつながることが分かると、自分ごととして真剣に取り組もうとする動機づけが働くのです。

スキル評価フォーム

なおスキル評価では、図表８－16②のようなフォームを使います。業績評価の目標設定フォームとは右のように異なり、難易度のかわりに等級を表示して点数を調整します。

評価シートの名称も「キャリアアップシート」ではなく、「スキルアップシート」と呼ぶ例が多いようです。

▶業績評価フォームとスキル評価フォームの違い

業績評価フォーム		スキル評価フォーム
取組み項目	→	評価項目
目標	→	評価基準
ウェイト	→	使わない
難易度	→	等級・調整

図表８－16②　キャリアアップシート（スキルアップシート）

②スキル評価フォームの具体例　　図表８－15（306ページ）参照

	評価項目	評価基準 （スキルの期待基準）	等級	調整
スキル評価	得意先の問題解決	得意先の問題・課題を明確にし、積極的に受注活動に活かせる	Ⅲ	±0
	新規商材のＰＲと売込	新商材や通常取引されていない商材に挑戦し、受注できる	Ⅲ	±0
	受注活動の促進１	同業他社の営業担当のスキルや価格等を把握し、スキルUPの行動ができる	Ⅳ	+2
	受注管理	得意先の与信や債権を踏まえた受注・売上ができる	Ⅲ	±0
	得意先ごとの業務内容理解	得意先の特徴と商材を把握し，適切な情報提供と拡販ができる	Ⅲ	±0

（注）この例は「上級担当者Ⅲ」の従業員なので、Ⅲ等級の評価基準は±0、Ⅳ等級の評価基準は＋2点の調整を行う。

スキル評価の場合も、目標（評価項目）は本人が決めるのですか？

スキル評価は、目標を設定するというよりも、能力開発的な観点から半年あるいは１年ごとに、上司が部下と話し合って対象とするスキル評価の項目を選択・確認し、どのように仕事のスキルを開発するかについて上司がコーチングを行うというやり方になります。

したがって、能力・意欲の高い部下には自分で評価項目を決めさせる場合もありますが、一般的には上司が部下の人材活用と育成計画を検討し、あらかじめ評価項目を選定しておいてから、部下に提示・確認するというやり方が主流になります。

スキル評価の評価項目は、どのように選定すればよいのですか？

まず現行等級の主要な評価項目を順次取り上げ、その等級のマルチタレントとして成長を見極めてから、本人の能力・意欲を見て上位等級の評価項目にチャレ

ンジさせるという順番になります。上位等級での成長力が見通せれば昇格を検討します。下位等級の評価項目を取り上げるのは、配置転換で新たに仕事を覚えなければいけないケースとか、仕事のやり方が変わって新しい知識・技能を習得しなければならないケースなどになります。この場合、本人の能力が低いために下位等級の仕事を与えるのでない限り、下位等級の評価基準を適用しても減点調整はしないほうがよいでしょう。

能力・意欲に合った目標のレベル設定が基本

目標は、原則として本人の役割等級にふさわしい「標準的なレベルの目標」(難易度b)を記述します。標準的とは、その等級としてほぼ期待通り・過不足ない達成状況(B評価)につながる目標という意味です。

ただし、「部下X、Y、ZはともにⅢ等級なので、一律これだけを目標とする」というような機械的なノルマを与えるようなやり方は避けるべきです。

というのも、目標は、**真剣に取り組んでできるかどうかが五分五分という、ギリギリにストレッチした目標を設定すると最も達成意欲が高まる**といわれており、一人ひとりの能力・意欲に差があることが多いからです。

一般的に能力・意欲の高い従業員は等級に比べてハイレベルな難易度の高い目標にチャレンジする傾向があります。逆に能力・意欲の低い従業員は等級に比べて低レベルの難易度の低い目標になってもやむを得ません。

キャリアの成長支援の観点からいうと、**目標を1つひとつ達成する具体的な成功体験をステップ・バイ・ステップで積ませることが大事**ですから、能力・意欲の低い従業員に、その実力よりもハイレベルの目標を強いることは道理にかないません。無理にハイレベルな目標を設定させても、達成できずに終わってしまっては、本人の成長につながらず、挫折感や無力感をもたらすだけです。

目標レベル(難易度)の事前判定

このような目標レベル(難易度)の違いを無視して目標の達成度や習熟度だけを評価すると、結果的にハイレベルな目標を設定した従業員が不利になったり、逆に低レベルの目標を設定した従業員が有利になったりする矛盾が生じます。

例えば「Aさんはベテランだから高い目標に取り組んで当然だ」「B君はまだ若いのだから目標は低くても仕方がない」と考えて、同じ等級の2人に異なる目標を設定したとします。

各人の実力に合った、ストレッチ効果が発揮される目標レベルに挑戦させるのが正しいやり方ですから、この目標設定の考え方自体は間違いではありません。ただし達成度だけで評価してしまうと、高い目標に取り組むＡさんも、低い目標のＢ君も、達成度100％なら同スコアという不公平な結果になってしまいます。

そこで、**図表８－16①**のような**難易度**の調整点をsabcdの５段階で事前に評定し、これに達成度の評価点をプラスして実際の評価点が出るように工夫します（評価基準は**図表８－21（1）（327ページ）**参照）。

これにより、目標の難易度の違いによる評価の不公平を防ぐとともに、従業員が評価を気にして、達成しやすいレベルの低い目標を設定する傾向に歯止めをかける効果があります。

難易度の判定は、上司が目標設定面談の中で、あるいは面談の後で行います。このとき、他の評価者ともレベル感のすり合わせを行い、アンバランスな判定にならないよう注意する必要があります。

Q 難易度の判定は期末の達成度評価と同時に行ってもよいと思いますが、事前に評価するのはなぜですか？

A 実際に仕事に取り組んだ後で、目標の難易度を振り返って評価する方法も考えられますが、それだと難易度と達成度の判定が混在して、評価があいまいになりやすいという指摘がありました。また評価が後出しジャンケンになるという批判もあり、最近では事前に評価する方式を推奨しています。

Q スキル評価は難易度をなぜ使わないのですか？

A スキル評価では「達成度」を評価するのではなくスキル評価基準に照らして、一人ひとりの「習熟度」の違いを評価すれば足りるからです。一人ひとりの能力・意欲に合わせたストレッチ目標や評価基準のレベル差を考える必要がありません。ただし後述するように、上位等級の評価基準を用いる場合は評価時に＋２点、下位等級の評価基準を用いる場合は評価時に－２点の「調整点」を使います。

Q スキル評価ではなぜウェイトを使わないのですか？

A 一般的には不要です。仕事に必要なスキルを網羅的に評価する手法ではウェイトを使う場合もありますが、図表８－16②の例は、育成のための強化スキルを各人に5項目程度ピックアップして順次適用する手法のため、ウェイトはなじみません。特にマルチタスク・マルチタレントを目指し幅広いスキルアップを目指すなら、各評価項目を対等に扱うほうが分かりやすいと思います。いったんウェイトを認めると、いろいろな評価項目を順次適用する際に、例えば習熟度の低い評価項目のウェイトを小さくし、習熟度の高い評価項目のウェイトを大きくするというような点数の調整に使われてしまう可能性があります。

組織的な目標設定の作法の学習と管理者のリーダーシップが求められる

以上の説明でお分かりのように、組織の上層部から順に正しい目標を決め、下のメンバーの目標設定を行うには、段階を追った手順が必要になります。

目標による管理をスムーズに運営するには、特に経営上層部とマネジャー・クラスが部門目標、部署目標を設定し、さらに部署ごとに課題を共有して個人目標に落とし込む「一連の作法」を組織的に習得する必要があります。

特に部下を持つ管理者は、会社の全社目標や部門目標を十分咀嚼し、自分達の部署はどのような目標や課題に取り組まねばならないのか、部下にはどのような目標に取り組んでもらう必要があるかを一人ひとりとよく話し合わねばなりません。そのためには、部下とオープンに仕事の問題点や解決方法を話し合う**効果的な対話のスキル**を身につける必要があります。

対話の基本は、上司の側からオープンマインドで組織の問題点や状況認識、さらにいえば自己の抱える問題点や組織の障害をも素直に**自己開示**することが出発点となります。

そして、一人ひとりの多様なモノの見方や考え方を受け入れ、一人の人格として、仕事のパートナーとして**相手を尊重**する姿勢を示すことが大事です。このような**心理的安全性**を保障したうえで、彼らの意見に真摯に耳を傾ける**積極的傾聴**を通して、共通の目標や課題認識に基づく真のコミュニケーションが可能となり、みんなで目標を達成しようという組織への参加意欲と貢献意欲、**チームビルディング**の意欲が高まるのです。

これからの管理職は、このような目標設定をきっかけとして、部下の能力・意欲を積極的に引き出し、仕事で活躍させるよう**影響力（リーダーシップ）**を発揮できるマネジメントスキルを高めていかねばなりません。

目標設定にあたっての留意点

このほか、目標設定には、いくつか注意しなければならない点があります。

仕事すべてを目標だけで縛ろうとしない

まず目標が設定できるのは、「達成すべき成果」や「取り組むべき仕事の課題」、「自身のスキルアップ」として意識化できた部分に限られる、という限界を知っておく必要があります。

目標を立てなかったからといって、ほかの仕事をおろそかにしてよいということでは決してなく、ほかの仕事もきちんとやることが当然の前提です。行動評価（後述）は、そのための歯止めとしても重要です。

また、どのような組織にも、長年培ってきた知恵や仕事の流儀、顧客との関係など、うまく言葉に表せない「暗黙知」で動いている部分が必ずあります。このような暗黙知の部分にロジカルなメスを入れて、客観的な目標を設定するのは非常に難しいことです。かといって暗黙知を軽視し、無視すれば、必ず手痛いしっぺ返しを食らいます。その意味でも、経営者や管理者は「目標がすべて」と考えるべきではなく、目標として言語化できない領域にも真摯に目を向け、その部分の業績もきちんと洞察する必要があります。

目標を完璧にツメる必要はない

次に、目標を立てれば、当然そこに組織や人の貴重なエネルギーが注入されていきます。経営者や管理者としては、それぞれの目標を立てる際、その実現可能性や予測できるリスク、費用対効果などを詳しく事前に検証したいという誘惑に駆られるかもしれません。

しかし、すべての作戦をみっちり立てたうえで、いわゆる「考えてから走り出す」完全なスタイルで目標管理を動かそうとすると、現場は必ず息切れします。というより事前検証が多すぎて運用しきれません。上層部にいけばいくほど、そうなります。

どうすればいいかというと、ある程度大まかな内容でも見切り発車して、後は目標に取り組む当事者を信頼し、そのセルフコントロールに仕事の細部を委ねることです。いわば当事者と一緒に「歩きながら考える」というマネジメントスタイルを許容し、現場と情報を共有しながら現場の知恵で問題解決を図るようにするしかありません。

ただし「走った後から考える」のでは組織としていかにも危険なので、特に未経験の分野や大きな投資を伴う仕事、リスクのある仕事に取り組むときは、いきなり全速力で現場を走らせるようなマネジメントは極力回避すべきでしょう。

上位者の目標設定の思考プロセスを部下に経験させる

業績指標が明確な課題はともかく、その都度個別に上がってくる課題から目標を設定し、一人ひとりと合意するというプロセスでは、高度な経営判断が必要になるジレンマがつきまといます。例えば、ある部下が熱心に取り組もうとしている目標よりも、上位者からすればもっと先に取り組んでもらいたい重要なことがあるかもしれません。そのとき、一方的に上位者がダメ出ししたり、目標を指図したりしては、本人たちのやる気を削ぐ可能性もあります。経営判断ができるほど事業に深くコミットしていないのだとすれば、一概に彼らだけを責めるわけにはいきません。

このジレンマは、上位者の立場で仕事の意味を考えさせる機会を意識的に提供し、仕事の目的や意味を共有することで解決しなければなりません。すでに触れた課題分析によるアクションラーニング（299ページ参照）の中で、上司が行う目標設定のプランニングに部下を参加させて、上司と一緒になって自分たちの目標を自分たちで考えるという思考プロセスを経験させるのは、そういう意味でも大切です。

<u>**状況の変化に応じて目標を柔軟に修正する必要も**</u>

長期の研究開発や事業開発プロジェクト、受注型の業態の場合には、１年・半年単位で目標を決めること自体、難しさがついて回ります。一度決めた目標も環境が変化すれば修正しなければならなくなります。

また、いくら目標が正しくても、方法やプロセスに問題があれば期待通りの成果は実現できません。上司、部下ともによりよい方法・プロセスがないか、常に話し合い、学習する態度が必要です。そして新しい方法・プロセスが見つかったときには、目標を変えたほうがよいケースも少なくありません。

このように考えてくると、「一度立てた目標は必達すべき」という硬直的な目標管理は、目標のノルマ化や関係者の思考停止を招くリスクが高いといわねばなりません。むしろよりよい業績を達成するためには、状況の変化に応じて、期の途中であっても目標を修正できる柔軟性が望ましいように思います。

会社の目標・方針を組織・個人に徹底し、成果の実現に向けて組織的に仕事をするうえで、目標による管理とセルフコントロールは絶大な効果を発揮します。

適切な目標は従業員の達成志向や向上心を刺激します。目標による管理と仕事の与え方、そして評価と報酬とを分かりやすく連動させることで、従業員への動機づけが一層強化できます。

後述する「振り返り面談」による仕事の承認や上司との対話・学習を通した信頼関係に基づく評価のしくみ、会社業績に連動した賞与決定のしくみや、仕事の評価に連動した分かりやすい個別賞与配分と賃金決定のしくみ、昇格のしくみなどを整えることによって、従業員の仕事への参加欲求や、社会的に認知・評価されたいという欲求、自己実現の欲求にしっかりと応えることができるようになります。

8 従業員の組織行動レベルを高める行動基準の設定方法

行動評価とは

行動評価は、会社が期待する行動、望ましい行動をとらせる目的で、従業員の行動レベルを等級別に評価するものです。前項で説明した目標管理に基づく業績評価は、あくまで組織がその都度定めた具体的な目標に対する個人の業績や、部署に固有の業務活動（誰でもやっている仕事）に発揮する個人の専門知識·技能の高さを評価します。

これに対し行動評価は、期待役割や組織の価値観・規範、ハイパフォーマーの行動特性など、より幅広い評価視点に基づいて、会社が期待する固有の「行動基準」をあらかじめ等級別あるいは職種別に設定します（図表８－17）。

評価は、その行動基準と比較対照しながら従業員一人ひとりの行動を観察し、行動レベルを評価します。現状では、１人の上司が複数の部下を評価する企業が大半ですが、一部の企業では、同僚や顧客、部下の評価を集計する多面評価（360度評価）を試みるところも出てきました。

いったん習得した仕事の知識・技能（スキル）はその人固有の道具、武器となるので、要求される知識・技能の内容が変わらない限り、簡単には低下しません。しかし行動については、人間関係や本人の能力・意欲、モノの見方の変化に応じて、前のような行動をとらなくなることもあるので、前進もあれば後退もあります。

行動評価には、大きく分けると役割行動評価、価値行動評価、職務行動評価という３つの流れがあります。

行動評価の流れ

（1）役割行動評価（グレード評価）……会社が期待する役割の定義（図表２－７（62ページ）参照）に基づき、各役割等級に求められる基本的な組織上の役割や仕事の姿勢等を分かりやすく記述したものです。中堅・中小企業の場合は部門・職種に共通の内容で作ることがほとんどですが、大企業になると、部門あるいは職種ごとに作成する場合も見受けられます。

（2）価値行動評価（バリュー評価）……顧客満足や品質、スピード、法令順守など、会社が重視する組織の価値観や行動規範（バリュー）を従業員に浸透させようとするものです。従業員１人ひとりが会社の価値観を共有し、進んで実践するように促すうえで大きな効果を発揮します。

(3) 職務行動評価（コンピテンシー評価）……これは1990年代にアメリカから入ってきたノウハウで、組織が期待する業績をトップレベルで実現し続ける「高業績者（ハイパフォーマー）の思考・行動特性」を基準において、人材の実力（発揮能力）レベルを評価しようとするものです。本来は職種別に作成すべきものですが、必ずしも簡単な作業ではなく、全職種共通の望ましい思考・行動特性を記述する会社も少なくありません。

それぞれに意味があるわけですが、これらをすべて網羅する必要はなく、会社の状況と評価ニーズに応じて役割行動・価値行動・職務行動のいずれかをメインに置き、他の行動基準を若干補うというやり方をするケースが大半です。

例えば、これまで年功序列的な待遇基準に終始し、役割等級という概念がほとんどなかった会社では、まず **(1) 役割行動評価（グレード評価）** をメインに職務行動を一部プラスするようにします。

また成果主義的な業績評価中心の報酬管理を進めてきた会社では、長期的視点の人材育成を重視して **(2) 価値行動評価（バリュー評価）** を意識的に取り入れる場合もあります。**図表8−17**の事例はこの一例です。

あるいは、企画力や折衝力、積極性や協調性といった従来型の一般的な人事考課で長年お茶を濁してきた会社では、より切れ味のよいメリハリのきいた行動を促すために、管理職は **(1) 役割行動評価（グレード評価）** を、専門職や非管理職は **(3) 職務行動評価（コンピテンシー評価）** を導入する場合もあります。

行動基準は、本来は、会社が重視する価値観・規範や、ハイパフォーマーの行動特性を組織的に考察しながら行動基準をつくっていくべきですが、このようにゼロ・ベースから行動基準をつくるのは、相当な難事業になります。

一般的には、入手可能な**汎用的な行動基準のリスト**を自社用に修正（カスタマイズ）・編集して等級別の評価基準を作成する方法をとります。

図表8−18は、汎用的な行動基準のリストを参照し、会社として強化しようとする行動項目を階層別に整理したうえで、役割等級別の行動基準を設定した例です。

例えば、生活提案型リフォーム会社（279ページ）で、汎用的なリストの中から社員の行動基準として、

- **顧客志向**……顧客のニーズを予測し、ウォンツを満足させるサービスを提供する
- **情報探求**……状況を額面通り受け取らず、さらに多くの正確な情報を得ようとする
- **コミュニケーション**……オープンに他人に耳を傾け、説得力のあるメッセージを送る
- **変革志向**……革新・改善を進め、実現可能な最善の成果に向けてマネジメントする

図表8－17　キャリアアップシートの行動評価と行動基準のイメージ（例）

××年度	管理部門	役割等級	氏名	上司氏名
上期	サポート職群	上級担当者Ⅲ	ＳＩ	ＩＫ

	目標設定と行動基準	結果の申告と振り返り	評価とフィードバック
業績評価（各人別）	①目標設定	③目標の振り返り	⑤業績評価
行動評価（等級別）	②行動基準	④行動の振り返り	⑥行動評価

②行動基準（Ⅲ等級）の具体例

	評価項目	期待水準
行動基準	顧客志向	顧客から見た自社・他社の商品・サービスの効用・価値を熟知し、お客様の期待・要求に的確に対応する
	チームワーク	組織目標に貢献するため、自らの強みを活かして仕事のリーダーシップを発揮する
	改善・革新	担当および周辺の業務に対して問題と改善策を探り出し、上司に提案する
	社会的責任	……
	育成	……

などの行動項目を選択したとします。

① 部門責任者が中心になって、会社の戦略方針と等級別の役割定義（図表2－7（62ページ））を考えたとき、どの等級の従業員にはどのような行動を強化していかなければならないかを図表8－18の上のように大局的視点から整理します。

② それぞれの行動項目の内容に即して、図表8－18の下のように役割等級にふさわしい行動に置き換え、特に重視したい行動基準を簡潔に記述します。

③ 必要に応じて、等級別の行動基準を各等級の「一人前」の行動レベルととらえたときに、5段階評価SABCDのどのレベルに到達しているかを判定できるような、特徴的な行動事

図表8－18 行動評価項目の検討例

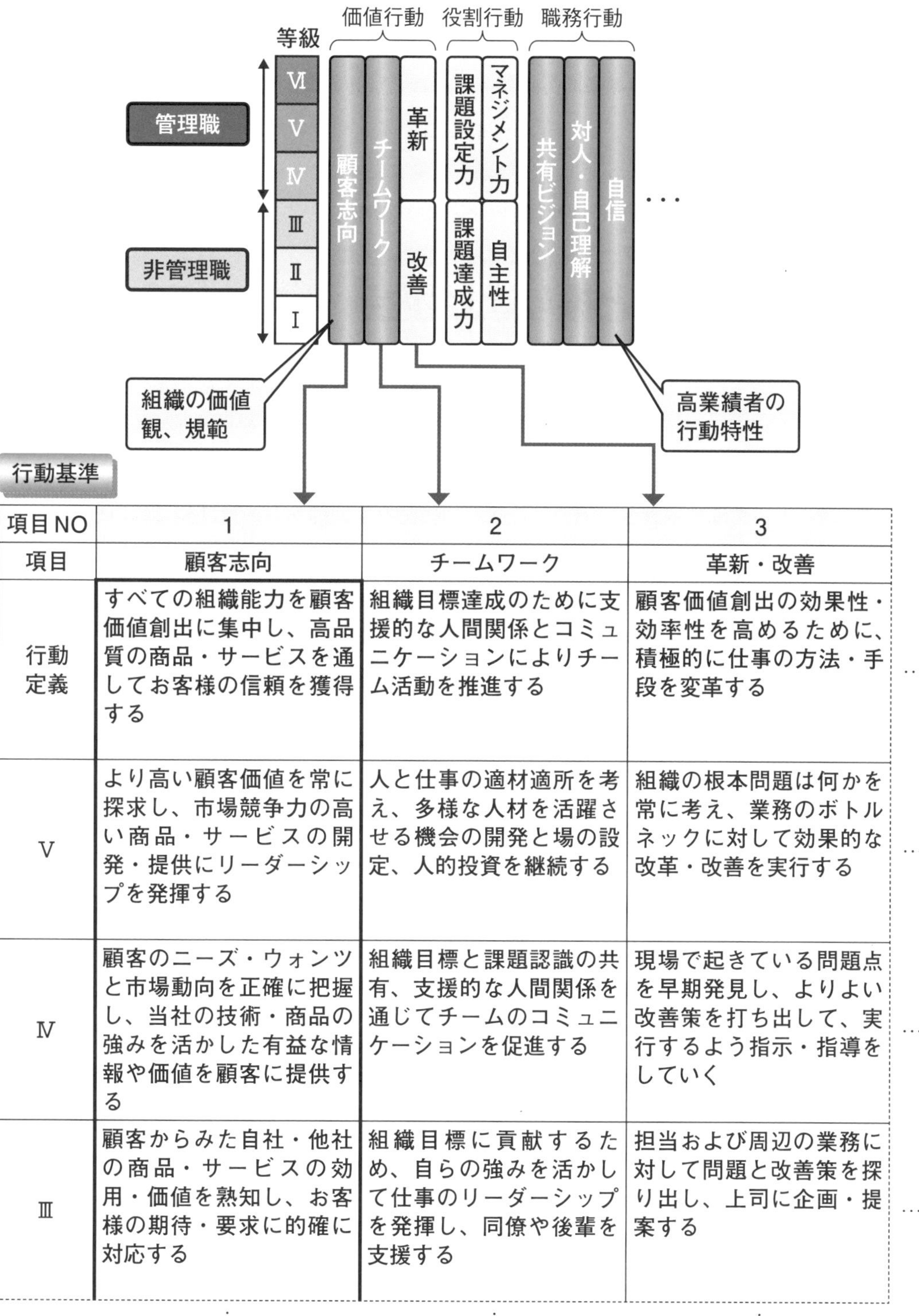

項目NO	1	2	3	
項目	顧客志向	チームワーク	革新・改善	
行動定義	すべての組織能力を顧客価値創出に集中し、高品質の商品・サービスを通してお客様の信頼を獲得する	組織目標達成のために支援的な人間関係とコミュニケーションによりチーム活動を推進する	顧客価値創出の効果性・効率性を高めるために、積極的に仕事の方法・手段を変革する	…
Ⅴ	より高い顧客価値を常に探求し、市場競争力の高い商品・サービスの開発・提供にリーダーシップを発揮する	人と仕事の適材適所を考え、多様な人材を活躍させる機会の開発と場の設定、人的投資を継続する	組織の根本問題は何かを常に考え、業務のボトルネックに対して効果的な改革・改善を実行する	…
Ⅳ	顧客のニーズ・ウォンツと市場動向を正確に把握し、当社の技術・商品の強みを活かした有益な情報や価値を顧客に提供する	組織目標と課題認識の共有、支援的な人間関係を通じてチームのコミュニケーションを促進する	現場で起きている問題点を早期発見し、よりよい改善策を打ち出して、実行するよう指示・指導をしていく	…
Ⅲ	顧客からみた自社・他社の商品・サービスの効用・価値を熟知し、お客様の期待・要求に的確に対応する	組織目標に貢献するため、自らの強みを活かして仕事のリーダーシップを発揮し、同僚や後輩を支援する	担当および周辺の業務に対して問題と改善策を探り出し、上司に企画・提案する	…
	⋮	⋮	⋮	

例を作成します（329ページのQ&Aを参照）。

すでに触れたように、行動基準は営業職用、プランナー用……というように職種別に用意することも可能です。ただし、それだけ制度設計・メンテナンスの手間が大きくかかるようになるので、最初は部門・職種横断の等級別行動基準からスタートするようにしたほうがよいでしょう。

9 進捗確認と振り返り面談

目標設定後の進捗確認

期中には、上司主導で本人と目標の進捗状況の確認を定期的あるいは随時に行います。

そのねらいは、上司として目標の進捗状況を把握し、目標達成の妨げになりそうな要因を部下と共有して、目標の達成を支援することです。

具体的な進捗確認の方法には日常的な1on1ミーティングを活用します。

このとき、10分から20分程度の短時間ミーティングを1回ワンテーマで、メンバーに偏りなく、なるべくマメに行うのがポイントです。

質問話法を活用して目標の進捗状況や、未達になりそうな部分の課題と解決方法、上司の支援の必要性などを部下に考えさせ、本人が話したいことを聴くように進めていきます（積極的傾聴）。上から目線で目標の進捗を詰問するようなやり方は禁物です。

また相手の発言に即座に意見したり、批評したりすることも避け、被評価者の目標達成に向けた自主的な工夫や努力は特に注意して聴き出すようにします。もちろん、相手との信頼関係が確認できれば、必要に応じて適宜OJTやコーチングを行い、必要な支援やアドバイスを行うことは構いません。

すでに触れたように、一度決めた目標は絶対変えないというものではありません。経営環境や顧客の動向などの外部要因だけでなく、人員配置や本人の能力・意欲などの内部要因も絶えず変化します。技術的な行き詰まり、障害や事故の発生、人事異動による仕事の引き継ぎなど、予想外の事態が起きるのが常ですから、実際の進捗状況に応じて柔軟に目標の内容や仕事の進め方を調整していく必要があります。具体的な問題に直接対処するのは原則として本人の責任ですが、間違いを避けるよう指導・調整しフォローする責任は上司にあります。

このような日常的な1on1ミーティングによる多頻度の進捗確認は、上司・部下という垣根を超えて、目標に取り組む部下一人ひとりと課題を共有し、日常的に知恵を出し合い、部下の能力・意欲を引き出していくうえで絶大な効果があります。

自分の上司は自分の仕事にいつも関心を持ってくれる、上司として一緒に問題を考えてくれるという信頼関係は、そのまま上司の評価に対する信頼につながることはいうまでもありません。

Q 自分は管理職といっても、現場を抱えたプレイイングマネジャーです。日常的な業務活動に忙しく、部下一人ひとりと面談するのはなかなか難しいのですが。

A 面談そのものを目的とするのではなく、「相手の様子を尋ねるまじめな雑談」程度に考えて、気負わずにちょっとしたタイミングで気軽に話しかけるのがポイントです。はじめは5分程度でも構いません。相手の状況に単純に興味・関心を持ち、部下の様子を知ろうというあなたの動機さえあれば、「今ちょっといいですか?」というように話しかける機会はいくらでも見つけられるはずです。

Q 図表8－16のスキル評価の場合は具体的な目標を設定しないようですが、どのように進捗確認をすればよいのですか?

A 業績評価のような目標を書くフォーマルな欄はありませんが、本人が自分で目標を設定することは一向に構いません。目標がない場合は仕事の具体的な取組み状況を、特に重要と思われるスキル評価項目からワンテーマずつ確認し、問題点や障害、解決課題等を話し合うようにします。要はその人の仕事の経験値や習熟度を高め、その役割等級の中で成長を加速させるようにコーチング(303ページ参照)して、さらに上位等級を目指せるように支援できればよいのです。

半期ごとの結果の申告と振り返り面談

半期末になったら、図表8－19の結果の申告と振り返り欄を使って、本人が期初に確認した目標の達成状況(スキル評価の場合は評価基準に対する遂行状況)や行動基準の遂行状況、反省点や課題などを記述してから、上司と「振り返り面談」を行います。

この例では、「できたことは何ですか?(本人記述)」という記述欄を目標と行動基準の欄に大枠で用意していますが、目標・行動基準の項目ごとに記入欄を設ける方法もあります。

③目標の振り返りには自己評価の欄があり、振り返り面談の後の自分でどれだけ達成できたと思うかをSABCDの5段階(図表8－21(2)(327ページ)参照)で本人が評価します。なお④行動の振り返りにはこのような自己評価はありません。

上司は、本人の記述内容を事前に確認し、必要な事項は事前に事実関係を調べたり、周囲に

図表8－19　結果の申告と振り返り欄のイメージ（例）

××年度	管理部門	役割等級	氏名	上司氏名
上期	サポート職群	上級担当者Ⅲ	ＳＩ	ＩＫ

	目標設定と行動基準	結果の申告と振り返り	評価とフィードバック
業績評価（各人別）	①目標設定	③目標の振り返り	⑤業績評価
行動評価（等級別）	②行動基準	④行動の振り返り	⑥行動評価

③④振り返り欄の具体例

	できたことは何ですか？（本人記述）	自己評価	振り返り面談での気づき（本人記述）
③目標の振り返り	・新規３件、追加１件と受注不調のため粗利益は2800万円とショートした ・開発業務はボトルネック改善案を策定し…… ・見積提案書のパターン化に力を入れ……	B C B B A	・開発工程のシステム化は手つかずだが、来期はぜひとも完成したい…… ・見積提案書はパターンごとにファイル名を整理して…… ・来期こそはPM資格を取得したい……
④行動の振り返り	・時間や人員を有効に活用し残業を抑えることができた…… ・繁忙状況が重なり、契約書のミス処理を後回しにしたため……		・プロジェクトマネジメントのフローを改善したい……

（注）実際は目標・行動基準ごとに振り返り欄を設けることが多い。
目標の自己評価は図表8－21（2）の達成度の基準を参照。

ヒアリングしたりしてから振り返り面談に臨みます。

面談のねらいは、振り返りと探求による上司・部下の相互学習であり、本人の気づきによる部下の成長支援です。うまくいったこと、いかなかったことを本人と一緒に振り返り、自信を持たせつつ、部下の成長のための課題を明確にして、来期に向けて次の一歩を踏み出せるように動機づけます。

面談にあたっては、まず本人が評価期間中に真面目に取り組んだ仕事や特によかった点について感謝を表明し、部下が振り返りを受け入れやすい状態をつくります。

次に目標や行動基準1つひとつについて本人の記入内容を確認し、評価期間中の状況を部下と一緒に振り返ります。新たにできるようになったことについて、本人の強みを確認します（承認）。物足りないことや改善してほしいことについては、事実関係を確認した後、「何が解決のカギだと思いますか？」「どうすれば改善できると思いますか？」という質問話法でその背景・原因を探る問いかけを行います（振り返りと探求）。

このとき、できるだけ本人が自分で考え、問題の核心はどこにあるか、何が真の課題かを考えさせるよう仕向け、答えが稚拙だと感じても、すぐにアドバイスしたり説教したりせず、小さなヒントを与える程度にとどめて積極的傾聴に努めることが大事です。

もちろん、この場合も上司と部下とで課題を共有し、信頼関係ができていれば、本人のレディネス（成熟度）に応じて適宜コーチングやアドバイスをしても構いません（図表８－14（303ページ））。

面談が終わったら、「今日この話し合いで気づいたこと、分かったこと、来期への課題などを、忘れないうちに「振り返り面談での気づき（本人記述）」欄にまとめ、自己評価も記入して○日までに提出してください」というようにクロージングします。

このような振り返り面談のていねいな話し込みができれば、上司としても現場の課題をしっかり把握でき、本人の仕事の状況や取組み姿勢、意欲・能力等を公正に受け止めることができ、客観的な評価を行う確かな材料が得られることでしょう。

一般的には振り返り面談と同時期に来期の目標設定面談（307ページ）を行います。

振り返り面談をしっかりやっておけば、来期の目標設定についても本人の能力・意欲を把握したうえで課題認識を共有できるので、個々の目標に対して適確なアドバイスができるようになります。

行動評価では、なぜ自己評価がないのですか？

業績評価は具体的な目標を設定しているので、自分でもある程度客観的な達成度の評価ができ、具体的な振り返りを通して上司と部下が達成度の認識をすり合わせることも可能です。一方、行動の自己評価は客観的な目標がないため、自分に厳しく謙虚な人は低評価で、他人に厳しく自分に甘い人ほど高評価になる傾向があります。このような偏った自己評価に上司が引きずられたり、本人の評価と上司の評価とのギャップばかりが目立って意見が対立したりする原因になるので、基本的にはお勧めしていません。

10 業績評価（またはスキル評価）と行動評価の進め方

業績評価の加重点の計算方法

業績評価の点数（加重点）は、図表８－20の例では次のように計算しています。

●業績評価の加重点＝Σ（難易度X点＋達成度Y点）×ウェイトZ%

業績評価は、目標ごとに難易度の調整点Xと達成度の評価点Yをプラスし、これにウェイトZを掛けた加重点を全項目で合計して点数が出てきます。

難易度はすでに触れたような目標レベルの高さの違いを評価するもので、次のようなsabcdの５段階で調整点＋２～±０～－２を判定します（図表８－21（327ページ））。

▶難易度の基準

s　＋２　上位等級並みのハイレベルな目標
a　＋１　標準を上回るハイレベルな目標
b　±０　役割等級の標準的なレベルの目標
c　－１　初任者でも任せられる容易なレベルの目標
d　－２　下位等級並みの簡易な目標

達成度は、目標の達成状況を評価するもので、次のようなSABCDの５段階で評価点５～３～１点を判定します（スキル評価の習熟度については後述）。

▶達成度の基準

S　５点　抜群
A　４点　期待以上
B　３点　標準・期待通り
C　２点　許容できるぎりぎり
D　１点　明らかに不十分

ウェイトは、複数の目標（この例では５つ）の中で、どれが業績にインパクトを与え、どの評価が重要かという比重をクローズアップするために使います。

この例では、目標の１番目（部門粗利益）の難易度はbなので調整点は０です。評価点はC評価で２点、ウェイトは30%ですから、（調整点０＋評価点２）×0.3＝0.6点となります。

図表8－20① 評価欄の作成イメージ（例）

××年度	管理部門	役割等級	氏名	上司氏名
上期	サポート職群	上級担当者Ⅲ	ＳＩ	ＩＫ

	目標設定と行動基準	結果の申告と振り返り	評価とフィードバック
業績評価（各人別）	①目標設定	③目標の振り返り	⑤業績評価
行動評価（等級別）	②行動基準	④行動の振り返り	⑥行動評価

①②目標設定・行動基準欄 ／ ⑤⑥評価欄の具体例

	取組み項目	難易度X		ウェイトZ%	…	評定	達成度Y	加重点(X+Y)×Z	フィードバック（上司記述）
⑤業績評価	部門粗利益	b	±0	30		C	2	0.6	…
	受注件数	a	+1	30		C	2	0.9	
	開発業務	b	±0	20		B	3	0.6	
	提案営業	c	-1	10	…	A	4	0.3	
	リーダーシップ	a	+1	10		B	3	0.4	
				100	40%	業績・合計		2.8	
⑥行動評価	顧客志向	（略）				B	3	3	…
	チームワーク	〃				S	5	5	
	改善・革新	〃			…	A	4	4	
	社会的責任	〃				C	2	2	
	育成	〃				B	3	3	
					60%	行動・平均		3.4	
					業績×40%＋行動×60%	総合評価		3.16	B

図表８－20②　評価欄の作成イメージ（例）（続き）

①②スキル評価基準・行動基準欄　／　⑤⑥評価欄の具体例

	評価項目	評価基準	等級	調整X		評定	習熟度Y	評価点(X+Y)	フィードバック(上司記述)
⑤スキル評価	得意先の問題解決	（略）	Ⅲ	±0	…	B	3	3	…
	新規商材のＰＲと売込	〃	Ⅲ	±0		A	4	4	
	受注活動の促進1	〃	Ⅳ	+2		C	2	4	
	受注管理	〃	Ⅲ	±0		A	4	4	
	得意先ごとの業務内容理解	〃	Ⅲ	±0		B	3	3	
					40%	スキル・平均		3.6	
⑥行動評価	顧客志向	（略）			…	B	3	3	…
	チームワーク	〃				S	5	5	
	改善・革新	〃				A	4	4	
	社会的責任	〃				C	2	2	
	育成	〃				B	3	3	
					60%	行動・平均		3.4	
					スキル×40%＋行動×60%	総合評価		3.48	B

目標の２番目（受注件数）の難易度はａなので調整点は＋１です。評価点はＣ評価で２点、ウェイトは30%ですから、（調整点１＋評価点２）×0.3＝0.9点となります。

これらを全部合計し、目標５つの加重点は2.8点となります。

参考までに、図表８－21（3）に難易度と達成度を組み合わせた点数を示しました。

このように難易度と達成度を組み合わせた点数にウェイトを掛け算して点数を出すので、簡単にいえば難易度の高い目標にチャレンジし、実際にそれをハイレベルで達成し、その目標のウェイトが大きければ大きいほど業績評価の点数は高くなります。

逆に、難易度の低い目標しか立てられず、その達成度も低く、その目標のウェイトが小さいほど業績評価の点数は低くなります。

図表8－21　業績評価の基準（例）

(1) 難易度の調整点

s	a	b	c	d
上位等級並みのハイレベルな目標	標準を上回るハイレベルな目標	役割等級の標準的なレベルの目標	初任者でも任せられる容易なレベルの目標	下位等級並みの簡易な目標
+2	+1	±0	-1	-2

(2) 業績評価の達成度、スキル評価の習熟度の評価点

	S	A	B	C	D
業績評価（達成度）	抜群	期待以上	標準・期待通り	許容できるぎりぎり	明らかに不十分
スキル評価（習熟度）	熟練段階（体系的に指導できる）	一人前（完全に任せられる、人に教えられる）	ほぼ問題なくできる（一応任せられる）	教えれば一人でできる（育成中）	具体的に指示すればできる（初任）
評価点	5	4	3	2	1

(3) 難易度と達成度の組み合わせ結果

区分			達成度評価				
			S	A	B	C	D
			5	4	3	2	1
難易度（職務レベル）	s	+2	7	6	5	4	3
	a	+1	6	5	4	3	2
	b	±0	5	4	3	2	1
	c	-1	4	3	2	1	0
	d	-2	3	2	1	0	-1

(4) 行動評価の遂行度の評価点

	S	A	B	C	D
行動評価（遂行度）	抜群	期待以上	標準・期待通り	許容できるぎりぎり	明らかに不十分
評価点	5	4	3	2	1

Q 難易度を判定するとき、（A）目標の内容そのもので難しいか否かをみる、（B）等級を基準に上位等級に近いとプラスし下位等級に近いとマイナスする、このどちらがよいでしょうか？

A 基本的に（A）（B）は同じです。なぜなら、仕事の内容が達成困難なものはそれだけ上位等級の目標に近づき、仕事の内容が容易に達成できるようなものはそれだけ下位等級の目標に近づくといえるからです。ただし、（A）仕事の内容だけで達成困難かどうかというとらえ方をすると、時には「本人にとって難しいか否か」で難易度をとらえてしまう可能性もあるので、一般的には後者の説明方法を使うことをお勧めしています。

Q 難易度とウェイトは別々に決める必要がありますか？　難易度の高い目標はウェイトが大きく、難易度の低い目標はウェイトが小さくなると考えれば、難易度かウェイトのどちらかだけにしてもよいのではないですか？

A 簡便法にはそういうやり方もありますが、難易度が高いからといって、自動的に評価ウェイトが大きくなるというものでもありません。難易度が高くてもそれほど業績に占める比重が大きくないケースや、逆に難易度は低くても相対的に業績に占める比重が大きいケースもあり得るので、一般的には区別したほうが分かりやすいと思います。

Q この例の「期待通り」というような一般的な達成度の基準だけでは、評価が主観的になると思います。達成度ならパーセントで評価するとか、もう少しきめ細かな基準が必要ではないでしょうか？

A もちろんパーセントで「達成率」を評価する方法もありますが、それで問題が解決するわけではありません。例えば小売業の売上目標一つとっても、店舗の立地や競合の有無、マンパワーの違いなどを考えて目標を個々に設定すると思いますが、目標額に対する機械的な達成率の評価では、かえって評価が的はずれになることも少なくありません。どんな目標でも、何が100％で何が50％か、どんな時ゼロ％なのかは、いろいろな要因を解釈する必要があり、最後は上司・評価者の価値判断が重要です。外形的な達成率にとらわれすぎると、目標の設定が硬直的になったり、評価そのものが目的化して納得感が低くなったり、「ノーレイティング」のところで触れたような弊害に陥りやすいので注意してください（270ページ参照）。

当社では、まさにそこが問題になっています。機械的な達成率の%では使いにくいので、経営者から改善が求められているのですが、妙案が浮かびません。

1つの解決策として、目標設定のときに次のような最高・標準・最低の3種類の達成水準をワンセットで記述しておき、業績評価の基準として活用する方法があります（達成基準評価法）。例えばオリンパスではこのような手法を最近導入しました。

- その役割として考え得る最高の達成水準　　……S評価に相当
- その役割に期待できる標準的な達成水準　　……B評価に相当
- その役割を任せるに値しない最低の達成水準……D評価に相当

ただし、目標設定時の作業負荷がそれだけ大きくなるので、現場の意見もよく聞いて検討してください。

スキル評価の習熟度や行動評価の基準も、もう少し具体性を持たせられないでしょうか？

一般的にはこのような「共通の評価尺度」を基準に評価する手法（尺度法という）が圧倒的に多いのが実情です。理由は導入が一番簡単だからです。

これに対して、評価項目ごとに「例えばこのような状態のときは○点」というような段階的な行動事例を記述し、これを基準に評価する「段階択一法」という手法を用いる場合があります。当社で行動評価のコンサルティングを行うときはこのやり方をとるケースが増えています。作成の手間はかかりますが、評価がより客観的なものになり、評価のばらつきを多少防ぐ効果があります。

いったんは一般的な尺度法で運用してみて、余裕ができたら段階択一法にトライされてはいかがでしょうか。

難易度の客観的な評価方法

難易度の具体的な評価方法ですが、評価者がいきなり数値で判定・記入するような方法では主観的なぶれが出やすく、評価のばらつきが大きくなるので、特に最初のうちは間接上司が評価者を集めて、等級別に目標レベルの上下関係を相互に比較する**レベルマッピング**という手法をお勧めします。

これは、**図表8－22**のように、各人が取り組んだ目標・タスクの内容をコピーして1枚ずつラベル化し、比較判定シートの上で目標の設定レベルを上下左右で比較しながら位置づけていく方法です。集団で検討する方法をお勧めします。これで、誰の目標かということをあまり

図表8－22 難易度のレベルマッピングの作成例

（注）同一等級で作成する

難易度			Aさん	Bさん	Cさん	Dさん
s	上位等級並みのハイレベルな目標	+2		目標5		
a	標準を上回るハイレベルな目標	+1	目標1	目標1		目標2 目標3
b	役割等級の標準的なレベルの目標	±0	目標2 目標3 目標5	目標2 目標3 目標4	目標1 目標2 目標3	目標1 目標5
c	初任者でも任せられる容易なレベルの目標	-2	目標4		目標4 目標5	目標4
d	下位等級並みの簡易な目標	-1				

意識しないで、客観的な評価がやりやすくなります。

全体にバランスのとれた位置づけが確認できたら、その数値を難易度の欄に転記します。横に置いていけば何人分でも客観的にバランスのとれた判定ができます。作成したマッピングシートは、次回も活用できるので保存しておくとよいでしょう。

スキル評価の進め方

スキル評価も、基本的には業績評価、行動評価と同じように、振り返り面談の後で実際の評価を行います。

もう一度流れを説明すると、期初にスキル評価の基準を１人ずつ確認したうえで、進捗状況を１on１ミーティングで小まめに確認します。

期末に図表８－19（322ページ）と同じように実際のスキルの習得状況や発揮レベルを本人に記述させます（「③目標の振り返り」⇒「③スキルアップの振り返り」と読み替えてください）。

そのうえで、上司が本人と振り返り面談を行い、できたこと、できなかったこと、問題点や課題を話し合った後、振り返り面談の気づきを記述・提出してもらいます。

振り返り面談の後、スキル評価を次の要領で行います（振り返り面談と同時期に、来期の開発スキルとその習得方法や評価基準（期待水準）も確認します）。

スキル評価点の計算方法

スキル評価の評価点は、326ページの図表８－20②の例では次のように計算しています。

●評価項目別の評価点＝調整Ｘ点＋習熟度Ｙ点
●スキル評価の平均点＝合計÷評価項目数

調整のＸ点は、本人の役割等級と評価項目の等級が同じ場合は±０点です。上位等級の評価項目にチャレンジする場合はそれだけ難易度が高くなるので＋２点、反対に下位等級の評価項目を適用する場合は難易度が低いので－２点の調整を行います。

習熟度は、それぞれの課業に求められる具体的なスキルに対する習熟度合いを評価するもので、次のようなSABCDの５段階で評価点５～３～１点を判定します。

補足 **Ｘ点の設定**

等級の違いに応じて２点差を設けるのは、下位等級のＳ評価（熟練段階）は上位等級のＢ評価（ほぼ問題なくできる）、下位等級のＡ評価（一人前）は上位等級のＣ評価（教えれば一人でできる）に相当する「２段階一致」にするためです。これは図表５－14（184ページ）で紹介したランク型賃金表の評価基準（評価レート）とも対応します。

▶**習熟度の基準**

S	５点	熟練段階	（体系的に指導できる）
A	４点	一人前	（完全に任せられる、人に教えられる）
B	３点	ほぼ問題なくできる	（一応任せられる）
C	２点	教えれば一人でできる	（育成中）
D	１点	具体的に指示すればできる	（初任）

326ページの図表８－20②の例では、被評価者はⅢ等級です。

評価項目の３番目（受注活動の促進１）はⅣ等級の評価項目を適用しているので＋２点としますが、それ以外はすべてⅢ等級の評価項目を適用するので調整は±０です。

これに習熟度をプラスして実際の評価点を出しますが、３番目に＋２点とする以外は、習熟度＝評価点となります。スキル評価５項目の平均点は18点÷５＝3.6点となりました。

この例のように、スキル評価基準に対する習熟度の絶対評価を行って各人の成長を促し、ある程度現行等級の習熟度が高まったら、より難易度の高い上位等級の評価項目にもチャレンジさせて、成長を一層加速させるようにするのがポイントです。上位等級の仕事のニーズがあり、上位等級の役割を任せても大丈夫と判断できたときは昇格させます。

スキル評価を実施するうえでの留意点

結論からいえば、スキル評価は標準的な課業が定義できるような、定型的・定常的な下位等級の仕事に向いた評価手法といえます。

逆に企画的・開発的な業務や高度な専門業務、管理業務では、非定形的・流動的・裁量的な仕事のやり方が当たり前なので、定型的なスキル評価には向いていません。また仕事のやり方が絶えず変わり続けるようなＢ２Ｃのサービス業なども、向いていません。

スキル評価を行うときは、どちらかというと業態が比較的安定している会社で、定常的な業務についての能力開発を進める下位等級に絞って実施したほうがよいでしょう。

スキル評価の「～できる」と、実際に「～できたかどうか」は別だと思います。いくらスキルがあっても、実際に貢献しているかどうかは別問題なので、それでもスキル評価を行うのでしょうか？

実際の運用では、実際に「～できたかどうか」という観点で習熟度を評価するようにしてもらえば、それほど大きなズレはないと思います。スキルアップによって人材の基礎力を高めていけば、それが各人の成長や貢献への強い動機づけとなることは誰もが認めるところです。一般従業員のマネジメントとして、組織的な業績への貢献をダイレクトに評価するのがよいのか、人材のポテンシャルを高めて結果として業績に貢献できればよいと考えるのか、いずれが貴社に合ったやり方かをよく考えて決めてください。

行動評価の進め方

行動評価は、図表８－21（4）（327ページ）の遂行度の基準を用いて、上司がSABCDの５段階で評価点５～３～１点を判定します。この評価尺度は業績評価の達成度と同じです。

▶遂行度の基準

S　5点　抜群

A　4点　期待以上

B　3点　標準・期待通り

C　2点　許容できるぎりぎり

D　1点　明らかに不十分

すでに触れたように、行動評価は自己評価がありません。期初に確認した行動基準に照らして、本人の行動レベルを上司が評価するだけです。

ただし、期中の1on1ミーティングや振り返り面談を通して、上司が部下一人ひとりとコミュニケーションをとり、その行動の意図や、背景にある能力・意欲等をしっかり把握していれば、部下も上司の評価に一定の信頼を置いてくれるはずです。

行動評価についても、評価項目ごとに「どのような行動をとったら○点」という段階択一法による評価基準を作成したり、「○点は、例えば～という行動をとっている」というような行動事例集を作成したりして、より客観的な評価基準をつくる手法があります。

作成するにはそれなりの労力が伴いますが、ないよりは評価がしやすくなるでしょう。ただしくりかえしになりますが、評価基準を精緻にしても、それだけで評価の納得感が高まるわけではありません。

上のような上司と部下との実質的なコミュニケーションがとれるかどうか、評価を上司に委ねてもよいという部下の信頼を得られるかどうかは、つまるところ、**部下一人ひとりに役割への貢献を期待し、その成長を真摯に支援しようという上司の姿勢**がおおもとです。

そのような資質に欠ける上司は、どのような体裁をとったところで、評価の納得性を保つことはなかなか難しいでしょう。

評価の問題に頭を悩ませている会社は、評価基準の精緻化を検討する前に、このような上司・評価者の人材育成に対する態度・姿勢や「モノの見方」の開発に力を注ぐべきです。

総合評価の出し方

業績評価またはスキル評価の点数と行動評価の点数が出たら、あらかじめ決めておいた評価ウェイトをそれぞれに掛けて、次の要領で総合評価の点数を出します（図表8－5参照）。

●総合評価の点数＝業績評価（またはスキル評価）の点数×X%＋行動評価の点数×Y%
ただしX%＋Y%＝100%

総合評価の基準は、これまで紹介してきた業績評価・行動評価の基準と同じものを使います。

▶**総合評価の基準**

S	5点	抜群
A	4点	期待以上
B	3点	標準・期待通り
C	2点	許容できるぎりぎり
D	1点	明らかに不十分

図表8－20の例では、Ⅲ等級の従業員について、業績評価またはスキル評価に40%、行動評価に60%を掛け算しています。いずれも四捨五入すると3点なので、絶対評価を行うのであれば、総合評価は「B評価」という結果になります。（注）相対評価については（338ページ）参照

・業績評価2.8×0.4＋行動評価3.4×0.6＝3.16　⇒四捨五入すると3点⇒B評価

・スキル評価3.6×0.4＋行動評価3.4×0.6＝3.48　⇒四捨五入すると3点⇒B評価

評価を終えたら、上司は本人に伝えたい内容をフィードバック欄にまとめ、評価結果とともに本人に開示します。

・今期の業績で優れていた点や本人の強みを指摘します。

・来期の取組み課題やこれから改善すべき点をアドバイスします。

・来期の人事配置や業務の割り当て、本人の生活面への配慮などを記述します。

・必要に応じ、長時間労働の防止や健康管理など、労務管理上の留意点を記述します。

一般的には評価が確定し、実際に賞与を支給する前にこのようなフィードバックを行います。といっても、すでに次の半期の目標設定が終わっているタイミングなので、簡単に評価期間の振り返りを行い、いま進行中の課題に向けて部下を鼓舞することに重点を置きます。すでに終わった評価内容について蒸し返すようなことは、しないようにしてください。

フィードバックのときに、部下から疑問や反論が出たときはどう解決するのですか？

慌てずに本人の言い分をよく聴き取って、もっともな点がある場合は、持ち帰ります。上司一人で結論を出さないで、周囲に事実関係を取材したり、間接上司や人事担当者に相談したりしながら結論を出し、本人に伝えます。それでも本人が納得できず、異議をとなえる場合は、間接上司あるいは人事責任者が両者の言い分を聞いて仲裁に入るなどのルールを決めておいてください。クレーム対応と同じで、お互いに感情的にならず冷静に解決策を話し合い、かえって前よりも信頼を深めるような着地点を目指すのが正解です。

11 評価の調整方法と等級別の評価SABCDの決め方

評価はどうしても評価者の主観を排除できない

これまで、業績評価（またはスキル評価）、行動評価のやり方を説明してきましたが、いずれの手法も、次のような共通のやり方をしていることが分かります。

共通した評価の手法

- 観察可能な具体的事実を対象とし、確認不可能な内面的な情意は評価の対象としない
- 期初面談で具体的な目標や評価基準を示し、会社や上司の期待レベルを伝える
- 期中は1on1ミーティングを小まめに行い、本人の状況を把握する
- 期末に結果を本人に記述させ、振り返り面談を行って課題を探求し、成長支援を行う
- 振り返り面談を通して把握した具体的事実や本人の状況に基づいて評価する
- 評価は、役割等級の期待水準に照らし、評価尺度を用いた絶対評価を行う
- スコアの計算には目標の難易度やウェイトを反映させる

このような手法を通して、評価の透明性、納得性を高める工夫をしているわけですが、それでも実際に評価を行うのは生身の人間である以上、評価者（直属上司）による評価のばらつきが起きることはどうしても避けられません。

場合によっては、SABCDという評価を先取りして、作為的に評価を操作しようというアンフェアな行動をとる評価者が出ないとも限りません。

これは、評価者訓練を何度くりかえしても、矯正できない性質のものです。甘い評価をする上司、辛い評価をする上司の性癖（人生観？）までを強制的に変えることなどできないからです。

だからといって、評価のばらつきを放置することは、評価される側からすればとうてい受け入れられないでしょう。

ではどうするかというと、会社として評価のばらつきを解消する具体的措置をとることを組織的に宣言し、実行することで解決の努力をし続けるのが最善の方法です。

評価のばらつきが現れるケース

はじめに、評価のばらつきが起きる原因として、次のような目標設定段階での上司の期待値の違いをとらえておく必要があります。

・業績評価の目標設定段階で上司が期待する業績の内容

・スキル評価の基準に対して上司が想定するスキルの内容

・行動評価の行動基準に対して上司が期待する行動内容

いずれも期待・想定するレベルが高い人ほど評価は厳しく、逆に期待・想定するレベルが低い人ほど評価が甘くなります。

このように、評価者によってもともと**期待・想定するレベルに差がある**と、目線の高さが違うため、同じ仕事の結果や行動に対して評価の甘辛が発生します。

次に、1on1ミーティングや振り返り面談を通して、本人の状況を理解するに伴って**心理的距離が接近することに起因する解釈のばらつき**があります。

具体的には、部下の仕事ぶりや姿勢に共感的な上司は評価が甘くなり、反対に疑問や疑念が払しょくできない上司は評価が厳しくなる傾向にあります。その原因として、お互いにモノの見方や行動スタイルが近い上司・部下は共感的になりやすく、反対にモノの見方や行動スタイルが異なる上司・部下は対抗的になりやすいことが指摘されており、いずれも同じ仕事の結果や行動であっても評価にはプラス・マイナスのバイアスがかかりやすくなります。

また上司が**感情的・物理的な原因で予断的な評価に走る**ケースがあります。これは、仕事のやり方をめぐって上司と部下の間で意見対立が起きていたり、予想外の緊急対応が続いたり、忙しいという理由でお互いの意思疎通がなくなっていたりするときに起きやすいケースです。

最後に、業績評価の難易度や達成度の評価を行う際に、**部門による甘辛**が起きている可能性があります。同じXという仕事をこなしても、Aという部門ではたやすい業務とみなされ、Bという部門では難しい業務とみなされるようなケースです。

評価の調整方法

このような評価のばらつきを解決する具体的な方法ですが、評価者を統括する調整者（**図表8－2**（274ページ）参照）の立場で、人数の多い基準の部署（評価者1）を決め、これに対して他の部署（評価者2、3、4……）の期待レベルが高すぎないか、低すぎないかをよく点検し、評価内容を調整します。具体的には、次のような方法があります。

評価の調整の手法

①２次評価……直属上司の１次評価に対して、間接上司が２次評価を行い、１次評価と２次評価が異なる場合は、２次評価を優先します。結果として、間接上司の立場から１次評価のばらつきを調整したことになります。最も広く行われている方法で、間接上司が大局的な見地から２次評価を行っているとアナウンスすることで、評価に対する信頼感を高める効果が期待できます。半面、そもそも部下の仕事ぶりを十分把握していない間接上司に正しい評価ができるのかという批判や、１次評価者が評価やマネジメントに責任をとらなくなったり、部下が１次評価者を軽視したりする原因になるという批判があることは知っておいてよいでしょう。

②個別調整……調整者が評価者２、３、４……と個別に面談して、それぞれの評価基準、達成度の評価内容にさかのぼって素点を修正させます。もちろんその理由や判断基準をお互いによく話し合い、評価者が納得する必要があります。

③評価検討会……評価者を集めて評価の内容を相互に発表・点検させる検討会を開き、評価基準のすり合わせや評価内容の調整を行います。このとき上位者は中立的な審判のような立ち位置で発言し、声の大きな人物に引きずられたり、自分で個別の評価をしたりしないよう注意します。部門の中で評価基準を共有するには効果的な方法です。組織の価値観を統一するという教育効果も期待できます。評価者どうしで、ほかの部署ではどのような評価を行っているかもお互いに垣間見えるので、評価の納得性、透明度が高まります。

④素点調整……各評価者の素点を強制的に補正する方法です。例えばある等級について、評価者１の業績・スキル・行動の期待レベルに比べて、評価者２の期待レベルが20%ほど高すぎたとすると、結果として評価者２の評価は２割ほど辛くなるはずです。反対に評価者３は期待レベルが10%ほど低すぎたとすると、その評価は１割ほど甘くなります。そこで調整者は、評価者２の素点に調整倍率1.2を掛け算して点数を上げ、評価者３の素点には調整倍率0.9を掛け算して点数を下げる調整を行います。ただしこの場合も、調整の考え方や結果をきちんと評価者と共有し、勝手に調整したりしないように注意する必要があります。

⑤対人比較法……評価グループXを基準に評価グループYの点数を調整する方法です。評価グループYで点数が高い人と低い人の２人の代表選手を選び、それぞれが評価グループXで仕事をしたとき、どのあたりの点数順位で何点ぐらいになるかを対人比較で判定し、他のYのメンバーの点数をグループXの点数順位と調和するように比例計算で点数を調整します。論理的に作業ができ、直感的には分かりやすいのですが、実際は経営サイドの人物評価が先行してしまうきらいがあるので、注意が必要です。

⑥分布調整法……ある程度の母集団に対して、例えば平均点や標準偏差を合わせるように調整する方法です。仕事の難易度に大きな違いがない場合は便利な方法ですが、仕事の難易度に違いがある集団どうしでは、かえって納得感が下がる可能性があるので注意してください。

このようにさまざまな方法がありますが、実務的には①が最も多く、次いで中小企業では②③が比較的多く行われています。④は特定の評価者の偏りが見つかったときの解決策として活用される程度です。中堅企業以上では⑤⑥も使われます。

いずれの方式にせよ、**直属上司が自分の部下につけた最初の評価順位や点数の相対差は原則として崩さないように注意する必要があります。**

以上のような調整を行った後、すでに述べた相対評価または絶対評価のいずれかの方法で評価のSABCDを決定します。

相対評価の場合は、総合評価の点数に基づいて等級の中の点数順位を出し、先に**128ページ**で紹介した配分比率を用いて各人のSABCDを決定します。

このとき**図表８－20①（325ページ）**で判定した直属上司のSABCDと最終評価結果がずれ、フィードバックがやりにくくなる可能性があります。この理由から、会社によっては**図表８－20②の評価シートの段階では点数をつけるだけにして、調整後SABCDを判定するように運用**しているところもあります。

絶対評価の場合は、基本的には、直属上司や間接上司の評価がそのまま最終評価になりますので、このようなズレは起きません。ただし、絶対評価は評価の上振れや中心化傾向などが起きやすいので、適切な賞与・賃金の配分差が維持できているか、会社が期待した企業業績が実現できているか、実力本位の人材登用が行われているかを常に注意する必要があります。

12 これからの評価制度の運用のあり方（まとめ）

ランク型賃金表に基づく絶対評価と成長支援型報酬システム

本章では、役割貢献の人事制度をフルに活用するための評価制度のつくり方と運用方法について解説してきました。

評価制度と賃金制度とのトータルの連動については、**第２章の図表２－４（58ページ）**をもう一度見直してください。貢献賞与の配分方法については**第７章**、冬夏２回の賞与の評価と賃金改定との連動については**第４章の図表４－13（128ページ）**を参照してください。

さらに昇給のルールや、昇給の積み重ねに基づく昇格の運用については、賃金表の種類ごとに次のページの解説を参照してください。

賃金表の種類	第３章 簡易版・ゾーン型範囲給	第４章 ゾーン型等級別賃金表	第５章 ランク型賃金表
昇給ルール	図表３－４、75ページ	図表４－４、104ページ 図表４－13、128ページ	図表５－３、162ページ
昇格	82ページ	143ページ	図表５－６、168ページ

ところで、簡易版ゾーン型範囲給とゾーン型等級別賃金表については、役割等級別に評価SABCDさえ決まれば賃金改定をシンプルに行うことができます。

他方、ランク型賃金表の場合は、各人の賃金のランクと評価SABCDに対応する「評価レート」との組み合わせで基本給の昇給・昇給停止・降給を行うルールでした。

この評価レートは、５段階評価SABCDの評価点（５点～１点）に図表８－23のような役割等級別の基礎点を１等級上がる都度２点ずつプラスして順次つくります。結果、表のように「２段階一致」の評価レートができあがります。

同様に各人別の評価レートは、各人のSABCDの評価点（５点～１点）に図表８－23と同じ役割等級別の基礎点をプラスすれば容易に求められます。

例えば図表８－20のⅢ等級の従業員はB評価・３点という評価点ですが、これにⅢ等級の基礎点６点をプラスし、Ⅲ等級のB評価・９点という評価レートになります。

冬夏ともにB評価・９点の場合は、それを実力とみなして、号俸改定もB評価・９点という評価レートを使って行います。もし冬夏の評価レートが異なるときは、図表４－13（128ページ）

図表８－23　役割等級別の基礎点に評価点をプラスした評価レート

（注）図表５－２（159ページ）、５－12（180ページ）のランク型賃金表に対応した評価レートの例

総合評価		役割等級 （パートタイマー）	P1	Ⅰ P2	Ⅱ P3	Ⅲ	Ⅳ	Ⅴ	Ⅵ
		基礎点→ 評価点↓	0	2	4	6	8	10	12
明らかに不十分	D	1	1	3	5	7	9	11	13
不十分な点がある	C	2	2	4	6	8	10	12	14
標準・期待通り	B	3	3	5	7	9	11	13	15
十分満足できる	A	4	4	6	8	10	12	14	16
抜群	S	5	5	7	9	11	13	15	17

の考え方を使って、これから１年間の実力期待度を判定して号俸改定の評価レートを決めます。

役割等級と評価SABCDとの組み合わせによって決まる１点～17点の評価レートは、従業員の貢献度の相対的な大きさを評価レートの高さという**等級を超えた会社全体の絶対評価の数値尺度**で表したものです。

図表８－24は、その評価レートの高さを役割等級と評価SABCDに改めて関連づけ、併せてそれに対応する「職務レベル」の高さを表示したモデル例です。

例えばⅢ等級のB評価・９点という評価レートは、「企画・プロセスを配慮しながら自主的に判断・意思決定する仕事」という職務レベルです。

Ⅲ等級のB評価・９点を取り続けていけば、いずれはこの職務レベルにふさわしいランク型賃金表の９ランク上限の基本給を支給するという言い方になります。

いいかえれば、Ⅲ等級としてB評価・９点を取り続け、９ランク上限の基本給を目指すには、「企画・プロセスを配慮しながら自主的に判断・意思決定する仕事」という職務レベルの目標を自ら設定し、それを達成し続けるとともに、それにふさわしい行動レベルを維持していけばよいのです。

さらにⅢ等級にあって、Ⅳ等級B評価・11点に対応する「外部と連携し、幅広い知識を活用して裁量的に判断・意思決定する仕事」という職務レベルの目標にチャレンジし、それにふさわしい行動レベルに高めていけば、Ⅲ等級の中でA評価（10点）、場合によってはS評価（11点）をとるようになり、いつかは上位の役職に登用され、Ⅳ等級に昇格できる道が開けることが分かります。

このような**等級を超えた職務レベルの全体像**が理解できるようになれば、現在の役割の中で自分はどのようなレベルの仕事で貢献すればよいのかがおよそイメージできるようになります。

また部下に目標を設定させ、その達成レベルや行動レベルを評価するにあたって、役割等級の違いを超えた大きな絶対評価尺度の中で、各人の貢献度を判定する視点を持つことができます。

また、正社員や契約社員、パートタイマー、定年再雇用などの雇用形態の違いを超えて、それぞれが担当する職務レベルを共通に比較できる評価・賃金のしくみを実現できます。同一の職務レベル・同一の評価であれば同一の賃金を支給し、職務レベル・評価に違いがあればその違いに応じた賃金を支給するという、同一労働同一賃金（均等・均衡待遇の法理）に対応した客観的な賃金制度を確立することができます。

このようなランク型賃金表に基づく絶対評価と処遇のしくみは、雇用形態や役割の違いを超えて、各人のキャリアに方向性を与え、長期スパンでの成長を支援する大きな働きが期待できます。

いま関心が高まっているジョブ型人事制度を導入する賃金のフレームとしても高い効果が期待できます。欧米流の職務給に頼ることなく、役割と成果責任を明確化し、外部人材に開かれ

図表8－24 役割等級別評価レートと職務レベルとの対応表（モデル例）

（注）図表5－2（159ページ）、5－12（180ページ）のランク型賃金表に対応した評価レートの例

評価レート	役割等級（標準）									職務レベル	職務レベルの説明
	パート社員			正社員							
	P1	P2	P3	I	II	III	IV	V	VI		
17									S	17	環境変化に適応し、内外の長期・複雑・多様な問題を体系的に解決する仕事
16									A		
15								S	B	15	全体最適を維持し、複雑な問題を組織的・総合的に解決する仕事
14								A	C		
13							S	B	D	13	機会に集中し、高度な分析的理解と予測・対策により資源を有効活用する仕事
12							A	C			
11						S	B	D		11	外部と連携し、幅広い知識を活用して裁量的に判断・意思決定する仕事
10						A	C				
9			S		S	B	D			9	企画・プロセスを配慮しながら自主的に判断・意思決定する仕事
8			A		A	C					
7		S	B	S	B	D				7	一定の計画・手順を活用して自己責任で判断する仕事
6		A	C	A	C						
5	S	B	D	B	D					5	限られた範囲で任される単純・定型的な仕事
4	A	C		C							
3	B	D		D						3	その都度与えられる仕事を手順通り処理する仕事
2	C										
1	D									1	所定の単純作業を指示通りくりかえし処理する仕事

（注）役割等級別にSABCDの５段階評価と評価レートとの対応関係を示す（２段階一致の例）。

た個別の職務レベルに応じた待遇の仕組みを作ることができれば、日本的な年功序列の閉鎖的な雇用・人事慣行に風穴を開ける道が開けるかもしれません。そのような変化を通して、顧客価値の創出に向かって邁進する、オープンかつスピーディな組織と人材活用の仕組みが実現できるようになればいいと思います。

本書では、大きな紙幅を割いて、従来型のゾーン型等級別賃金表と対比できるように、ラン

ク型賃金表のしくみを解説しました。

その趣旨は、役割等級別に相対評価を行って賞与や昇給を決めるしくみではなかなか実現できなかった、成果責任に基づく役割貢献の評価と両立できる、統合的な成長支援型の報酬システムを構築する道を、読者の皆さんに理解してもらいたかったからです。

顧客価値の創出を目指して会社の成長と個人の成長とがお互いに深く共鳴し合い、働く人たちが創発的・自主的に働ける組織を実現するためにも、ぜひともこのようなオープンな人と仕事、評価と報酬のマネジメントにトライしていただきたいと思います。

評価制度の運用のあり方（まとめ）

評価制度の運用を成功させるポイントは、第１に評価基準や報酬との連動を含めた運用ルールの開示と説明、第２に目標設定・進捗管理・振り返りと評価・フィードバックを行う管理者のマネジメント能力の育成、第３にメンバーの内発的な意欲や創発的な思考を尊重し、自主的な行動力を信頼する管理者自身の仕事観・人間観の開発であり、日々の業務・組織運営やコミュニケーションを通したその実践です。本章では、このような趣旨に基づいて、これからの評価制度の設定方法と運用のあり方を解説してきました。

働く人たちが所属する組織の目的・ゴールに共感し、信頼できる上司や仲間から活躍が期待されれば、それに応えたい意欲が湧いてくるのは、いわば自然なことです。

期待に応える成果を上げ、その評価を実感できれば、働く人の満足感はやがて仕事の醍醐味となるでしょう。この会社をフィールドに一人ひとりの職業ライフの目標を探求して、活き活き働き続けたいという内的キャリアの意識がいったん芽生え、支援的な人間関係や仕事の機会が与えられると、各人の成長意欲は自律的に強化され続けます。

構成員が衆知を集めて顧客価値創出の戦略を構想し、お互いにリーダーシップを発揮して組織課題を達成し、組織の内部成長と自己変革に基づいて会社の業績を上げていくことができれば、その組織に参画する従業員一人ひとりの働きがいも生涯にわたりインパクトのあるものになるでしょう。

最後に、若者を育て、シニアの能力を引き出す駆動力は、評価を通して真剣にメンバーに向き合おうとする管理者自身の成長ではないでしょうか。これからはこのような真摯なマネジメントに傾注しようとする管理者を惜しみなく支援していかなくてはなりません。　（おわり）

索　引（五十音順）

—き—

—く—

―け―

―こ―

—さ—

—し—

―す―

—せ—

—そ—

—た—

—ち—

—ね—

—の—

—は—

—ひ—

—ふ—

—へ—

—ほ—

—ま—

〈著者紹介〉

菊 谷 寛 之（きくや　ひろゆき）

早稲田大学卒。労務行政研究所、賃金管理研究所を経て平成11年に株式会社プライムコンサルタントを設立し、代表に就任。成果人事研究会主宰。著書『シニア人財を戦力化する人事・賃金・報酬制度の作り方―ジョブ型人事制度を見据えた70歳雇用延長への対応』『同一労働同一賃金ガイドラインに沿った待遇と賃金制度の作り方』（第一法規）、『決定版！シンプル賃金制度のつくり方』（日本法令）、『社長、定期昇給はおやめなさい！』（中経出版）、『中堅・中小企業の業績連動賞与』（日本経団連出版）、『強固な成長企業をつくる原因×集中×結果の人材マネジメント方程式』（労働調査会）ほか。

改訂版　役割貢献の評価と賃金・賞与の決め方

令和元年11月７日　初版発行
令和４年３月28日　改訂版発行

著　者　菊 谷 寛 之
発行人　藤 澤 直 明
発行所　労働調査会
〒170-0004 東京都豊島区北大塚 2-4-5
TEL　03-3915-6401
FAX　03-3918-8618
https://www.chosakai.co.jp/

ISBN978-4-86319-910-1　C2034